Avant-propos

Le Maroc a adhéré à la Déclaration de l'OCDE sur l'investissement international et les entreprises multinationales en novembre 2009, à la suite d'un premier Examen des Politiques de l'Investissement. Le Maroc est, depuis lors, devenu membre associé du Comité de l'investissement de l'OCDE et participe activement à ses travaux. Ce second examen a été mené dans le cadre de la Phase 2 du Programme Pays Maroc de l'OCDE. Il analyse le climat de l'investissement au Maroc ainsi que les défis et opportunités auxquels le Gouvernement du Maroc est confronté dans ses efforts de réforme. L'examen s'appuie sur le Cadre politique de l'OCDE pour l'investissement, la Boîte à outils de l'OCDE des politiques relatives aux qualités de l'investissement direct étranger, les Principes directeurs de l'OCDE à l'intention des entreprises multinationales pour une conduite responsable des entreprises et d'autres instruments sous la responsabilité du Comité de l'investissement de l'OCDE. Il inclut des chapitres sur les tendances et impacts de l'investissements direct étranger sur l'économie et la société marocaines, le cadre juridique relatif aux investissements, l'approche marocaine en matière de conventions bilatérales et régionales d'investissement, la promotion et la facilitation de l'investissement, l'investissement en faveur du développement territorial, les politiques visant à promouvoir la conduite responsable des entreprises, et l'investissement au service de la transformation numérique.

L'OCDE exprime ses remerciements au ministère de l'Investissement, de la Convergence et de l'Évaluation des Politiques Publiques, à l'Agence Marocaine de développement des Investissements et des Exportations (AMDIE), aux services du Chef du Gouvernement, ainsi qu'aux institutions gouvernementales impliquées dans ce rapport et rencontrées durant les missions exploratoires. En particulier, l'OCDE souhaite remercier M. Mohcine Jazouli, Ministre délégué auprès du Chef du Gouvernement chargé de l'Investissement, de la Convergence et de l'Évaluation des Politiques Publiques, M. Zakaria Farahat, directeur de la Coopération Internationale, de la Communication et des Partenariats, Mme Assia Ben Saad, directrice Coopération et Partenariats à l'AMDIE ainsi que l'ensemble des responsables qui ont contribué aux différents travaux et ont assuré la coordination de ce rapport. Le dialogue et la consultation avec les principales parties prenantes ont joué un rôle essentiel dans la réalisation de ce rapport. L'OCDE souhaite également remercier les services du Chef du Gouvernement en charge de la coordination du Programme Pays. L'examen a bénéficié de consultations avec les parties prenantes marocaines et d'une mission de collecte de faits et données en mars 2022. Il est soumis aux commentaires des membres du Comité de l'investissement de l'OCDE en août-septembre 2024.

L'examen a été préparé par une équipée menée par Alexandre de Crombrugghe et Hélène François Georgieff comprenant Fares Al Hussami, Sarah Dayan, Fernando Mistura, Letizia Montinari, Yasmina Najem, Zoé Ryan et Ana Laura Sobalbarro Herrera, tous de la Division de l'Investissement de l'OCDE. Mychael Arafe-Cassia, Kiara Blome et Taufeeq Khan Marcos, de la Division de l'Investissement de l'OCDE, ont fourni une aide à la recherche et des contributions. Marie Bouchard, Nicolas Hachez et Dylan Van De Ven, du Centre de l'OCDE pour la Conduite Responsable des Entreprises, ont fournis des commentaires et contributions. L'orientation générale a été fournie par Ana Novik et Stephen Thomsen, respectivement Chef et Chef-adjoint de la Division de l'Investissement de l'OCDE.

Table des matières

GRAPHIQUES

TABLEAUX

ENCADRÉS

Acronymes et abréviations

Accord de l'OCI sur l'investissement	Accord sur la protection et la garantie des investissements entre les États membres de l'Organisation de la Conférence islamique de 1988
ACEUM	Accord Canada-État-Unis-Mexique
ADD	Agence du développement territorial
ADII	Administration des Douanes et Impôts Indirects
AECG	Accord économique commercial global
AELE	Association Européenne de Libre-Échange
AII	Accords Internationaux d'Investissement
ALENA	Accord de libre-échange Nord-Américain
AMDIE	Agence Marocaine de Développement des Investissements et des Exportations
AMITH	Association marocaine des Industries du Textile et de l'Habillement
AMMC	Autorité Marocaine du marché des capitaux
ANAPEC	Agence nationale de la promotion de l'emploi et des compétences
ANCFCC	Agence Nationale de la Conservation Foncière, du Cadastre et de la Cartographie
ANRT	Agence Nationale de Réglementation des Télécommunications
ANRT	Autorité nationale de régulation des télécommunications
APDN	Agence pour la Promotion et le Développement du Nord
API	Agences de Promotion des Investissements
AREP	Agences Régionales d'Exécution des Projets
BID	Banque interaméricaine de développement
BMDA	Bureau Marocain du Droit d'Auteur
CCISRMS	Chambre de Commerce, d'Industrie et des Services de Marrakech
CDAI	Commission du droit d'accès à l'information
CEPEJ	Commission Européenne pour l'efficacité de la justice
CESE	Conseil Économique, Social et Environnemental
CGEM	Confédération Générale des Entreprises du Maroc
Charte de l'investissement de 1995	Loi-cadre n° 18-95 du 3 octobre 1995
Charte de l'investissement ou Charte	Loi cadre n° 03-22 formant charte de l'investissement
CNAC	Commission nationale anti-corruption
CNDP	Commission nationale de contrôle de la protection des données à caractère personnel
CNEA	Comité National de l'Environnement des Affaires
CNEDD	Charte Nationale de l'Environnement et du Développement Durable
CNI	Commission Nationale des Investissements
CNIE	Carte Nationale d'Identité Électronique
CNUCC	Convention des Nations unies contre la corruption
CNUCED	Conférence des Nations unies sur le commerce et le développement
CNUDCI	Commission des Nations Unies pour le droit commercial international
Convention arabe unifiée	Convention unifiée pour l'investissement des capitaux arabes dans les pays arabes de novembre 1980
Convention CIRDI	Convention de Washington pour le règlement des différends relatifs aux investissement entre États et ressortissants d'autres États du 18 mars 1965
Convention de New York	Convention de New pour la reconnaissance et l'exécution des sentences arbitrales étrangères du 10 juin 1958

CRE	Conduite Responsable des Entreprises
CRI	Centres Régionaux d'Investissement
CRM	*Customer Relationship Management*
CRUI	Commissions Régionales Unifiées de l'Investissement
CS	Casablanca-Settat
CSI	Confédération Syndicale Internationale
CVM	Chaines de Valeur Mondiales
Déclaration	Déclaration de l'OCDE sur l'investissement international et les entreprises multinationales
DGSN	Direction Générale de la Sûreté Nationale
DGSSI	Direction Générale de la Sécurité des Systèmes d'Information
EAU	Émirats Arabes Unis
EDH	Entreprises et droit de l'homme
EEP	Établissements et entreprises publiques
EUR	Euro
GAFTA	Grande Zone Arabe de Libre-Échange
GRC	Gestion des relations avec la clientèle
HCP	Haut-Commissariat au Plan
IBS	Impôt sur les bénéfices des sociétés
IDE	Investissement Direct Étranger
INPPLC	Instance nationale de probité, de prévention et de lutte contre la corruption
KPI	*Key Performance Indicators*
Label CGEM	Label RSE de la CGEM
Loi n° 7-81	Loi n° 7-81 relative à l'expropriation pour cause d'utilité publique et à l'occupation temporaire du 6 mai 1982
MAD	Dirham morocain
MEF	Ministère de l'Économie et des Finances
MENA	Moyen Orient et Afrique du Nord
MICEPP	Ministère dédié à l'Investissement, la Convergence et l'Évaluation des Politiques Publiques
MIGA	Agence multilatérale de garantie des investissements
MTNRA	Ministère de la Transformation Numérique et de la Réforme de l'Administration
NMD	Nouveau Modèle de Développement
NPF	Traitement de la Nation la plus favorisée
NSW	Nouvelle-Galles du Sud
OCP	Office Chérifien des Phosphates
ODD	Objectifs de Développement Durable
OFPPT	Office de la formation professionnelle et de la promotion du travail
OIT	Organisation internationale du Travail
OMC	Organisation Mondiale du Commerce
OMPI	Organisation Mondiale pour la Propriété Intellectuelle
OMPIC	Office Marocain de la Propriété Industrielle et Commerciale
ONCF	Office National des Chemins de Fer
ONDA	Office National des Aéroports
OPCC	Organismes de placement collectif en capital
PAN	Plan d'Action National
PANDDH	Plan d'action national pour la démocratie et les droits de l'homme 2018-2021
PCN	Point de Contact National
PGI	Progiciels de gestion intégrés
PI	Propriété Intellectuelle
PIB	Produit Intérieur Brut
PME	Petites et Moyennes Entreprises
PNHD	Plan national de développement du haut débit
PPA	PIB réel par habitant

Principes directeurs	Principes directeurs de l'OCDE à l'intention des entreprises multinationales
PTPGP	Accord de partenariat transpacifique global et progressif
R&D	Recherche et Développement
RDIE	Règlement de différends entre Investisseurs et États
RGPD	Règlement général sur la protection des données
RSE	Responsabilité sociale des entreprises
RSO	Responsabilité sociale des organisations
SAS	Société par actions simplifiée
SASU	Société par actions simplifiée unipersonnelle
SNDD	Stratégie nationale de développement durable
TBI	Traités bilatéraux d'Investissement
TIC	Technologies de l'Information et de la Communication
TJE	Traitement juste et équitable
TN	Traitement national
TPME	Très petites, petites ou moyennes entreprises
TTA	Tanger-Tétouan--Al Hoceïma
UIT	Union internationale des télécommunications
USD	Dollar américain
WBES	Enquête de la Banque Mondiale auprès des entreprises
ZLECAf	Zone de Libre-Échange Continentale Africaine

Résumé

Sous la conduite de Sa Majesté le Roi Mohammed VI, le Maroc a réalisé des progrès économiques, politiques et sociaux remarquables au cours des deux dernières décennies permettant d'améliorer le niveau de vie et de réduire la pauvreté. S'appuyant sur les grandes réformes structurelles entreprises au début du siècle, le Maroc a depuis avancé à grands pas afin de diversifier et moderniser son économie et de réformer ses institutions publiques. Des améliorations importantes apportées au climat des affaires et aux infrastructures, conjuguées à la stabilité macroéconomique et politique, et à une situation géographique stratégique, ont stimulé les investissements et la croissance dans les secteurs à forte productivité des chaînes de valeur mondiales. L'ouverture du Maroc aux investissements étrangers directs et son intégration croissante et continue aux chaines de valeurs mondiales lui ont ainsi permis d'émerger comme l'une des destinations les plus attractives de la région.

Reconnaissant néanmoins la nécessité d'encourager une trajectoire de développement économique et social plus durable et plus inclusif, le Maroc œuvre activement à renforcer davantage son climat de l'investissement en introduisant une nouvelle dynamique de réforme. En effet, la répartition territoriale des investissements étrangers directs au Maroc reflète les fortes disparités sociales et économiques existantes entre les territoires. Alors que les retombées des investissements sont actuellement concentrées dans certaines zones économiques délimitées ou dans certains secteurs spécifiques, le Maroc s'efforce d'accroître leur répartition équitable et de stimuler la création d'emplois pour une population marocaine active grandissante. L'investissement est encore porté à hauteur de deux-tiers par le secteur public alors que des défis entrepreneuriaux et des lacunes en matière de développement des compétences locales subsistent. L'augmentation de la formation de capitaux privés étrangers et nationaux est essentielle pour atteindre des niveaux de croissance plus élevés et plus durables.

Dans ce contexte, des recommandations politiques ont été énoncées dans une proposition globale pour un Nouveau modèle de développement, élaborée par une commission spéciale en 2021, qui énumère des réformes concrètes. Conformément aux hautes orientations royales, le gouvernement vise à stimuler l'investissement privé pour atteindre ces objectifs et ainsi contribuer à l'augmentation de la productivité, au développement des compétences, à la création d'emplois, à l'innovation, à la transformation numérique, au développement territorial et à la transition verte, autant d'objectifs de développement essentiels.

Dans cette optique, le Royaume a résolument mis l'accent sur la mise en place de lois et de réglementations modernisées en matière d'investissement. L'adoption de la nouvelle Charte de l'investissement en 2022, suivant la mise en place du Nouveau modèle de développement, en est le fer de lance et a pour ambition de donner un nouveau souffle au climat de l'investissement au Maroc. Mettant pour la première fois l'accent sur le principe de non-discrimination en matière d'investissement, elle vise à maximiser les impacts de l'investissement, en particulier en termes de création d'emplois stables, de développement équitable des territoires, de priorisation des secteurs porteurs pour l'économie nationale et de développement durable.

Le rythme soutenu de réforme des lois afférentes au droit des affaires a également fortement contribué à faire du Maroc une destination attractive et sécurisante pour les investissements étrangers. Ces textes offrent aux investisseurs un cadre moderne et propice à l'investissement. L'introduction d'un nouveau modèle de traité bilatéral d'investissement en ligne avec les pratiques internationales les plus récentes ainsi que la simplification, la dématérialisation et la déconcentration des procédures administratives relatives à l'investissement constituent également des avancées significatives dans la mise en place d'un environnement réglementaire robuste, transparent et cohérent pour les investisseurs nationaux comme étrangers. Le Maroc a également engagé des réformes importantes pour soutenir la transformation digitale du pays et attirer les investissements dans l'économie numérique.

Dans ce même élan, les autorités marocaines ont révisé leur cadre institutionnel pour la promotion et la facilitation de l'investissement afin de lui donner une nouvelle impulsion. Ainsi, la création du ministère de l'Investissement, de la Convergence et de l'Évaluation des Politiques Publiques (MICEPP) vise à donner une importance stratégique et horizontale à la politique de l'investissement. Le Royaume a mis en place une Commission Nationale d'Investissement et s'est par ailleurs doté d'une nouvelle gouvernance unifiée et territorialisée de l'investissement, constituée, au niveau national, par l'Agence Marocaine de Développement des Investissements et des Exportations, sous la tutelle du nouveau ministère, et complétée, au niveau infranational, par l'action des Centres Régionaux d'Investissement qui, depuis mai 2023, sont rattachés au Chef du gouvernement, qui en a délégué une partie des prérogatives au MICEPP.

Ces réformes structurelles, qui s'inscrivent dans une feuille de route pour l'amélioration de l'environnement des affaires 2023-2026, lancée en mars 2023, ont déjà permis une meilleure cohérence des politiques, des stratégies nationales plus intégrées en matière d'investissement et de développement territorial, et un cadre de gouvernance national et infranational plus inclusif en matière d'investissement. La poursuite de la mise en œuvre de la Charte de l'investissement et des réformes de régionalisation avancée devrait permettre d'améliorer le climat des affaires local et, ainsi, de renforcer l'attractivité territoriale pour les investissements étrangers et nationaux. Le Maroc est également attaché à ce que l'activité économique des investissements nationaux et étrangers ne nuise pas au développement social et environnemental et contribue au développement durable du Royaume. Ainsi, depuis son adhésion à la Déclaration de l'OCDE sur l'investissement international et les entreprises multinationales en novembre 2009, le Maroc a également œuvré à l'élaboration de politiques propices à la conduite responsable des entreprises. L'activité et l'efficacité de son point de contact national font figure de référence dans la région. La dynamique des réformes doit donc être maintenue et approfondie pour que les avantages des récentes réformes du climat de l'investissement soient largement partagées et contribuent à la réalisation des objectifs de développement durable du pays.

Pour ce faire, le gouvernement a la possibilité d'intensifier encore davantage ses politiques de soutien à un climat de l'investissement solide et transparent, et favorisant une croissance plus durable et inclusive. Les autorités pourraient envisager des initiatives complémentaires pour améliorer le climat de affaires, en modernisant notamment les lois relatives à l'expropriation ou encore au régime foncier. Dans ses efforts d'attraction, le gouvernement pourrait également cibler de façon plus proactive des investissements à fort impact socio-économique, y compris dans les secteurs décarbonés, à forte intensité numérique et générateurs d'emplois inclusifs et de qualité. Il sera également nécessaire de concrétiser l'engagement des institutions publiques, au niveau national et régional, en les dotant de ressources financières adéquates et en renforçant les capacités des agents publics afin que ces derniers puissent mettre en œuvre efficacement les réformes en cours. L'enjeu est également d'assurer l'adoption de ces politiques par les entreprises et la société dans son ensemble. Ainsi, il est essentiel d'accompagner les investisseurs et les consommateurs, et de les sensibiliser aux nouvelles politiques, à la numérisation croissante, et à la gouvernance renforcée et déconcentrée de la politique de l'investissement. Dans la même optique, le gouvernement doit poursuivre ses efforts visant à améliorer la cohérence des stratégies nationales et infranationales en matière d'investissement, de développement territorial et de plans sectoriels.

1 Aperçu général et recommandations

Ce chapitre commence par présenter un aperçu du contexte socio-économique et de la trajectoire de développement du Maroc. Les principales conclusions et recommandations de l'Examen des politiques de l'investissement sont ensuite récapitulées.

1.1. Introduction

Le Maroc est l'une des destinations les plus propices aux investissements dans la région du Moyen-Orient et de l'Afrique du Nord (MENA). S'appuyant sur les grandes réformes structurelles entreprises au début du siècle, le Maroc a depuis avancé à grands pas afin de diversifier et moderniser son économie et de réformer ses institutions publiques, entraînant des effets positifs sur le niveau de vie. Des améliorations importantes apportées au climat des affaires et aux infrastructures, conjuguées à la stabilité macroéconomique et politique, ont stimulé les investissements et la croissance dans les secteurs à forte productivité des chaînes de valeur mondiales.

Jusqu'à présent, les retombées de l'investissement ont été essentiellement concentrées dans certains centres ou certaines zones économiques, ainsi que dans des secteurs particuliers. Au cours des dix dernières années, la croissance économique a été marqué par une volatilité notamment due à différents facteurs exogènes. Ainsi, le rythme de croissance de l'économie marocaine est passé de 4.6 %, en moyenne annuelle, sur la période 2003-2012 à 2.5 % sur la période 2013-2022. L'économie pourrait créer davantage d'emplois pour une population marocaine en pleine expansion et est caractérisée par un secteur informel encore important. Des inégalités considérables subsistent entre les régions et entre les catégories sociales et de revenus. Les entreprises font état de difficultés liées à l'entrepreneuriat et de lacunes en matière de compétences locales (CSMD, 2021[1]). Bien que l'investissement global soit élevé par rapport au produit intérieur brut (PIB) et que les tendances en matière d'investissement étranger soient favorables, le secteur public continue d'être le moteur de la croissance liée à l'investissement. L'augmentation de la formation de capitaux privés étrangers et nationaux sera essentielle pour atteindre des niveaux de croissance plus élevés et plus durables.

Reconnaissant certaines limites de sa trajectoire de développement, le Maroc a mis en place une nouvelle dynamique de réforme afin de favoriser un développement économique et social plus durable et plus étendu (CSMD, 2021[2]). Nombre de ces réformes découlent des recommandations politiques énoncées dans une proposition globale pour un Nouveau modèle de développement, élaborée par une commission spéciale en 2021 (CSMD, 2021[2]). Le gouvernement estime qu'il est essentiel de stimuler l'investissement privé pour atteindre ces objectifs. L'investissement privé peut contribuer à l'augmentation de la productivité, au développement des compétences, à la création d'emplois, à l'innovation, à la numérisation, au développement territorial et à la transition verte, autant d'objectifs de développement essentiels.

Une nouvelle dynamique de réforme visant à instaurer un climat plus propice aux investissements est donc en route. Le gouvernement a mis en place une nouvelle Charte de l'Investissement, qui instaure les différents dispositifs de soutien à l'investissement couvrant toutes les catégories de projets et d'acteurs, définit les principes de leur gouvernance et encadre les chantiers de réforme à déployer pour faciliter l'acte d'investir au Maroc, visant à simplifier les procédures administratives. La Charte de l'investissement définit également les principes de gouvernance des investissements et les réformes nécessaires pour faciliter l'acte d'investir au Maroc. Ainsi, la création d'un ministère dédié à l'Investissement, la Convergence et l'Évaluation des Politiques Publique (MICEPP), qui définit la politique de l'État en matière d'investissement, s'inscrit dans le cadre des hautes orientations royales visant à donner une importance stratégique et horizontale à la politique de l'investissement, en la plaçant au cœur de la relance économique du pays. Cette nouvelle Charte entérine aussi les recommandations du Nouveau Modèle de Développement et du Programme Gouvernemental, qui font de l'investissement le moteur de la relance économique du Royaume.

Cette loi-cadre a pour ambition de donner un nouveau souffle au climat de l'investissement au Maroc. En tant que loi-cadre, cette charte vise à maximiser les impacts de l'investissement, en particulier en termes de création d'emplois stables, de développement équitable des territoires, de priorisation des secteurs porteurs pour l'économie nationale et de développement durable. Elle fixe ainsi les objectifs fondamentaux de l'État, instaure les différents dispositifs de soutien à l'investissement, définit les principes de leur gouvernance et encadre les chantiers de réforme à déployer pour faciliter l'acte d'investir. Afin d'offrir un cadre transparent et lisible à l'investisseur, le MICEPP, en coordination avec les administrations publiques concernées, s'est engagé à accélérer les chantiers du climat des affaires inscrits dans la feuille de route 2023-2026.

Des mesures ont renforcé le rôle des régions dans la promotion et la facilitation des investissements, notamment par l'intermédiaire des Centres Régionaux d'Investissement (CRI). L'adoption de la loi n° 22.24 modifiant et complétant la loi n° 47-18 portant réforme des Centres régionaux d'investissement et création des commissions régionales unifiées d'investissement est une avancée importante en ce sens. L'objectif est de renforcer leur rôle stratégique en tant que facilitateurs et catalyseurs de l'investissement au niveau territorial. Ces réformes, ainsi que d'autres plus récentes ou annoncées, constituent des mesures concrètes visant à améliorer l'environnement des affaires et le cadre des politiques de l'investissement. Elles envoient également un signal fort aux investisseurs, en soulignant le fait que le Maroc s'engage à effectuer des réformes, non seulement pour conserver un environnement d'investissement stable et attractif, mais également pour optimiser les effets des investissements sur le développement durable.

Cependant, des freins structurels continuent d'entraver la mise en œuvre complète de ces réformes. Bien qu'un engagement solide de la part des plus hautes instances gouvernementales soit présent, concrétiser cet engagement au sein des institutions publiques au niveau national et régional est moins évident. Par exemple, plusieurs axes prioritaires étroitement liés sont au cœur de l'action gouvernementale pour améliorer le climat des affaires, notamment la simplification des procédures et des processus administratifs, la déconcentration des décisions administratives et du soutien aux investisseurs, ainsi que la numérisation et la dématérialisation des services publics. La mise en pratique de ces mesures nécessitera un renforcement considérable des capacités des agents publics à tous les niveaux. De leur côté, les entreprises auront besoin de conseils pour s'adapter à ces changements. Dans cette optique, la réussite de la mise en œuvre du projet de régionalisation avancée du Maroc, qui est d'accroître le pouvoir et les responsabilités au niveau régional comme le prévoit la Constitution de 2011, sera essentielle pour améliorer les procédures opérationnelles et attirer les investissements sur l'ensemble du territoire, et ainsi accompagner le développement durable des régions.

Plus généralement, pour que l'investissement contribue de manière positive aux objectifs économiques et sociaux du Maroc, le gouvernement devra continuer à mener des réformes sur plusieurs fronts afin de permettre aux fournisseurs et aux travailleurs nationaux de répondre aux exigences des investisseurs dans des secteurs plus diversifiés, plus productifs et plus qualifiés. Le Maroc a été en mesure de constater la réussite d'une stratégie coordonnée visant à stimuler la compétitivité et les exportations dans des secteurs ciblés, notamment en ce qui concerne l'industrie automobile et aéronautique et les exportations de services aux entreprises, bien que la corrélation créée avec l'économie locale soit insuffisante. Dans le cadre de sa nouvelle trajectoire de développement, inspirée du Nouveau modèle de développement, le gouvernement entend entreprendre des réformes ambitieuses visant à améliorer les compétences, l'innovation, la numérisation et la compétitivité de l'économie. Les avancées dans ces domaines seront essentielles pour renforcer les liens avec les investisseurs, en particulier avec les entreprises étrangères, qui peuvent à leur tour favoriser des retombées positives.

Le gouvernement a la possibilité d'intensifier encore davantage ses initiatives en matière de réforme afin de soutenir un environnement d'investissement solide et transparent pour une croissance durable et inclusive. Ce deuxième Examen de l'OCDE des politiques de l'investissement au Maroc identifie plusieurs domaines de réforme et fournit des recommandations de politiques à l'intention du gouvernement (Encadré 1.1). L'Examen comporte un volet thématique spécial sur la manière dont l'investissement peut accompagner deux leviers potentiels de développement : la régionalisation et la numérisation. Après une présentation générale de la trajectoire de développement du Maroc et un résumé des principales conclusions et recommandations (Chapitre 1), l'Examen analyse les tendances et impacts de l'investissement direct étranger (IDE) au Maroc (Chapitre 2), le cadre juridique relatif aux investissements (Chapitre 3), l'approche marocaine en matière de conventions bilatérales et régionales d'investissement (Chapitre 4), la promotion et la facilitation de l'investissement (Chapitre 5), l'investissement en faveur du développement territorial (Chapitre 6), les politiques visant à promouvoir une conduite responsable des entreprises (Chapitre 7) et l'investissement en faveur de la transformation numérique (Chapitre 8).

Encadré 1.1. Le Cadre d'action pour l'investissement

Le Cadre d'action pour l'investissement aide les gouvernements à mobiliser l'investissement privé en faveur du développement durable, contribuant ainsi à la prospérité des pays et de leurs citoyens et à la lutte contre la pauvreté. Il propose une liste de questions fondamentales devant être examinées par tout gouvernement soucieux de créer un climat favorable à l'investissement. Le Cadre d'action pour l'investissement a été élaboré en 2006 par les représentants de 60 gouvernements membres et non membres de l'OCDE, en association avec des entreprises, des syndicats, la société civile et d'autres organisations internationales, et a été approuvé par les ministres de l'OCDE. Conçu par les gouvernements pour favoriser le dialogue, la coopération et la réforme des politiques d'investissement au niveau international, il a été largement utilisé par plus de 30 pays ainsi que par des organismes régionaux pour évaluer et réformer le climat d'investissement. Le Cadre d'action pour l'investissement a été mis à jour en 2015 pour tenir compte de cette expérience et des changements intervenus dans le paysage économique mondial.

Le Cadre d'action pour l'investissement est un instrument flexible permettant aux pays d'évaluer leurs progrès et d'identifier les priorités d'action dans 12 domaines d'action : les politiques , la promotion et la facilitation de l'investissement, les échanges commerciaux, la concurrence, la fiscalité, la gouvernance d'entreprise, la promotion d'une conduite responsable des entreprises, le développement des ressources humaines, les infrastructures, le financement des investissements, la gouvernance publique et l'investissement en faveur de la croissance verte. Trois principes s'appliquent à l'ensemble du Cadre d'action pour l'investissement : la cohérence des politiques, la transparence dans la formulation et la mise en œuvre des politiques et l'évaluation régulière de l'effet des politiques existantes et proposées.

La valeur ajoutée du Cadre d'action pour l'investissement consiste à rassembler les différents volets politiques et à mettre l'accent sur la question primordiale de la gouvernance. L'objectif n'est pas d'innover dans les différents domaines d'action, mais de les interconnecter afin d'assurer la cohérence des politiques. Il ne fournit pas de programmes de réforme prêts à l'emploi, mais contribue plutôt à améliorer l'efficacité des réformes qui sont finalement entreprises. En favorisant un processus structuré de formulation et de mise en œuvre des politiques à tous les niveaux de gouvernement, le Cadre d'action pour l'investissement peut être utilisé de diverses manières et à diverses fins par différentes parties prenantes, notamment pour l'autoévaluation et la conception de réformes par les gouvernements et pour les examens par des pairs dans le cadre de discussions régionales ou multilatérales.

Le Cadre d'action pour l'investissement envisage le climat d'investissement dans une perspective globale. Augmenter les investissements n'est pas l'unique objectif. Il est également question d'optimiser les retombées économiques et sociales. En matière d'investissement, la qualité compte autant que la quantité. Il reconnaît également qu'un climat propice à l'investissement doit être favorable à toutes les entreprises, qu'elles soient étrangères ou nationales, grandes ou petites. L'objectif d'un climat propice à l'investissement est également d'améliorer la flexibilité de l'économie en vue de répondre à des occasions nouvelles à mesure qu'elles se présentent, en offrant la possibilité aux entreprises productives de se développer et à celles qui ne sont pas compétitives (y compris les entreprises publiques) de fermer. Le gouvernement doit être agile : il doit apporter une réponse adaptée aux besoins des entreprises et des autres parties prenantes par une consultation publique systématique et être capable de changer rapidement de cap lorsqu'une politique donnée n'atteint pas ses objectifs. Il doit également créer un département dédié aux réformes au sein du gouvernement lui-même. Plus important encore, il doit veiller à ce que le climat d'investissement favorise un développement durable et inclusif.

Le Cadre d'action pour l'investissement a été créé en réponse à ces objectifs complexes, favorisant une approche gouvernementale globale et flexible qui reconnaît que l'amélioration du climat d'investissement nécessite non seulement une réforme des politiques, mais également des changements dans la manière dont les gouvernements mènent leurs activités.

Pour en savoir plus sur le Cadre d'action pour l'investissement, consultez le site suivant : https://www.oecd.org/en/publications/policy-framework-for-investment-2015-edition 9789264208667-en.html.

1.2. Vue d'ensemble de la trajectoire de développement du Maroc

1.2.1. Les réformes structurelles ont été à l'origine d'améliorations économiques et sociales majeures

Stimulé par un engagement fort en faveur des réformes, le Maroc a accompli des progrès impressionnants sur les plans économique et social au cours des trois dernières décennies. Les réformes structurelles entreprises depuis les années 1990 visant à ouvrir l'économie et à promouvoir la stabilité macroéconomique et politique, ainsi que d'importants investissements publics dans les infrastructures et l'amélioration du climat des affaires, ont contribué à stabiliser une croissance économique auparavant volatile. Le PIB a enregistré une croissance moyenne d'un peu moins de 5 % au cours des années 2000-2010, soit un taux supérieur à celui de la région MENA (progression moyenne de la région MENA de 4.4 %) (Graphique 1.1) (Banque mondiale, 2023[3]). Des politiques industrielles efficaces mises en place à compter de 2005 ont contribué à accroître les échanges commerciaux, avec des avancées notables en matière d'intégration de secteurs essentiels dans les chaînes de valeur mondiales. Le niveau de vie s'est amélioré de façon continue. Le PIB réel par habitant (PPA) a été multiplié par deux depuis 1990 et a augmenté de près de 50 % au cours des 20 dernières années (Graphique 1.1). La majorité des foyers a désormais accès aux infrastructures essentielles (électricité et eau), ainsi qu'à Internet (Chapitre 8). Le taux de pauvreté est aujourd'hui égal à un tiers de son niveau de 2000 et l'accès à l'éducation et aux soins de santé s'est considérablement amélioré (Banque mondiale, 2023[3]). Depuis 2021, le Maroc s'est également engagé dans un chantier de réforme important visant à généraliser la protection sociale à l'ensemble de la population.

Ces résultats obtenus sont étayés par d'importantes réformes visant à renforcer la gouvernance publique, qui sont essentielles pour créer un climat favorable aux investissements et promouvoir le développement durable. La Constitution de 2011 consacre les principes d'une gouvernance inclusive, de l'État de droit et de la démocratie participative, notamment par le biais d'une régionalisation avancée visant à déléguer des pouvoirs aux régions. Le gouvernement a mis en œuvre de nombreuses réformes pour appliquer ces principes et favoriser l'efficacité et la transparence en son sein. Ces mesures ont, par exemple, permis de moderniser l'administration publique et d'en améliorer l'efficacité, notamment en modifiant les cadres réglementaires et budgétaires, la gestion publique et les mécanismes de coordination intergouvernementaux (OCDE, 2023[4]).

Graphique 1.1. La croissance du PIB a faibli au cours de la dernière décennie

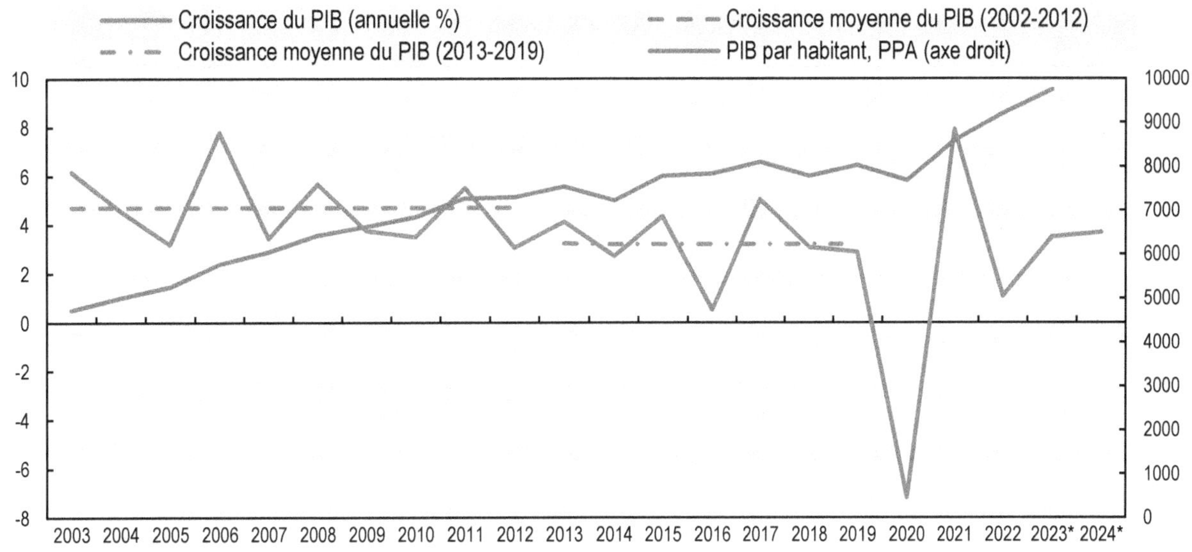

Note : PIB par habitant, PPA en dollars internationaux courants.
Source : (Banque mondiale, 2023[3]), (OCDE, 2023[5]) pour les prévisions de croissance de 2023 et 2024.

Plusieurs de ces réformes méritent d'être mentionnées en raison de leur contribution à la croissance économique. L'amélioration du climat des affaires, une priorité majeure, a rendu le Maroc plus attrayant pour les investisseurs étrangers. En 2009, la création du Comité National de l'Environnement des Affaires (CNEA) a permis de renforcer la coordination interministérielle et le dialogue public-privé, grâce à une instance directement rattachée au Chef de l'Exécutif. Ces progrès se traduisent dans le classement du Maroc dans les indices internationaux. Avant que la Banque mondiale ne cesse la publication de son rapport Doing Business (en 2020), le Maroc se classait au 53e rang sur 190 pays, soit 75 rangs de plus qu'en 2010. L'une des réformes notables consiste en un processus d'enregistrement des entreprises plus efficace et moins coûteux. En 2020, l'enregistrement d'une entreprise prenait neuf jours, un chiffre bien inférieur à la moyenne de la région MENA, qui est de 20 jours (Banque mondiale, 2020[6]). Fin mars 2023, le gouvernement a adopté le décret fixant les modalités et procédures de création et d'accompagnement des entreprises par voie électronique réduisant, d'après les autorités, l'enregistrement d'une entreprise entre 3 à 6 jours. Au cours des dernières années, le Maroc n'a cessé de prendre des mesures pour rationaliser et numériser les procédures administratives (Chapitre 5). Ces réformes, parallèlement à d'autres, ont contribué à susciter l'intérêt des entreprises étrangères ; le stock d'investissements étrangers a augmenté de 113 % entre 2000 et 2010 (Chapitre 2). Ces investissements ont atteint des niveaux records en 2024. Ainsi, à fin mai 2024, les recettes des IDE se sont élevés à MAD 16.2 milliards, en hausse de 20 % par rapport à 2023, et devenant le deuxième meilleur montant d'IDE pour les cinq premiers mois d'une année de l'histoire économique du Royaume.

L'importance des investissements publics dans les infrastructures a également contribué à améliorer le climat des affaires et à placer le Maroc en tant que pôle régional de logistique et d'exportation entre l'Europe et l'Afrique. La qualité du transport aérien, du réseau routier et des ports dans les centres économiques est comparable à celle des économies avancées et nettement supérieure à celle des autres pays de la région (Forum économique mondial, 2019[7]). Suite à son expansion en 2019, le pôle industriel Tanger Med s'agrandit. Il est ainsi devenu le plus grand port de commerce maritime en Afrique et en Méditerranée (Département d'État des États-Unis, 2023[8]). En 2023, il a été classé 19ème port au niveau mondial en termes d'activité et le 4ème port le plus efficace de la planète selon l'indice de performance des ports à conteneurs publié par la Banque mondiale. Parallèlement, les investissements réalisés dans les infrastructures relatives à l'énergie propre ont créé de nouvelles perspectives économiques tout en faisant progresser la transition verte du pays. La centrale solaire Noor Ouarzazate est une des plus grandes centrales solaires thermodynamiques du monde.

L'une des principales avancées économiques du Maroc a été le succès de sa politique industrielle visant à diversifier les exportations vers des activités à plus forte valeur ajoutée. Le Pacte Nationale pour l'Émergence Industrielle (2005-2013), revu en 2009 afin de mettre en place de nouvelles orientations, et le Plan d'Accélération Industrielle (2014-2020), mis en place en 2014 afin de définir de nouveaux choix stratégiques, ont établi des stratégies ciblées pour développer des secteurs d'exportation clés, notamment l'automobile, l'aéronautique, l'électronique, le textile et l'agro-industrie, ainsi que l'offshoring. Ces stratégies impliquent des investissements publics considérables dans les infrastructures et la connectivité, la création de zones économiques spéciales (dont celles développées et gérées par Tanger Med), des mesures d'incitation fiscale et financière et des programmes de formation professionnelle. Avec 12 accords de libre-échange, le Maroc offre un accès au marché vers une centaine de pays à travers le monde, soit près de 2.5 milliards de consommateurs. Le Maroc met en œuvre des accords commerciaux avec les partenaires suivants : l'Union européenne, les États-Unis, la Türkiye, le Royaume-Uni, l'Association européenne de libre-échange, la Zone de libre-échange continentale africaine, la Grande zone arabe de libre-échange, l'Accord d'Agadir (Égypte, Jordanie, Tunisie) et les Émirats arabes unis. Ces politiques ont favorisé une forte croissance des investissements et des exportations. Les IDE dans le secteur automobile ont été plus que multipliés par deux entre 2013 et 2022 par rapport à la décennie précédente et par trois dans la fabrication de produits électroniques (fDi Markets, 2023[9]). En 2013, l'automobile est devenue le premier secteur d'exportation du Maroc, représentant plus d'un quart des exportations totales (Office des Changes, 2022[10]) et en 2018, le Maroc est devenu le plus grand constructeur automobile d'Afrique. La construction automobile a également contribué à créer plus d'un quart de tous les emplois dans le secteur industriel (entre 2014 et 2018) (DEPF, 2020[11]).

La croissance dans des secteurs plus avancés sur le plan technologique a contribué à stimuler la productivité du travail dans l'industrie manufacturière. En 2019, la production par travailleur industriel était près de deux fois supérieure à la moyenne nationale et plus de trois fois supérieure à la production des travailleurs agricoles (Lopez-Acevedo et al., 2021[12]). La croissance de la productivité au sein de l'industrie manufacturière, et entre les sous-secteurs de ce domaine, est en grande partie responsable de la croissance de la productivité totale depuis le début des années 2000 (OCDE, 2018[13]). Les stratégies sectorielles ont également permis d'augmenter les exportations nettes de services. Le tourisme, qui a longtemps représenté la principale exportation de services, a continué à croître au cours de cette période, tout comme les services aux entreprises à plus forte valeur ajoutée, notamment l'externalisation des technologies de l'information, des processus de connaissances et de la gestion administrative (ibid.).

Ces évolutions, conjuguées aux réformes budgétaires et monétaires, ont amélioré la stabilité macroéconomique avant la crise du COVID-19 (voir ci-dessous). En 2019, le déficit courant a chuté à 3.4 % du PIB (contre 9.5 % en 2012), en partie grâce au succès des plans industriels visant à diversifier les exportations. Les réserves officielles ont augmenté de plus de 50 % entre 2012 et 2019, améliorant ainsi la position extérieure du Maroc. La suppression de la plupart des subventions aux carburants et aux produits alimentaires et les réformes visant à réduire la masse salariale du secteur public ont contribué à réduire le déficit budgétaire à 3.8 % en 2019 (contre 6.6 % en 2012). D'autres réformes plus structurelles, notamment la décentralisation budgétaire en 2015, ont quelque peu contribué à réduire et stabiliser la dette publique à environ 60 % du PIB. La politique monétaire a également permis de maintenir l'inflation à un niveau faible et stable (1 % en 2019) (Cardarelli et Koranchelian, 2023[14]).

1.2.2. Mais la croissance s'est essoufflée au cours de la dernière décennie

Malgré ces évolutions positives, la croissance et les gains de productivité ont ralenti depuis 2010. Le PIB a augmenté de 2.5 % en moyenne au cours de la dernière décennie (2013-2022), contre 4.6 % au cours des dix années précédentes (Graphique 1.1). Cela s'explique en partie en raison des crises extérieures importantes : la récession qui a frappé les principaux partenaires commerciaux en Europe après 2008 et, plus récemment, la pandémie mondiale, qui a considérablement réduit la demande et l'activité dans des secteurs clés en 2020, notamment le tourisme. Des épisodes de sécheresse plus fréquents ont également entraîné des conséquences non négligeables sur la production globale, le secteur agricole jouant un rôle majeur.

Le ralentissement de la croissance témoigne également de la lenteur de la transformation structurelle de l'économie. La valeur ajoutée de l'agriculture a progressivement diminué, passant de 12 à 18 % du PIB dans les années 1980 et 1990 à environ 10 % en 2000, remplacée principalement par des gains dans le domaine des services (Banque mondiale, 2023[3] ; HCP, 2023[15]). Mais la structure économique du Maroc n'a pas subi de modifications au cours des deux dernières décennies (Graphique 1.2). Malgré les gains obtenus dans certains secteurs tels que décrits ci-dessus, l'industrie manufacturière contribue encore à hauteur d'environ 15 % du PIB (le secteur secondaire, y compris les industries extractives et la construction, représente environ un quart de l'économie). Si ce pourcentage est similaire à celui des autres pays de la région MENA, à titre de comparaison, dans les pays asiatiques à forte croissance industrielle, l'industrie manufacturière représente entre 25 et 30 % du PIB (Viet Nam, Malaisie et Thaïlande). La part de l'emploi dans les services au sein de l'ensemble de la population active a quelque peu augmenté au cours de la dernière décennie (atteignant 43 % en 2021), alors que la part des travailleurs dans l'agriculture a diminué, cette dernière représentant encore 30 à 35 % de l'emploi. L'emploi dans l'industrie (l'industrie manufacturière et construction) est resté stable, avec un taux d'environ 20 % (Banque mondiale, 2023[3]).

Graphique 1.2. Les services propulsent la valeur ajoutée et l'emploi, mais la structure de l'économie n'évolue guère

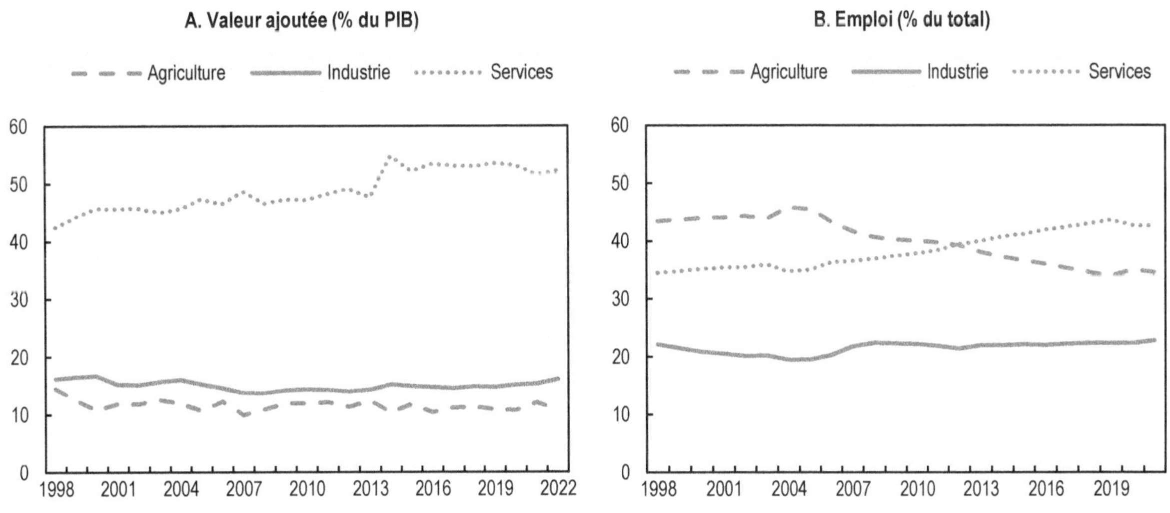

Note : L'emploi dans l'industrie comprend les industries minières et extractives, l'industrie manufacturière, la construction et les services publics (électricité, gaz et eau).
Source : (Banque mondiale, 2023[3]).

De nombreux pays en développement et émergents ont observé une stagnation ou une diminution de la valeur ajoutée et de l'emploi dans l'industrie manufacturière au cours de la dernière décennie, l'économie se tournant vers les services. Cette tendance (parfois appelée « désindustrialisation prématurée ») est attribuable en partie à la mondialisation des échanges et à l'évolution technologique, qui ont exercé une pression sur les prix et la compétitivité internationale du secteur de l'industrie manufacturière, entravant la transformation structurelle de l'économie vers l'industrie (Rodrik, 2015[16]). L'industrie manufacturière tend à être plus axée sur l'exportation (plutôt que dépendante de la consommation intérieure) et technologiquement avancée, avec une productivité du travail et des offres d'emploi pour les travailleurs peu qualifiés plus élevées que dans la plupart des services (McMillan, Rodrik et Verduzco-Gallo, 2014[17] ; Rodrik, 2013[18]). Toutefois, la croissance alimentée par l'industrie manufacturière comporte des défis, notamment celui de rester compétitif au sein de l'économie mondiale et de réduire les incidences environnementales négatives de l'industrie lourde (Aiginger et Rodrik, 2020[19] ; Dadush, 2015[20]). Le Maroc a développé certains services à plus forte valeur ajoutée et commercialisables (notamment dans le secteur de la finance et de l'offshoring), mais les services comportent dans une grande mesure des emplois peu qualifiés, avec une forte incidence du travail informel (Lopez-Acevedo et al., 2021[12]).Comme le souligne le rapport à venir de l'OCDE « *OECD Economic Surveys: Morocco 2024* », cette informalité, couplée avec la petite taille des entreprises marocaines, empêchent ces dernières d'être plus performantes (OCDE, 2024[21]).

Le déplacement modéré de l'emploi et du capital entre les secteurs a limité la productivité et la croissance économique. D'importantes améliorations sont toutefois observées dans des secteurs spécifiques, étant à l'origine de la plupart des gains de productivité de l'économie (OCDE, 2018[13]). Les données nationales occultent également certaines évolutions économiques importantes au niveau régional, certaines régions ayant connu une réorientation de leur économie vers des secteurs plus productifs. Par exemple, dans la région Tanger-Tétouan-Al Hoceïma, la valeur ajoutée de l'industrie manufacturière (% du PIB) a augmenté de huit points de pourcentage entre 2012 et 2019 (HCP, 2023[15]). L'industrie manufacturière est le principal créateur d'emplois dans la région, représentant 40 % de l'emploi en 2022 (Observatoire Marocain de la TPME, 2023[22]). Le développement des services à forte valeur ajoutée, notamment les services de technologies de l'information et de la communication (TIC) et financiers, a contribué à une croissance du secteur des services à Rabat et à Casablanca. Entre 2010 et 2018, la productivité dans les services a augmenté d'environ 50 % à Rabat, s'expliquant par la présence de ces secteurs et des gains d'efficacité dans le secteur public (Lopez-Acevedo et al., 2021[12]). Si ces régions peuvent fournir des exemples de modèles de croissance, elles mettent également en évidence la disparité du développement économique dans le pays, les grands centres économiques profitant principalement de la croissance (voir ci-dessous).

L'importance du secteur des services au Maroc illustre également le constat suivant : la croissance du PIB, mesurée sur la base des dépenses, a été largement entraînée par la consommation. La dépendance à l'égard de la demande intérieure restreint le potentiel de croissance à la taille modérée du marché intérieur et rend la croissance plus vulnérable aux chocs extérieurs. Le rôle de l'investissement dans la croissance a diminué depuis la crise financière mondiale de 2008 et, comme indiqué plus loin dans ce chapitre, l'investissement public a été majoritaire. Il existe une marge de manœuvre considérable pour accroître l'investissement privé visant à soutenir les emplois, les exportations ainsi que de nouvelles industries, et finalement, une croissance plus durable (Graphique 1.3).

Graphique 1.3. Augmenter les investissements pour stimuler la croissance : une marge de manœuvre existe

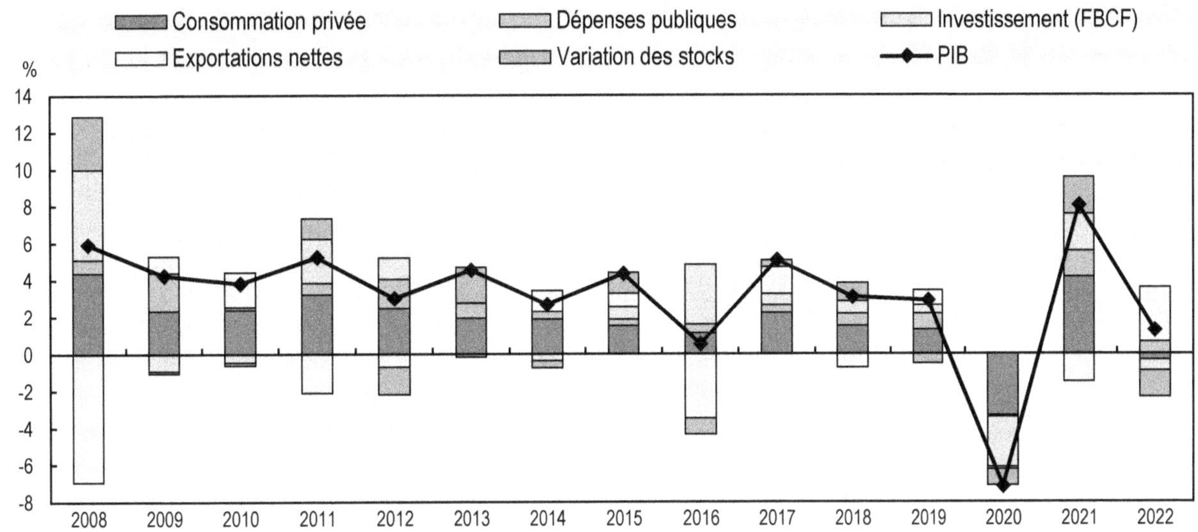

Note : 2008-2014 selon les données base 2007 ; 2015-2022 selon les données base 2014.
Source : HCP, mis à jour par (OCDE, 2018[13]).

1.2.3. L'économie n'a pas créé suffisamment d'emplois pour une population active en pleine croissance

Cette dynamique de croissance n'a pas permis de créer suffisamment d'emplois de qualité pour une population toujours plus nombreuse. Le taux de chômage (10 %) est resté stable au cours des 20 dernières années et est comparable à celui observé dans les autres pays de la région. Toutefois, le taux d'activité a considérablement diminué (Graphique 1.4). En 2022, il s'élevait à 45 %, soulignant que plus de la moitié de la population en âge de travailler ne faisait pas partie de la population active. Si ce taux est comparable à celui d'autres économies de la région MENA, il est nettement inférieur à celui de pays en dehors de la région (le taux d'activité s'élève à 60 % dans les pays de l'OCDE et à 66 % en Malaisie).

Ce faible taux témoigne en partie de l'ampleur du secteur informel, bien que la dynamique sociale soit également un facteur important. Le taux d'activité national des femmes ne s'élève qu'à 20 %, alors qu'il était de 25 % il y a vingt ans et est inférieur de moitié comparé aux taux enregistrés dans les autres économies émergentes (Graphique 1.4). Seul un quart des jeunes Marocains (15-24 ans) est actif sur le marché du travail et un quart de cette population s'inscrit dans la catégorie NEET (ni en emploi, ni en études, ni en formation). Dans les villes, le taux de chômage des jeunes atteint 47 % (HCP, 2023[23]).

Le taux élevé d'inactivité traduit à la fois l'évolution de la démographie et les limites de la croissance économique du Maroc. La croissance économique a été plus soutenue dans les secteurs à forte intensité capitalistique que dans ceux à forte intensité de main-d'œuvre. Certains de ces secteurs ont contribué à accroître la productivité, mais pas les emplois (expansion de l'industrie manufacturière de haute technologie par rapport à l'industrie textile à plus forte intensité de main-d'œuvre). D'autres secteurs, comme la construction et les travaux publics, ont créé peu d'emplois par rapport aux investissements (OCDE, 2018[13]). Dans l'ensemble, comme indiqué ci-dessus, la croissance n'a pas favorisé l'émergence d'un secteur privé plus dynamique. En moyenne, l'économie marocaine a généré deux fois moins d'emplois par an entre 2010 et 2019 par rapport à la décennie précédente (72 000 contre 144 000) (Bank Al-Maghrib, 2022[24]). Cette cadence n'est pas suffisante pour faire face à la croissance de la population en âge de travailler (en moyenne 89 000 nouvelles personnes par an) (ibid.).

Le marché du travail ne fournit pas non plus suffisamment d'emplois de qualité, en particulier pour les travailleurs peu qualifiés. Environ la moitié de la population active n'a pas de diplôme. Parmi les travailleurs peu qualifiés, moins de la moitié ont un emploi salarié et 45 % travaillent dans l'agriculture (HCP, 2023[25] ; HCP, 2023[23]). Alors que certaines régions ont connu une augmentation de l'emploi dans les secteurs de l'industrie et des services à forte productivité, la plupart des travailleurs qui ont quitté l'agriculture se sont tournés vers des emplois peu qualifiés, souvent informels, dans le secteur des services (Lopez-Acevedo et al., 2021[12]). Parmi ces services figurent le commerce et l'immobilier, deux secteurs à faible valeur ajoutée. Le marché du travail n'a pas encore créé suffisamment d'emplois dotés de perspectives de renforcement des compétences ou d'emplois salariés stables pour les travailleurs peu qualifiés. Selon certaines estimations, le secteur informel compte jusqu'à 80 % du nombre total d'emplois et représente un tiers de la production (Cardarelli et al., 2022[26] ; Roche Rodriguez et al., 2023[27]). Les emplois informels sont dépourvus de protection sociale et de sécurité de l'emploi (éléments essentiels d'un emploi de qualité), tout en privant l'État de recettes publiques et d'une certaine productivité. Toutefois, la généralisation de l'Assurance Maladie Obligatoire a permis d'offrir une couverture médicale obligatoire de base, garantissant l'accès universel aux soins de santé. Mais la formation en cours d'emploi est rare, seul 1.4 % des salariés déclarent avoir bénéficié d'une formation payée par leur employeur au cours de l'année écoulée (HCP, 2023[25]).

Comme le souligne le rapport à venir de l'OCDE « *OECD Economic Surveys: Morocco 2024* », des réformes majeures sont en cours afin d'étendre la couverture de l'assurance sociale et d'attaquer le problème d'informalité, et ce, afin d'améliorer le marché du travail au Maroc. Le rapport souligne également le besoin d'intensifier les efforts visant à renforcer l'intégration des femmes sur le marché du travail (OCDE, 2024[21]).

En ce qui concerne les travailleurs hautement qualifiés, le secteur privé n'offre pas suffisamment de postes pour répondre à la demande. Environ un tiers des salariés hautement qualifiés (titulaires du baccalauréat et de diplômes de l'enseignement supérieur) travaillent dans le secteur public (HCP, 2023[25]). Environ 40 % des travailleurs sans emploi sont titulaires d'un diplôme d'études supérieures. Bien que le taux d'activité des travailleurs titulaires d'un diplôme d'études supérieures soit plus élevé que la moyenne nationale (56 %), il est inférieur aux taux d'activité globaux d'autres pays (Graphique 1.4) (HCP, 2023[23]).

Graphique 1.4. Taux d'activité en baisse, taux d'inactivité des femmes élevé

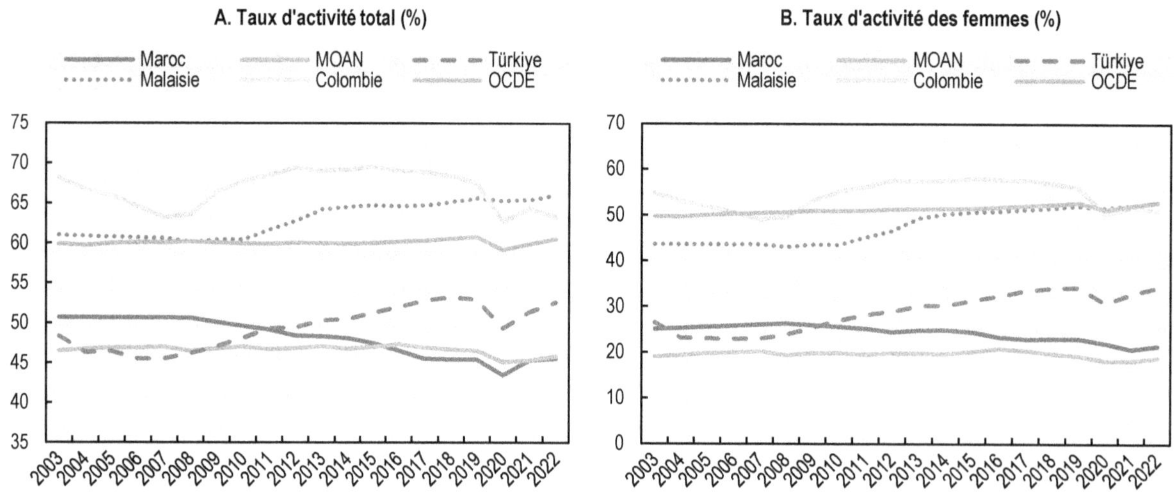

Note : Taux d'activité, total (% de la population totale âgée de 15 ans et plus), taux d'activité des femmes (% de la population féminine âgée de 15 ans et plus), tous deux des estimations modélisées de l'OIT.
Source : (Banque mondiale, 2023[3]).

1.2.4. La persistance des inégalités compromet les perspectives de croissance

Il est essentiel de noter que l'essor économique n'a que modestement contribué à réduire les inégalités entre les régions, les revenus et les catégories de population. L'activité économique est fortement concentrée géographiquement. Près de 70 % de la croissance du PIB (en moyenne) au cours des sept dernières années relèvent de quatre régions (Casablanca-Settat, Tanger-Tétouan-Al Hoceïma, Fès-Meknès et Rabat-Salé-Kénitra) (HCP, 2023[28]). Ces régions regroupent également près de 60 % de la population (HCP, 2023[23]). Le nord du pays (en particulier Casablanca et Tanger) reçoit la plupart des investissements étrangers, notamment dans les secteurs à plus forte valeur ajoutée (Chapitre 6). Comme il a été mentionné, certaines régions ont développé des avantages concurrentiels dans des secteurs dotés d'un fort potentiel de croissance et d'un rendement plus élevé des entreprises, mais de nombreuses régions accusent encore un retard. Deux tiers des régions ont un PIB nominal par habitant inférieur à la moyenne nationale (CSMD, 2021[2]). Ce développement inégal entrave considérablement une croissance économique plus généralisée.

Comme pour la production économique, les perspectives d'emploi varient considérablement d'une région à l'autre du Maroc. Les cinq principales régions (celles mentionnées ci-dessus, ainsi que Marrakech-Safi, qui disposent toutes de grands centres urbains) concentrent plus de 70 % de l'ensemble des emplois (HCP, 2023[25]). En outre, toutes les créations nettes d'emplois entre 2010 et 2019 ont eu lieu dans ces cinq régions (où le nombre d'emplois a augmenté d'environ 430 000, contre une baisse de 22 000 dans le reste du pays) (Lopez-Acevedo et al., 2021[12]). L'agriculture représente toujours les deux tiers de l'emploi rural (HCP, 2023[25]). Cette situation témoigne de la faiblesse des revenus, des compétences et du niveau d'éducation dans les régions rurales, et y contribue (Graphique 1.5). Plus de 70 % des travailleurs actifs des zones rurales ne sont pas diplômés, soit deux fois plus que les travailleurs des zones urbaines. Seuls 4 % des travailleurs ruraux sont titulaires d'un diplôme d'études supérieures (contre 28 % des travailleurs urbains) et, malgré une certaine amélioration, le taux d'alphabétisation de la population rurale adulte (15 ans et plus) n'est que de 50 %. Les emplois ruraux semblent également plus instables et moins bien protégés sur le plan social : les trois quarts des salariés des zones rurales ne disposent pas d'un contrat de travail, contre la moitié des employés salariés en ville. Moins d'un quart des travailleurs ruraux bénéficient d'une couverture médicale de la part de leur employeur (HCP, 2023[25]).

Graphique 1.5. Des disparités marquées entre les villes et les campagnes en matière de niveau d'éducation et de qualité de l'emploi

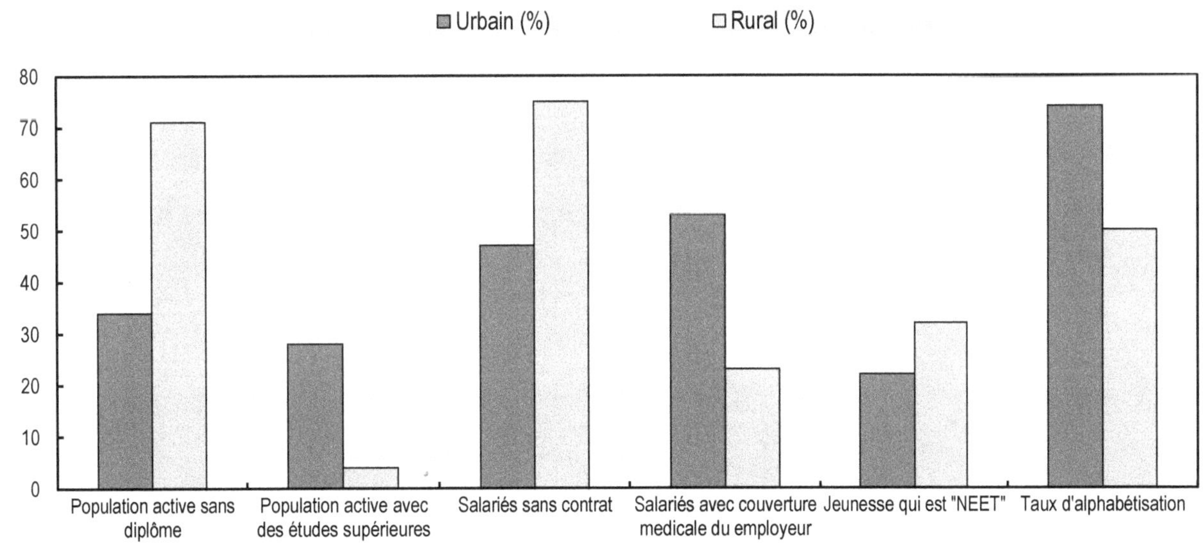

Source : (HCP, 2023[23]).

La réduction des inégalités entre les territoires est l'une des priorités du gouvernement. La régionalisation avancée, définie dans la Constitution de 2011, vise à décentraliser et à déléguer le pouvoir aux régions afin de promouvoir un développement régional plus adapté. Malgré d'importantes réformes en faveur de la régionalisation, le processus demeure incomplet et se heurte à plusieurs obstacles (Chapitre 6). Comme mentionné dans le Chapitre 5, l'amélioration de la gouvernance territoriale, la garantie que les régions disposent de ressources financières suffisantes et la promotion de la cohérence et de la mise en œuvre efficace des plans de développement sont essentielles pour faire progresser le développement des régions et réduire les inégalités.

La croissance économique des dernières décennies n'a pas contribué à réduire les inégalités entre les catégories sociales et les catégories de revenus. Les inégalités en matière de revenus restent élevées. Un coefficient de Gini moyen aux alentours de 40 a été enregistré au cours des deux dernières décennies, ce qui est supérieur aux autres pays de la région (Égypte 30, Tunisie 36, Jordanie 34). La répartition des revenus et des richesses n'a également subi aucune modification et reste concentrée ; les 10 % de personnes les plus riches de la population détiennent environ 50 % du revenu national (avant impôts) et près des deux tiers des richesses personnelles nettes. Ces chiffres sont similaires à ceux des autres pays de la région (bien qu'ils restent inférieurs à la concentration de la richesse dans d'autres pays du monde, notamment en Amérique latine) (WID, 2023[29]).

La faible mobilité sociale se traduit également par la persistance des inégalités entre les catégories sociales en matière de revenus, d'insertion professionnelle, de perspectives d'emploi et de développement des compétences. L'écart est particulièrement frappant pour les femmes et les jeunes. Comme indiqué plus haut, le taux d'activité des femmes est faible (environ 19 % en 2023). Parmi les jeunes femmes (15-24 ans), près de 37.3 % appartiennent à la catégorie NEET (ni en emploi, ni en étude, ni en formation) malgré des améliorations apportées à l'éducation (HCP, 2023[25]). Selon le gouvernement, les femmes gagnent en moyenne 11.2 % de moins que les hommes. Cette tendance renforcée en milieu urbain où, au sein de la population salariée âgée de 18 à 60 ans, le salaire moyen des hommes est de 23 % supérieur au salaire moyen des femmes. La part des femmes dans le revenu total du travail a connu une légère augmentation depuis 1990, mais avec seulement 14 %, elle est inférieure à celle des autres pays, au sein de la région et en dehors (Graphique 1.6) (WID, 2023[29]). En outre, seul un petit nombre de femmes accèdent à des postes de direction, comme en témoigne le faible pourcentage d'entreprises dont les cadres supérieurs sont des femmes (5 % contre 7 % dans la région MENA et 17 % dans les pays de l'OCDE) (Chapitre 2).

Graphique 1.6. L'écart de revenu des femmes est plus important que celui des pays voisins

Part des femmes dans le revenu du travail

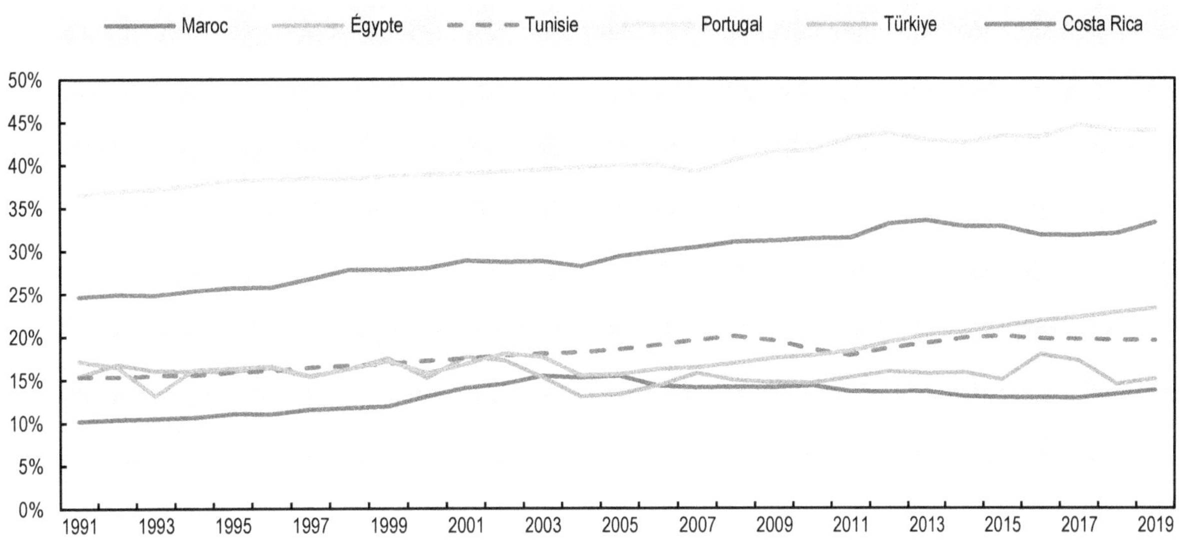

Source : (WID, 2023[29]).

La réduction des écarts entre les hommes et les femmes contribuerait considérablement à la croissance économique et figure parmi les priorités du gouvernement. Selon une estimation du FMI relative à l'effet des réformes structurelles prévues par le gouvernement dans divers domaines (notamment en ce qui concerne la santé, l'éducation, le marché de produits et les réformes de gouvernance), stimuler l'emploi féminin générerait environ trois quarts des gains de production potentiels à long terme (Balima, Bizimana et Dua, 2023[30]).

1.2.5. Les crises récentes accentuent les pressions économiques et sociales

La pandémie de COVID-19 et ses conséquences, ainsi que d'autres crises récentes, notamment celles liées au changement climatique, s'ajoutent aux défis d'une croissance économique plus inclusive. En réponse à ces pressions, le Maroc a su faire preuve de résilience et mis en place des mesures solides, l'aidant à faire face aux conséquences les plus immédiates et à amorcer une reprise de l'économie. Toutefois, stimuler l'investissement privé demeure une nécessité pour favoriser la croissance, atteindre les objectifs en matière de développement et maintenir la stabilité macroéconomique.

La pandémie mondiale a eu de graves répercussions sur l'économie marocaine. Des mesures de confinement strictes et une réduction globale de la demande ont entraîné une chute brutale de la consommation intérieure, des exportations et des importations. Le PIB a enregistré un recul général de 7.2 % en 2020, soit la plus forte baisse enregistrée sur une année de l'histoire moderne du Maroc. Des secteurs économiques clés comme le tourisme, la construction et l'agriculture ont été particulièrement touchés. L'agriculture a également souffert de la sécheresse pour la troisième année consécutive, soulignant sa vulnérabilité face au changement climatique. Selon les autorités, près de 40 % des entreprises ont procédé à des licenciements en 2020 et 2021, et un quart des chefs d'entreprise s'attendaient un risque élevé d'insolvabilité. En 2021, environ 40 % des entreprises ont déclaré que leur activité était toujours réduite de moitié par rapport à la situation antérieure à la pandémie (HCP, 2021[31] ; HCP, 2022[32]). Une étude publique réalisée en 2022 a révélé que la crise avait réduit à néant près de sept années de progrès en matière d'atténuation de la pauvreté et de la vulnérabilité (HCP, 2022[33]).

En réaction aux conséquences économiques et sociales de la pandémie, le gouvernement a mis en œuvre une série de mesures, notamment la mise en place du cadre réglementaire pour l'assurance maladie obligatoire, des aides financières importantes pour couvrir les coûts relatifs à la santé, des subventions salariales, des garanties publiques couvrant les crédits spécifiques à la période de crise octroyés en faveur des entreprises, notamment les petites et moyennes entreprises (PME), et des reports du paiement des impôts. Cette réponse, conjuguée à la reprise de la demande mondiale, a contribué à un rebond initial en 2021, le PIB augmentant de près de 8 %. Toutefois, plus de temps sera nécessaire pour remédier à un grand nombre des répercussions sociales et économiques. Face à l'impact économique et social de la pandémie, Bank Al-Maghrib, à l'instar des autres banques centrales, a mis en œuvre une réponse articulée autour de plusieurs axes, notamment l'actionnement des instruments de politique monétaire, l'assouplissement des exigences prudentielles applicables aux banques et l'accélération de la digitalisation des services bancaires.

À plus long terme, des périodes de sécheresse plus fréquentes et plus graves soulignent l'importance des mesures d'atténuation pour faire face aux effets du changement climatique. Le secteur agricole joue un rôle majeur au sein de l'économie. Les sécheresses représentent donc une menace non négligeable pour la stabilité économique globale et la sécurité alimentaire nationale. En outre, le Maroc est l'un des pays les plus touchés par la pénurie d'eau dans le monde. Selon les estimations, la raréfaction des ressources en eau et la diminution des rendements des cultures dus au changement climatique pourraient faire chuter le PIB de 6.5 % (Banque mondiale, 2022[34]).

L'économie a été confrontée à de nouveaux chocs en 2022. La guerre offensive déclarée par la Russie à l'Ukraine, qui a entraîné une hausse mondiale des prix des denrées alimentaires et de l'énergie, ainsi qu'un nouvel épisode de sécheresse, ont contribué à une décélération du PIB (1.5 %) et à une forte progression de l'inflation. En 2023, le rythme de croissance de l'économie marocaine a connu une amélioration pour atteindre 3.4 % en moyenne trimestrielle.

Les dépenses publiques restent néanmoins élevées. Les mesures de dépenses collectives prises depuis 2020 (notamment l'augmentation des subventions sur l'énergie et le blé) ont été essentielles pour faire face aux conséquences de ces différentes crises et la situation macroéconomique stable du Maroc avant 2020 lui a octroyé la marge de manœuvre nécessaire pour réagir efficacement (Cardarelli et Koranchelian, 2023[14]). Cependant, les dépenses élevées ont exercé une pression sur le déficit budgétaire et la dette publique. En 2020 et 2021, avec la succession de crises, les trois principales agences de notation des dettes souveraines (Moody's, S&P et Fitch) ont rétrogradé le Maroc à un niveau légèrement inférieur à la catégorie Investissement, traduisant les contractions économiques mondiales et nationales, la diminution des financements extérieurs et des dépenses publiques élevées. En 2024, la notation du Maroc par ces agences a été réhaussée en passant de perspectives stables à positives, reflétant ainsi la résilience de l'économie marocaine. Cette amélioration des perspectives économiques du Royaume, selon ces agences, a été une exception dans la région et sur le continent cette année. Le maintien de la stabilité macroéconomique est donc primordial pour résister aux chocs futurs et pour donner confiance aux investisseurs. De même, l'investissement privé joue un rôle essentiel pour contrebalancer les pressions qui pèsent sur les finances publiques.

1.3. Stimuler l'investissement privé pour favoriser une croissance plus durable et plus inclusive

1.3.1. Un nouveau programme de réformes : passer d'une croissance axée sur l'investissement public à celle axée sur l'investissement privé

Conscient des défis à relever pour parvenir à une croissance économique plus généralisée et plus inclusive, le gouvernement a donné un nouvel élan aux réformes. L'un des principaux objectifs de ces politiques et propositions est de bâtir une économie productive et diversifiée qui crée des emplois de qualité et réduit les inégalités. Un grand nombre de ces objectifs sont exposés dans le Nouveau Modèle de Développement (NMD), un ensemble complet de recommandations politiques élaborées entre 2019 et 2021 par une commission spéciale nommée par Sa Majesté le Roi. Le NMD identifie les contraintes qui pèsent sur le développement social et économique et propose des objectifs stratégiques et concrets pour 2035. Nombre de ces réformes sont en cours d'examen ou déjà adoptées par le gouvernement, dans différents domaines d'action. Le NMD définit quatre domaines prioritaires de réforme et cinq leviers de transformation pour lancer ce nouveau processus de développement (Tableau 1.1).

Tableau 1.1. Priorités en matière de réforme et leviers de transformation du NMD

Priorités en matière de réforme
Transformer l'économie pour qu'elle soit diversifiée, productive et compétitive, afin de générer davantage de croissance, de créer des emplois de qualité et d'intégrer les femmes et les jeunes
Renforcer le capital humain par des réformes dans les domaines de la santé et de l'éducation afin de favoriser le développement des compétences
Promouvoir l'inclusion, y compris l'égalité d'accès aux débouchés économiques dans tout le Royaume
Faire progresser la territorialisation, afin de donner aux régions les moyens de concevoir et de mettre en œuvre les politiques les mieux adaptées à leurs besoins
Leviers de transformation
Tirer parti de la technologie numérique
Renforcer l'efficacité administrative
Sécuriser les ressources financières
Mobiliser les contributions des Marocains du monde
Favoriser les liens de coopération avec des partenaires extérieurs

Source : Selon (CSMD, 2021[2]).

Le NMD place le dynamisme du secteur privé au cœur du dispositif et estime que l'investissement, en particulier l'investissement privé, est essentiel à la réalisation de la transformation économique. Il préconise de créer des conditions plus favorables à l'augmentation des investissements privés nationaux et étrangers et de mieux répartir les investissements vers des secteurs plus productifs qui peuvent à leur tour favoriser la diversification et le développement des industries, ainsi que la création d'emplois et le développement des compétences. L'investissement privé sera également essentiel pour financer les différents objectifs politiques du NMD (CSMD, 2021[2]).

L'un des principaux objectifs du gouvernement (également décrit dans le NMD) est d'inverser le ratio des investissements publics par rapport aux investissements privés. L'investissement global en pourcentage du PIB au Maroc a été solide, atteignant en moyenne un peu moins de 30 % au cours de la dernière décennie (Graphique 1.7). Ce taux est comparable à celui des pays qui ont connu une forte croissance stimulée par l'investissement et, contrairement aux autres pays de la région, il n'a pas diminué en raison des divers chocs économiques survenus au cours des deux dernières décennies. Mais le rendement de cet investissement, en matière de croissance économique, a été inférieur à celui des autres pays de la région (Ali et al., 2023[35]).

Graphique 1.7. Taux d'investissement comparable à celui des économies à forte croissance

Formation brute de capital fixe (% du PIB)

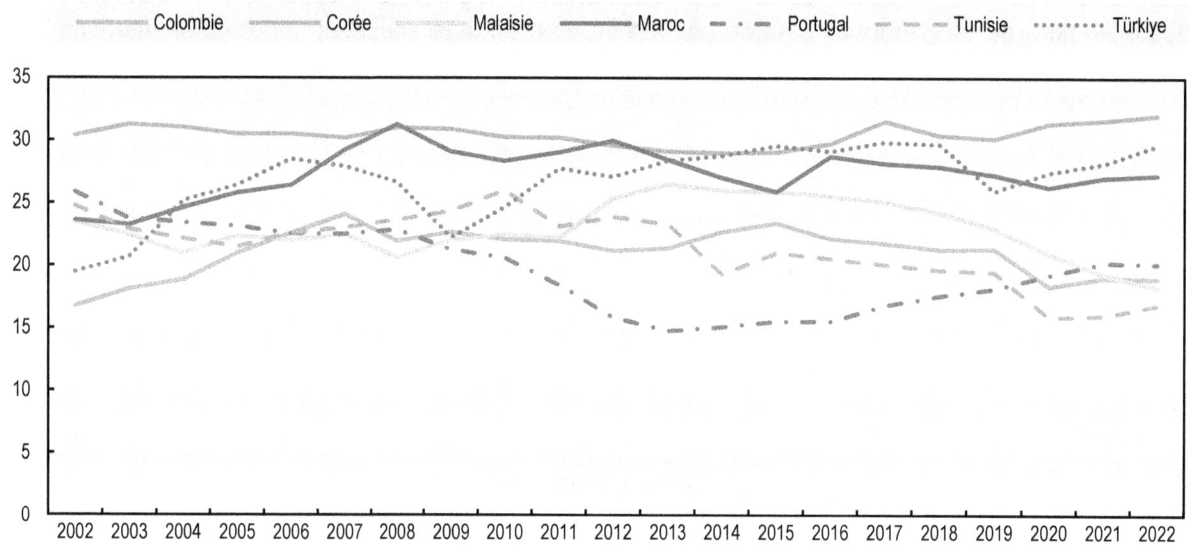

Source : (Banque mondiale, 2023[3]).

Cela s'explique en partie par le rôle prépondérant de l'investissement public, qui représente jusqu'à deux tiers de la formation brute de capital fixe (Graphique 1.8). L'investissement public a contribué au développement d'infrastructures clés, essentielles à l'amélioration de l'environnement opérationnel des entreprises et de l'attractivité du Maroc en tant que destination d'investissement. La majeure partie de la formation brute de capital fixe au cours de la dernière décennie a été consacrée à la construction et aux projets publics permettant ainsi au Maroc de disposer aujourd'hui d'infrastructures de qualité. Toutefois, l'investissement public est moins performant pour favoriser la croissance des secteurs productifs et innovants, et une dépendance excessive à l'égard du financement public est susceptible de décourager l'investissement privé. Le montant que le secteur public peut financer tout en maintenant la stabilité macroéconomique est également limité, en particulier si l'on considère les chocs récents qui ont réduit la marge de manœuvre en matière de politique budgétaire (ibid.). L'investissement peut potentiellement jouer un rôle beaucoup plus important dans la croissance économique (Graphique 1.3), mais uniquement grâce à des niveaux plus élevés d'investissement privé.

Graphique 1.8. L'investissement public stimule la formation brute de capital fixe, notamment dans les infrastructures

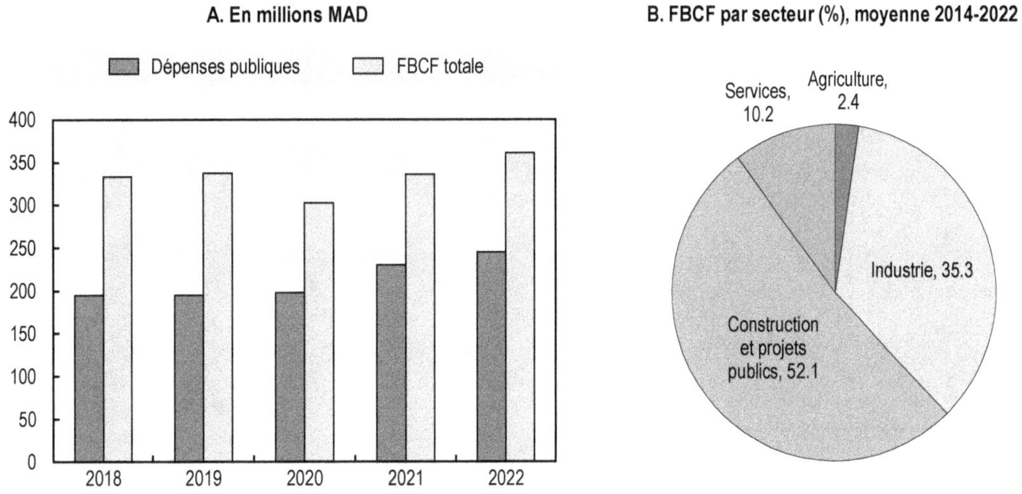

Note : Ce graphique compare le montant de l'investissement public dans les budgets annuels au total de la formation brute de capital fixe. Dans les comptes nationaux, il n'existe pas de ventilation de la FBCF entre secteur privé et secteur public. Il convient de signaler que le secteur des sociétés non financières inclut également les établissements et entreprises publics. Le ministère de l'Économie et des Finances a estimé la part de l'investissement public à l'aide de cette méthode. L'investissement public comprend les investissements de l'état et des entreprises publiques (confirmés) dans le secteur social, les infrastructures et les secteurs de production.
Source : Investissement public : (Ministère de l'Économie et des Finances, 2023[36]) ; données FBCF pour les deux panels : HCP.

1.3.2. Les investissements étrangers offrent surtout des avantages supplémentaires

L'investissement privé est la clé d'une croissance économique plus dynamique et durable. En tant que complément fondamental de l'investissement national, l'IDE est en mesure d'offrir des avantages supplémentaires en faveur des objectifs de développement durable. Les entreprises étrangères sont susceptibles d'apporter des avantages directs tels que des nouvelles technologies, de meilleures pratiques en matière d'égalité des genres ou la création d'emplois de qualité. Elles peuvent également avoir des retombées indirectes sur l'économie, grâce aux chaînes de valeur entretenues avec les entreprises nationales, aux interactions de marché et à la mobilité des travailleurs entre les entreprises nationales et étrangères. Plusieurs conséquences peuvent en découler, telles que faciliter les transferts de connaissances, contribuer au développement du capital humain et à la diffusion de technologies plus propres, et ainsi augmenter la productivité et le niveau de vie. Ces avantages ne se concrétisent toutefois pas toujours, car les politiques et les institutions jouent un rôle essentiel dans la concrétisation des avantages potentiels de l'IDE et l'atténuation des effets négatifs et des compromis (OCDE, 2022[37]).

En partie grâce aux retombées positives des réformes sur l'amélioration du climat d'investissement au Maroc, les flux d'IDE ont régulièrement augmenté au cours des deux dernières décennies, faisant de ce pays l'une des principales destinations d'investissement dans la région MENA (Chapitre 2). Malgré la volatilité des flux entrants pendant les périodes de turbulences économiques mondiales (notamment en 2008 et 2020), la tendance générale est restée positive (Graphique 1.9). En 2018, les flux d'IDE ont atteint un niveau record de 3.6 milliards USD, suivis d'une chute brutale les années suivantes pour atteindre 1.4 milliards USD en 2020 lors de la crise de COVID-19. Les flux d'IDE ont ensuite atteint 2.3 milliards USD en 2022. Cependant, la croissance du stock d'IDE a nettement ralenti au cours des dix dernières années par rapport à la décennie précédente (augmentation de 31 % entre 2011 et 2020, contre 113 % au cours de la décennie précédente) (ibid.).

Graphique 1.9. L'IDE, bien que volatile, a augmenté dans les services, l'industrie manufacturière et la construction

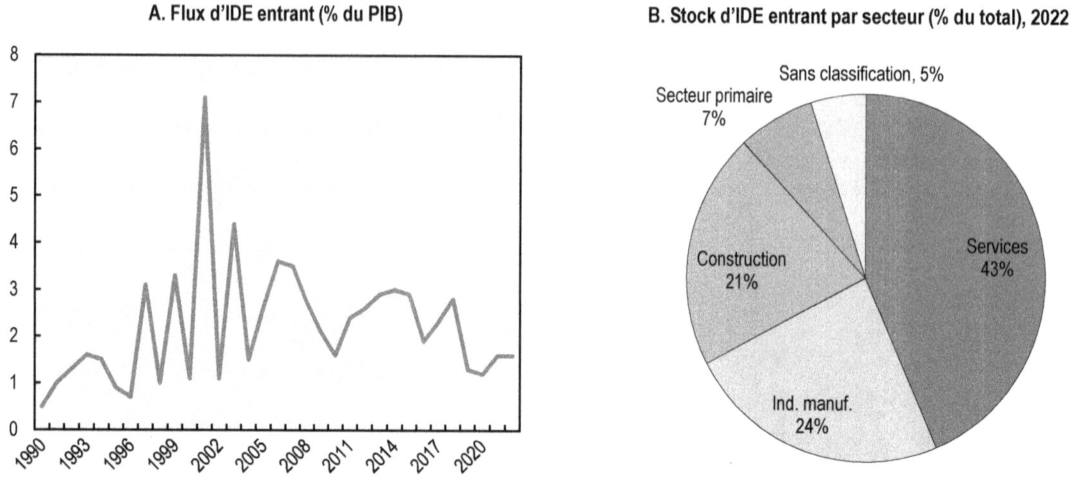

Note : La classification sectorielle suit la classification officielle fournie par la source de données.
Source : Panel A : élaboré par l'OCDE selon les données de la CNUCED (Conférence des Nations Unies sur le Commerce et le Développement); Panel B : élaboré par l'OCDE selon les données de l'Office des Changes du Maroc.

L'IDE a contribué au développement du secteur privé au cours des dernières décennies. L'analyse de l'OCDE (détaillée dans le Chapitre 2 et résumée ci-dessous) révèle que l'IDE au Maroc est positivement associé à la productivité, à l'innovation, à la création d'emplois et à l'intégration dans les chaînes de valeur mondiales. L'IDE se concentre dans les secteurs les plus productifs et les plus porteurs d'emplois. Les entreprises étrangères sont plus susceptibles d'investir dans la recherche et le développement (R&D) et d'avoir davantage recours aux technologies étrangères que les entreprises nationales. Elles disposent également d'une proportion plus élevée de travailleurs permanents, ce qui laisse supposer qu'elles offrent des perspectives d'emploi plus stables que les entreprises nationales (Graphique 1.10).

Toutefois, à l'instar du développement économique en général, ces avantages semblent être fortement concentrés dans les centres ou zones économiques principaux et dans des secteurs en particulier. Par exemple, les entreprises locales ont rencontré des difficultés à s'intégrer dans la chaîne de valeur de l'industrie automobile. La plupart des équipementiers de rang 1 et 2 sont des multinationales ; les PME locales ne sont souvent employées que comme sous-traitants de rang 3 ou 4 (Amachraa, 2023[38]). Pour que l'investissement contribue positivement aux objectifs économiques et sociaux du Maroc, le gouvernement devra également promouvoir des réformes en parallèle afin de permettre aux fournisseurs et travailleurs nationaux de répondre aux exigences des investisseurs dans des secteurs plus diversifiés, plus productifs et plus qualifiés. Comme le souligne le rapport à venir de l'OCDE « *OECD Economic Surveys: Morocco 2024* », il est nécessaire d'élargir l'éventail des activités et la sophistication des exportations (OCDE, 2024[21]).

Les administrations nationales et locales ont déployé des efforts conjugués pour diffuser l'IDE de manière plus large dans les différentes régions, avec pour objectif de favoriser les retombées positives de l'investissement au-delà des principaux centres économiques. Entre 2008 et 2017, deux régions, Tanger-Tétouan-Al Hoceïma (TTA) et Casablanca-Settat (CS), ont retenu 60 à 70 % de l'ensemble des nouveaux IDE (Chapitre 6). D'autres régions (dont celle de Rabat-Salé-Kénitra) ont attiré une part croissante de nouveaux projets au cours des cinq dernières années, mais les investissements étrangers restent concentrés dans les pôles économiques. L'impact de l'IDE varie également d'une région à l'autre. La création d'emplois découlant de nouveaux projets est 30 % plus élevée dans la région TTA que dans la région CS, en raison de sa concentration d'industries à forte intensité de main-d'œuvre (Chapitre 6). Dans la région CS, le secteur des services de haute technologie est largement représenté, impliquant que les entreprises étrangères établies dans la région sont plus susceptibles d'avoir recours aux technologies étrangères et d'ajouter de nouveaux produits ou services que les entreprises étrangères établies dans la région TTA (ibid.). Ce constat souligne l'importance des stratégies territoriales pour attirer les investissements et en récolter les bénéfices au niveau infranational, en tirant parti de la proposition de valeur unique de chaque région.

Graphique 1.10. Les entreprises étrangères sont plus productives, s'impliquent davantage dans la R&D et ont davantage recours aux technologies étrangères

Les entreprises étrangères sont-elles plus performantes que les entreprises nationales ? Oui si le score est >0

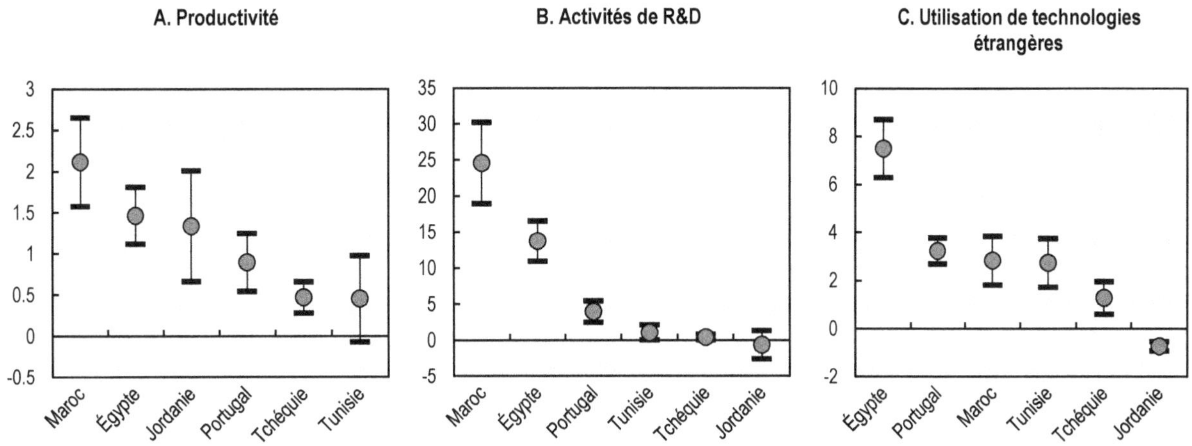

Note : Le graphique affiche les indicateurs qui mesurent la performance des entreprises étrangères par rapport aux entreprises nationales pour un résultat donné, ainsi que l'intervalle de confiance à 95 % correspondant. Consulter (OCDE, 2019[39]) pour une description de la méthodologie utilisée. Les données pour l'Égypte et la Tunisie se rapportent à 2020. Les données pour le Maroc, la Jordanie, le Portugal et la Tchéquie se rapportent à 2019.
Source : Élaborée par l'OCDE selon des enquêtes de la Banque Mondiale sur les entreprises.

1.3.3. Une nouvelle dynamique pour améliorer le climat des investissements et des affaires

Constatant l'importance d'accroître l'investissement privé et les retombées positives potentielles de l'investissement sur les objectifs de développement, le gouvernement a apporté une série de modifications juridiques et institutionnelles au cadre des politiques de l'investissement, conformément aux orientations royales et aux axes définis dans le NMD. Parmi ces modifications figurent la création du MICEPP, rattaché au Chef du gouvernement, ainsi que la poursuite des réformes visant à renforcer les CRI. Une nouvelle Charte de l'investissement guide les réformes. La loi-cadre, adoptée en 2022, vise à établir un cadre transparent et structuré pour les investisseurs, en décrivant de nouveaux dispositifs d'aide à l'investissement, des plans d'action pour améliorer le climat des affaires ainsi que des mesures pour promouvoir une gouvernance unifiée et décentralisée de l'investissement. Les objectifs stratégiques comprennent notamment d'atteindre 50 milliards d'euros d'investissements privés d'ici 2026 et de créer 500 000 emplois (AMDIE, 2023[40]).

La Charte s'inscrit dans le cadre de la mise en œuvre des Hautes Orientations de Sa Majesté le Roi Mohammed VI et entérine les recommandations du NMD et du Programme Gouvernemental, qui font de l'investissement le moteur de la relance économique du Royaume. Elle fixe les objectifs fondamentaux de l'État, instaure les différents dispositifs de soutien à l'investissement, définit les principes de leur gouvernance et encadre les chantiers de réforme à déployer pour faciliter l'acte d'investir. La Charte a pour ambition de donner un nouveau souffle au climat de l'investissement au Maroc et vise à renforcer l'impact de l'investissement, en particulier créer des emplois, favoriser un développement équitable entre les régions, inciter l'investissement dans des secteurs à fort potentiel de croissance et promouvoir plus largement le développement durable. Pour ce faire, elle s'appuie principalement sur un nouvel ensemble d'incitations financières, mises à la disposition des entreprises qui poursuivent ces objectifs. Des avantages plus généreux sont disponibles dans les régions moins développées. D'après les autorités, depuis la mise en application de la nouvelle Charte, cinq commissions nationales des investissements ont été tenues, au cours desquelles 115 projets d'investissement ont été approuvés pour un montant de MAD 173 milliards permettant la création prévisionnelle de 96 000 emplois directs et indirects. Une majorité de ces investissements sont à capitaux marocains.

La Charte présente également des réformes visant à améliorer le climat des affaires, notamment la rationalisation des procédures et la déconcentration de l'administration. Au cœur de l'action gouvernementale pour y parvenir figurent plusieurs axes connexes : la simplification des procédures et des processus administratifs, la déconcentration et le transfert aux régions des décisions administratives et du soutien aux investisseurs, l'amélioration de la mobilisation et de la visibilité du foncier dédié à l'investissement productif, l'amélioration de la compétitivité logistique, les mécanismes de coordination territoriaux pour l'amélioration du climat des affaires, ainsi que la numérisation et la dématérialisation des services publics. Ces objectifs s'inscrivent dans les objectifs plus larges du développement numérique et de la réforme administrative, qui figurent tous deux parmi les cinq leviers de changement du NMD (Tableau 1.1) (CSMD, 2021[2]).

Les objectifs d'amélioration du climat des affaires, levier stratégique pour stimuler l'investissement et l'entreprenariat, ont été déclinés en chantiers et mesures précis. Ceux-ci s'inscrivent dans une feuille de route pluriannuelle 2023-2026 élaborée en étroite collaboration avec l'ensemble des partenaires et acteurs du monde des affaires (secteur public, secteur privé, secteur bancaire, territoires). Cette feuille de route a ainsi tenu compte des recommandations du NMD, du Programme Gouvernemental, de la nouvelle Charte de l'investissement ainsi que des mesures émanant du dialogue continu public-privé et des territoires.

L'engagement du gouvernement en faveur de la réforme est clair, mais des lacunes subsistent dans la réalisation de ces objectifs. L'amélioration de la qualité des services publics et la simplification des procédures pour les investisseurs, notamment grâce à la numérisation, nécessiteront davantage de temps et d'investissements. Deux autres points seront également indispensables : renforcer les capacités des fonctionnaires à tous les niveaux et accompagner les entreprises dans ces changements. D'importants défis plus vastes subsistent en ce qui concerne le climat d'investissement, notamment la corruption, la fiscalité et l'informalité. Le gouvernement a emprunté une trajectoire de réforme positive. Le présent Examen met en évidence les progrès considérables accomplis et propose des domaines dans lesquels il convient de poursuivre les réformes, tout en soulignant l'importance d'une mise en œuvre réussie des mesures récentes.

1.4. Principales conclusions et recommandations visant à améliorer le climat de l'investissement au Maroc

Se basant sur une version actualisée du Cadre d'action pour l'investissement, ce deuxième Examen de l'OCDE des politiques de l'investissement du Maroc détermine plusieurs domaines potentiels de réforme afin de mettre en place un environnement d'investissement solide et transparent pour soutenir une croissance économique plus durable et inclusive. La section qui suit résume les conclusions et les évaluations de chacun des chapitres suivants du présent Examen. Les nombreuses alternatives en matière de politiques allient des mesures concrètes qui peuvent être mises en œuvre relativement rapidement et des recommandations plus ambitieuses, qui nécessiteront des changements plus profonds dans la manière dont le gouvernement mène ses activités. Certaines mesures ne peuvent être mises en œuvre qu'à long terme, tandis que d'autres sont déjà envisagées par le gouvernement. L'objectif est de fournir une liste de mesures à prendre en compte par le gouvernement dans le cadre de la poursuite des réformes de son climat d'investissement.

1.4.1. Tendances et impacts des IDE au Maroc

Depuis quelques décennies, le Maroc attire de plus en plus d'IDE, à la faveur de grandes réformes économiques structurelles et d'une bonne performance économique, mais aussi d'une situation géographique stratégique faisant de lui la porte d'entrée du marché africain, notamment pour les investisseurs européens. En 2018, les flux d'IDE ont atteint un niveau record de 3.6 milliards USD, suivis d'une chute brutale les années suivantes pour atteindre 1.4 milliards USD en 2020 lors de la crise de COVID-19. Les flux d'IDE se sont ensuite établis à 2.3 milliards USD en 2022. L'IDE a également gagné en intérêt pour l'économie marocaine au fil du temps, comme en témoigne la part grandissante du PIB du pays que représente le stock d'IDE.

Ce stock d'IDE se concentre dans les services, en particulier les télécommunications, la finance et le tourisme ; autant de secteurs qui ont attiré des flux croissants d'IDE à la suite de grands programmes de privatisation et de libéralisation. Au sein de l'industrie manufacturière, ce sont l'automobile, l'aérospatiale et le textile qui bénéficient d'une part significative du stock d'IDE. Le secteur de la construction est une autre cible importante, comme en attestent de grands projets d'investissement étranger destinés au développement de la santé urbaine, du tourisme et des installations industrielles. Les projets d'IDE « greenfield » sont majoritaires dans l'industrie manufacturière, en particulier les véhicules à moteur, les produits minéraux non métalliques, les métaux et l'électronique. Une part importante de l'IDE « greenfield » est également orientée vers l'exploitation minière et l'énergie, dont 40 % à destination de projets d'énergie renouvelable (solaire, éolienne et hydraulique).

Les principaux investisseurs au Maroc sont les entreprises européennes, à raison de près de 55 % du stock total d'IDE en 2022. Les entreprises de la région MENA représentent pour leur part 25 % des investisseurs en 2022 (27 % en 2021). La France est le premier investisseur étranger au Maroc, traditionnellement dans les industries automobile, aéronautique et ferroviaire, et plus récemment dans le secteur des énergies renouvelables. Les Émirats arabes unis et l'Espagne lui emboîtent le pas, en deuxième et troisième places respectivement, notamment dans des secteurs de la construction, du tourisme et de l'automobile. D'autres pays européens, comme la Suisse, le Royaume Uni ou la Belgique, commencent à être d'importants investisseurs au Maroc. Les Etats-Unis ont beaucoup investi au Maroc dans les années 2010, notamment dans les secteurs de l'automobile, l'aéronautique et l'agroalimentaire. Depuis quelques années, malgré la prédominance des investissements français, le Maroc connaît une certaine diversification des origines des investissements, avec de plus en plus d'investisseurs originaires d'Asie, d'autres pays du Moyen Orient et d'autres pays européens.

Le premier Examen des politiques de l'investissement du Maroc, conduit en 2010, constatait le rôle important que l'IDE a joué dans le développement économique du pays, avec des retombées positives sur l'emploi, la productivité, les compétences et l'internationalisation de l'économie. Cette deuxième édition intervient à l'heure où le Maroc fait face à de nouveaux défis, dont celui de se doter d'une économie plus inclusive et plus durable. Conjugué avec l'investissement domestique, l'IDE peut jouer un rôle majeur dans la réalisation de certains des objectifs de développement durable pressants du Maroc : la création d'emplois plus nombreux et de meilleure qualité, la réduction des inégalités et des disparités sociales et territoriales, et la durabilité environnementale de l'économie, par exemple.

En favorisant la productivité, l'innovation, la création d'emploi et l'intégration dans les chaines de valeur mondiales (CVM), l'IDE a fortement stimulé le développement du secteur privé marocain au cours des dernières décennies. Il est concentré dans les secteurs des services et de l'industrie manufacturière, lesquels sont plus productifs et contribuent dans une large mesure à la valeur ajoutée cumulée et à l'emploi. Ces secteurs sont en outre plus porteurs d'emplois : au Maroc, l'IDE « greenfield » génère presque quatre emplois par million de dollars investis, soit plus que les pays de l'OCDE et de la région MENA en moyenne.

Les entreprises étrangères sont en moyenne plus productives, ont davantage tendance à mener des activités de R&D et utilisent plus de technologies étrangères que les entreprises marocaines[1]. Plus orientées vers les échanges du fait qu'une plus forte proportion de leurs ventes se fait à l'exportation et qu'elles importent une plus grande partie de leurs intrants, elles s'imposent en acteurs majeurs de l'intégration du Maroc dans les CVM dans leur rôle de point d'accès important aux marchés internationaux.

L'IDE apporte une contribution positive aux grands objectifs sociaux et environnementaux du Maroc. Aucune différence significative n'est observée entre les entreprises marocaines et les entreprises étrangères sur le plan des salaires et de la part de travailleurs qualifiés, mais les entreprises étrangères affichent en moyenne une plus forte proportion de travailleurs permanents, ce qui donne à penser qu'elles offrent des perspectives d'emplois plus stables. Les entreprises étrangères ont par ailleurs fait montre d'une plus grande résilience face à la crise du COVID-19 et se sont rétablies plus rapidement que les entreprises locales.

Les entreprises étrangères ne sont pas plus performantes que les entreprises marocaines en ce qui concerne l'égalité femmes-hommes. On note en particulier l'absence de différence significative entre entreprises étrangères et locales s'agissant de l'emploi féminin et des postes de cadre supérieur occupés par des femmes. Cela étant dit, l'actionnariat féminin est plus important dans les entreprises étrangères. L'IDE semble encourager la décarbonation de l'économie marocaine. Il est répandu dans les secteurs moins polluants et la part consacrée aux énergies renouvelables (9 %) est supérieure à la moyenne observée dans la région MENA (5 %) et proche de la moyenne de la zone OCDE (9.6 %). D'autre part, les entreprises étrangères sont plus sobres en énergie que les entreprises locales, ce qui tend à indiquer qu'elles ont un rôle important à jouer dans la diffusion de technologies plus propres.

Orientations générales

- Diversifié par secteurs, le stock d'IDE est néanmoins très concentré par pays d'origine : ensemble, la France, les Émirats arabes unis et l'Espagne représentaient 57 % du stock total en 2022. Cette dépendance d'un petit groupe d'investisseurs rend le Maroc plus vulnérable à la conjoncture économique et politique de ces pays. Aussi importe-t-il, pour réduire l'exposition du pays aux chocs externes, de chercher à attirer des IDE d'autres pays et plus particulièrement de la région MENA.
- Les entreprises étrangères opérant au Maroc sont plus performantes que les entreprises locales en matière d'innovation et de commerce, alors que leur contribution est mitigée en ce qui concerne la productivité et les salaires. Des meilleures capacités des entreprises marocaines peuvent permettre d'établir des relations plus fortes au sein des chaînes de valeur (par exemple, des relations avec les fournisseurs) avec les entreprises étrangères et de bénéficier de leur présence. Le développement des capacités locales nécessite des efforts dans plusieurs domaines, tels que les compétences, l'innovation et l'environnement commercial local. De meilleures données au niveau des entreprises permettraient de mieux mesurer l'impact de l'IDE sur la productivité et d'autres facteurs et de formuler des recommandations plus spécifiques au cas marocain.
- La contribution des entreprises étrangères à la réduction des disparités entre les sexes pourrait être plus importante. Une étude plus approfondie du rôle des facteurs propres au pays d'implantation et au pays d'origine s'impose, mais des mesures levant les obstacles à l'activité féminine peuvent aider les femmes à tirer parti des perspectives d'emplois (plus stables) offertes par les entreprises étrangères, surtout dans les secteurs des services susceptibles d'employer un grand nombre de femmes. Ces mesures pourraient prendre la forme d'un cadre réglementaire et juridique sensible aux disparités entre les sexes, de programmes pour aider les femmes à acquérir les compétences recherchées par les entreprises étrangères, et de services sociaux (ex. accueil des enfants). Afin de consolider la place de la femme marocaine dans le tissu économique, la nouvelle Charte de l'investissement prévoit une prime ratio genre.
- L'IDE est concentré dans les secteurs moins polluants et affecté en grande proportion aux énergies renouvelables. Parallèlement, la plus grande sobriété énergétique des entreprises étrangères est révélatrice du potentiel d'amélioration de la performance environnementale des entreprises marocaines. Par exemple, en encourageant la diffusion et l'adoption de technologies plus propres introduites par les entreprises étrangères.

1.4.2. Le cadre juridique relatif aux investissements

Une politique d'investissement efficace s'ancre dans des institutions solides et une gouvernance publique de qualité. Une réglementation de qualité, la transparence, l'ouverture et l'intégrité sont les conditions requises pour mener à bien une politique d'investissement. La manière dont cette dernière est élaborée et modifiée influe sur les décisions d'investissement (OCDE, 2015[41]). L'étude des composantes de la politique d'investissement, notamment l'ouverture, la qualité de la réglementation en place et les mécanismes d'exécutions des contrats et de règlements des différends, est donc clé dans l'évaluation de l'environnement propice à l'investissement.

Au Maroc, la libéralisation progressive de l'économie au cours des années 1990 et son ouverture subséquente aux investissements directs étrangers (IDE) a généré des opportunités considérables, faisant du pays l'une des principales destinations d'investissement dans la région du Moyen Orient et d'Afrique du Nord (OCDE, 2021[42]). Visant ainsi à encourager davantage la croissance du secteur privé et la promotion des investissements, le Maroc a promulgué sa première législation majeure sur l'investissement en 1995 (Charte de l'investissement de 1995), qui est restée en vigueur jusqu'à son remplacement en 2022 par la promulgation de la loi cadre n° 03-22 formant charte de l'investissement (Charte de l'investissement ou Charte). Par ailleurs, à la suite de la restructuration ministérielle d'octobre 2021, un nouveau ministère chargé de l'investissement, de la convergence et de l'évaluation des politiques publiques voit le jour.

La nouvelle Charte de l'investissement du pays reconnait le principe de non-discrimination en matière d'investissement, en garantissant l'égalité de traitement des investisseurs, quelle que soit leur nationalité. Elle s'applique aux investissements étrangers et nationaux dans tous les secteurs économiques, à l'exception du secteur agricole, qui reste soumis à une réglementation spécifique. La Charte assure le droit à la libre convertibilité et au rapatriement des capitaux investis et des bénéfices après le respect des obligations fiscales, ainsi que la protection des droits de propriété intellectuelle. Elle mentionne également l'inclusion dans les conventions d'investissement de clauses relatives au recours judiciaire ou arbitral ainsi qu'au règlement à l'amiable.

Le corpus juridique régissant les investissements au Maroc comprend, au-delà de la nouvelle Charte de l'investissement, les lois afférentes au droit des affaires, dont le rythme soutenu des réformes a fortement contribué à faire du Maroc une destination attractive et sécurisante pour les investissements étrangers. Ces textes offrent aux investisseurs un cadre moderne et propice à l'investissement. Certaines lois spécifiques, notamment celles relatives à l'expropriation ou encore au régime foncier, pourraient bénéficier d'un nouveau souffle afin de moderniser les régimes juridiques en place.

Le système judiciaire marocain a également un rôle fondamental à jouer dans le renforcement de la compétitivité et de la croissance économique du Maroc et son fonctionnement est essentiel pour créer les conditions d'un climat d'affaires sain et compétitif. Au Maroc, le système judiciaire est doté de tribunaux commerciaux spécialisés, chargés des litiges économiques et commerciaux. Au cours des dernières années, le Maroc a mis en place de nombreuses initiatives afin d'améliorer l'accès à la justice, notamment au système judiciaire. En parallèle, le Maroc fournit de manière graduelle aux investisseurs, des mécanismes alternatifs de résolution des conflits pour régler les litiges commerciaux et les différends en matière d'investissement, notamment en consacrant une loi à part entière à l'arbitrage et à la médiation conventionnelle ou encore par la mise en place d'institutions comme le Médiateur du Royaume. À ce titre, le Maroc est encouragé à suivre la recommandation édictée dans le NMD relative à la mise en place d'un défenseur de l'entreprise, qui permettrait non seulement une meilleure détection des litiges en amont mais aussi de prévenir les litiges en devenir et de désengorger le système judiciaire.

Recommandations d'action

- **Évaluer les coûts et les avantages du maintien des restrictions à l'investissement étranger dans certains secteurs** qui n'ont pas d'incidence sur la défense et la sécurité nationale et qui restent partiellement restrictifs pour les investisseurs étrangers, tels que dans certains secteurs de services. En effet, les restrictions à l'IDE dans les secteurs de services sont susceptibles de freiner les gains de productivité potentiels à l'échelle de l'économie, dans la mesure où une baisse de concurrence dans ces secteurs serait susceptible de nuire indirectement les activités en aval.
- **Continuer à évaluer et à mettre à jour les priorités en matière de cadre réglementaire**. Le régime juridique régissant les investissements, notamment la Charte de l'investissement et le droit des affaires marocain, offrent aux investisseurs un cadre moderne et propice à l'investissement. Dans un souci de clarté et de prévisibilité, et afin d'éviter un vide juridique, les décrets d'application pourraient suivre plus rapidement la promulgation de la Charte de l'investissement. Pour une meilleure transparence et prévisibilité du cadre juridique des investissement, le Maroc pourrait renforcer le processus de consultations publiques et d'engagement avec les parties prenantes lors de l'élaboration de nouvelles lois, afin d'accroitre davantage la confiance des investisseurs dans l'environnement juridique et réglementaire du pays.
- **Évaluer les possibilités d'amélioration de la protection contre l'expropriation**. La loi régissant l'expropriation manque parfois de clarté et est donc susceptible de semer la confusion auprès des investisseurs. Une réforme de la loi relative à l'expropriation permettrait de clarifier davantage le processus d'expropriation, d'aligner le niveau de protection contre l'expropriation aux normes internationales (notamment en incluant une protection contre l'expropriation indirecte). Une simplification du process d'expropriation (ainsi que celui de l'indemnisation) pourrait également la rendre plus accessible aux investisseurs, qui continuent de soulever des difficultés liées à la complexité de la procédure, entrainant ainsi un retard dans l'obtention de l'indemnisation due.
- **Considérer la mise à jour et la modernisation du régime foncier existant**. La complexité du paysage législatif et la dualité du système peuvent constituer un obstacle à la clarté, à la transparence et à l'efficacité du régime foncier. Ceci risque de créer des superpositions ou des lacunes dans la législation, de compliquer la compréhension par les investisseurs et de rendre l'application de la loi plus difficile. De nouvelles lois, voire leur consolidation en une loi unique, pourraient clarifier les catégories existantes de droits fonciers et réduire les conflits entre le droit coutumier et le droit formel. Dans le but d'harmoniser davantage le système foncier, le Maroc devrait également continuer d'encourager et de promouvoir la nécessité de l'immatriculation des propriétés foncières, qui permet l'obtention d'un titre foncier individuel, définitif et inattaquable. Afin de remédier à la spéculation foncière et la hausse des prix des biens fonciers, notamment industriels, une généralisation des baux de longue durée pourrait être également être envisagée par le Maroc.
- **Continuer à renforcer le régime des droits de propriété intellectuelle (PI)**. Le régime juridique régissant les droits de PI mis en place par le Maroc est robuste et complet. Néanmoins, certaines lacunes demeurent, notamment en matière d'application des lois et de la protection des usagers. Une meilleure efficacité du régime peut être atteinte en assurant la mise en œuvre des réglementations existantes, en facilitant l'accès aux actions et aux recours en justice des détenteurs de droits et, surtout, en augmentant l'effectif dédié à combattre les violations en la matière. Le gouvernement est bien conscient de ces préoccupations et conçoit des initiatives

pour y répondre. L'amélioration de la confiance des investisseurs dans l'application des droits de propriété intellectuelle dans le pays est une condition préalable pour attirer de nouveaux investissements dans la recherche et le développement (R&D), les nouvelles technologies et l'innovation.

- **Continuer de revoir de façon régulière la cartographie judiciaire**, et ce afin de garantir un accès à la justice à travers le territoire marocain et d'améliorer l'efficacité et la célérité de la justice.
- **Augmenter l'effectif de magistrats**, notamment au niveau de la Cour de cassation et revoir les conditions de pourvoi en cassation afin d'alléger la charge d'affaires remontant à la haute juridiction.
- **Envisager une réforme des conditions préalables à l'accès aux tribunaux nationaux**, notamment la mise en place d'un recours obligatoire à la médiation juridictionnelle dans certaines conditions, pour tempérer la congestion du système judiciaire.
- **Évaluer l'opportunité de rendre la procédure d'exequatur et de reconnaissances des sentences internationales non-contradictoire**, afin que l'exécution des sentences arbitrales internationales soit plus efficace.
- **Créer l'institut de défenseur de l'entreprise**. La mise en place de la recommandation édictée dans le NMD relative à la création de l'institut du défenseur de l'entreprise permettrait non seulement une meilleure détection des litiges en amont, mais aussi de prévenir les litiges en devenir et de désengorger le système judiciaire.

1.4.3. Approche marocaine en matière de traités bilatéraux d'investissements

Le droit international de l'investissement, notamment les conventions bilatérales et régionales d'investissement, font partie intégrante du climat de l'investissement et complètent le cadre juridique national de l'investissement en apportant ainsi un niveau supplémentaire de sécurité aux investisseurs étrangers couverts (OCDE, 2015[41]).

Ainsi, à l'instar de nombreux pays dans le monde et dans la région, le Maroc a conclu un grand nombre d'accords internationaux d'investissement (AII) ayant pour objectif d'octroyer aux investisseurs étrangers, en plus des garanties accordées par le droit national relatif au cadre juridique national régissant les investissements, des protections supplémentaires et autonomes, spécifiques à ces derniers. Ces traités, le plus souvent sous forme de traités bilatéraux d'investissement (TBI) ou d'accords régionaux sur l'investissement, sont une composante essentielle du cadre juridique régissant les IDE et jouent un rôle décisif dans la promotion d'un environnement réglementaire propice aux investissements.

Afin de bénéficier des protections procédurales et substantielles édictées par un accord d'investissement, les investisseurs doivent naturellement satisfaire à une série de conditions définies ; à titre d'exemple, les notions d'investisseurs étrangers et d'investissement telles que stipulées par l'AII délimitent le champ d'application de ce dernier, notamment eu égard à la nationalité de l'investisseur ou encore à la forme de l'investissement.

S'agissant des protections substantielles, les AII protègent généralement les investisseurs étrangers contre l'expropriation et les traitements discriminatoires (traitement national et traitement de la nation la plus favorisée) et garantissent aux investisseurs un traitement juste et équitable. Ces protections viennent s'ajouter aux garanties octroyées par les lois nationales de l'État hôte. S'agissant des protections procédurales, les accords offrent fréquemment aux investisseurs un mécanisme de résolution des litiges permettant de garantir les droits de l'investisseur contre toute violation éventuelle par l'État hôte de ses obligations au titre de l'AII.

Historiquement, l'une des principales raisons qui pousse les États à conclure des traités d'investissement est d'attirer les investissements étrangers ; cette logique est néanmoins aujourd'hui remise en cause par un courant croissant de littérature empirique sur les réels catalyseurs de flux des IDE mais aussi de la prolifération des AII (OCDE, s.d.[43]) (UNCTAD, 2023[44]).

La politique marocaine en matière de traités d'investissement mérite une attention soutenue. La présente revue, notamment l'examen de cette politique, démontre que comme beaucoup de pays, le Maroc a conclu un nombre conséquent de traités d'investissements et possède un nombre important de traités dits de « première génération », édictant des protections vagues qui peuvent avoir des conséquences néfastes pour le Maroc. En effet, face à ces traités de première génération, les arbitres chargés de trancher les litiges en matière d'investissements disposent d'une grande latitude pour interpréter ces protections, résultant souvent en des interprétations divergentes ou incohérentes, dommageables pour l'État d'accueil.

Vraisemblablement attentif à ces considérations, les TBI conclus par le Maroc récemment reflètent les bonnes pratiques en la matière et, surtout, le modèle de TBI mis en place par le Maroc en 2019 incorpore pleinement ces considérations afin de limiter les risques qui peuvent en découler. Au demeurant, les TBI de premières générations restent en vigueur dans l'écosystème conventionnel marocain, affectant ainsi la portée des efforts fournis par le Maroc.

Recommandations d'action

- **Examiner les possibilités de renégociation, de clarification et de sortie des traités d'investissement**. Compte tenu des risques de "treaty shopping", le Maroc devrait examiner son réseau de traités dans son ensemble. En effet, malgré les efforts considérables du Maroc en matière de traités d'investissement ainsi que la mise en place d'un nouveau modèle de TBI en ligne avec les bonnes pratiques les plus récentes, les traités contenant des dispositions vagues et non qualifiées, conclus par le Maroc, peuvent donner lieu à des interprétations indésirables dans le cadre de règlement de différends Investisseurs-Etats (RDIE).

  Le Maroc pourrait envisager de mettre à jour ces traités, notamment afin d'aligner ces derniers avec la stratégie du gouvernement, les priorités actuelles du Maroc et les pratiques plus récentes en matière de politique de traités d'investissement.

  Le Maroc devrait également s'efforcer de minimiser les incohérences entre les obligations internationales contractées avec les différents pays et explorer la possibilité d'harmoniser les politiques régionales en matière de traités d'investissement, par le biais des cadres régionaux existants.

  Dans de nombreux cas, une telle révision peut être réalisée par le biais d'amendements ou d'interprétations conjointes convenues avec les partenaires du traité. La résiliation ou le remplacement d'anciens traités d'investissement par consentement ou action unilatérale peut représenter un dernier recours approprié afin de gérer l'exposition et de sauvegarder le droit du gouvernement à réglementer dans l'intérêt public.
- **S'engager dans les efforts internationaux visant à équilibrer la protection des investisseurs fondée sur les traités et les mécanismes de gouvernance associés**. Le Maroc devrait s'engager activement dans les efforts actuellement déployés au niveau international pour équilibrer la protection des investisseurs et le droit de réglementer. Une spécification plus claire des dispositions clés des TBI de première génération contribuerait probablement à refléter l'intention du gouvernement et à garantir une marge de manœuvre plus large pour la réglementation gouvernementale.

- **Continuer à s'engager dans des forums multilatéraux en matière de réclamation pour perte par ricochet des actionnaires.** Le Maroc devrait continuer à s'engager dans des forums multilatéraux tels que l'OCDE (notamment dans le programme de travail sur le Futur des traités d'investissement, le premier volet étant lié à l'alignement des traités d'investissement sur l'Accord de Paris de 2015 et le net zéro, et le second volet étant lié à l'étude de l'évolution des dispositions matérielles spécifiques des traités de l'ancienne génération vers les modèles actuels) et la CNUDCI (le Groupe de travail III sur la Réforme du règlement des différends entre investisseurs et États) notamment afin de contribuer aux discussions relatives à l'approche adoptée dans les RDIE en matière de réclamation pour perte par ricochet des actionnaires dans la mesure où seule une réforme menée par les gouvernements est susceptible de résoudre les divergences existantes en la matière.
- **Gérer de manière proactive les risques liés aux traités d'investissement existants.** Le ministère de l'Economie et des Finances, qui a la charge de la conception, de l'élaboration et de la négociation des traités internationaux d'investissement, ainsi que de la défense du Maroc dans les différends liés à l'investissement international, l'agence marocaine de développement des investissements et des exportations (AMDIE), le ministère de la Justice et le ministère des Affaires étrangères devraient continuer à développer des outils de prévention des différends et de gestion des dossiers dans le cadre de RDIE. Le ministère de l'Economie et des Finances, en collaboration avec les départements concernés, pourrait également envisager des efforts de sensibilisation aux traités d'investissement du Maroc et à l'importance des obligations internationales du Maroc en vertu de ses traités d'investissement pour les fonctions quotidiennes des différentes agences gouvernementales et des fonctionnaires qui interagissent régulièrement avec les investisseurs étrangers.

1.4.4. Promotion et facilitation des investissements au Maroc

Les politiques de promotion et de facilitation de l'investissement peuvent contribuer à la compétitivité du pays hôte grâce à des mesures d'attraction ciblées et à des services facilitant l'établissement ou l'expansion des investisseurs. De telles initiatives sont essentielles pour favoriser un climat de l'investissement attractif et bénéficier de l'apport des entreprises multinationales sur les objectifs de développement national. Elles sont particulièrement importantes pour répondre à la crise provoquée par la pandémie de COVID-19, en conséquence de laquelle la contraction économique et la baisse des IDE en 2020, ainsi que la pression sur les budgets publics, ne sont pas sans conséquences sur les politiques et les institutions chargées de promouvoir et de faciliter les investissements au Maroc. Il est toutefois important que ces efforts de promotion et de facilitation complètent – et ne remplacent pas – les mesures visant à garantir un cadre de politique d'investissement solide, telles que celles examinées dans les différents chapitres de cette revue (OCDE, 2015[41]).

Le Royaume du Maroc affiche de grandes ambitions pour renforcer l'attractivité et la compétitivité de son économie. Le NMD vise « un renforcement de la capacité d'attraction des IDE » (Royaume du Maroc, 2021[45]). Alors que la contribution de l'investissement privé à l'atteinte des objectifs de développement durable est indispensable dans le contexte de reprise par suite de la crise du COVID-19, les outils de promotion et de facilitation des investissements se doivent d'être pertinents et adaptés pour soutenir les ambitions du NMD.

À la suite des élections législatives de 2021, les autorités marocaines ont révisé leur cadre institutionnel pour la promotion et la facilitation de l'investissement afin de lui donner une nouvelle impulsion. Ainsi, conformément aux hautes orientations de Sa Majesté le Roi, visant à donner une importance stratégique et horizontale à la politique de l'investissement, le MICEPP a été créé. Dans ce même élan et sous l'égide de ce nouveau ministère, la loi-cadre 03-22 formant Charte de l'investissement a été adoptée à la fin de 2022 et une nouvelle feuille de route sur le climat des affaires dévoilée en 2023 avec l'ambition de stimuler et promouvoir les investissements privés internationaux et nationaux au Maroc. Au niveau opérationnel, l'AMDIE, sous la tutelle du nouveau ministère, est au centre du cadre stratégique de la promotion de l'investissement au niveau national. Elle est complétée par l'action des CRI au niveau infranational, qui, depuis mai 2023, sont rattachés au Chef du gouvernement, qui en a délégué une partie des prérogatives au MICEPP. Avec cette nouvelle gouvernance unifiée et territorialisée de l'investissement, le Maroc ambitionne de donner davantage de coordination et de cohérence à sa politique de l'investissement, et de renforcer la convergence et les synergies en matière d'investissement au niveau central et territorial.

L'AMDIE a la responsabilité de mettre en œuvre le régime incitatif prévu dans la Charte de l'investissement et assure le secrétariat de la Commission nationale des investissements présidée par le Chef du gouvernement en charge d'approuver les nouvelles conventions d'investissement. L'AMDIE a vu ses ressources humaines et financières quelque peu affectées par la crise du COVID-19, mais a toutefois su en faire une opportunité pour accélérer sa transition numérique, à l'instar de nombreuses agences de promotion des investissements (API) de l'OCDE. Bien qu'elle soit active dans toutes les fonctions classiques de la promotion et de la facilitation de l'investissement, l'AMDIE a progressivement mis l'emphase sur la création d'image, notamment avec l'initiative *Morocco NOW* mise en place en 2021. L'AMDIE aligne sa stratégie de promotion de l'investissement sur les orientations générales du gouvernement et les stratégies économiques sectorielles. Durant de nombreuses années, ses actions de ciblage et de priorisation des investisseurs étrangers ont été insuffisamment sélectives, se concentrant sur certains secteurs de l'économie mais priorisant relativement peu de pays ou de projets d'investissement. Toutefois, depuis 2022, davantage d'actions de démarchage ont été tenues dans un groupe de pays prioritaires, ce qui témoigne d'une volonté accrue des autorités de rendre les activités de promotion de l'investissement plus sélectives et donc plus efficaces. Afin d'améliorer l'impact de son action, l'AMDIE a également mis en place des outils de suivi et évaluation, bien que certains indicateurs puissent être davantage développés.

Les activités de ciblage se calquent sur les secteurs porteurs identifiés dans la nouvelle charte de l'investissement, à savoir : l'industrie, l'industrie culturelle, les énergies renouvelables, la logistique et le transport, l'aquaculture, le tourisme et les loisirs, le numérique, la transformation et valorisation des déchets, et l'outsourcing.

Comme dans de nombreux pays au monde, la facilitation de l'investissement est une tâche pangouvernementale au Maroc. Les autorités ont mis l'accent depuis de nombreuses années sur l'amélioration de l'environnement des affaires, ce qui s'est traduit par des avancées significatives reconnues internationalement. Récemment, la simplification, la dématérialisation et la déconcentration des procédures et démarches administratives pour l'investisseur ont été au centre des réformes du climat des affaires du Maroc. La mise en place du MICEPP a notamment pour objectif de faciliter l'acte d'investir et d'élever les investissements privés à deux tiers des investissements totaux d'ici 2035. Depuis 2022, les pouvoirs publics se sont engagés dans la préparation d'une nouvelle feuille de route pour l'amélioration du climat des affaires avec pour ambition de libérer le plein potentiel des investisseurs et faciliter l'acte d'entreprendre. Cette feuille de route, élaborée en consultation avec l'ensemble des parties prenantes publiques et privées, adresse plusieurs chantiers stratégiques visant l'amélioration des conditions structurelles de l'acte d'investir et d'entreprendre, l'appui à la transformation de l'économie nationale et le renforcement de sa compétitivité, le développement d'un environnement propice à l'entrepreneuriat et à l'innovation, et le renforcement de l'éthique, de l'intégrité et de la prévention de la corruption.

Le Royaume a également participé aux négociations sur la facilitation de l'investissement pour le développement à l'organisation mondiale du commerce (OMC), ce qui devrait donner une impulsion à ses réformes nationales lors de la mise en œuvre de l'accord. L'AMDIE et les CRI complètent ces initiatives par des services de facilitation aux nouveaux investisseurs et de suivi aux investisseurs établis, y compris par des services de conciliation au niveau des CRI ainsi que des comités régionaux de l'environnement des affaires œuvrant à la mise en place des chantiers de la feuille de route nationale de l'amélioration de l'environnement des affaires.

Recommandations d'action

- **Tirer les pleins bénéfices d'un nouveau cadre institutionnel plus cohérent et de la nouvelle Charte de l'investissement** pour donner une impulsion à la politique de promotion et de facilitation de l'investissement et un rôle plus central dans la politique du gouvernement, où le ministère, l'AMDIE et les CRI se positionnent en leaders institutionnels avec des rôles distincts et complémentaires. À cet effet, il pourrait être opportun de renforcer le rôle de l'AMDIE en tant que point focal national pour les investisseurs étrangers, y compris pour les secteurs d'activités qui ne sont pas sous sa responsabilité à l'heure actuelle.
- **Clarifier les mandats de l'AMDIE**, dont le nombre est relativement élevé et le champ d'action large, et renforcer les mécanismes de coordination avec les autres entités publiques nationales et infranationales ayant des mandats similaires. Continuer la mise en œuvre d'une politique de gouvernance solide de l'AMDIE articulée autour d'un conseil d'administration fonctionnel et équilibré.
- **Faire de l'AMDIE une agence plus proactive et centrée sur la promotion de l'IDE**, au-delà de l'administration du régime incitatif de la Charte de l'investissement, en renforçant ses fonctions de génération et de facilitation des investissements, qui sont les fonctions essentielles des API. Il serait judicieux d'adopter une stratégie d'attraction de l'investissement plus ciblée et sélective, avec des secteurs prioritaires plus détaillés et une priorisation par pays ainsi que par projet ou par investisseur. Une présence à l'étranger accrue de l'AMDIE pourrait également contribuer à mieux cibler les investisseurs potentiels et à optimiser ses activités de démarchage.
- **Développer davantage d'indicateurs d'évaluation de performance au sein de l'AMDIE**, en particulier des indicateurs de résultats, afin de s'assurer que les activités de l'agence remplissent leurs objectifs et de mieux mesurer l'impact des IDE sur l'économie locale. Dans ce contexte, s'assurer que le CRM de l'AMDIE soit opérationnel le plus rapidement possible et, dans la mesure du possible, lié aux CRM des CRI pour une coordination optimale des activités entre les différents niveaux de gouvernement.
- **Poursuivre et renforcer les efforts de simplification des procédures administratives pour les entreprises**, y compris au travers d'une digitalisation renforcée et élargie, et réduire les démarches redondantes ou inutiles afin de faciliter les nouveaux investissements et d'encourager des réinvestissements et des expansions. Les autorités marocaines pourraient, à cet effet, envisager de passer d'un système d'autorisation à un système de cahier des charges, où les nouveaux investissements sont autorisés de prime abord s'ils respectent un certain nombre de critères.
- **Poursuivre la participation active du Maroc dans les négociations sur la facilitation de l'investissement pour le développement** au sein de l'OMC, préparer la mise en œuvre de l'accord et considérer donner le rôle de point focal à l'AMDIE.
- **Renforcer les services de facilitation et de suivi aux investisseurs de l'AMDIE**, y compris par la mise en place du Centre Aftercare, afin de soutenir davantage les entreprises déjà établies. Dans le même cadre, renforcer les programmes de promotion des liens d'affaires entre multinationales et PME locales et, ce faisant, s'assurer d'une coordination optimale entre les différents acteurs en place.

1.4.5. *L'investissement en faveur du développement territorial du Maroc*

Les progrès du Maroc vers une régionalisation avancée, débutée il y a plus d'une décennie, ont été marqués par des réformes majeures visant à stimuler la productivité et l'investissement privé en soutien au développement territorial. Si l'impact sous-jacent de ces réformes, à commencer par la Charte de l'investissement de 2022, continue de se concrétiser, elles ont déjà permis une meilleure cohérence des politiques, des stratégies nationales plus intégrées en matière d'investissement et de développement territorial, et un cadre de gouvernance national et infranational plus inclusif en matière d'investissement. La poursuite de la mise en œuvre de la Charte de l'investissement et des réformes de régionalisation avancée devrait permettre d'améliorer le climat des affaires locales et, par la suite, de renforcer l'attractivité territoriale pour les investissements étrangers et nationaux et de mieux tirer profit de ces investissements pour le développement durable.

La répartition territoriale des IDE au Maroc reflète les fortes disparités sociales et économiques existantes entre les territoires. Bien qu'essentiels pour réduire les déficits de financement et soutenir le développement durable, les IDE sont inégalement répartis et se concentrent dans les zones côtières et métropolitaines. Si le Maroc ne fait pas exception (en effet, les investissements sont inégalement répartis dans la plupart des pays de l'OCDE), des disparités territoriales fortes et persistantes dans les IDE peuvent entraver une croissance économique régionale équilibrée. Les disparités régionales des IDE sont supérieures à celles observées en matière de PIB dans les régions de CS, TTA et de l'Oriental. Cela suggère que la concentration infranationale des IDE et les motivations des investisseurs ne peuvent s'expliquer uniquement par des facteurs tels que la taille du marché local. La concentration régionale d'IDE « greenfield » est toutefois en baisse, avec plus de 70 % des projets depuis 2018 attribués à d'autres régions que celles de CS et TTA.

Les stratégies d'investissement et les réformes entreprises depuis le début de la régionalisation avancée montrent que la mobilisation de l'investissement privé en faveur du développement régional est devenue une priorité nationale. Cette approche intégrée vise à faire avancer des objectifs stratégiques correspondant au NMD du Maroc, notamment en tirant parti des caractéristiques territoriales distinctes et des facteurs d'attractivité. Les priorités stratégiques visant à encourager l'investissement sont de plus en plus définies par diverses entités gouvernementales aux niveaux national et infranational, comme c'est également le cas dans les pays de l'OCDE. La nouvelle Charte de l'investissement considère la réduction des disparités territoriales comme une priorité absolue (un facteur moins souvent mentionné dans les lois d'investissement d'autres pays), fournit des mesures d'incitation plus élevées, basées sur les dépenses, aux régions moins développées et établit, avec d'autres lois, un cadre reliant l'investissement au développement territorial.

Les politiques d'investissement sont définies par l'État, conformément à la nouvelle Charte de l'investissement, et mises en œuvre au niveau territorial par les CRI et les Commissions Régionales Unifiées de l'Investissement (CRUI). Elles englobent un éventail de politiques visant à façonner l'attractivité territoriale, y compris des mesures d'incitation, des liens commerciaux et des zones économiques spéciales. Concernant les IDE, l'accent est traditionnellement mis sur l'attraction de nouvelles activités. Toutefois, pouvoir compter sur les CRI pour soutenir l'expansion des projets étrangers existants, en particulier dans les régions moins développées, peut être efficace et avoir de grandes retombées sur l'emploi local. Une réorientation de la politique d'investissement est en cours afin qu'elle ne repose plus sur des incitations fiscales, mais sur l'amélioration de l'environnement des affaires au niveau local. Chaque région est confrontée à des défis particuliers, que ce soit entre les zones urbaines et rurales du Maroc ou les régions côtières et de l'arrière-pays, allant des infrastructures de connectivité dans l'Oriental à la disponibilité de travailleurs suffisamment qualifiés dans la région TTA.

La révision de la Charte de l'investissement a été un signal fort en faveur d'une gouvernance unifiée, renforcée et déconcentrée de la politique d'investissement, à la suite d'autres lois importantes, telles que la loi organique n° 111-14 relative aux régions, la Charte Nationale de la déconcentration administrative et les réformes redéfinissant le mandat et la gouvernance des CRI et la création des CRUI. Bien que cela ait permis d'améliorer le cadre institutionnel à plusieurs niveaux en matière d'investissement, des difficultés persistent, requérant une approche plus globale de l'élaboration des politiques d'investissement et de la mise en œuvre des lois et règlements existants, y compris la Charte de l'investissement, et d'allouer des ressources humaines et financières correspondant aux mandats réformés des Conseils Régionaux et des CRI sur l'attractivité des investissements et l'amélioration du climat des affaires locales. Depuis 2023, les CRI sont rattachés au Chef du Gouvernement, qui a délégué certaines de ses prérogatives au MICEPP. Néanmoins, la délimitation des mandats n'est pas toujours claire et les complémentarités entre l'AMDIE et les CRI sont moins importantes que celles au sein des pays de l'OCDE. Un projet de loi en cours vise à repenser le positionnement des CRI afin d'en faire une référence pour l'investissement, devrait renforcer le rôle stratégique des CRI en tant que facilitateurs et catalyseurs de l'investissement au niveau territorial.

Recommandations d'action

- **Continuer d'améliorer la cohérence des stratégies nationales et infranationales en matière d'investissement, de développement territorial et de plans sectoriels**. Une plus grande cohérence des stratégies dans ces domaines permet de promouvoir des territoires compétitifs et prospères en mettant les objectifs nationaux en adéquation avec les objectifs de développement local. La participation d'entités infranationales telles que les CRI à la formulation de ces stratégies nationales contribuera à mettre en évidence les priorités et les capacités infranationales. Les organismes infranationaux devraient intégrer davantage les priorités nationales d'attractivité des IDE dans les Programmes de Développement Régional (PDR) et les stratégies de promotion de l'investissement des CRI lorsqu'elles existent.
- **Poursuivre les efforts visant à intégrer un pilier « territorial » dans la stratégie nationale de l'investissement privé afin de renforcer la cohérence, la clarté des mandats et les mécanismes de coordination existants**. Le pilier doit considérer la promotion de l'investissement au niveau infranational comme une responsabilité mutuelle du MICEPP, de l'AMDIE, des CRI, des Conseils Régionaux et d'autres acteurs pertinents, y compris des représentants du secteur privé. Le pilier fixe des objectifs d'investissement en fonction des priorités et des atouts territoriaux, identifie les efforts de promotion de l'investissement et clarifie les mandats des entités nationales et infranationales et les mécanismes de coordination connexes pour assurer la complémentarité des actions de l'AMDIE et des CRI. Ce pilier doit être en adéquation avec les PDR.
- **Veiller à ce que les ressources humaines et financières allouées aux CRI et Conseils Régionaux correspondent à leurs mandats en matière d'investissement**. La réussite de la régionalisation avancée au Maroc nécessite un niveau plus élevé d'autonomie financière (ou de ressources financières de la part du gouvernement central) pour les organismes infranationaux impliqués dans la politique d'investissement et qui corresponde à leurs responsabilités, en particulier les mandats révisés des CRI de 2019. Les institutions infranationales possèdent une compréhension plus approfondie des forces et des défis locaux, faisant des CRI des contributeurs précieux, tels des « plombiers institutionnels », pour soutenir les investisseurs et résoudre les problèmes inhérents à leurs opérations.
- **Développer des politiques visant à améliorer le climat des affaires et attirer les IDE qui prennent en compte la dimension territoriale**. Cela comprend notamment la mise en place de meilleures infrastructures de connectivité dans les régions de l'arrière-pays et l'anticipation

des besoins en compétences dans les régions en évolution rapide et orientées vers l'exportation telles que celle de TTA. Donner la priorité à l'expansion des projets d'IDE existants peut s'avérer être une approche rentable et efficace pour le développement local. Le *pôle Impulsion économique et offre territoriale* du CRI, en coopération avec le *pôle Maison de l'investisseur*, pourrait se concentrer davantage sur la promotion de l'expansion des projets existants vers des activités à plus forte valeur ajoutée telles que la R&D dans les régions avancées et l'expansion créatrice d'emplois dans les régions à fort taux de chômage.

- **Améliorer la collecte, la disponibilité et la diffusion de données sur les investissements privés étrangers et nationaux au niveau infranational, y compris sur l'impact de l'investissement sur le développement durable**. Cela implique une coordination étroite entre les différents ministères et organismes, y compris le HCP, l'Office des Changes, le MICEPP, l'AMDIE et les CRI.

1.4.6. Politiques de promotion de la conduite responsable des entreprises

La Conduite Responsable des Entreprises (CRE) est un atout considérable pour attirer de nouveaux investissements de qualité ainsi que pour les préserver au sein du territoire. Elle permet également aux entreprises de participer de manière plus large à la chaine de valeur, peu importe leur taille, la forme ou le secteur d'activité de l'entreprise. Les normes en matière de CRE impliquent que toute entreprise applique son devoir de diligence pour atténuer les impacts négatifs, potentiels ou réels, de toutes leurs activités, produits et services, tout en contribuant au développement durable dans les pays où elles opèrent.

Depuis son adhésion à la Déclaration de l'OCDE sur l'investissement international et les entreprises multinationales (Déclaration) en novembre 2009, le Maroc n'a cessé d'œuvrer afin de mettre en place un cadre propice au développement de pratiques relevant de la CRE. Les cadre juridiques, politiques et institutionnels du Maroc démontrent l'engagement ferme du Maroc à promouvoir l'utilisation des instruments de l'OCDE et à faciliter l'intégration des entreprises marocaines dans les chaines d'approvisionnement mondiales. Dans un contexte où les politiques CRE deviennent de plus en plus importantes, la capacité du Maroc à se conformer aux normes internationales sera un facteur déterminant pour sa réputation sur le marché mondial. Les stratégies nationales mises en place dans les domaines couverts par la Déclaration, notamment en matière de protection de l'environnement, des droits humains, du droit du travail ou encore en matière de lutte contre la corruption, en sont une preuve supplémentaire.

La sensibilisation aux principes et normes relevantf de la CRE est elle aussi grandissante, grâce à de nouvelles initiatives du gouvernement, de la société civile et des associations d'entreprises, notamment au profit des petites et moyennes entreprises ou dans les secteurs identifiés comme étant haut risque, telles que, qui représente un secteur important pour le Maroc.

Le gouvernement est par ailleurs de plus en plus attentif au rôle de modèle qu'il peut jouer en tant qu'acteur économique à part entière et prend conscience de l'opportunité que peuvent constituer les marchés et les entreprises publics pour poursuivre des objectifs politiques plus larges tel que la promotion de la CRE.

À cet égard, le Maroc a mis en place à partir de 2010 un point de contact national (PCN), dont l'activité et l'effectivité font figure d'exception dans la région. Depuis le 19 janvier 2023, le PCN marocain a une nouvelle organisation tripartite, qui inclue désormais des représentants de la Confédération Générales des Entreprises au Maroc et des syndicats les plus représentatifs du pays. Son organisation lui permet de traiter d'un large éventail de questions couvertes par les Principes directeurs de l'OCDE à l'intention des entreprises multinationales (les Principes directeurs), notamment en impliquant les différents membres dans les activités de promotion des Principes directeurs du PCN ainsi que dans le cadre du traitement des circonstances spécifiques selon les dispositions de son règlement intérieur. Le PCN a fait également de gros efforts de promotion et multiplie les activités d'information et de promotion. Le PCN marocain contribue également à la résolution des problèmes qui surviennent dans la mise en œuvre des Principes directeurs dans des circonstances spécifiques, comme le démontrent les multiples saisines enregistrées à ce jour.

Recommandations d'action

- **Veiller à ce que les lois et politiques adoptées en matière d'environnement et de développement durable soient mises en œuvre et respectées.** Les retombées positives de l'adoption de la Charte Nationale de l'Environnement et du Développement Durable suivie de la Stratégie nationale de développement durable peuvent être accrue davantage en assurant l'application effective de ces dernières par l'adoption de réglementations complémentaires et de mesures d'application nécessaires, notamment pour clarifier les sanctions applicables en cas de non-respect des obligations prévues par la Charte Nationale de l'Environnement et du Développement Durable.
- **Renforcer les garanties en matière de droits humains et accélérer la mise en œuvre des lois et politiques existantes en la matière.** Malgré un cadre juridique relativement propice à la protection des droits humains, il convient de renforcer les mesures visant à relever les défis auxquels fait face la population marocaine en la matière, notamment par l'accélération de la mise en œuvre de l'égalité homme-femmes dans tous les domaines. Le plan d'action national pour la démocratie et les droits de l'homme 2018-2021 ne semble pas avoir été renouvelé post 2021 et le Maroc pourrait envisager de concevoir un nouveau plan d'action en la matière.
- **Renforcer les protections accordées en matière de droit de travail.** Ceci est notamment le cas en matière de droit de réunion et de grève, qui sont en pratique parfois restreintes sur le fondement de l'article 288 du Code pénal marocain.
- **Poursuivre les réformes prometteuses en cours pour lutter contre la corruption dans le secteur public et privé.** La corruption reste une problématique préoccupante malgré les réformes entreprises par ce dernier. Il est donc recommandé de poursuivre la restructuration de la stratégie nationale pour la lutte contre la corruption. Il convient également d'aider les entreprises à lutter contre la corruption, notamment en élaborant et en mettant en œuvre des mesures préventives.
- **Élaborer un plan d'action national (PAN) sur la CRE, conformément aux meilleures pratiques internationales.** Le processus d'élaboration d'un PAN serait l'occasion d'obtenir le soutien de plusieurs parties prenantes dans des domaines clés pour la trajectoire de développement du Maroc, tel que le secteur du textile. Un processus de PAN consultatif et inclusif est également l'occasion de renforcer la connaissance sur les liens entre les différents domaines politiques qui touchent à la CRE dans le pays et de contribuer au renforcement des capacités de l'industrie locale à participer aux chaines d'approvisionnement mondiales.
- **Continuer à communiquer clairement les attentes en matière de CRE, en collaboration avec le secteur privé et à faciliter l'engagement significatif des parties prenantes dans la conception et la mise en œuvre des politiques et processus.** Il convient notamment de poursuivre les activités de sensibilisation et de renforcement des capacités des employeurs et des travailleurs, en particulier dans petites et moyennes entreprises et les secteurs identifiés comme à haut risque, notamment dans le secteur du textile. La mise en œuvre des instruments internationaux en matière de CRE, dont le Guide OCDE sur le devoir de diligence applicable aux chaînes d'approvisionnement responsables dans le secteur de l'habillement et de la chaussure, peuvent jouer un rôle important dans l'atteinte d'un tel objectif.

- **Continuer à encourager et promouvoir la CRE dans ses relations en tant qu'acteur économique à part entière.** Le gouvernement pourrait s'appuyer sur les orientations de l'OCDE en matière de diligence raisonnable pour mettre en pratique la CRE lors de la passation des marchés publics ou dans les établissements et entreprises publiques. Le gouvernement devrait continuer de prendre des mesures pour établir des attentes et des exigences claires pour les établissements et entreprises publiques en ce qui concerne la performance et la diligence raisonnable en matière de CRE.
- **Mettre en œuvre les recommandations formulées dans le Rapport sur la revue par les pairs du point de contact national Maroc et mettre à jour les procédures de traitement des affaires par le PCN Marocain.** Le Maroc doit poursuivre la mise en œuvre des recommandations formulées lors de la revue par les pairs du PCN marocain, qui restent d'actualité, notamment eu égard aux ressources humaines et financières allouées à ce dernier. La procédure de traitement des affaires doit par ailleurs être mise à jour afin de se conformer à L'édition 2023 des Principes directeurs. Il convient également d'octroyer au PCN les moyens nécessaires pour soutenir les efforts du gouvernement en matière de promotion de la CRE.

1.4.7. L'investissement au service de la transformation numérique

La transformation numérique n'est plus une affaire de choix stratégique ; la technologie, les infrastructures, les services et les données numériques sont aujourd'hui indispensables à l'économie mondiale, et affectent profondément la manière dont les individus, les entreprises et les pouvoirs publics opèrent et interagissent. La transformation numérique de l'économie et de la société crée de nouvelles opportunités de croissance économique et de bien-être, à commencer par des gains en matière d'innovation, de productivité et d'inclusion économique et sociale. Elle s'accompagne aussi d'importants défis en modifiant, parfois en profondeur, nos méthodes de travail et nos modes de vie. La pandémie de COVID-19 a accéléré ces changements : les emplois, les services publics et les interactions sociales sont aujourd'hui plus que jamais dépendants des technologies numériques. La pandémie a mis en exergue les avantages procurés par les outils numériques, mais aussi les lacunes importantes – sur le plan de l'accès au numérique et des politiques publiques – qui persistent pour soutenir les changements numériques et exploiter les gains positives de la transformation numérique (OCDE, 2020[46]).

La transformation numérique est alimentée, dans une large mesure, par l'investissement – dans de nouvelles entreprises, de nouveaux services, de nouveaux processus et de nouvelles compétences, ainsi que dans les infrastructures qui sous-tendent les technologies numériques. Au-delà des financements, l'investissement privé, et l'IDE en particulier, peut faire progresser la numérisation à la fois par l'activité directe des entreprises, et indirectement dans leurs interactions avec l'économie d'accueil. Les entreprises étrangères ont tendance à être plus productives et plus avancées sur le plan numérique que leurs homologues nationales ; en apportant de nouvelles technologies, pratiques et compétences, elles peuvent rehausser la productivité et la numérisation d'un secteur. Comparativement aux entreprises nationales, les entreprises étrangères présentes au Maroc sont plus productives, mener plus des activités de R&D, et utilisent en moyenne davantage de technologies étrangères. De par leurs interactions avec les entreprises nationales, notamment dans les interactions avec des fournisseurs nationaux, les entreprises étrangères peuvent en outre faciliter les transferts de technologie et de compétences numériques vers d'autres segments de l'économie (OCDE, 2021[47]). Comme pour les autres avantages potentiels de l'IDE, des politiques et des stratégies ciblées sont nécessaires pour encourager ces retombées positives.

Attirer des investissements dans l'économie numérique peut contribuer à de nombreux objectifs de développement du Maroc, notamment la création d'emplois et d'emplois de meilleure qualité, le développement de l'entrepreneuriat, de la compétitivité et des opportunités économiques dans les régions, et l'amélioration des services publics. À cet égard, le Maroc a mis en œuvre plusieurs réformes importantes, mais il est important qu'il continue sur cette voie afin de soutenir la transformation numérique globale du Royaume. De plus, le gouvernement pourrait envisager des nouvelles initiatives, en complément des réformes déjà entreprises, pour améliorer le climat de l'investissement dans les secteurs à forte intensité numérique et encourager les investisseurs à contribuer positivement au développement numérique.

Une large gamme de politiques influencent l'investissement dans l'économie numérique. Celles-ci comprennent des facteurs qui affectent le développement numérique global d'un pays, y compris l'accès, l'utilisation et la confiance dans les technologies et les données numériques. La couverture et l'efficacité des infrastructures numériques, les compétences numériques des salariés et des consommateurs, ainsi que les politiques relatives à la protection des données, à la cybersécurité et à la protection des consommateurs en ligne sont également essentielles au développement du numérique. Tout aussi important est l'écosystème de l'innovation, qui inclut les possibilités offertes aux entrepreneurs et l'état de la recherche et du développement au niveau national, ainsi que le fait que les politiques du marché du travail soient adaptées aux nouvelles méthodes de travail (OCDE, 2020[48]). Ces facteurs, combinés aux éléments qui influent sur le climat général de l'investissement (notamment la politique dans le domaine des échanges, de la fiscalité et de la concurrence), constituent ensemble une économie numérique susceptible d'attirer les investisseurs. Les pouvoirs publics peuvent également adopter des politiques spécifiques visant à améliorer le climat de l'investissement pour les startups de haute technologie et encourager les retombées positives de cet investissement. Le Maroc a engagé de nombreuses réformes importantes pour soutenir la transformation numérique du pays et attirer les investissements dans l'économie numérique. Il s'agit entre autres de développer les infrastructures, d'adapter le cadre juridique et réglementaire, de promouvoir les investissements dans l'industrie manufacturière de haute technologie et les services TIC (offshore), et de dématérialiser les services publics et renforcer les compétences digitales du citoyen marocain.

Ce faisant, l'enjeu est désormais de mettre pleinement en œuvre ces politiques et d'en assurer l'adoption par les entreprises et la société dans son ensemble. La priorité est d'accompagner les investisseurs et les consommateurs et les sensibiliser aux nouvelles politiques et technologies. Malgré la rapidité de ces évolutions et de ces initiatives, d'autres réformes sont à envisager pour lever les dernières contraintes à la croissance de l'économie numérique. Il s'agit notamment d'améliorer l'accès aux infrastructures numériques et leur qualité sur l'ensemble du territoire, de continuer d'adapter le cadre réglementaire et de soutenir l'entrepreneuriat dans les secteurs à forte intensité numérique. Les réformes pourraient également renforcer davantage l'appui aux startups innovantes et des services numériques essentiels (comme le cybercommerce), en plus des initiatives explorées dans le chapitre en question, et encourageant une adoption plus large du numérique par les entreprises et les consommateurs. Enfin, la réalisation des ambitions numériques affichées par le gouvernement nécessitera l'octroi de ressources suffisantes allouées à cet effet, qui soient étayées par une stratégie au plus haut niveau de l'État, et une pleine capacité institutionnelle de mettre en œuvre les réformes. Il est positif que le gouvernement soit en train de développer une telle stratégie, avec un nouveau budget à cet effet.

Recommandations d'action

- **Continuer d'adapter le cadre juridique et réglementaire pour mieux servir les investisseurs dans les secteurs à forte intensité numérique, stimuler l'entrepreneuriat et améliorer l'accès aux capitaux.** L'amélioration du climat de l'investissement pour les startups de haute technologie peut soutenir une transformation numérique plus large de l'économie, car les startups, généralement pionnières dans le numérique, peuvent promouvoir une culture de l'entrepreneuriat et de l'innovation. Le Maroc pourrait aussi examiner les freins au développement des services numériques tels que le commerce électronique, qui peuvent servir de catalyseurs de la transformation numérique d'autres secteurs. Soutenir leur essor nécessite d'avancer l'inclusion financière.
- **Considérer des exceptions à la réglementation des changes pour améliorer l'accès national aux services TIC étrangers, y compris les services de cloud et de marketing.** Sans pour autant modifier la politique monétaire, le gouvernement pourrait réfléchir à des exceptions spécifiques pour des entreprises nationales afin d'acheter plus de services TIC innovants à l'étranger. L'Office des Changes a pris certaines mesures innovantes dans ce sens et pourrait envisager d'en élargir le champ.
- **Veiller à ce que les institutions soient dotées d'un mandat et de financements adéquats pour pouvoir atteindre leurs objectifs.** Le Maroc est notamment en train d'élaborer une stratégie nationale de haut niveau pour le développement numérique. Les stratégies nationales sont des outils clés pour la coordination des politiques, et une approche à l'échelle de l'ensemble de l'administration est particulièrement pertinente pour avancer la transformation numérique. Cette stratégie pourrait être mieux intégrée dans la stratégie de promotion de l'investissement du Maroc, afin que les investisseurs aient connaissance des opportunités d'investissement dans l'économie numérique et d'encourager la mise à niveau numérique ou l'amélioration des compétences.
- **Concrétiser les initiatives récentes en faveur du développement de l'économie numérique, et accompagner les entreprises et les citoyens dans la nécessaire adaptation aux changements induits par cette transformation.** Grâce à une récente vague de réformes, le Maroc dispose déjà d'un cadre juridique propre à soutenir le développement du numérique ; des réformes supplémentaires pourraient permettre d'adapter davantage la législation en vigueur aux spécificités des secteurs numériques. Des politiques complémentaires sont aujourd'hui en cours de conception afin d'accroître la confiance dans les outils numériques et leur usage, notamment les initiatives en faveur de l'administration électronique. Cela nécessite des ressources adéquates pour former les administrations et pourrait inclure de nouvelles mesures pour encourager les entreprises à adopter les technologies numériques et à développer leurs compétences numériques.

Références

Aiginger, K. et D. Rodrik (2020), « Rebirth of Industrial Policy and an Agenda for the Twenty-First Century », *Journal of Industry, Competition and Trade*, vol. 20, pp. 189–207, https://doi.org/10.1007/s10842-019-00322-3. [19]

Ali, A. et al. (2023), *Morocco — Beyond Debt: Sustainable Pathways to Higher Growth*, ERF Working Papers No. 1664, Giza, https://erf.org.eg/publications/morocco-beyond-debt-sustainable-pathways-to-higher-growth-2/?tab=undefined&c=undefined. [35]

Amachraa, A. (2023), *Driving The Dream: Morocco's Rise In The Global Automotive Industry*, Policy Center for the New South, Rabat, https://www.policycenter.ma/publications/driving-dream-moroccos-rise-global-automotive-industry. [38]

AMDIE (2023), *La charte de l'investissement : un cadre transparent et lisible pour encourager l'acte d'investir*, Rabat, https://casainvest.ma/sites/default/files/Charte_Investissement_vFR.pdf. [40]

Balima, H., O. Bizimana et A. Dua (2023), *Assessing the Impact of Structural Reforms on Potential Output: The Case of Morocco*, IMF Working Paper No. 222, Washington D.C., https://www.imf.org/en/Publications/WP/Issues/2023/10/27/Assessing-the-Impact-of-Structural-Reforms-on-Potential-Output-The-Case-of-Morocco-540981. [30]

Bank Al-Maghrib (2022), *Banque Al-Maghrib et la situation de l'investissement*, Commission des Finances et du Développement Economique à la Chambre des Représentants, Rabat, https://www.bkam.ma/Discours/2022/Presentation-de-monsieur-le-wali-de-bank-al-maghrib-lors-de-la-reunion-de-la-commission-des-finances-et-du-developpement-economique. [24]

Banque mondiale (2023), *World Bank Development Indicators*, Banque mondiale. [3]

Banque mondiale (2022), *Morocco: Country Climate and Development Report*, Banque mondiale, Washington D.C., https://www.worldbank.org/en/country/morocco/publication/morocco-country-climate-and-development-report. [34]

Banque mondiale (2020), *Doing Business 2020*, Washington, D.C. [6]

Cardarelli, R. et al. (2022), *Informality, Development, and the Business Cycle in North Africa*, Fonds monétaire international No. 011, Washington D.C., https://www.imf.org/en/Publications/Departmental-Papers-Policy-Papers/Issues/2022/05/31/Informality-Development-and-the-Business-Cycle-in-North-Africa-464859. [26]

Cardarelli, R. et T. Koranchelian (2023), *Morocco's Quest for Stronger and Inclusive Growth*, Fonds monétaire international, Washington D.C., https://doi.org/10.5089/9798400225406.071. [14]

CSMD (2021), *Le Nouveau Modèle de Développement*, Rabat, https://csmd.ma/documents/Rapport_General.pdf. [2]

CSMD (2021), *Restitution des écoutes et contributions de la Commission Spéciale sur le Modèle de Développement: Annexe 1*, Rabat, https://csmd.ma/documents/Restitution_Ecoutes_et_Contributions.pdf. [1]

Dadush, U. (2015), *Is Manufacturing Still a Key to Growth ?*, Policy Center For The New South, https://www.policycenter.ma/sites/default/files/2021-01/OCPPC-PP1507.pdf. [20]

Département d'État des États-Unis (2023), *2023 Investment Climate Statements: Morocco*, https://www.state.gov/reports/2023-investment-climate-statements/morocco/. [8]

DEPF (2020), *L'industrie automobile au Maroc : Vers de nouveaux gisements de croissance*, Rabat, https://www.finances.gov.ma/Publication/depf/2020/Etude-industrie-automobile.pdf. [11]

fDi Markets (2023), *Base de données sur les nouveaux investissements transfrontaliers*. [9]

Forum économique mondial (2019), *Global Competitiveness Report 2019*, https://www3.weforum.org/docs/WEF_TheGlobalCompetitivenessReport2019.pdf. [7]

HCP (2023), *Activité, emploi et chômage, résultats annuels 2022*, Rabat. [25]

HCP (2023), *Base de données statistiques*. [15]

HCP (2023), *Comptes régionaux*. [28]

HCP (2023), *Les Indicateurs Sociaux du Maroc (Édition 2023)*, Rabat. [23]

HCP (2022), *Effets du Covid-19 sur l'activité des entreprises 4e enquête : février 2022*, Rabat. [32]

HCP (2022), *Évolution des inégalités sociales dans un contexte marqué par les effets de la COVID-19 et de la hausse des prix*, Rabat. [33]

HCP (2021), *Effets du Covid-19 sur l'activité des entreprises 3e enquête : janvier 2021*, Rabat. [31]

Lopez-Acevedo, G. et al. (2021), *Morocco's Jobs Landscape: Identifying Constraints to an Inclusive Labor Market*, La Banque mondiale, Washington D.C., https://doi.org/10.1596/978-1-4648-1678-9. [12]

McMillan, M., D. Rodrik et Í. Verduzco-Gallo (2014), « Globalization, Structural Change, and Productivity Growth, with an Update on Africa », *World Development*, vol. 63, pp. 11-32, https://doi.org/10.1016/j.worlddev.2013.10.012. [17]

Ministère de l'Économie et des Finances (2023), *Synthèse de la Note sur le Répartition Régionale de l'Investissement accompagnant le Projet de Loi de Finances 2023*, Rabat, https://www.finances.gov.ma/Publication/db/2023/DB_Syntheserapportrepartition-regionaleinvestissement_FR.pdf. [36]

Observatoire Marocain de la TPME (2023), *Rapport Annuel Édition 2023*, Rabat, https://omtpme.ma/wp-content/uploads/2023/11/Rapport-consolide-25.10.-VF.pdf. [22]

OCDE (2024), *Études économiques de l'OCDE : Maroc 2024*, Éditions OCDE, Paris, https://doi.org/10.1787/1aad09d0-fr. [21]

OCDE (2023), *Examens de l'OCDE sur la gouvernance publique : Maroc: Pour une administration résiliente au service des citoyens*, Examens de l'OCDE sur la gouvernance publique, Éditions OCDE, Paris, https://doi.org/10.1787/1a0272c0-fr. [4]

OCDE (2023), *Perspectives économiques de l'OCDE, Volume 2023 Numéro 2*, Éditions OCDE, Paris, https://doi.org/10.1787/b07667cd-fr. [5]

OCDE (2022), *FDI Qualities Policy Toolkit*, Éditions OCDE, Paris, https://doi.org/10.1787/7ba74100-en. [37]

OCDE (2021), *FDI Qualities Policy Toolkit: Policies for improving sustainable developmnet impacts of investment*, OCDE, Paris, https://www.oecd.org/investment/investment-policy/fdi-qualities-policy-toolkit-consultation-paper-2021.pdf. [47]

OCDE (2021), *Perspectives des politiques d'investissement au Moyen-Orient et en Afrique du Nord*, Éditions OCDE, Paris, https://doi.org/10.1787/efcc255a-fr. [42]

OCDE (2020), « Going Digital integrated policy framework »*, Documents de travail de l'OCDE sur l'économie numérique*, n° 292, Éditions OCDE, Paris, https://doi.org/10.1787/dc930adc-en. [48]

OCDE (2020), *La transformation numérique à l'heure du COVID-19 : Renforcer la résilience et réduire les fractures Supplément à l'édition 2020 des Perspectives de l'économie numérique*, OCDE, Paris, https://www.oecd.org/fr/numerique/transformation-numerique-covid.pdf (consulté le 6 avril 2022). [46]

OCDE (2019), *FDI Qualities Indicators: Measuring the sustainable development impacts of investment*, OCDE, Paris, http://www.oecd.org/fr/investissement/fdi-qualities-indicators.htm. [39]

OCDE (2018), *Examen multidimensionnel du Maroc (Volume 2): Analyse approfondie et recommandations*, Les voies de développement, Éditions OCDE, Paris, https://doi.org/10.1787/9789264298699-fr. [13]

OCDE (2015), *Cadre d'action pour l'investissement, édition 2015*, Éditions OCDE, Paris, https://doi.org/10.1787/9789264235441-fr. [41]

OCDE (s.d.), *Documents de travail de l'OCDE sur l'investissement international*, Éditions OCDE, Paris, https://doi.org/10.1787/18151957. [43]

Office des Changes (2022), *Commerce Extérieur du Maroc 2022*, Rabat. [10]

Roche Rodriguez, J. et al. (2023), *Exports to Jobs : Morocco's Trade Patterns and Local Labor Market Outcomes*, Working Paper No. 10595, Washington D.C., http://documents.worldbank.org/curated/en/099816511062330271/IDU00b69230f03adb04b7608cd80f3e08b2ce869. [27]

Rodrik, D. (2015), *Premature Deindustrialization*, Working Paper No. 20935, Cambridge, https://doi.org/10.3386/w20935. [16]

Rodrik, D. (2013), « Unconditional Convergence in Manufacturing », *The Quarterly Journal of Economics*, vol. 128/1, pp. 165–204, https://doi.org/10.1093/qje/qjs047. [18]

Royaume du Maroc (2021), *Le nouveau modèle de développement : libérer les énergies et restaurer la confiance pour accélérer la marche vers le progrès et la prospérité pour tous*, https://www.csmd.ma/documents/Rapport_General.pdf. [45]

UNCTAD (2023), *Trends in the investment treaty regime and a reform toolbox for energy transition*, https://unctad.org/system/files/official-document/diaepcbinf2023d4_en.pdf. [44]

WID (2023), *World Inequality Database*. [29]

Note

[1] Les entreprises étrangères sont définies par l'OCDE comme les entreprises résidentes d'une économie et dans laquelle un investisseur résident d'une autre économie détient, directement ou indirectement, 10 % ou plus de sa participation et/ou ses droits de vote. La comparaison avec les entreprises locales, qui suit la méthodologie de l'initiative de l'OCDE sur les qualités de l'IDE, est conduite afin de mettre en avant les domaines où les entreprises étrangères peuvent apporter une plus grande contribution au développement durable marocain.

2 Tendances et impact de l'IDE au Maroc

Le présent chapitre examine l'évolution de l'IDE au Maroc dans le temps, par secteur économique et par pays d'origine. Il s'intéresse en outre à la contribution de l'IDE aux grands objectifs de développement durable du Royaume, dont la productivité et l'innovation, l'intégration des échanges et les chaînes de valeur mondiales, l'emploi et la qualité des emplois, les compétences, l'égalité femmes-hommes et la transition bas carbone. Enfin, en s'appuyant sur les résultats de cette analyse, il livre quelques suggestions en vue d'améliorer les effets positifs de l'IDE sur le développement durable.

2.1. Introduction et orientations générales

Depuis quelques décennies, le Maroc attire de plus en plus d'investissements directs étrangers (IDE), à la faveur de grandes réformes économiques structurelles et d'une bonne performance économique, mais aussi d'une situation géographique stratégique faisant de lui la porte d'entrée du marché africain, notamment pour les investisseurs européens. En 2018, les flux d'IDE ont atteint un niveau record de 3.6 milliards USD, suivis d'une chute brutale les années suivantes pour atteindre 1.4 milliards USD en 2020 lors de la crise de COVID-19. Les flux d'IDE se sont ensuite établis à 2.3 milliards USD en 2022. L'IDE a également gagné en intérêt pour l'économie marocaine au fil du temps, comme en témoigne la part grandissante du produit intérieur brut (PIB) du pays que représente le stock d'IDE.

Ce stock d'IDE se concentre dans les services, en particulier les télécommunications, la finance et le tourisme ; autant de secteurs qui ont attiré des flux croissants d'IDE à la suite de grands programmes de privatisation et de libéralisation. Au sein de l'industrie manufacturière, ce sont l'automobile, l'aérospatiale et le textile qui bénéficient d'une part significative du stock d'IDE. Le secteur de la construction est une autre cible importante, comme en attestent de grands projets d'investissement étranger destinés au développement de la santé urbaine, du tourisme et des installations industrielles. Les projets d'IDE « greenfield » sont majoritaires dans l'industrie manufacturière, en particulier les véhicules à moteur, les produits minéraux non métalliques, les métaux et l'électronique. Une part importante de l'IDE « greenfield » est également orientée vers l'exploitation minière et l'énergie, dont 40 % à destination de projets d'énergie renouvelable (solaire, éolienne et hydraulique).

Les principaux investisseurs au Maroc sont les entreprises européennes, à raison de près de 55 % du stock total d'IDE en 2022. Les entreprises de la région MENA représentent pour leur part 25 % des investisseurs en 2022 (27 % en 2021). La France est le premier investisseur étranger au Maroc, traditionnellement dans les industries automobile, aéronautique et ferroviaire, et plus récemment dans le secteur des énergies renouvelables. Les Émirats arabes unis (EAU) et l'Espagne lui emboîtent le pas, en deuxième et troisième places respectivement, notamment dans des secteurs de la construction, du tourisme et de l'automobile. D'autres pays européens, comme la Suisse, le Royaume Uni ou la Belgique, commencent à être d'importants investisseurs au Maroc. Les Etats-Unis ont beaucoup investi au Maroc dans les années 2010, notamment dans les secteurs de l'automobile, l'aéronautique et l'agroalimentaire. Depuis quelques années, malgré la prédominance des investissements français, le Maroc connaît une certaine diversification des origines des investissements, avec de plus en plus d'investisseurs originaires d'Asie, d'autres pays du Moyen Orient et d'autres pays européens.

Le premier Examen des politiques de l'investissement du Maroc, conduit en 2010, constatait le rôle important que l'IDE a joué dans le développement économique du pays, avec des retombées positives sur l'emploi, la productivité, les compétences et l'internationalisation de l'économie. Cette deuxième édition intervient à l'heure où le Maroc fait face à de nouveaux défis, dont celui de se doter d'une économie plus inclusive et plus durable. Conjugué avec l'investissement domestique, l'IDE peut jouer un rôle majeur dans la réalisation de certains des objectifs de développement durable pressants du Maroc : la création d'emplois plus nombreux et de meilleure qualité, la réduction des inégalités et des disparités sociales et territoriales, et la durabilité environnementale de l'économie, par exemple.

En favorisant la productivité, l'innovation, la création d'emploi et l'intégration dans les chaînes de valeur mondiales (CVM), l'IDE a fortement stimulé le développement du secteur privé marocain au cours des dernières décennies. Il est concentré dans les secteurs des services et de l'industrie manufacturière, lesquels sont plus productifs et contribuent dans une large mesure à la valeur ajoutée cumulée et à l'emploi. Ces secteurs sont en outre plus porteurs d'emplois : au Maroc, l'IDE « greenfield » génère presque 4 emplois par million de dollars investis, soit plus que les pays de l'OCDE et de la région MENA en moyenne.

Les entreprises étrangères sont en moyenne plus productives, ont davantage tendance à mener des activités de R&D et utilisent plus de technologies étrangères que les entreprises marocaines.[1] Plus orientées vers les échanges du fait qu'une plus forte proportion de leurs ventes se fait à l'exportation et qu'elles importent une plus grande partie de leurs intrants, elles s'imposent en acteurs majeurs de l'intégration du Maroc dans les CVM dans leur rôle de point d'accès important aux marchés internationaux.

L'IDE apporte une contribution positive aux grands objectifs sociaux et environnementaux du Maroc. Aucune différence significative n'est observée entre les entreprises marocaines et les entreprises étrangères sur le plan des salaires et de la part de travailleurs qualifiés, mais les entreprises étrangères affichent en moyenne une plus forte proportion de travailleurs permanents, ce qui donne à penser qu'elles offrent des perspectives d'emplois plus stables. Les entreprises étrangères ont par ailleurs fait montre d'une plus grande résilience face à la crise du COVID-19 et se sont rétablies plus rapidement que les entreprises locales.

Les entreprises étrangères ne sont pas plus performantes que les entreprises marocaines en ce qui concerne l'égalité femmes-hommes. On note en particulier l'absence de différence significative entre entreprises étrangères et locales s'agissant de l'emploi féminin et des postes de cadre supérieur occupés par des femmes. Cela étant dit, l'actionnariat féminin est plus important dans les entreprises étrangères. L'IDE semble encourager la décarbonation de l'économie marocaine. Il est répandu dans les secteurs moins polluants et la part consacrée aux énergies renouvelables (9 %) est supérieure à la moyenne observée dans la région MENA (5 %) et proche de la moyenne de la zone OCDE (9.6 %). D'autre part, les entreprises étrangères sont plus sobres en énergie que les entreprises locales, ce qui tend à indiquer qu'elles ont un rôle important à jouer dans la diffusion de technologies plus propres.

Principales orientations générales

Quelques orientations générales sont formulées à partir des résultats présentés dans ce chapitre. Elles seront abordées plus en détail dans d'autres chapitres de cet examen.

- Diversifié par secteurs, le stock d'IDE est néanmoins très concentré par pays d'origine : ensemble, la France, les EAU et l'Espagne représentaient 57 % du stock total en 2021. Cette dépendance d'un petit groupe d'investisseurs rend le Maroc plus vulnérable à la conjoncture économique et politique de ces pays. Aussi importe-t-il, pour réduire l'exposition du pays aux chocs externes, de chercher à attirer des IDE d'autres pays et plus particulièrement de la région MENA.
- Les entreprises étrangères opérant au Maroc sont plus performantes que les entreprises locales en matière d'innovation et de commerce, alors que leur contribution est mitigée en ce qui concerne la productivité et les salaires. Des meilleures capacités des entreprises marocaines peuvent permettre d'établir des relations plus fortes au sein des chaînes de valeur (par exemple, des relations avec les fournisseurs) avec les entreprises étrangères et de bénéficier de leur présence. Le développement des capacités locales nécessite des efforts dans plusieurs domaines, tels que les compétences, l'innovation et l'environnement commercial local. De meilleures données au niveau des entreprises permettraient de mieux mesurer l'impact de l'IDE sur la productivité et d'autres facteurs et de formuler des recommandations plus spécifiques au cas marocain.
- La contribution des entreprises étrangères à la réduction des disparités entre les sexes pourrait être plus importante. Une étude plus approfondie du rôle des facteurs propres au pays d'implantation et au pays d'origine s'impose, mais des mesures levant les obstacles à l'activité féminine peuvent aider les femmes à tirer parti des perspectives d'emplois (plus stables) offertes par les entreprises étrangères, surtout dans les secteurs des services susceptibles d'employer

un grand nombre de femmes. Ces mesures pourraient prendre la forme d'un cadre réglementaire et juridique sensible aux disparités entre les sexes, de programmes pour aider les femmes à acquérir les compétences recherchées par les entreprises étrangères, et de services sociaux (ex. accueil des enfants). Afin de consolider la place de la femme marocaine dans le tissu économique, la nouvelle Charte de l'investissement prévoit une prime ratio genre.

- L'IDE est concentré dans les secteurs moins polluants et affecté en grande proportion aux énergies renouvelables. Parallèlement, la plus grande sobriété énergétique des entreprises étrangères est révélatrice du potentiel d'amélioration de la performance environnementale des entreprises marocaines. Par exemple, en encourageant la diffusion et l'adoption de technologies plus propres introduites par les entreprises étrangères.

2.2. Grandes tendances de l'investissement direct étranger

2.2.1. L'IDE a gagné en importance pour l'économie marocaine au fil du temps

En quelques décennies, le Maroc a attiré des flux croissants d'IDE. Il est aujourd'hui l'une des plus grandes destinations d'investissement dans la région Moyen-Orient et Afrique du Nord (MENA) (Graphique 2.1, partie a). Les volumes d'IDE ont augmenté à la faveur de la performance économique du Maroc et de sa stabilité politique, mais aussi de sa position géographique stratégique au carrefour de l'Europe et de l'Afrique.

C'est au milieu des années 90 que remontent les premiers flux d'IDE au Maroc, sous l'effet d'un ambitieux programme de privatisation dans un grand nombre de secteurs (télécommunications, tourisme, énergie et services financiers) suivi, au milieu des années 2000, par la libéralisation des transports ferroviaires et des activités portuaires entre autres secteurs clés (OCDE, 2010[1]). En ouvrant de nouvelles perspectives pour les investisseurs étrangers, cette vague de privatisation et de libéralisation a augmenté les flux d'IDE. Ceux-ci sont très imprévisibles depuis vingt ans, mais la tendance générale est restée positive même pendant les périodes de turbulence économique mondiale, à l'instar de la crise économique de 2008. En 2018, les flux d'IDE ont atteint un niveau record de 3.6 milliards USD, suivis d'une chute brutale les années suivantes pour atteindre 1.4 milliards USD en 2020 lors de la crise de COVID-19. Les flux d'IDE ont ensuite atteint 2.3 milliards USD en 2021 pour ensuite s'établir à 2.1 milliards USD en 2022.

L'IDE a gagné en importance pour l'économie marocaine au fil du temps, comme en atteste la part grandissante du PIB que représente le stock d'IDE (Graphique 2.1, partie b). Avant l'an 2000, le stock d'IDE comptait pour moins de 20 % du PIB. Ce pourcentage a par la suite progressé de manière constante pour s'établir à 50 % en 2022, le Maroc devançant alors plusieurs pays de la région MENA et la moyenne des pays de l'OCDE. Il n'atteint toutefois toujours pas le rang de quelques grands partenaires régionaux comme la Tunisie et la Jordanie.

Graphique 2.1. Les flux d'IDE ont progressé de manière constante depuis les années 90

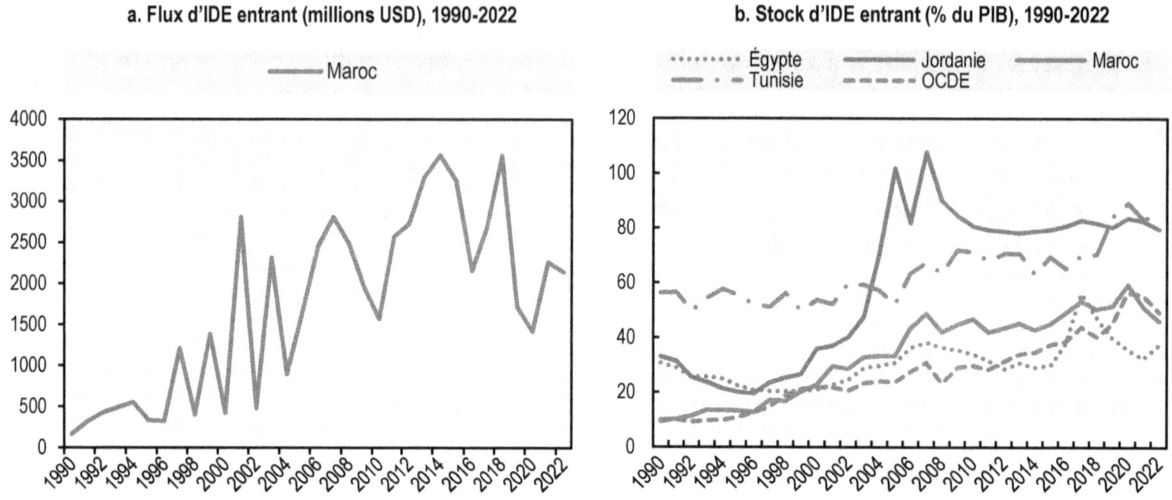

Source : Travaux de l'OCDE basés sur la CNUCED.

2.2.2. La plus grande part du stock d'IDE se concentre dans le secteur des services

Les stocks d'IDE sont principalement concentrés dans les services (40 %), suivis de l'industrie manufacturière (25 %) et de la construction (22 %) (Graphique 2.2, partie a). Au sein des secteurs de services, les télécommunications, le tourisme, et la finance en sont les principaux bénéficiaires (Graphique 2.2, partie b). Ces secteurs ont attiré de plus en plus de flux d'IDE en conséquence à la fois de programmes de privatisation et de libéralisation ainsi que d'investissements infrastructurels majeurs (Lahcen et Aicha, 2007[2] ; OCDE, 2010[1]). L'IDE dans l'industrie manufacturière se concentre majoritairement dans l'industrie l'automobile : les constructeurs – européens en particulier – ont massivement investi, attirés non seulement par des coûts de production compétitifs, mais aussi par la position stratégique du Maroc qui en fait la porte d'entrée du marché africain. L'aérospatiale et le textile sont deux autres secteurs affichant une présence établie d'entreprises étrangères.

Le secteur de la construction est une cible importante de l'IDE et plus particulièrement de l'IDE en provenance des EAU. Au nombre des projets immobiliers, citons par exemple le développement de projets urbains dans le secteur de la santé, comme la cité de la santé à Marrakech (Marrakech Healthcare City) et le pôle santé de l'éco-cité Zenata du groupe Saudi-German Hospital, ou d'installations touristiques à Tanger, Marrakech, Rabat, Casablanca et Agadir. Plusieurs entreprises, pour la plupart européennes, ont par ailleurs investi dans des installations industrielles et des unités logistiques pour accroître leur capacité d'offre et améliorer leur accès au marché africain (Bachelet, Rogeau et Mejdoubi, 2019[3]).

Graphique 2.2. Les télécommunications, l'automobile et la construction bénéficient de parts importantes du stock d'IDE

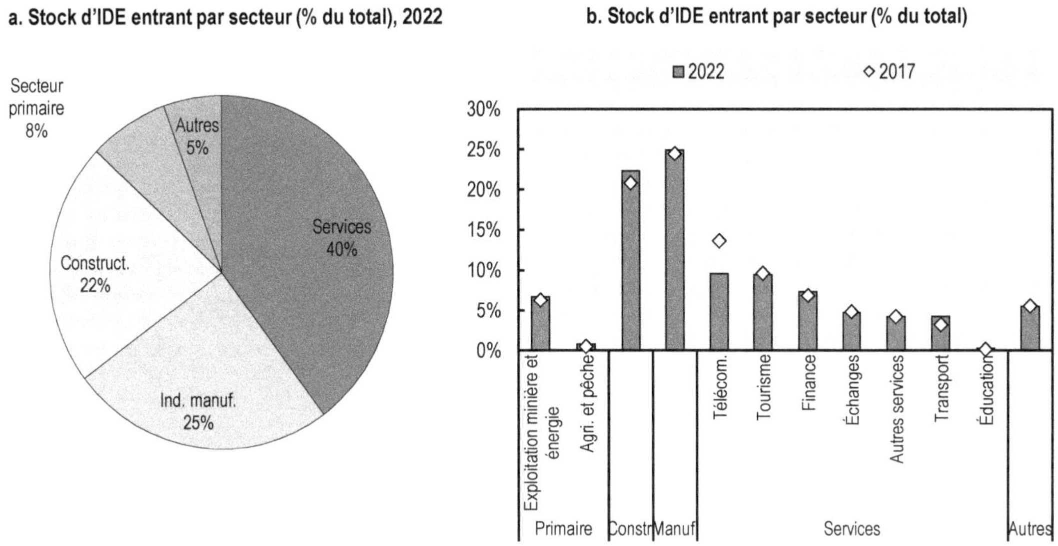

Note : Les secteurs sont organisés selon la classification officielle fournie par la source des données.
Source : Travaux de l'OCDE basés sur l'Office marocain des changes.

2.2.3. Les projets d'IDE « greenfield » privilégient la construction, l'automobile et les énergies renouvelables

En vingt ans, le Maroc a reçu environ 97 milliards USD de projets d'IDE « greenfield », dont 33 % dans l'exploitation minière et l'énergie, 27 % dans l'industrie manufacturière, 26 % dans la construction et 15 % dans les services (Graphique 2.3, partie a). Une répartition sectorielle comparable de l'IDE « greenfield » est observée dans d'autres pays de la région MENA, comme la Tunisie et la Jordanie.

La moitié de l'IDE « greenfield » destiné à l'industrie manufacturière a été orientée dans l'automobile, et plus particulièrement les pièces détachées d'origine (Graphique 2.3, partie b). De grands projets d'IDE « greenfield » ont été conclus par des constructeurs automobiles français comme Renault et PSA Peugeot Citroën, mais aussi, plus récemment, par la société chinoise BYD, pionnière de la voiture électrique. D'autres parts importantes des investissements « greenfield » dans l'industrie manufacturière étaient distribuées entre les minéraux non métalliques (matériaux de construction), les métaux et l'électronique. Environ 65 % des investissements « greenfield » dans l'exploitation minière et l'énergie se sont concentrés dans les infrastructures renouvelables. Le grand potentiel d'énergie solaire, éolienne et hydraulique du Maroc attire de plus en plus d'investissements étrangers depuis quelques années, principalement en provenance d'Europe. Des flux entrants constants d'IDE « greenfield » ont aussi été orientés vers l'extraction de phosphate, les réserves marocaines étant les plus importantes du monde.

Graphique 2.3. Des parts importantes d'IDE « greenfield » sont orientées vers la construction et l'industrie manufacturière

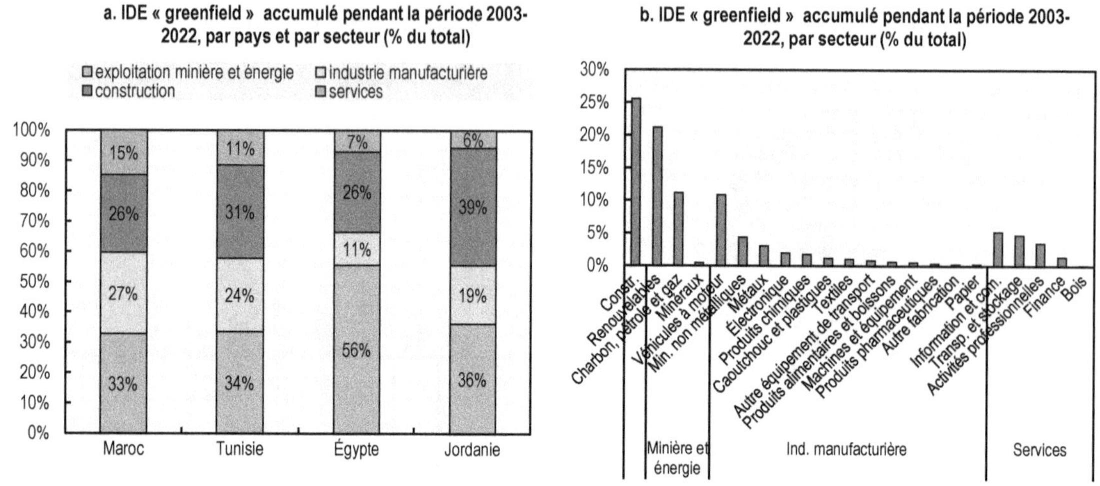

Note : Les projets d'IDE « greenfield » suivent la classification CITI Révision 4 et utilisent la variable « secteur » indiquée par la source des données.
Source : Travaux de l'OCDE inspirés de la base de données d'IDE « greenfield » du Financial Times.

2.2.4. Les entreprises européennes sont les plus grands investisseurs étrangers au Maroc

Les entreprises européennes sont les principaux investisseurs au Maroc, à raison d'environ 61 % du stock total d'IDE en 2022 (Graphique 2.4, partie a). Celles de la région MENA représentent 25 % du stock, soit une bien plus faible proportion, en regard de la proximité géographique et culturelle. Les 14 % restants du stock d'IDE proviennent d'Amérique du Nord, d'Asie et d'autres régions. La France demeure le premier partenaire d'investissement du Maroc (Graphique 2.4, partie b). En 2022, la part française de son stock total d'IDE s'élevait à 31 %, soit 20.1 milliards USD. Autrefois concentrés dans l'automobile, l'aéronautique et l'industrie ferroviaire, les investissements des entreprises françaises commencent à être réorientés vers d'autres secteurs, dont celui des énergies renouvelables.

Les EAU sont le deuxième partenaire d'investissement du Maroc après la France et le premier de la région MENA. En 2022, leur part du stock total d'IDE au Maroc s'élevait à 18 %, soit 11.7 milliards USD. Les EAU investissent dans divers secteurs, dont la construction, le tourisme, les télécommunications, les TIC, les transports, l'automobile et l'aéronautique. L'Espagne est le troisième investisseur au Maroc. En 2022, les entreprises espagnoles représentaient 8 % du stock total d'IDE, soit 5.5 milliards USD. Ces entreprises sont actives dans plusieurs secteurs, notamment le tourisme, l'automobile et plus récemment les énergies renouvelables. Les autres grands investisseurs au Maroc sont les États-Unis, l'Arabie saoudite et d'autres pays européens dont la Suisse, le Royaume-Uni, la Belgique, le Luxembourg, l'Allemagne et l'Irlande.

Graphique 2.4. La France est le premier partenaire d'investissement du Maroc, suivie des EAU et de l'Espagne

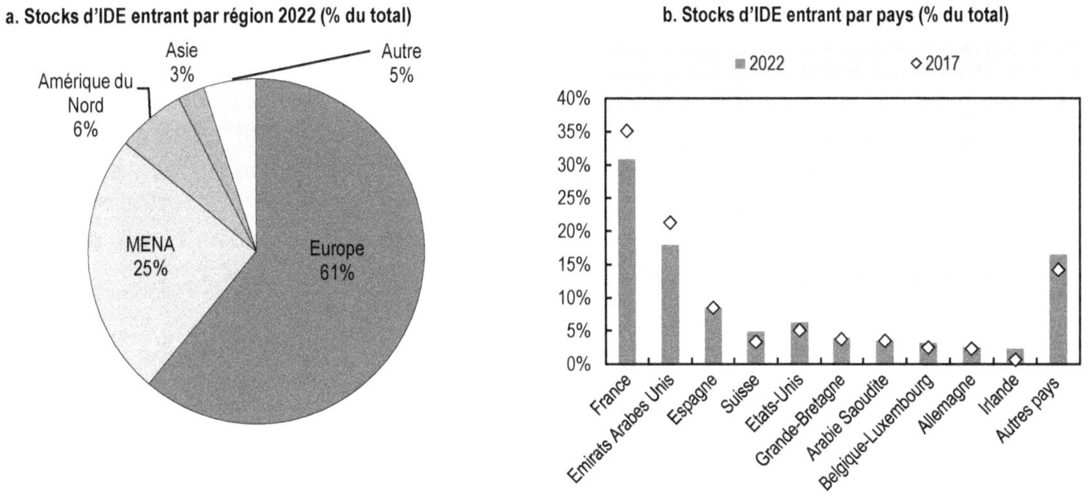

Source : Travaux de l'OCDE basés sur l'Office marocain des changes.

2.3. Mettre l'IDE au service du développement durable

2.3.1. Quelle contribution l'IDE peut-il contribuer à la démarche de développement durable du Maroc ?

L'investissement direct étranger peut aider les pays à réaliser les objectifs de développement durable (ODD). En plus d'être une source importante de capitaux privés, l'IDE peut favoriser la productivité et l'innovation, contribuer à la création d'emplois de qualité, y compris pour les femmes, les jeunes et autres groupes vulnérables, stimuler le développement des compétences et faciliter la décarbonisation de l'économie. L'IDE peut aussi être un complément important de l'investissement domestique et concourir au développement du secteur privé dans le pays bénéficiaire.

Le premier Examen des politiques de l'investissement du Maroc, conduit en 2010, a montré que l'IDE contribuait à l'expansion de la libéralisation de plusieurs secteurs dans les années 90, très avantageuse pour l'emploi et la productivité. Il montre en outre que les investisseurs privés ont eu une incidence positive sur les compétences de la main-d'œuvre et ont facilité l'internationalisation de l'économie (OCDE, 2010[1]). Le pays fait aujourd'hui face à de nouveaux enjeux, dont celui de s'engager sur la voie d'un développement plus inclusif et plus écologiquement viable, comme le soulignent le Nouveau modèle de développement (Royaume du Maroc, 2021[4]) et sa Stratégie nationale pour le développement durable 2030 (Royaume du Maroc, 2021[4]). Il a pour objectifs la création de nouveaux emplois de qualité, la réduction des disparités sociales et territoriales, et la viabilité écologique de l'économie, rendus encore plus urgents par la pandémie mondiale de COVID-19 et la crise qui a suivi.

Bien que la création d'emplois de qualité soit depuis longtemps une priorité politique du Maroc, le taux de chômage demeure élevé (9.9 %) et supérieur aux moyennes de la région MENA (9.43 %) et de la zone OCDE (5.0 %) (Graphique 2.5). Le chômage, qui touche plus particulièrement les femmes, les jeunes et les habitants des zones urbaines, renforce les inégalités sociales et régionales (Haut Commissariat au Plan, 2020[5]). Pour créer des emplois plus nombreux et de meilleure qualité, le Maroc doit pouvoir augmenter la croissance de la productivité (et les salaires) et stimuler le développement du secteur privé. Notamment, l'amélioration de la productivité est soutenue par un investissement dans les compétences et dans l'innovation, lequel est encore limité au Maroc si l'on considère les taux d'inscription dans l'enseignement supérieur (46 % au Maroc contre 41 % dans la région MENA et 79 % dans la zone OCDE) et la faible part du PIB consacrée à la R&D (0.8 % contre une moyenne de 1.6 % dans la région MENA et de 3.0 % dans la zone OCDE).

La promotion de l'égalité femmes-hommes fait partie des grandes priorités du programme politique du Maroc. En dépit de progrès dans ce sens dans le domaine éducatif, d'importantes disparités entre les sexes persistent sur le marché du travail. Le taux d'activité des femmes demeure faible (20 %) et éloigné de celui de la zone OCDE (53 %). Selon une étude du gouvernement marocain, les femmes sont rémunérées 17 % de moins que les hommes (Ministère de l'Économie et des Finances, 2017[6]). D'autre part, seules quelques femmes parviennent à des postes de responsabilité, comme en atteste le faible pourcentage d'entreprises employant des femmes au grade de cadre supérieur (5.4 % contre 6.5 % dans la région MENA et 17.3 % dans les pays de l'OCDE).

Graphique 2.5. En matière de développement durable, la performance du Maroc est inférieure à celle des pays de la région MENA et de l'OCDE à divers égards

Indicateurs de développement durable, 2020-2022

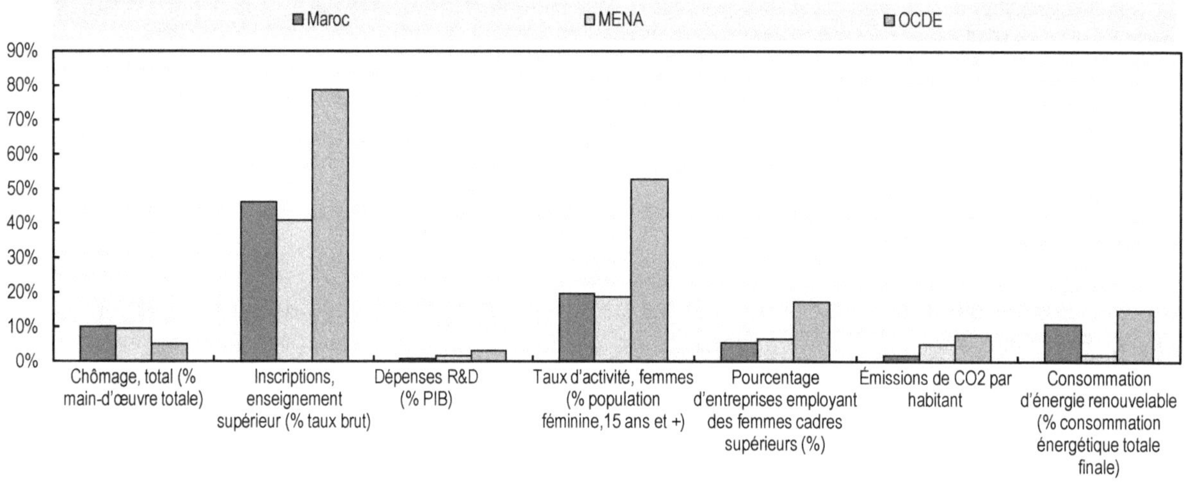

Note : La liste de pays de la région MENA correspond aux groupements de la Banque mondiale.
Source : Travaux de l'OCDE basés sur l'OIT (2020[7]) et la Banque mondiale (2021[8]).

En dix ans, le Maroc a investi de plus en plus de ressources dans la protection de son environnement et de ses ressources naturelles. Le pays est néanmoins confronté à des problèmes environnementaux pressants. Ses ressources naturelles, et surtout ses forêts, sont en train de s'épuiser et sa biodiversité est menacée. Les effets du changement climatique sont déjà manifestes dans la hausse de la température moyenne annuelle et la baisse de la pluviosité enregistrées (PNUD, 2021[9]). Le Maroc est toutefois à la pointe de la lutte contre le réchauffement climatique dans la région, comme en témoignent ses émissions de CO_2 par habitant, plus faibles que les moyennes de la région MENA et de l'OCDE. Selon le Ministère de la Transition Énergétique et du Développement Durable, la part d'énergies renouvelables dans le mix de capacités électriques s'élève à 38 % en 2022. La stratégie énergétique du Maroc vise à augmenter leur part dans le mix électrique à 52 % d'ici 2030. A l'heure actuelle, sa part dans la consommation finale est proche de celle de l'OCDE. Le Maroc table néanmoins encore beaucoup sur les combustibles fossiles pour satisfaire sa demande énergétique. Il est aussi très dépendant des importations d'énergie, notamment de produits pétroliers, mais aussi de charbon et (dans une moindre mesure) de gaz naturel pour produire de l'électricité (AIE, 2022[10]).

Il ressort des données de l'Initiative de l'OCDE sur les qualités de l'IDE que celui-ci peut contribuer à plusieurs aspects du développement durable (Encadré 2.1). On retiendra que les effets positifs de l'IDE ne sont pas automatiques, mais qu'ils dépendent plutôt des politiques et des institutions en place dans le pays. Mais aussi que l'IDE peut avoir des effets délétères, par exemple lorsqu'il creuse les inégalités sociales et territoriales. Les sections qui suivent analysent la contribution de l'IDE au développement durable au Maroc, au regard notamment de la productivité, de l'innovation, de la création d'emploi, des compétences, de l'égalité femmes-hommes et du verdissement de l'économie. Elles montrent également en quoi l'IDE peut être complémentaire de l'investissement domestique au service des objectifs de développement durable, et comment orienter l'action publique pour améliorer l'incidence positive de l'IDE sur l'économie marocaine.

Encadré 2.1. L'initiative de l'OCDE sur les qualités de l'IDE

L'investissement direct étranger est une source de financement essentielle pour réaliser les objectifs de développement durable et tenir les engagements pris dans l'Accord de Paris sur le changement climatique. Or, les avantages de l'investissement direct étranger ne se concrétisent pas toujours et ses effets peuvent varier entre les pays et les divers domaines de la durabilité. D'autre part, les politiques publiques et les dispositifs institutionnels sont déterminants si l'on veut maximiser les effets positifs de l'IDE. L'Initiative sur les qualités de l'IDE montre comment les pouvoirs publics peuvent améliorer la contribution de l'IDE à la réalisation des ODD. Elle dote les gouvernements des outils et des données dont ils ont besoin pour élaborer et mettre en œuvre des politiques fondées sur des données probantes qui encouragent les investissements débouchant sur l'objectif clé qu'est le développement durable. L'Initiative est articulée en trois grands axes :

- **Les indicateurs de qualité de l'IDE** aident les pouvoirs publics à évaluer l'impact de l'investissement dans quatre domaines des ODD : la décarbonation ; la qualité de l'emploi et les compétences ; l'égalité femmes-hommes ; la productivité et l'innovation.
- **La Boîte à outils des politiques relatives aux qualités de l'IDE** aide les pouvoirs publics à améliorer l'impact de l'investissement sur le développement durable par la décarbonation, la qualité de l'emploi et les compétences, l'égalité femmes-hommes, la productivité et l'innovation. Elle s'inscrit en complément du Cadre d'action pour l'investissement de l'OCDE en fournissant aux pouvoirs publics des orientations stratégiques détaillées et sur mesure, accompagnées des meilleures pratiques pour attirer et conserver les investissements durables. La Boîte à outils des politiques comporte également des recommandations visant le renforcement du rôle de la coopération au développement pour mobiliser l'IDE et décupler ses effets positifs dans les pays en développement.
- **La Recommandation du Conseil de l'OCDE relative aux qualités de l'IDE** complète la Boîte à outils des politiques en incorporant une série concise de ses principes fondamentaux dans un instrument juridique. Adoptée à la RCM de l'OCDE de 2022, cette recommandation est le premier instrument ayant l'aval de gouvernements consacré aux moyens d'améliorer la contribution positive de l'investissement international à la réalisation des ODD.

Source : OCDE (2022[11]) ; OCDE (2019[12]).

2.3.2. L'IDE soutient la productivité, la création d'emplois et l'intégration dans les CVM

L'IDE est répandu dans les secteurs plus productifs

Par le biais des activités de sociétés étrangères affiliées à des multinationales, l'IDE contribue à la valeur ajoutée et à l'emploi de l'économie locale, lesquels se répercutent sur la productivité de l'ensemble des secteurs et de chaque secteur individuellement. Sachant toutefois que la valeur ajoutée et l'emploi varient considérablement d'un secteur à l'autre en fonction de l'intensité technologique et du degré de sophistication (OCDE, 2019[12]).

Au Maroc, l'IDE est concentré dans les secteurs plus productifs, c'est-à-dire ceux dans lesquels un travailleur ou une travailleuse produit en moyenne plus de valeur ajoutée que dans les autres secteurs. L'IDE est orienté à 34 % dans les services, en particulier les secteurs des télécommunications, de la finance et du tourisme, qui génèrent plus de la moitié de la valeur ajoutée et emploient presque 45 % de la main-d'œuvre (Graphique 2.6). Environ un quart de l'IDE est destiné à l'industrie manufacturière, notamment aux secteurs des véhicules à moteur, des minéraux non métalliques, des métaux, de l'électronique et des textiles, moins productifs que les services puisqu'ils contribuent 19 % de la valeur ajoutée et emploient 24 % de la main-d'œuvre. Une très faible part de l'IDE (environ 1 %) est orientée dans le secteur agricole, le moins productif puisqu'il représente 11 % de la valeur ajoutée et 31 % de la main-d'œuvre. Enfin, 23 % et 4 % de l'IDE concernent les secteurs de la construction et de l'exploitation minière/énergie respectivement, qui génèrent une plus petite proportion de la valeur ajoutée.

Graphique 2.6. L'IDE se concentre dans les secteurs plus productifs des services et de l'industrie manufacturière

Performances par secteur, 2022

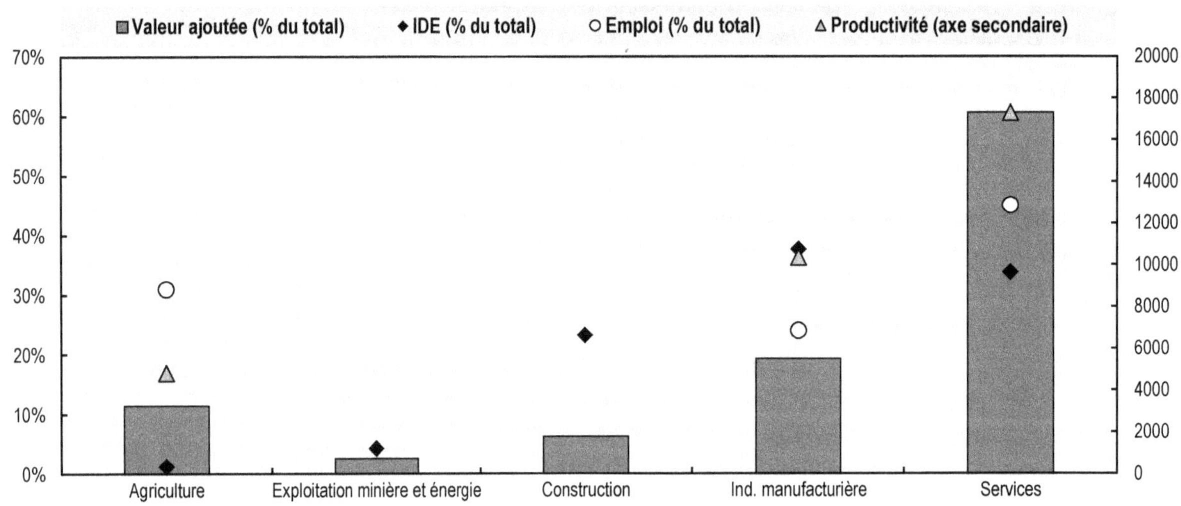

Note : Les estimations modélisées de l'OIT ne livrant pas de données sur l'emploi dans les secteurs de l'exploitation minière/énergie et de la construction, les parts des autres secteurs sont probablement surestimées.
Source : Travaux de l'OCDE basé sur l'Office marocain des changes, les statistiques de l'ONU et les Estimations modélisées de l'OIT.

Une proportion importante de l'IDE se concentre dans les secteurs à fort potentiel d'emploi

L'IDE, et plus particulièrement l'IDE « greenfield », a le potentiel de créer de nombreux emplois pour les travailleuses et travailleurs locaux des pays hôtes. Au Maroc, un million de dollars d'IDE « greenfield » génère presque 3.5 emplois (Graphique 2.7, partie a). Ce chiffre dépasse les moyennes de l'OCDE et de la région MENA, où un million de dollars d'IDE « greenfield » génère respectivement 3.3 et 1.5 emplois (OCDE, 2022[13]). Ces emplois sont dans l'industrie manufacturière (61 %), notamment les véhicules à moteur de moyenne technologie (pièces détachées), les métaux et les produits chimiques, qui attirent environ 27 % de l'IDE « greenfield ». Le secteur de la construction compte pour 20 % des emplois créés et reçoit 26 % de l'IDE, tandis que le secteur du service représente pour sa part 15 % des emplois créés et reçoit 15 % de l'IDE. Enfin, 4 % seulement des emplois sont créés dans le secteur de l'exploitation minière/énergie, même si 33 % de l'IDE « greenfield » sont orientés dans ces secteurs. Ces chiffres semblent indiquer que l'IDE est un important vecteur de création d'emploi au Maroc, mais ils ne donnent qu'une image partielle de son impact sur l'emploi car ils ne tiennent pas compte des emplois créés à la faveur de fusions d'entreprises et de projets d'expansion.

Graphique 2.7. Au Maroc, l'IDE « greenfield » génère des emplois tout particulièrement dans les secteurs de moyenne technologie

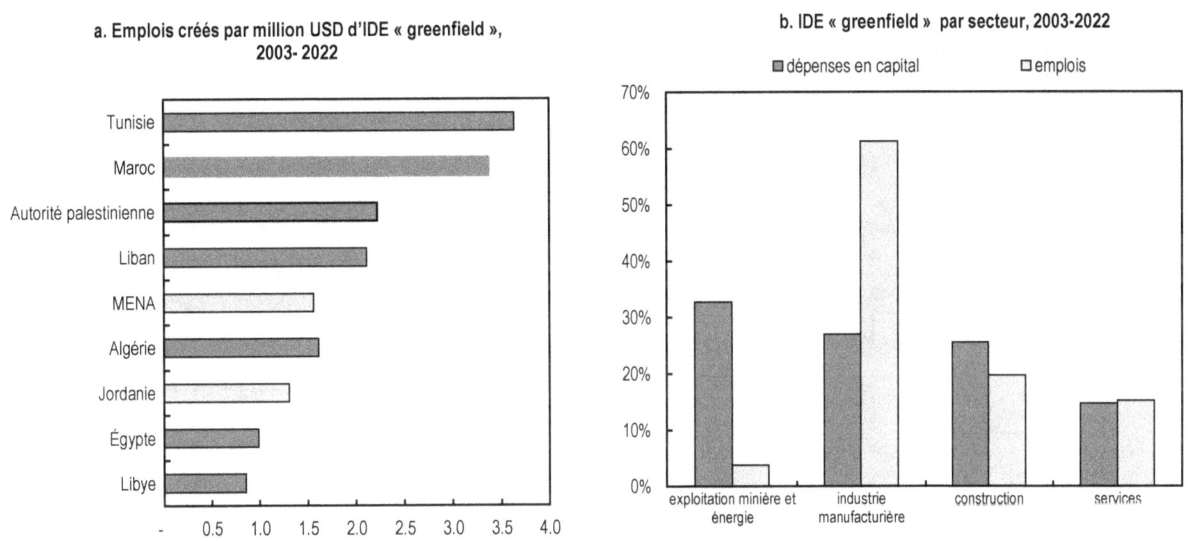

Note : La moyenne de la région MENA est calculée à partir des données des pays suivants : Algérie, Égypte, Jordanie, Liban, Libye, Maroc, Palestine et Tunisie.
Source : Travaux de l'OCDE inspirés de la base de données d'IDE « greenfield » du Financial Times.

La contribution des entreprises étrangères à la productivité locale n'est pas évidente, mais elles innovent davantage

Dans la majorité des pays et des secteurs, les entreprises étrangères ont tendance à être plus productives que les entreprises locales (OCDE, 2019[12]). Un constat sans surprise puisque les entreprises étrangères sont en moyenne de plus grande taille et utilisent des technologies plus pointues. Les données des Enquêtes de la Banque mondiale auprès des entreprises (WBES) sont utilisées pour évaluer la performance des entreprises étrangères par rapport à celle des entreprises locales au Maroc en 2023 et dans d'autres pays de comparaison dans l'industrie manufacturière. Les résultats indiquent un surcroît de productivité des entreprises étrangères dans tous les pays, à l'exception du Maroc (Graphique 2.8, partie a). Néanmoins, une analyse économétrique, basée sur l'enquête précédente de 2019, montre une productivité plus élevée, même en comparant des entreprises de même taille et du même secteur (Annex 2.B). Par conséquent, il n'y a pas de résultats concluants sur la contribution directe des entreprises étrangères à la productivité locale et l'impact possible sur la productivité des entreprises marocaines. De meilleures données au niveau des entreprises sont nécessaires pour générer des analyses comparatives et des conclusions sur l'impact de l'investissement étranger sur la productivité.

Les données indiquent également que, tant au Maroc que dans la majorité des pays comparables, les entreprises étrangères ont davantage tendance à mener des activités de R&D (Graphique 2.8, partie b) et ont plus recours aux technologies étrangères que les entreprises locales (Graphique 2.8, partie c). Des études récentes avancent que le Maroc a davantage bénéficié des grands investisseurs pour stimuler l'investissement et la création d'emploi dans ces secteurs très productifs, en priorisant relativement moins la modernisation des PME (Groupe de la Banque mondiale, 2019[14] ; Farouk et Tarek Janati, 2022[15]). Les écarts de productivité excessifs entre entreprises étrangères et entreprises locales pourraient indiquer que ces dernières n'ont pas la capacité de tirer parti des technologies et des connaissances que leur apportent les entreprises étrangères. Tel pourrait être le cas au Maroc, où les investisseurs mondiaux dans l'automobile et l'aéronautique n'ont établi des liens que partiels avec les entreprises locales (OCDE, 2021[16]).

Graphique 2.8. Les entreprises étrangères ne sont pas plus productives, mais elles sont plus actives en R&D et utilisent davantage de technologies étrangères

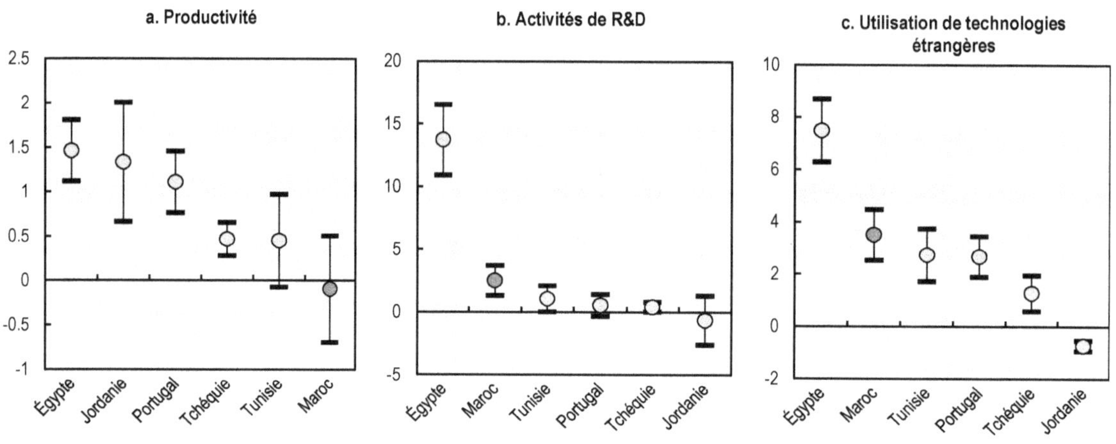

Note : Le graphique montre les indicateurs qui mesurent la performance des entreprises étrangères par rapport aux entreprises locales pour un résultat donné et l'intervalle de confiance de 95 % respectif. On trouvera une description de la méthodologie à l'Annex 2.A. Les données du Maroc et du Portugal se rapportent à 2023. Les données de l'Égypte et de la Tunisie se rapportent à l'année 2020. Les données de la Jordanie et de la République tchèque se rapportent à 2019.
Source : Travaux de l'OCDE basés sur les Enquêtes de la Banque mondiale auprès des entreprises.

L'intégration du Maroc dans les CVM est soutenue par les entreprises étrangères

La participation aux CVM est avantageuse sur le plan de la productivité et de l'innovation. Pour cela, les pays utilisent des intrants importés dans leurs exportations (intégration en amont) ou fournissent des intrants destinés aux exportations de pays tiers (intégration en aval). Dans les deux cas, des répercussions positives sur la productivité sont possibles. L'intégration en amont, plus particulièrement, permet l'utilisation d'intrants indisponibles localement, à un prix plus avantageux ou de qualité supérieure. L'intégration en aval permet quant à elle aux pays d'acquérir des technologies et des connaissances des destinations d'exportation (Criscuolo et Timmis, 2017[17]).

Le degré d'intégration en amont dans les CMV observé au Maroc est élevé, comme en atteste la part de valeur ajoutée étrangère dans ses exportations, soit 31.4 % (Graphique 2.9, partie a). Cette intégration en amont est en grande partie soutenue par les industries de l'automobile, des machines, du coke et du pétrole, du textile et de l'habillement. Elle est en outre facilitée par la proximité géographique du marché de l'UE. En revanche, le degré d'intégration en aval est faible, comme l'indique la part marocaine de la valeur ajoutée (15 %) dans les exportations de pays tiers. Globalement, les degrés d'intégration en amont et en aval du Maroc sont cohérents avec sa structure économique et sont similaires à ceux de l'Espagne et de la Pologne.

Les entreprises multinationales constituent l'un des principaux moteurs des CVM de par leur contribution considérable aux échanges transfrontaliers. Les sociétés étrangères affiliées à des multinationales au Maroc semblent être plus orientées vers les échanges que les entreprises locales (Graphique 2.9, partie b). Elles ont tendance à afficher une plus large part de ventes à l'exportation dans la plupart des secteurs. Elles importent aussi une plus grande proportion de leurs produits intermédiaires, en particulier dans les secteurs de l'alimentation et du textile. Ainsi, par leurs activités d'exportation et d'importation, les entreprises étrangères jouent un rôle important dans l'intégration du Maroc dans les CVM.

Graphique 2.9. Les entreprises étrangères facilitent l'intégration du Maroc dans les CVM

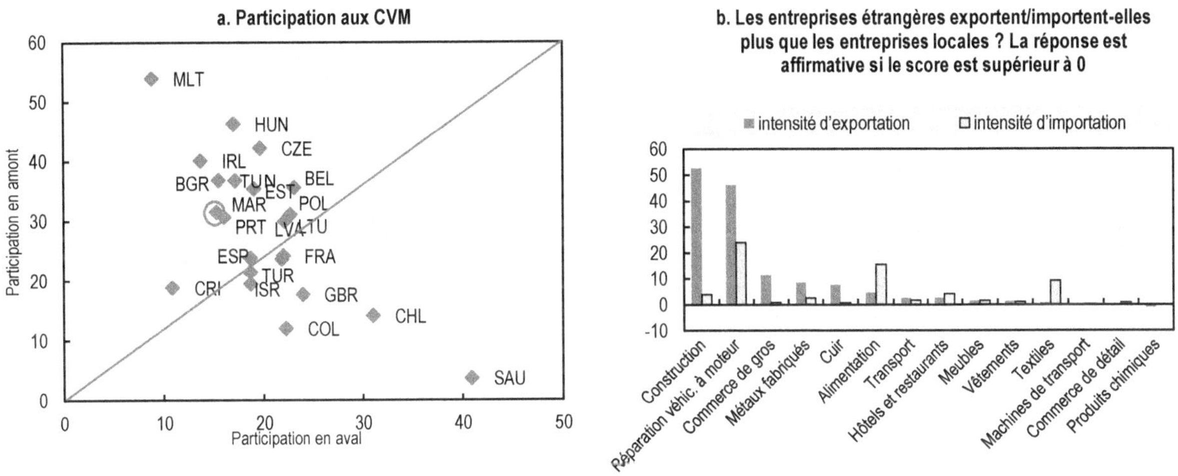

Source : Travaux de l'OCDE inspirés de la base TiVA de l'OCDE (2021) et de l'Enquête de la Banque mondiale auprès des entreprises du Maroc (2019).

2.3.3. L'IDE contribue de manière positive à des aspects importants de la qualité de l'emploi, de l'égalité femmes-hommes et de la viabilité écologique

Les entreprises étrangères et les entreprises locales présentent les mêmes offres sur le plan des salaires et l'emploi de la main-d'œuvre qualifiée, mais elles offrent des perspectives d'emplois plus stables

La création d'emplois et la garantie de conditions de travail décentes sont des aspects essentiels du développement durable. Des emplois de qualité et des conditions de travail décentes contribuent à réduire les inégalités et la pauvreté, mais aussi à développer l'autonomie des personnes, surtout des femmes et des jeunes. Le salaire est un aspect important de la qualité d'un emploi.

Au Maroc, les entreprises étrangères ne pratiquent pas des salaires plus élevés que les entreprises locales, contrairement à ce que l'on observe dans d'autres pays comparables (l'indicateur n'est pas significativement différent de zéro comme indiqué par son intervalle de confiance) (Graphique 2.10, partie a). Ce constat pourrait tenir au fait que les fabricants étrangers au Maroc évoluent dans des secteurs où le coût de la main-d'œuvre a tendance à être relativement compétitif (automobile, minéraux non métalliques, électronique, textile). L'analyse économétrique ultérieure, basée sur 2019, confirme que les entreprises étrangères au Maroc ne pratiquent pas des salaires plus élevés que les entreprises locales (Annex 2.B).

Graphique 2.10. Les entreprises étrangères ne contribuent pas de manière positive à tous les aspects de la qualité de l'emploi

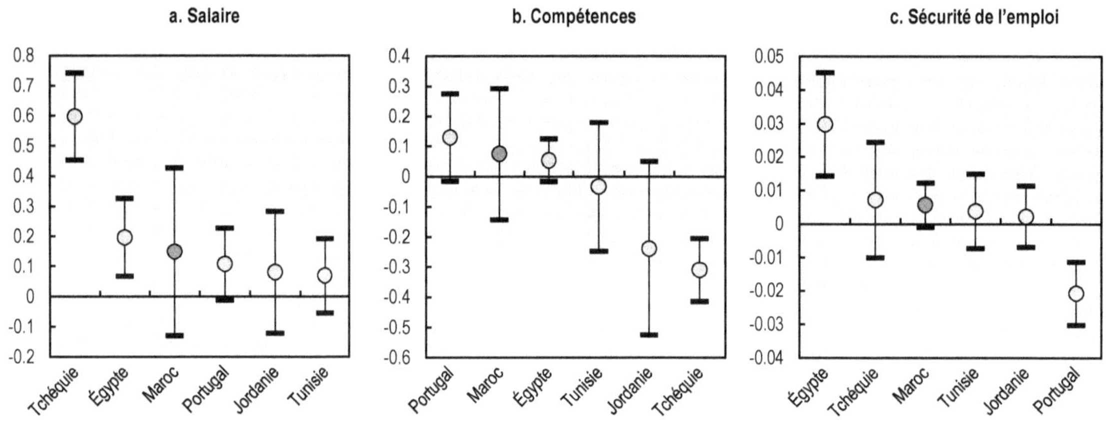

Note : Le graphique montre les indicateurs qui mesurent la performance des entreprises étrangères par rapport aux entreprises locales pour un résultat donné et l'intervalle de confiance de 95 % respectif. On trouvera une description de la méthodologie à l'Annex 2.A. Les données du Maroc et du Portugal se rapportent à 2023. Les données de l'Égypte et de la Tunisie se rapportent à l'année 2020. Les données de la Jordanie et de la Tchéquie se rapportent à 2019.
Source : Travaux de l'OCDE basés sur les Enquêtes de la Banque mondiale auprès des entreprises.

L'intensité de compétences est un autre aspect important de la qualité de l'emploi compte tenu de son rapport étroit avec le salaire et la progression professionnelle. Les entreprises étrangères sont généralement plus avancées que les entreprises locales sur le plan technologique parce qu'elles ont accès à la technologie la plus pointue de la société mère. Du fait de leur plus forte intensité technologique, elles ont aussi tendance à employer une main-d'œuvre plus qualifiée que les entreprises locales (OCDE, 2019[12]). Les données montrent cependant que la proportion plus élevée de travailleurs qualifiés au sein des entreprises étrangères opérant au Maroc n'est pas statistiquement significative (Graphique 2.10, partie b). L'analyse économétrique basée sur les résultats de 2019 montre l'absence d'incidence de la détention du capital par des intérêts étrangers sur les proportions de main-d'œuvre qualifiée une fois le secteur et la taille des entreprises pris en compte (Annex 2.B).

La qualité de l'emploi est également déterminée par le risque de perte d'emploi et le coût économique de cette perte. Les données disponibles révèlent que les entreprises étrangères font généralement plus souvent appel à des travailleurs temporaires que les entreprises locales (OCDE, 2021[16]). Les résultats indiquent cependant que les entreprises étrangères implantées au Maroc emploient en moyenne des proportions plus importantes de travailleurs permanents (variable représentative de la sécurité de l'emploi). Cette tendance à offrir des perspectives d'emplois plus stables que les entreprises locales pourrait refléter la plus grande proportion de travailleurs qualifiés à qui les entreprises étrangères offrent de meilleures conditions d'emploi afin de les retenir (Graphique 2.10, partie c).

Les entreprises étrangères ont fait montre d'une plus grande résilience face à la crise du COVID-19 et se sont rétablies plus rapidement

La pandémie de COVID-19 et la crise qui a suivi ont considérablement perturbé les opérations des entreprises, les contraignant à interrompre la production et à se réorganiser en profondeur. Les premiers éléments factuels en provenance de quelques pays montrent que les filiales étrangères d'entreprises multinationales ont été plus résilientes que les entreprises locales aux effets du COVID-19. Elles se sont adaptées plus rapidement au nouveau mode de travail et ont assuré la stabilité des emplois pendant la crise (OCDE, 2022[18]).

Les données du Maroc semblent indiquer que les entreprises étrangères ont été en moyenne plus résilientes face à la crise et se sont rétablies plus vite que les entreprises locales. Selon ces données, un plus fort pourcentage d'entreprises étrangères que d'entreprises locales ont adapté ou converti leur production pour réagir à l'évolution de la demande (Graphique 2.11, partie a). La proportion d'entreprises étrangères à avoir introduit ou accru le télétravail est elle aussi plus importante, bien qu'elle dépende elle aussi du secteur d'activité. D'autre part, une plus forte proportion d'entreprises locales ont réduit le nombre de travailleurs permanents, signe que les entreprises étrangères ont mieux réussi à assurer la sécurité de l'emploi pendant ces périodes de turbulence. Des proportions comparables d'entreprises étrangères et locales, toutefois, ont réduit les salaires et avantages des travailleurs à cause de la crise du COVID-19.

Graphique 2.11. Les entreprises étrangères ont été moins touchées par la pandémie de COVID 19 et se sont rétablies plus rapidement

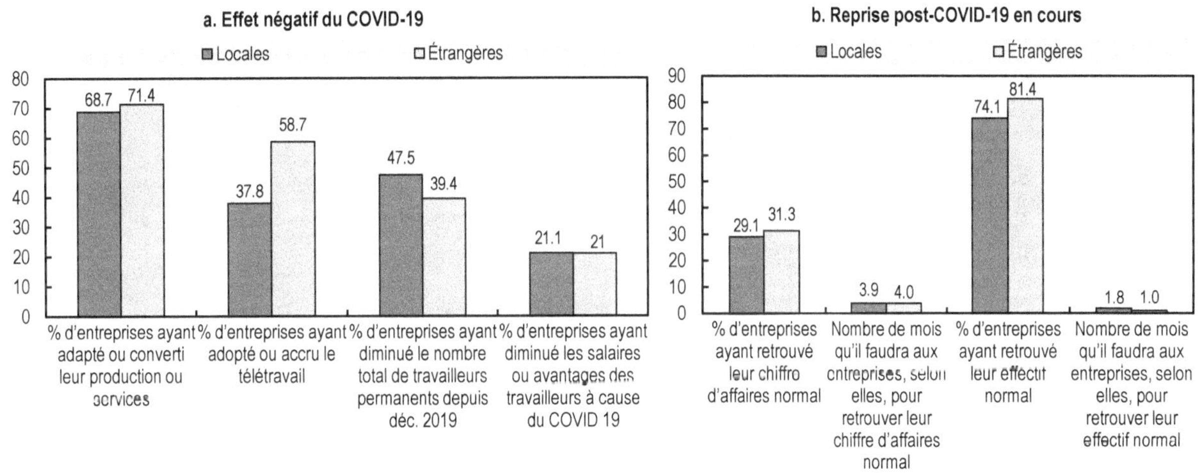

Source : Travaux de l'OCDE inspirés des enquêtes de suivi de l'impact du COVID 19 sur les entreprises de la Banque mondiale (2022).

En moyenne, les entreprises étrangères ont également retrouvé plus vite leur chiffre d'affaires et leur niveau d'emploi d'avant-crise (Graphique 2.11, partie b). Au printemps 2021, une plus forte proportion d'entreprises étrangères avaient déjà retrouvé leur chiffre d'affaires d'avant la pandémie. Sur la même période, un plus fort pourcentage d'entreprises étrangères a également annoncé avoir retrouvé leur niveau d'emploi d'avant le COVID-19. Globalement, le temps d'adaptation au choc de la pandémie au Maroc a été plus bref pour les entreprises étrangères que pour les entreprises locales, ce qui confirme les résultats observés pour d'autres pays.

Les entreprises étrangères ne sont pas plus sensibles aux disparités entre les sexes que les entreprises locales.

À l'échelle mondiale, l'activité et l'entrepreneuriat des femmes sont bridés par divers obstacles socioculturels. Les femmes actives exercent plus souvent des emplois informels, sont moins rémunérées que les hommes (à niveau d'études et responsabilités égales), et ont moins de possibilités de progression professionnelle. Dans la région MENA, les disparités entre les sexes sur le marché du travail et dans l'entrepreneuriat sont plus prononcées que dans la plupart des régions du monde (OCDE/OIT/CAWTAR, 2020[19]). Il ressort d'études récentes que les entreprises étrangères peuvent influencer les retombées sur l'égalité femmes-hommes dans les pays d'implantation, notamment dans les secteurs qui emploient ou pourraient employer un grand nombre de femmes.

Les données montrent que les entreprises étrangères au Maroc n'emploient pas nécessairement une proportion plus faible de femmes que les entreprises locales, le résultat n'étant pas statistiquement significatif (Graphique 2.12, partie a). On note un changement par rapport à 2019, où les différences étaient valables en tenant compte du secteur et de la taille de l'entreprise (Annex 2.B). Cela peut être dû au fait que les IDE au Maroc se dirigent de moins en moins vers les secteurs dominés par les hommes, tels que l'industrie automobile et l'industrie sidérurgique. En revanche, dans d'autres pays de la région MENA, comme l'Égypte et la Tunisie, les entreprises étrangères emploient un pourcentage plus élevé de femmes, probablement parce que ces pays ont des secteurs importants à forte intensité de main-d'œuvre (alimentation, textile et habillement), qui attirent une grande partie des IDE et emploient de nombreuses femmes.

Graphique 2.12. Les entreprises étrangères emploient une plus faible proportion de femmes, mais sont plus nombreuses à compter des femmes actionnaires ou propriétaires

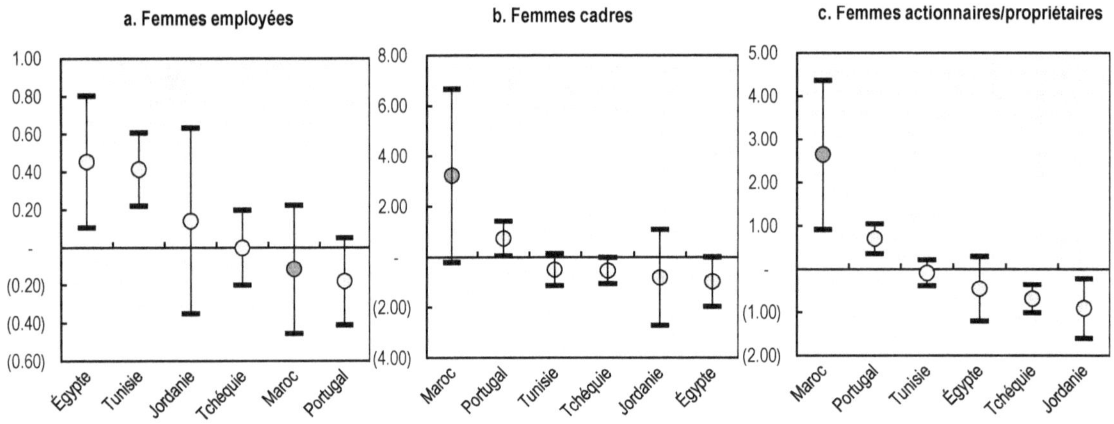

Note : Le graphique montre les indicateurs qui mesurent la performance des entreprises étrangères par rapport aux entreprises locales pour un résultat donné et l'intervalle de confiance de 95 % respectif. On trouvera une description de la méthodologie à l'Annex 2.A. Les données du Maroc et du Portugal se rapportent à 2023. Les données de l'Égypte et de la Tunisie se rapportent à l'année 2020. Les données de la Jordanie et de la République tchèque se rapportent à 2019.
Source : Travaux de l'OCDE basés sur les Enquêtes de la Banque mondiale auprès des entreprises.

Les investisseurs étrangers peuvent influencer d'autres aspects de l'égalité femmes-hommes, dont la progression professionnelle des femmes au sein de leurs entreprises et l'entrepreneuriat féminin. Au Maroc, le pourcentage d'entreprises étrangères employant des femmes à des postes de cadre supérieur n'est pas très différent de celui des entreprises locales (Graphique 2.12, partie b). Une plus forte proportion d'entreprises étrangères compte toutefois des femmes actionnaires ou propriétaires (Graphique 2.12, partie c). Des études récentes mettent en évidence que l'incidence des entreprises étrangères sur l'égalité femmes-hommes est influencée, entre autres facteurs, par la culture de l'entreprise et son pays d'origine (Kodama, Javorcik et Abe, 2018[20] ; Tang, 2017[21]). En particulier, les entreprises originaires de pays plus sensibles à l'égalité des sexes ont tendance à être elles aussi plus sensibles à l'égalité des sexes et à favoriser des politiques d'entreprise compatibles avec la vie de famille. Le contexte du pays d'implantation, tout particulièrement les normes sociales et culturelles, est également important (OCDE, 2022[22]). Les résultats observés au Maroc semblent confirmer qu'un contexte plus général est nécessaire pour évaluer la contribution de l'IDE à l'égalité femmes-hommes.

L'IDE facilite le verdissement de l'économie

L'IDE peut agir sur l'empreinte carbone des pays en intensifiant l'activité économique et en influençant la répartition des ressources entre les secteurs. Une étude récente de l'OCDE montre que, au Maroc comme dans d'autres pays de la région MENA, l'IDE « greenfield » est répandu dans les secteurs moins émetteurs en carbone (OCDE, 2019[12]).

L'IDE peut aussi encourager le verdissement de l'économie en finançant le secteur des énergies renouvelables. Au Maroc comme dans la majorité des pays, la part d'IDE dans les énergies renouvelables est nettement inférieure à la part d'IDE dans les combustibles fossiles. Dans les pays moins développés plus que les autres, cela tient probablement au manque d'exigences technologiques liées aux énergies renouvelables. Au Maroc, environ 21 % de l'IDE « greenfield » accumulé sur la période 2003-2022 a été orienté dans les énergies renouvelables (Graphique 2.13, partie a), soit une proportion proche à celle observée dans la moyenne de la région MENA (22 %) et supérieure de la moyenne de l'OCDE (14 %).

L'IDE peut aussi financer la diffusion de technologies propres. Les entreprises étrangères sont généralement plus avancées sur le plan technologique que les entreprises locales parce qu'elles ont accès aux technologies souvent plus pointues de la société mère. Elles ont ainsi davantage tendance à utiliser des technologies plus récentes et plus propres que les entreprises locales, et peuvent contribuer à leur diffusion dans le pays d'implantation. Il ressort des données que les entreprises étrangères implantées au Maroc sont plus sobres en énergie que les entreprises locales (où la sobriété énergétique est mesurée par la production pour un niveau donné de consommation d'électricité et de combustible) (Graphique 2.13, partie b). Des résultats analogues sont observés dans d'autres pays comparables de la région MENA et de l'OCDE.

Graphique 2.13. L'IDE soutient le secteur des énergies renouvelables et la diffusion de technologies moins polluantes

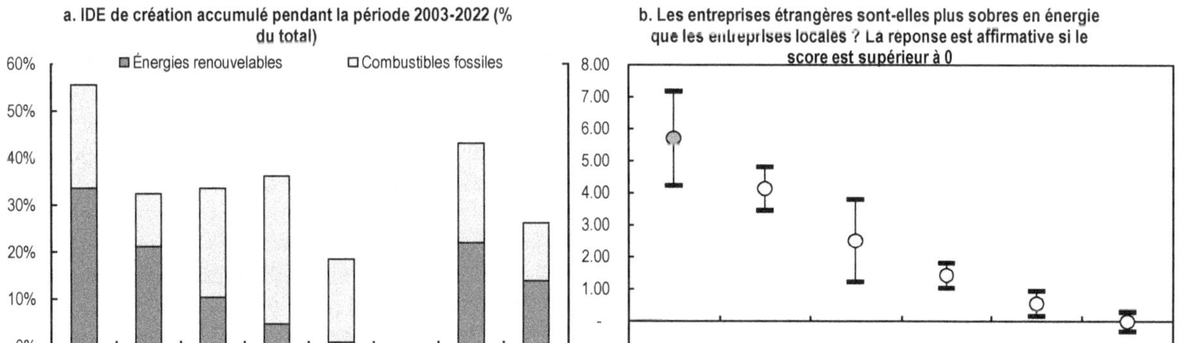

Note : Partie b : sobriété énergétique : production pour un niveau donné de consommation d'électricité et de combustible. Le graphique montre les indicateurs qui mesurent la performance des entreprises étrangères par rapport aux entreprises locales pour un résultat donné et l'intervalle de confiance de 95 % respectif. On trouvera une description de la méthodologie à l'Annex 2.B. Les données du Maroc et du Portugal se rapportent à 2023. Les données de l'Égypte et de la Tunisie se rapportent à l'année 2020. Les données de la Jordanie et de la République tchèque se rapportent à 2019. (Annex 2.A)
Source : Travaux de l'OCDE basés sur les Enquêtes de la Banque mondiale auprès des entreprises et OCDE (2019[12]).

Références

AIE (2022), *World Energy Balances*, https://www.iea.org/reports/world-energy-balances-overview. [10]

Bachelet, C., G. Rogeau et M. Mejdoubi (2019), « Real estate foreign investments in Morocco », *DLA Piper Publications*, https://www.dlapiper.com/fr/france/insights/publications/2019/04/real-estate-gazette-34/real-estate-foreign-investments-in-morocco/. [3]

Banque mondiale (2021), *Indicateurs du développement dans le monde*, https://donnees.banquemondiale.org/indicateur. [8]

BIT (2020), *Estimations modélisées du BIT*, https://ilostat.ilo.org/fr/data/. [7]

Criscuolo, C. et J. Timmis (2017), « The Relationship Between Global Value Chains and Productivity », *International Productivity Monitor, Centre for the Study of Living Standards*, vol. 32/Centre for the Study of Living Standards, pp. 61-83. [17]

Farouk, N. et I. Tarek Janati (2022), *Manufacturing FDI : Besides Employment and Exports, what Remains for the Moroccan firms?*, https://www.researchgate.net/profile/Farouk-Nouri/publication/362148610_Manufacturing_FDI_Besides_Employment_and_Exports_what_Remains_for_the_Moroccan_firms/links/62d8b40d764d554ed5e5bfd1/Manufacturing-FDI-Besides-Employment-and-Exports-what-Remains-for-t. [15]

Groupe de la Banque mondiale (2019), *Créer des marchés au Maroc*, https://www.ifc.org/wps/wcm/connect/17d935af-349c-4c6f-93f5-5d85f0c16e39/201910-CPSD-Morocco-FR.pdf?MOD=AJPERES&CVID=n48yfDT. [14]

Haut Commissariat au Plan (2020), *Base de données statistiques: Emploi*, http://bds.hcp.ma/sectors. [5]

Kodama, N., B. Javorcik et Y. Abe (2018), « Transplanting corporate culture across international borders: Foreign direct investment and female employment in Japan », *The World Economy*, vol. 41/1, pp. 1148–1165. [20]

Lahcen, A. et H. Aicha (2007), « The Impact of Liberalizing International Trade of Banking Services in Morocco », *MPRA Paper, n° 8674, University Library of Munich, Allemagne*, https://ideas.repec.org/p/pra/mprapa/8674.html. [2]

Ministère de l'Économie et des Finances (2017), *Gender Wage Gap: Moroccan Women Make 17% Less Than Men*, https://www.moroccoworldnews.com/2017/03/210662/gender-wage-gap-moroccan-women-make-17-less-men. [6]

OCDE (2022), *FDI Quality Indicators 2022*, OCDE, Paris, https://www.oecd.org/investment/fdi-qualities-indicators.htm. [13]

OCDE (2022), *Indice Institutions sociales et égalité femmes-hommes (ISE)*, OCDE, Paris, https://data.oecd.org/fr/inequality/l-indice-institutions-sociales-et-egalite-des-genres.htm. [22]

OCDE (2021), *Perspectives des politiques d'investissement au Moyen-Orient et en Afrique du Nord*, Éditions OCDE, Paris, https://doi.org/10.1787/efcc255a-fr. [16]

OCDE (2019), *FDI Qualities Indicators: Measuring the sustainable development impacts of investment*, OCDE, Paris, https://www.oecd.org/investment/investment-policy/FDI-Qualities-Indicators-Measuring-Sustainable-Development-Impacts.pdf. [12]

OCDE (2010), *Examens de l'OCDE des politiques de l'investissement : Maroc 2010*, Examens de l'OCDE des politiques de l'investissement, Éditions OCDE, Paris, https://doi.org/10.1787/9789264079632-fr. [1]

OCDE/OIT/CAWTAR (2020), *Changer les lois et éliminer les obstacles à l'autonomisation économique des femmes : Égypte, Jordanie, Maroc et Tunisie*, Compétitivité et développement du secteur privé, Éditions OCDE, Paris, https://doi.org/10.1787/af7f3846-fr. [19]

OECD (2022), *FDI Qualities Policy Toolkit*, Éditions OCDE, Paris, https://doi.org/10.1787/7ba74100-en. [11]

OECD (2022), *FDI Qualities Review of Jordan: Strengthening Sustainable Investment*, Éditions OCDE, Paris, https://doi.org/10.1787/736c77d2-en. [18]

PNUD (2021), *ALM's Climate Change Adaptation Profile: Morocco*, https://www.adaptation-undp.org/explore/arab-states/morocco. [9]

Royaume du Maroc (2021), « Le nouveau modèle de développement », https://www.csmd.ma/documents/Rapport_General.pdf. [4]

Tang, H. (2017), « « Do Multinationals Transfer Culture? Evidence on Female Employment in China » », *CESifo Working Paper Series, n° 6295.* [21]

Annex 2.A. Méthodologie de mesure de la performance des entreprises étrangères par rapport aux entreprises locales

L'indicateur a été élaboré dans le contexte de l'Initiative de l'OCDE sur les qualités de l'IDE et publié dans (OCDE, 2019[12]) *(Indicateur de Type 1).* Il mesure la performance des entreprises étrangères par rapport à celle des entreprises locales pour un résultat donné. L'indicateur correspond à la différence proportionnelle entre le résultat moyen des entreprises étrangères et le résultat moyen des entreprises locales :

$$Indicateur\ (Type\ 1) = (\bar{Y}_F - \bar{Y}_D)/\bar{Y}_D$$

Où $\bar{Y}_F$ est le résultat moyen des entreprises étrangères et $\bar{Y}_D$ le résultat moyen des entreprises locales, et les moyennes de population sont calculées en utilisant les pondérations des enquêtes.

Les intervalles de confiance sont donnés, à la fois pour indiquer le degré d'hétérogénéité des entreprises (le degré de variation des données à l'échelon des entreprises autour de la moyenne) et pour indiquer si les différences estimées sont statistiquement significatives à l'intervalle de confiance de 95 %. Dans les graphiques, si l'intervalle de confiance coupe la ligne de hauteur zéro, la différence entre les résultats moyens des entreprises étrangères et des entreprises locales n'est pas statistiquement significative. L'intervalle de confiance est calculé comme suit :

$$CI = (\bar{Y}_F - \bar{Y}_D) \pm t_{0.25} * S_p \sqrt{\frac{1}{n_F} + \frac{1}{n_D}}$$

où CI représente les limites supérieure et inférieure de l'intervalle, S_p l'écart-type de l'échantillon, n_F le nombre d'observations d'entreprises étrangères et n_D le nombre d'observations d'entreprises locales utilisées pour construire l'indicateur. Les pondérations des enquêtes corrigées de l'échantillon sont utilisées pour calculer les écarts-types. Nous supposons que les variances de population sont les mêmes pour les entreprises étrangères et locales et utilisons l'estimateur groupé le plus efficace pour la variance (S_p^2) :

$$S_p^2 = \frac{(n_F - 1)S_F^2 + (n_D - 1)S_D^2}{n_F + n_D - 2}$$

Pour les indicateurs qui comparent les proportions de population (la proportion d'entreprises étrangères et la proportion d'entreprises locales), les variances sont estimées comme suit :

$$S_p^2 = \hat{p}(1 - \hat{p})$$

$$\hat{p} = \frac{Y_F - Y_D}{n_F + n_D}$$

où $\hat{p}$ est la proportion totale d'entreprises (étrangères et locales) annonçant un résultat.

Annex 2.B. Mesure de l'incidence de la propriété étrangère sur la performance des entreprises : méthodologie et données

L'équation transversale suivante est utilisée pour évaluer la corrélation entre participations étrangères et performance des entreprises :

$$y_i = \beta_0 + \beta_1 étrangères_i + \beta_2 taille_i + \alpha_k + \varepsilon_i$$

Où y_i est le résultat de la performance d'une entreprise (productivité, salaires, etc.). β_1 représente l'influence, en pourcentage, des participations étrangères sur la performance d'une entreprise donnée. Les variables dépendantes (productivité, etc.) sont en logarithme. Les variables entre 0 et 1 ont été rééchelonnées. Les participations étrangères sont une variable indicatrice qui prend une valeur de 1 si un investisseur étranger possède directement 10 % ou plus des parts ordinaires et 0 dans les autres cas. La variable correspondant à la taille de l'entreprise englobe les petites, moyennes et grandes entreprises. Les régressions sont basées sur un échantillon d'entreprises de fabrication étrangères et locales, lequel est extrait de l'Enquête de la Banque mondiale auprès des entreprises (WBES). Toutes les régressions tiennent compte de la taille de l'entreprise et des effets fixes par branche d'activité. Elles comprennent également les pondérations de l'échantillon.

Tableau d'annexe 2.B.1. Incidence des participations étrangères sur la performance des entreprises : résultats de régression

	Log (productivité)	Log (part de travailleurs qualifiés)	Log (part de femmes employées)	Log (salaire)	Log (intensité des exportations)	Log (intensité des importations)	Log (sobriété énergétique)
Étrangères	2.109***	0.0433	-0.629*	0.498	1.855***	0.598	2.760***
	(0.454)	(0.0992)	(0.33)	(0.407)	(0.316)	(0.377)	(0.728)
Taille	0.0172	-0.0974	-0.189	0.011	0.914***	0.792***	-0.0861
	(0.147)	(0.0846)	(0.18)	(0.233)	(0.186)	(0.194)	(0.286)
Maintien	10.14***	4.703***	2.639***	9.437***	1.863***	2.005***	3.468***
	(0.446)	(0.0846)	(0.506)	(0.698)	(0.559)	(0.581)	(0.61)
Observations	279	205	206	288	305	305	293
R-carré	0.568	0.183	0.595	0.282	0.501	0.459	0.489
Effets fixes par branche d'activité	OUI	OUI	OUI	OUI	OUI	OUI	OUI

Notes : Les écarts-types figurent entre parenthèses *** p<0.01, ** p<0.05, * p<0.1.
Source : Travaux de l'OCDE basés sur l'Enquête de la Banque mondiale auprès des entreprises du Maroc (2019).

Note

[1] Les entreprises étrangères sont définies par l'OCDE comme les entreprises résidentes d'une économie et dans laquelle un investisseur résident d'une autre économie détient, directement ou indirectement, 10 % ou plus de sa participation et/ou ses droits de vote. Dans ce chapitre, la comparaison avec les entreprises locales, qui suit la méthodologie de l'initiative de l'OCDE sur les qualités de l'IDE, est conduite afin de mettre en avant les domaines où les entreprises étrangères peuvent apporter une plus grande contribution au développement durable marocain.

3 Cadre juridique régissant les investissements

Ce chapitre examine le cadre juridique qui gouverne le régime applicable aux investissements, tout au long de leur cycle de vie. Il couvre la phase d'entrée sur le marché des investissements étrangers, et identifie les différents types de restrictions réglementaires à l'investissement, qu'elles soient sectorielles ou horizontales. Il dresse un tableau du droit des affaires marocain qui régit les opérations d'investissement. Les différents éléments de l'écosystème législatif de l'investissement y sont examinés, y compris le droit des affaires et le droit de la propriété intellectuelle. Le présent chapitre fait aussi un état des lieux du cadre réglementaire et institutionnel gouvernant les modalités de résolution judiciaire et extra- judiciaire des litiges d'investissement.

3.1. Introduction et orientations générales

Une politique d'investissement efficace s'ancre dans des institutions solides et une gouvernance publique de qualité. Une réglementation de qualité, la transparence, l'ouverture et l'intégrité sont les conditions requises pour mener à bien une politique d'investissement. La manière dont cette dernière est élaborée et modifiée influe sur les décisions d'investissement (OCDE, 2015[1]). L'étude des composantes de la politique d'investissement, notamment l'ouverture, la qualité de la réglementation en place et les mécanismes d'exécutions des contrats et de règlements des différends, est donc clé dans l'évaluation de l'environnement propice à l'investissement.

Au Maroc, la libéralisation progressive de l'économie au cours des années 1990 et son ouverture subséquente aux investissements directs étrangers (IDE) a généré des opportunités considérables, faisant du pays l'une des principales destinations d'investissement dans la région du Moyen Orient et d'Afrique du Nord (MENA) (OCDE, 2021[2]). Visant ainsi à encourager davantage la croissance du secteur privé et la promotion des investissements, le Maroc a promulgué sa première législation majeure sur l'investissement en 1995 (Charte de l'investissement de 1995), qui est restée en vigueur jusqu'à son remplacement en 2022 par la promulgation de la loi cadre n° 03-22 formant charte de l'investissement (Charte de l'investissement ou Charte). Par ailleurs, à la suite de la restructuration ministérielle d'octobre 2021, un nouveau ministère chargé de l'investissement, de la convergence et de l'évaluation des politiques publiques voit le jour.

La nouvelle Charte de l'investissement du pays reconnait expressément le principe de non-discrimination en matière d'investissement, en garantissant l'égalité de traitement des investisseurs, quelle que soit leur nationalité. Elle s'applique aux investissements étrangers et nationaux dans tous les secteurs économiques, à l'exception du secteur agricole, qui reste soumis à une réglementation spécifique. La Charte assure le droit à la libre convertibilité et au rapatriement des capitaux investis et des bénéfices après le respect des obligations fiscales, ainsi que la protection des droits de propriété intellectuelle. Elle mentionne également l'inclusion dans les conventions d'investissement de clauses relatives au recours judiciaire ou arbitral ainsi qu'au règlement à l'amiable.

Le corpus juridique régissant les investissements au Maroc comprend, au-delà de la nouvelle Charte de l'investissement, les lois afférentes au droit des affaires, dont le rythme soutenu des réformes a fortement contribué à faire du Maroc une destination attractive et sécurisante pour les investissements étrangers. Ces textes offrent aux investisseurs un cadre moderne et propice à l'investissement. Certaines lois spécifiques, notamment celles relatives à l'expropriation ou encore au régime foncier, pourraient bénéficier d'un nouveau souffle afin de moderniser les régimes juridiques en place.

Le système judiciaire marocain a également un rôle fondamental à jouer dans le renforcement de la compétitivité et de la croissance économique du Maroc et son fonctionnement est essentiel pour créer les conditions d'un climat d'affaires sain et compétitif. Au Maroc, le système judiciaire est doté de tribunaux commerciaux spécialisés, chargés des litiges économiques et commerciaux. Au cours des dernières années, le Maroc a mis en place de nombreuses initiatives afin d'améliorer l'accès à la justice, notamment au système judiciaire. En parallèle, le Maroc fournit de manière graduelle aux investisseurs, des mécanismes alternatifs de résolution des conflits pour régler les litiges commerciaux et les différends en matière d'investissement, notamment en consacrant une loi à part entière à l'arbitrage et à la médiation conventionnelle ou encore par la mise en place d'institutions comme le Médiateur du Royaume. À ce titre, le Maroc est encouragé à suivre la recommandation édictée dans le Nouveau modèle de développement (NMD) relative à la mise en place d'un défenseur de l'entreprise, qui permettrait non seulement une meilleure détection des litiges en amont mais aussi de prévenir les litiges en devenir et de désengorger le système judiciaire.

Le présent chapitre examine dans un premier temps l'étendue des restrictions de la réglementation du marché marocain aux IDE, la qualité du cadre législatif régissant les investissements, notamment eu égard aux multiples réformes entreprises par le Maroc au cours des dernières années, ainsi que les mécanismes de règlements de différends mis en place par le Maroc pour les litiges relatifs à l'investissement.

Recommandations d'action

- **Évaluer les coûts et les avantages du maintien des restrictions à l'investissement étranger** dans certains secteurs qui n'ont pas d'incidence sur la défense et la sécurité nationale et qui restent partiellement restrictifs pour les investisseurs étrangers, tels que dans certains secteurs de services. En effet, les restrictions à l'IDE dans les secteurs de services sont susceptibles de freiner les gains de productivité potentiels à l'échelle de l'économie, dans la mesure où une baisse de concurrence dans ces secteurs serait susceptible de nuire indirectement les activités en aval.
- **Continuer à évaluer et à mettre à jour les priorités en matière de cadre réglementaire.** Le régime juridique régissant les investissements, notamment la Charte de l'investissement et le droit des affaires marocain, offrent aux investisseurs un cadre moderne et propice à l'investissement. Dans un souci de clarté et de prévisibilité, et afin d'éviter un vide juridique, les décrets d'application pourraient suivre plus rapidement la promulgation de la Charte de l'investissement. Pour une meilleure transparence et prévisibilité du cadre juridique des investissement, le Maroc pourrait renforcer le processus de consultations publiques et d'engagement avec les parties prenantes lors de l'élaboration de nouvelles lois, afin d'accroitre davantage la confiance des investisseurs dans l'environnement juridique et réglementaire du pays.
- **Évaluer les possibilités d'amélioration de la protection contre l'expropriation.** La loi régissant l'expropriation manque parfois de clarté et est donc susceptible de semer la confusion auprès des investisseurs. Une réforme de la loi relative à l'expropriation permettrait de clarifier davantage le processus d'expropriation, d'aligner le niveau de protection contre l'expropriation aux normes internationales (notamment en incluant une protection contre l'expropriation indirecte). Une simplification du process d'expropriation (ainsi que celui de l'indemnisation) pourrait également la rendre plus accessible aux investisseurs, qui continuent de soulever des difficultés liées à la complexité de la procédure, entrainant ainsi un retard dans l'obtention de l'indemnisation due.
- **Considérer la mise à jour et la modernisation du régime foncier existant.** La complexité du paysage législatif et la dualité du système peuvent constituer un obstacle à la clarté, à la transparence et à l'efficacité du régime foncier. Ceci risque de créer des superpositions ou des lacunes dans la législation, de compliquer la compréhension par les investisseurs et de rendre l'application de la loi plus difficile. De nouvelles lois, voire leur consolidation en une loi unique, pourraient clarifier les catégories existantes de droits fonciers et réduire les conflits entre le droit coutumier et le droit formel. Dans le but d'harmoniser davantage le système foncier, le Maroc devrait également continuer d'encourager et de promouvoir la nécessité de l'immatriculation des propriétés foncières, qui permet l'obtention d'un titre foncier individuel, définitif et inattaquable. Afin de remédier à la spéculation foncière et la hausse des prix des biens fonciers, notamment industriels, une généralisation des baux de longue durée pourrait être également être envisagée par le Maroc.
- **Continuer à renforcer le régime des droits de propriété intellectuelle (PI).** Le régime juridique régissant les droits de PI mis en place par le Maroc est robuste et complet. Néanmoins, certaines lacunes demeurent, notamment en matière d'application des lois et de la protection des usagers. Une meilleure efficacité du régime peut être atteinte en assurant la mise en œuvre des réglementations existantes, en facilitant l'accès aux actions et aux recours en justice des détenteurs de droits et, surtout, en augmentant l'effectif dédié à combattre les violations en la matière. Le gouvernement est bien conscient de ces préoccupations et conçoit des initiatives pour y répondre. L'amélioration de la confiance des investisseurs dans l'application des droits de propriété intellectuelle dans le pays est une condition préalable pour attirer de nouveaux investissements dans la recherche et le développement (R&D), les nouvelles technologies et l'innovation.

- **Continuer de revoir de façon régulière la cartographie judiciaire,** et ce afin de garantir un accès à la justice à travers le territoire marocain et d'améliorer l'efficacité et la célérité de la justice.
- **Augmenter l'effectif de magistrats**, notamment au niveau de la Cour de cassation et revoir les conditions de pourvoi en cassation afin d'alléger la charge d'affaires remontant à la haute juridiction.
- **Envisager une réforme des conditions préalables à l'accès aux tribunaux nationaux**, notamment la mise en place d'un recours obligatoire à la médiation juridictionnelle dans certaines conditions, pour tempérer la congestion du système judiciaire.
- **Étudier l'opportunité de rendre la procédure d'exequatur et de reconnaissances des sentences internationales non-contradictoire,** afin que l'exécution des sentences arbitrales internationales soit plus efficace.
- **Créer l'institut de défenseur de l'entreprise**. La mise en place de la recommandation édictée dans le NMD relative à la création de l'institut du défenseur de l'entreprise permettrait non seulement une meilleure détection des litiges en amont, mais aussi de prévenir les litiges en devenir et de désengorger le système judiciaire.

3.2. L'ouverture du Maroc aux investissements étrangers

La nouvelle Charte de l'investissement du pays, adoptée en 2022, met pour la première fois l'accent sur le principe de non-discrimination en matière d'investissement, en insistant sur l'égalité de traitement des investisseurs, quelle que soit leur nationalité. Elle s'applique à la fois aux investissements étrangers et nationaux et à tous les secteurs économiques, à l'exception des projets d'investissement dans le secteur agricole, qui restent soumis à une législation spécifique. Elle garantit le droit à la libre convertibilité et au rapatriement des capitaux investis et des bénéfices après l'accomplissement des obligations fiscales et la protection des droits de propriété intellectuelle, mais au-delà de ces droits, elle a une incidence limitée sur l'accès au marché et les conditions de traitement des investisseurs à la suite de leur établissement dans le pays.

L'ouverture du Maroc à l'IDE, dont attestent les résultats obtenus au regard de l'*Indice de restrictivité de la réglementation de l'IDE établi par l'OCDE* (l'Indice IDE) (Graphique 3.1 et Encadré 3.1), remonte aux années 1980, lorsque des réformes structurelles essentielles ont été mises en œuvre, marquant le passage des politiques de remplacement des importations vers une économie davantage fondée sur le marché, ouverte et tirée par le secteur privé. Il convient de noter, en ce qui concerne l'investissement étranger, l'abrogation, en 1983, du décret sur la « marocanisation », qui limitait à 49 % au maximum les participations étrangères dans de nombreux autres secteurs industriels, commerciaux et de services (Vidican-Auktor et Hahn, 2017[3] ; OCDE, 2010[4]).

En 2009, le Maroc est devenu le deuxième des quatre pays de la région MENA non membres de l'OCDE à adhérer à la Déclaration de l'OCDE sur l'investissement international et les entreprises multinationales, qui l'engage à appliquer un traitement non discriminatoire, dans des situations analogues, aux entreprises détenues ou contrôlées par des entités étrangères qui exercent leurs activités sur son territoire — sous réserve d'une liste d'exceptions — et, par défaut, préconise de s'abstenir de mettre en place de nouvelles exceptions. Le Maroc ne dispose pas, pour l'heure, d'un mécanisme général de filtrage et d'approbation de l'IDE entrant, et ne maintient que quelques restrictions réglementaires sectorielles spécifiques qui limitent l'accès et la participation des investisseurs étrangers à l'économie marocaine (voir ci-après). Comme l'a déterminé l'Indice IDE, qui rassemble près de 100 économies avancées et émergentes, les dispositions juridiques qui visent les investisseurs étrangers au Maroc sont, en général, moins restrictives que celles de la moyenne des pays de l'OCDE et les plus faibles parmi les économies MENA couvertes par l'indicateur (Graphique 3.1).

Graphique 3.1. Indice de restrictivité de la réglementation de l'IDE établi par l'OCDE (0=ouvert, 1=fermé)

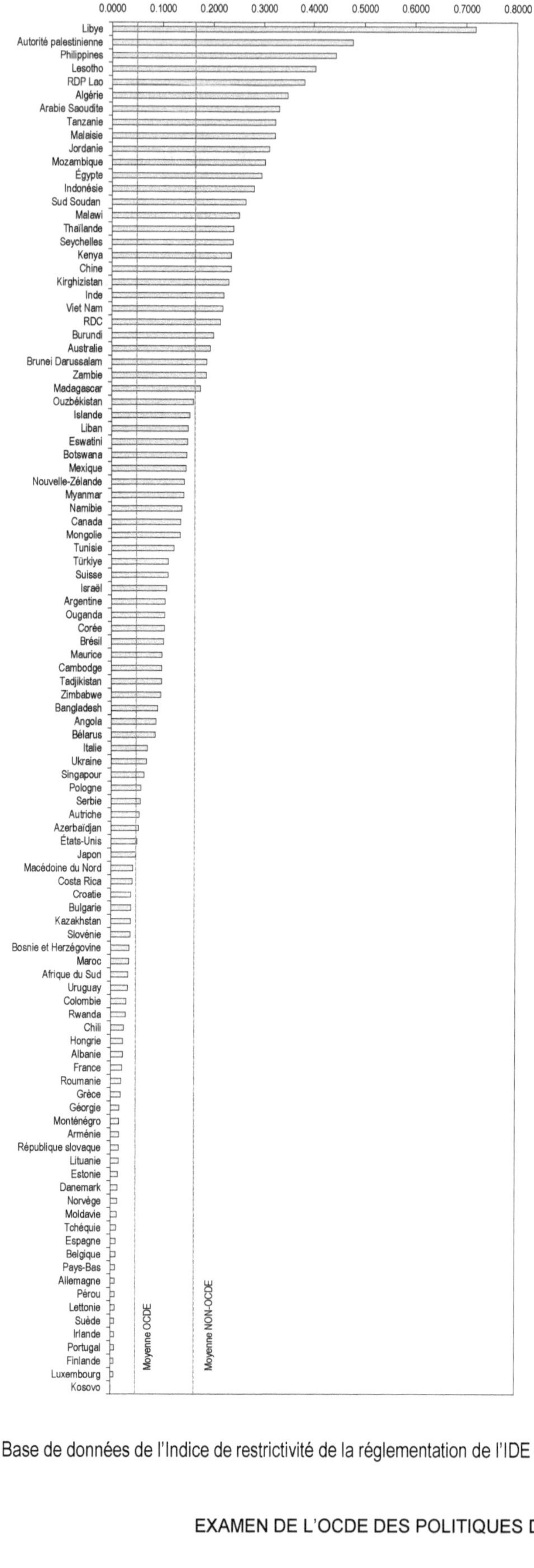

Note : L'indice de restrictivité de la réglementation de l'IDE établi par l'OCDE ne prend en compte que les mesures légales qui sont discriminatoires vis-à-vis des investisseurs étrangers (plafonnement des participations étrangères, procédures de filtrage et d'approbation, restrictions applicables au personnel clé étranger et autres mesures opérationnelles). D'autres aspects importants du climat de l'investissement dans un pays (mise en œuvre de la réglementation et monopoles d'État, traitement préférentiel des investisseurs tournés vers l'exportation et des régimes ZES, entre autres) ne sont pas pris en compte. Les données correspondent aux restrictions réglementaires appliquées jusqu'à la fin décembre 2021.

Source : Base de données de l'Indice de restrictivité de la réglementation de l'IDE établi par l'OCDE (à paraître).

Encadré 3.1. Calcul de l'Indice de restrictivité de la réglementation de l'IDE établi par l'OCDE

L'Indice de restrictivité de la réglementation de l'IDE est un indicateur de l'OCDE qui cherche à mesurer le caractère restrictif des règles appliquées par un pays en matière d'IDE. Il est actuellement disponible pour plus de 90 pays, dont tous les pays de l'OCDE, les membres du G20 et les pays non-membres de l'OCDE adhérant à la Déclaration de l'OCDE sur l'investissement international et les entreprises multinationales. Il ne s'agit pas d'une mesure autonome du climat de l'investissement d'un pays, puisqu'elle ne couvre pas de nombreux autres aspects du cadre réglementaire de l'investissement susceptibles d'influer sur le climat de l'investissement, non plus qu'elle ne rende compte de la mise en œuvre effective des restrictions formelles. Toutefois, la réglementation de l'IDE constitue un élément déterminant de l'attractivité d'un pays pour l'IDE et contribue à expliquer les différences d'attractivité entre les pays en matière d'IDE.

L'indice IDE couvre 22 secteurs, dont l'agriculture, l'industrie minière, l'électricité, le secteur manufacturier et les principaux services (transport, construction, distribution, communications, immobilier, services financiers et services aux entreprises). Les restrictions sont évaluées sur une échelle de 0 (ouvert) à 1 (fermé) selon un cadre de notation normalisé, et des pondérations sectorielles communes, qui traduisent leur part moyenne dans la valeur ajoutée totale au cours des années 1995, 2000, 2005, 2010 et 2015 pour 64 économies figurant dans les tableaux d'entrées-sorties de l'OCDE, sont appliquées dans les différents pays pour calculer les scores sectoriels. Le score global du pays correspond à la somme des 22 secteurs.

Pour chaque secteur, le score est établi en fonction des éléments suivants :

- seuils autorisés pour les participations étrangères ;
- procédures de filtrage ou d'approbation appliquées à l'investissement direct étranger entrant ;
- restrictions applicables au personnel clé étranger ; et
- autres restrictions, concernant par exemple la propriété foncière, l'obligation de réciprocité, les exigences minimales discriminatoires en matière de capitaux propres et de contenu local et les pratiques de passation des marchés publics.

Les mesures prises en compte par l'Indice IDE se limitent aux dispositions juridiques limitant l'IDE. L'Indice IDE n'apprécie pas les procédures d'application et de mise en œuvre effectives. Le critère d'évaluation principal des mesures est leur nature discriminatoire, à savoir le fait qu'elles s'appliquent exclusivement aux investisseurs étrangers. Les entreprises publiques et les monopoles d'État, dans la mesure où ils ne sont pas discriminatoires à l'égard des étrangers, ne sont pas pris en compte. Le traitement préférentiel accordé aux zones économiques spéciales et aux investisseurs tournés vers l'exportation n'est pas non plus pris en compte dans le score, non plus que le traitement plus favorable réservé à un groupe d'investisseurs en raison du traitement préférentiel qui lui est accordé en vertu d'accords internationaux.

Source : pour de plus amples informations, voir https://www.oecd.org/fr/investissement/fdiindex.htm.

3.2.1. Les restrictions à l'IDE se concentrent principalement dans les secteurs des services

Parmi les 22 secteurs d'activité économique inclus dans l'Indice IDE, les restrictions sont particulièrement importantes dans les services professionnels, l'architecture, les conseils juridiques, la comptabilité et l'audit, ainsi que dans les secteurs de la pêche et du transport aérien et maritime. Dans ces secteurs, la participation d'acteurs étrangers est plus sévèrement limitée que dans les pays membres et non membres de l'OCDE (Graphique 3.2).

Les règles applicables aux services d'architecture sont assez restrictives pour les investisseurs étrangers, car la nationalité marocaine reste une condition à remplir pour établir une activité dans le secteur, même si les ressortissants étrangers peuvent se voir accorder, dans des circonstances exceptionnelles, l'autorisation d'établir un cabinet d'architecture[1]. De même, l'exercice de la profession d'avocat et la création d'un cabinet d'avocats à ces fins sont réservés aux avocats de nationalité marocaine inscrits auprès des barreaux marocains ou aux ressortissants d'un pays ayant conclu avec le Maroc un accord bilatéral autorisant les ressortissants de chaque pays à exercer cette profession sur le territoire de l'autre pays[2]. S'il n'est pas rare que les pays maintiennent des politiques assez restrictives en matière d'accès au métier d'avocat et d'exercice de celui-ci, certains pays ont supprimé les conditions de nationalité pour l'obtention d'une autorisation d'exercice : ils imposent uniquement que les professionnels soient habilités dans le pays, par exemple au moyen d'examens ou de la reconnaissance de qualifications professionnelles étrangères. Certains pays ont également adopté des régimes moins restrictifs pour régir la pratique du droit international ou du droit d'un pays tiers sur leur territoire : ils autorisent la participation de professionnels et de cabinets étrangers dans ces segments sans discrimination tout en continuant d'appliquer un régime plus restrictif pour ce qui est des services liés au droit interne, comme le conseil et la représentation des clients devant les tribunaux.

Graphique 3.2. Indice de restrictivité de la réglementation de l'IDE établi par l'OCDE, par secteur (0=ouvert, 1=fermé)

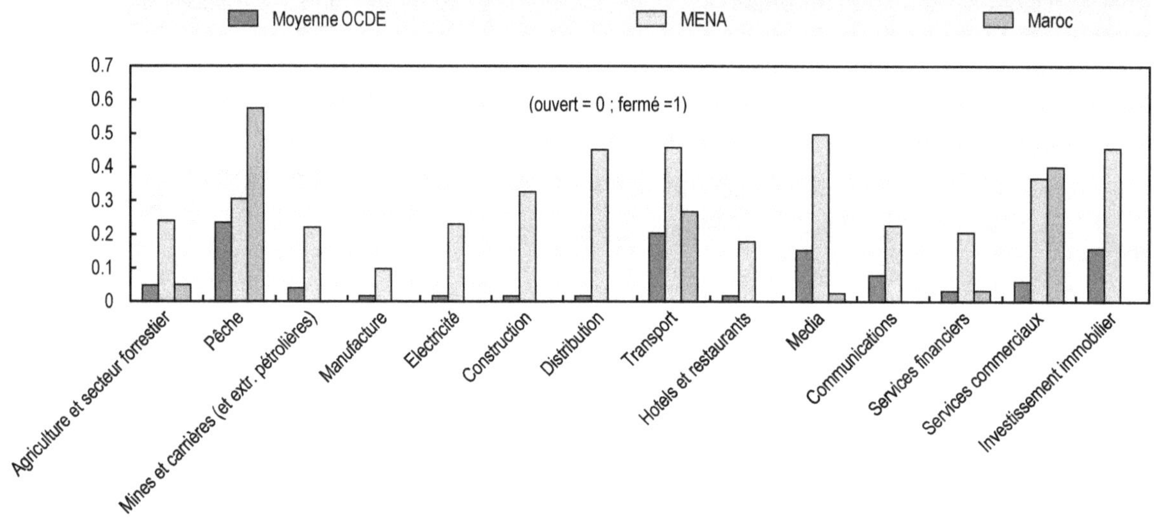

Note : Voir Graphique 3.1.
Source : Base de données de l'Indice de restrictivité de la réglementation de l'IDE établi par l'OCDE (à paraître).

Les restrictions touchant la participation d'acteurs étrangers aux services de comptabilité et d'audit se distinguent également par leur degré de restrictivité par rapport aux autres pays. Le cadre législatif régissant les activités de comptabilité impose qu'au moins les trois quarts des actions ou des parts sociales des cabinets d'audit et d'experts-comptables soient détenus par des associés de l'organisme professionnel concerné, dont seuls les Marocains peuvent être membres. Dans le cas des experts-comptables, le candidat peut également être ressortissant d'un État avec lequel le Maroc a conclu un accord autorisant les ressortissants des deux pays à exercer cette profession sur le territoire de l'autre pays[3].

Comme il est d'usage dans les pays membres et non membres de l'OCDE, certains services de transport sont soumis à des restrictions en matière de capital et d'organisation des sociétés en ce qui concerne les participations étrangères. Ainsi, l'investissement étranger dans les compagnies de transport aérien est limité à 49 % des actions assorties du droit de vote, car les transporteurs aériens ne sont considérés comme marocains que s'ils appartiennent à une majorité d'acteurs marocains, mesurée par le nombre d'actions détenues, ou à l'État. Une clause de réciprocité permet d'assouplir les obligations incombant aux actionnaires lorsqu'un accord mutuel a été signé entre les États. Des restrictions s'appliquent également au personnel étranger dans les services de transport aérien : le conseil d'administration ou le conseil de direction d'un transporteur aérien fournissant des services publics de transport de passagers ou de marchandises doit être présidé par un ressortissant marocain[4]. Comme pour les navires de pêche, le transport maritime est réservé aux navires battant pavillon marocain, qui doivent être détenus à 75 % par des Marocains (s'agissant des particuliers) ; dans le cas de navires appartenant à des sociétés de capitaux ou de personnes, la majorité des membres du conseil d'administration ou du conseil de direction doivent être de nationalité marocaine[5].

Dans d'autres secteurs de services, tels que les médias et le secteur de l'assurance, le Maroc continue d'appliquer des réglementations relativement moins restrictives ou globales à l'investissement étranger. En ce qui concerne les services d'assurance, par exemple, l'agrément pour agir en tant qu'intermédiaire d'assurance est limité aux ressortissants marocains ou aux sociétés ayant leur siège au Maroc dont au moins 50 % du capital est détenu par des personnes physiques ou morales de nationalité marocaine[6]. La restriction ne s'applique qu'aux intermédiaires d'assurance (par exemple, les courtiers et agents) ; les compagnies d'assurance étrangères sont autorisées à s'établir et à exercer leurs activités sans discrimination significative conformément à la législation applicable. En ce qui concerne les services de médias, l'établissement au Maroc de journaux ou périodiques dirigés et détenus par des acteurs étrangers est soumis à des procédures d'autorisation discriminatoires, tandis que les sociétés de services de radio et de télévision sont soumises à des exigences en matière de personnel imposées par la Haute autorité de la communication audiovisuelle, qui les oblige à recruter en priorité des ressortissants marocains, y compris aux postes d'administrateurs, sachant qu'au moins un membre du conseil d'administration des sociétés de services de radio et de télévision doit être de nationalité marocaine[7].

3.2.2. Les secteurs primaires de l'agriculture et de la pêche sont soumis à peu de restrictions et sont libéralisés en continu

L'agriculture, la sylviculture et la pêche ne représentent qu'une faible part de la valeur ajoutée totale du Maroc, mais sur le plan du développement économique, elles jouent un rôle relativement important en raison du nombre encore élevé de personnes qui vivent dans les zones rurales et tirent leur revenu de ces activités (36 % de la population en 2021 selon la Banque mondiale (2021[5])). Les restrictions qui font obstacle à l'investissement étranger dans ces secteurs peuvent donc limiter les possibilités de développement rural en entravant les perspectives de renouvellement et de modernisation du capital, ainsi que d'autres gains d'efficience souvent associés à l'IDE (recours à des technologies et des pratiques managériales ou organisationnelles plus avancées, amélioration de l'accès aux marchés internationaux, etc.). De même, les réformes qui contribuent à renforcer la productivité dans ces secteurs peuvent contribuer à accroître le bien-être des populations rurales.

Conformément à l'esprit de la nouvelle Charte de l'investissement en faveur de réformes dynamiques qui encouragent un environnement commercial concurrentiel pour les investisseurs étrangers, les règles relatives à la propriété foncière dans le secteur agricole marocain ont été libéralisées en 2021, permettant aux sociétés par actions ou aux sociétés de personnes à responsabilité limitée d'acquérir des terres agricoles à des fins agricoles indépendamment des participations d'acteurs étrangers dans celles-ci. Auparavant, en vertu d'un décret royal datant de 1975, l'acquisition de terres agricoles était entièrement interdite aux particuliers étrangers ou aux personnes morales détenues, ne serait-ce qu'en partie, par des acteurs étrangers : les étrangers ne pouvaient louer des terres agricoles que pour une durée maximale de 99 ans ou en acquérir que si elles se trouvaient en dehors des zones urbaines, avec obligation de les aménager et de les exploiter à des fins autres qu'agricoles[8].

Le secteur de la pêche, en revanche, n'a pas connu de libéralisation accrue ces dernières années : il est resté soumis, en matière de capitaux et de personnel dirigeant d'entreprise étrangers, à des restrictions semblables à celles appliquées au transport maritime évoquées ci-dessus. Pour battre pavillon marocain, les navires de pêche doivent appartenir pour les trois quarts à des ressortissants marocains. Si le navire est détenu par une société, cette condition de propriété est réputée remplie si le conseil d'administration ou de surveillance est majoritairement composé de ressortissants marocains, et si le président du conseil d'administration, du conseil de surveillance ou le directeur général de la société est marocain[9].

3.2.3. Les monopoles et concessions se concentrent principalement dans les secteurs des infrastructures

Au Maroc, les monopoles publics se concentrent généralement dans des secteurs qui supervisent les responsabilités relatives aux infrastructures, à l'exception de l'exploitation minière, fondamentale pour l'économie du pays. Le droit exclusif d'explorer les mines de phosphate, dont le Maroc détient plus de 70 % des réserves mondiales, relève de l'Office chérifien des phosphates (OCP), qui a été transformé en entreprise publique en 2008 – depuis lors, il est détenu à 95 % par l'État et à 5 % par la banque centrale. La participation de l'État dans d'autres activités d'exploration et d'extraction de ressources naturelles s'étend au secteur du pétrole et du gaz, pour lesquels l'Office national des hydrocarbures et des mines conserve une part obligatoire de 25 % des permis miniers concernés. Certains éléments des secteurs du transport aérien et ferroviaire sont également des monopoles d'État. La gestion et l'exploitation des aéroports, y compris la fourniture de services aéroportuaires, sont réservées à l'Office national des aéroports (ONDA), tandis que le transport ferroviaire de voyageurs et de marchandises et les services de poussage et de remorquage sont entièrement gérés par l'Office national des chemins de fer (ONCF), une entreprise publique. De même, les services postaux, à l'exception des services de livraison express internationale de lettres et de colis de plus de 1 kg, sont sous l'égide de l'État. Les services de gestion des déchets dangereux, ainsi que les marchés de gros de fruits, de légumes, de poissons et les abattoirs, sont des monopoles d'État délégués aux municipalités.

Les concessions se concentrent dans les secteurs qui gèrent la distribution des services publics. Le transport de l'électricité et la production d'eau sont contrôlés par l'office national compétent, en coopération avec les conseils municipaux, qui supervisent les contrats conclus avec le secteur privé pour la mise en œuvre directe des services. Les conseils municipaux sont également habilités à fixer les conditions de gestion des déchets non dangereux et donc à décider si les contrats sont attribués au secteur privé. Des concessions sont également autorisées pour la construction et l'exploitation d'autoroutes, sous l'égide de la Société nationale des autoroutes du Maroc, qui a récemment, en 2019, conclu avec le secteur privé les premiers contrats relatifs à des travaux de construction.

3.3. Le cadre législatif régissant les investissements

Le Maroc met résolument l'accent sur l'adoption de lois et de réglementations modernisées en matière d'investissement. La mise en place du Nouveau Modèle de Développement (NMD), l'introduction de la nouvelle Charte de l'investissement en 2022 et les réformes continues du droit des affaires constituent une avancée significative dans les efforts visant à instaurer un environnement réglementaire robuste et cohérent pour les investisseurs nationaux comme étrangers. Le Maroc est également doté d'un régime juridique favorable en matière de protection de la propriété intellectuelle. Néanmoins, un processus de réformes continu et approfondi est encore nécessaire afin de doter le Royaume d'un cadre réglementaire et institutionnel attractif, prévisible et transparent. Ceci est notamment le cas en matière de protection contre l'expropriation, où la notion d'expropriation indirecte fait défaut.

3.3.1. *Un rythme soutenu et continu de réforme du climat des affaires*

Les évolutions récentes, tant bien au niveau politique qu'au niveau réglementaire, ont tracé les bases d'un droit des affaires et de l'investissement moderne. La liberté entrepreneuriale et la libre concurrence sont ainsi érigées en principes constitutionnels dans la nouvelle Constitution de 2011 et le développement humain et durable est inscrit au titre de mission de l'État. La nouvelle Constitution instaure le Conseil de la Concurrence et l'Instance nationale de probité et de lutte contre la corruption. En 2009, la création du Comité National de l'Environnement des Affaires (CNEA), qui a pour rôle d'institutionnaliser le dialogue public-privé dans le domaine des affaires, incarne le passage à une logique de planification pluriannuelle pour se concentrer sur les réformes les plus importantes pour le parcours de l'investisseur (voir aussi Chapitre 5).

En mai 2021, la présentation du NMD institue un référentiel de développement qui vise à identifier et pallier les problèmes systémiques à l'origine de l'essoufflement du rythme du développement et à mettre en place les axes de transformation pour la réalisation de progrès au niveau économique, humain, social et territorial à l'horizon de 2035 (NMD, 2021[6]). Le NMD met l'investissement privé au cœur de ses ambitions transformatrices. L'amélioration du climat des affaires et la modernisation du tissu économique sont ainsi des éléments clés pour faire monter en gamme le Maroc dans les chaînes de valeur mondiales.

À cet égard, le NMD se fait le relais des objectifs consacrés dans la politique nationale de l'environnement des affaires émise par le CNEA, qui couvre la période 2021-2025, et qui vise notamment à améliorer les conditions structurelles de l'environnement des affaires[10]. Le NMD englobe plusieurs chantiers de réformes, y compris des chantiers relatifs à la simplification des procédures administratives et à l'amélioration du cadre juridique et réglementaire des affaires. Ainsi, l'objectif escompté de cette politique est de concevoir une vision stratégique intégrée, en mesure d'offrir aux entrepreneurs et aux investisseurs les conditions nécessaires leur permettant de contribuer à la création de la valeur dans le pays.

En pratique, la présentation du NMD a impulsé la promulgation de la Charte de l'investissement de 2022, car l'investissement privé est au cœur des objectifs 2035 de la Charte. La formation du nouveau gouvernement a accéléré le mouvement de réforme, ainsi que la volonté de se rapprocher des standards de l'OCDE pour rassurer l'investisseur international. La création du nouveau ministère de l'investissement est également un signal fort.

3.3.2. *Un régime juridique propice à l'attraction et la rétention des investissements*

L'existence d'un cadre réglementaire efficace est un facteur crucial pour les décisions d'investissement et leur contribution au développement, et constitue donc une condition *sine qua none* pour renforcer l'investissement privé au Maroc (OCDE, 2015[1]).

Longtemps régis par la loi-cadre n° 18-95 du 3 octobre 1995 (Charte de l'investissement de 1995), les investissements sont, à partir de 2022, soumis à la loi cadre n° 03-22 formant charte de l'investissement (Charte de l'Investissement, 2022[7]). Selon les autorités marocaines, la nécessité de réviser la Charte de l'investissement de 1995 est née de plusieurs constats, notamment la non-lisibilité du cadre règlementaire, le chevauchement des textes législatifs (par exemple entre ladite charte et la législation fiscale), l'absence de mise en œuvre concrète de la loi par le biais de décrets ou encore l'absence d'outils de mesure des coûts des subventions octroyées aux investisseurs.

La révision de le Charte de l'investissement de 1995 s'inscrit dans une démarche plus générale visant à moderniser le tissu économique du Maroc, de capitaliser sur les gisements de prospérité marocains et de mettre en marche une nécessaire révolution entrepreneuriale. Ce processus de transformation implique des réformes structurelles significatives, portant notamment sur la Charte de déconcentration de l'administration, en particulier pour les actes liés à l'investissement, sur la loi relative à la simplification des procédures administratives, sur la loi relative à l'arbitrage et à la médiation conventionnelle ou encore le lancement d'une réforme profonde du secteur des établissements et entreprises publics (Charte de l'Investissement, 2022[7]).

Concrètement, la nouvelle Charte adoptée en décembre 2022, est impulsée par l'objectif général d'augmenter le nombre d'investissements privés nationaux et internationaux dans le pays et de réduire en proportion celle des investissements publics (NMD, 2021, p. 156[6]). Elle entérine les recommandations formulées dans le NMD et fixe les objectifs fondamentaux de l'action de l'État en matière de développement et de promotion de l'investissement. L'adoption de cette dernière fait partie d'un ensemble plus large de réformes structurelles portant notamment sur la déconcentration de l'administration et la rationalisation des procédures administratives, comme indiqué en détail dans le préambule de la Charte (Charte de l'Investissement, 2022[7]). Ce dernier souligne que la Charte repose sur trois piliers centraux : le nouveau régime d'incitations à l'investissement et sa gouvernance ; l'harmonisation de la facilitation décentralisée de l'investissement ; et les réformes prévues pour améliorer encore le climat des affaires dans le pays.

La Charte énonce également les principes généraux et les droits dont jouissent les investisseurs, notamment la liberté d'entreprise, la libre concurrence, l'égalité de traitement quelle que soit la nationalité de l'investisseur, le droit de transférer des fonds liés à des projets d'investissement, ainsi que la prévisibilité juridique et la bonne gouvernance.

La Charte s'applique aux investisseurs nationaux comme étrangers, dans tous les domaines économiques, à l'exception des activités agricoles, qui restent soumises à des politiques sectorielles distinctes (article 7 de la Charte). Elle contient un dispositif principal de soutien aux investissements et un dispositif spécifique, avec des critères révisés de seuil de capital et de création de l'emploi, des critères de genre dans la masse salariale et de développement durable. Le dispositif commun prévoit également l'octroi de primes territoriales et sectorielles, ainsi qu'une prime supplémentaire pour des projets spécifiques. La Charte prévoit en outre un ciblage des investissements prioritaires et des industries à caractère spécifique.

En matière de garanties octroyées aux investisseurs, la Charte reconnait explicitement le principe de non-discrimination. Ainsi, l'article 2 de la Charte de 2022 dispose que la politique de l'État en matière de développement et de promotion de l'investissement repose sur le principe de l'égalité de traitement des investisseurs quelle que soit leur nationalité. La Charte garantit également le droit à la libre convertibilité et au rapatriement des capitaux investis et des bénéfices nets non imposables sans limitation de montant ni de durée, de même que le transfert du produit de cession ou de liquidation totale ou partielle de l'investissement, y compris les plus-values. La protection contre l'expropriation ne figure pas au titre des garanties octroyées aux investisseurs dans la Charte, mais fait l'objet d'une loi séparée, abordée plus bas.

A la date du 1er avril 2024, un seul décret d'application de la Charte avait été voté, mettant en œuvre le dispositif de soutien principal à l'investissement ainsi que le dispositif de soutien spécifique applicable aux projets d'investissement à caractère stratégique prévus dans cette dernière[11]. Trois arrêtés du Chef de gouvernement ont également été adoptés pour la mise en œuvre des dispositifs susmentionnés[12]. Les décrets d'application relatifs respectivement au dispositif de soutien spécifique destiné aux très petites, petites et moyennes entreprises et au dispositif de soutien spécifique destiné à encourager le développement des entreprises marocaines à l'international, quoique prévu pour le courant de 2023 dans la Charte de l'Investissement de 2022, n'ont pas encore été adoptés par le Maroc. Il convient également de noter qu'il existe très peu d'information disponible quant aux conditions dans lesquelles les primes à l'investissement sont effectivement octroyées[13].

Au-delà de la Charte de l'investissement de 2022, le cadre réglementaire régissant les investissements comprend également le droit des affaires, dont le rythme soutenu des réformes a fortement contribué à faire du Maroc une destination attractive et sécurisante pour les investissements étrangers. Ainsi, le Code de commerce du Maroc a fait l'objet de plusieurs réformes au cours des dernières années, notamment s'agissant des dispositions relatives aux suretés mobilières, à la domiciliation des entreprises et surtout, au droit des entreprises en difficulté. Cette dernière réforme s'inscrit dans le cadre d'une réforme plus générale de la justice et la modernisation du système judiciaire visant à renforcer la gouvernance et la réorganisation de ce dernier. Ainsi, la loi n° 73-17 portant réforme du livre V du Code de commerce relatif aux entreprises en difficulté est inspirée des standards internationaux en matière d'entreprises en difficulté, notamment eu égard au traitement de l'insolvabilité et des relations entres créanciers et débiteurs. Le droit des sociétés a également fait l'objet d'une réforme en 2019, notamment en vue d'améliorer l'accès à l'information par les actionnaires ou associés et actionnaires minoritaires pour les SA et les SARL[14].

Enfin, la loi n° 47-18 portant réforme des Centres Régionaux d'Investissement (CRI) et création des Commissions Régionales Unifiées d'Investissement (CRUI) fait également partie intégrante de cet ensemble juridique visant à soutenir la mise en œuvre des projets d'investissement et de faciliter les procédures administratives liées à l'investissement (voir Chapitre 6). La création des CRI en 2002 s'inscrivait dans le cadre des efforts de décentralisation du pays, visant à améliorer de manière significative l'efficacité et la facilitation des investissements et le développement économique et social du pays. En 2019, la loi n° 47-18 a été promulgué en vue d'harmoniser les mandats des CRI dans les différentes régions et d'améliorer ainsi leur efficacité.

3.3.3. *Un cadre législatif relativement transparent et prévisible*

L'existence d'un cadre réglementaire transparent, clair et prévisible pour les investissements a une influence déterminante sur les décisions d'investissement et leur contribution au développement (OCDE, 2015[1]). Une transparence accrue du cadre législatif peut contribuer à renforcer la confiance des investisseurs dans l'environnement juridique et réglementaire d'un pays, en leur permettant de prendre des décisions en connaissance de cause et à prévenir les litiges en assurant une meilleure prévisibilité des nouvelles réglementations, avant même leur entrée en vigueur. Les études démontrent que les investisseurs ont davantage tendance à investir dans un pays qui offre un environnement réglementaire stable (Banque mondiale, 2018[8]).

Cette transparence et prévisibilité peuvent être réalisées par différents moyens, notamment en clarifiant les lois et règlements relatifs à l'investissement, en les rendant facilement disponibles et accessibles, en faisant en sorte que les textes de lois soient publiés avant leur adoption, et en développant des registres de réglementations existantes, notamment par la diffusion électronique. Il est également important de consulter systématiquement les parties prenantes, par exemple par le biais de mécanismes institutionnalisés de consultation qui permettent aux investisseurs et aux autres parties prenantes de participer à l'élaboration et au suivi des lois et réglementations relatives aux entreprises (OCDE, 2015[1]).

Au Maroc, la Constitution 2011 exige que les autorités publiques procèdent à des consultations publiques dans le cadre de leur processus de prise de décision et d'élaboration des politiques. La Chambre des représentants et la Chambre des conseillers du Maroc publient chacune des projets de loi et de règlement. La mise en place par le Maroc d'un processus de consultations dans l'élaboration du cadre juridique est un signe fort de la volonté d'impliquer les citoyens dans la vie législative du pays et qui revête des avantages inestimables pour la qualité et la robustesse du système juridiques (Encadré 3.2).

Encadré 3.2. Les bénéfices des consultations dans l'élaboration du cadre juridique

- **La transparence et l'accès à l'information :** Les consultations publiques peuvent accroitre la transparence du processus d'élaboration des règles en permettant aux parties prenantes d'avoir accès au processus lui-même ainsi qu'à des informations pertinentes sur les propositions législatives. Un tel processus favorise l'égalité d'accès à l'information.
- **Valeur ajoutée :** Le public constitue une riche source d'informations ; les consultations publiques permettent donc aux décideurs politiques de tirer parti de l'expérience et des connaissances du public.
- **Engagement et connectivité :** L'implication du public dans l'élaboration des règles renforce le soutien envers les réglementations dans la mesure où les citoyens se sentent investis dans le processus politique. Au contraire, un désengagement politique risque de réduire le soutien aux réformes et de fragiliser la confiance du public dans les institutions politiques nationales.
- **Une plus grande conformité :** L'engagement du public et la recherche d'un consensus peuvent favoriser une meilleure acceptation sociale des réglementations, ce qui peut à son tour entrainer une plus grande conformité aux règles tout en réduisant les coûts d'application.
- **Anticipation des impacts :** Les consultations publiques sont nécessaires afin d'anticiper l'impact probable de la réglementation sur les parties prenantes, d'évaluer les retombés involontaires et d'envisager des alternatives à l'option réglementaire proposée.
- **Gestion des conflits :** Les consultations publiques offrent un mécanisme efficace pour traiter les conflits dès leurs émergences. L'implication du public dans l'élaboration des règles est un outil de médiation entre les différents intérêts de la société et de sensibilisation aux compromis.
- **Promotion de l'intérêt public :** Les règlementations de qualité reposent sur la promotion de l'intérêt public. Néanmoins, l'intérêt public est un concept évolutif qui doit être constamment redéfini. Naturellement, la définition et la poursuite de l'intérêt public ne peuvent se faire que par le biais d'un dialogue avec le public.
- **Confiance :** La participation du public à l'élaboration des règles exige en soi un système juridique accessible. Les consultations publiques peuvent promouvoir la confiance du public dans la sécurité judiciaire du pays et permet aux parties prenantes d'obtenir des informations et d'exprimer leurs préoccupations.

Source : (OCDE, 2011[9] ; OCDE, 2012[10]).

En pratique, le gouvernement semble avoir entrepris des consultations avec les parties prenantes dans le cadre de l'élaboration de la Charte de l'investissement de 2022. Un rapport examinant le projet de Charte a été préparé et publié en ligne sur le site de la Chambre des représentants en octobre 2022, en même temps que le projet de Charte examiné. Le rapport détaille l'objectif de la Charte et la manière dont elle a été débattue et amendée tout au long du processus d'élaboration. La date à laquelle ces documents, et plus particulièrement le projet de Charte, ont été rendus publics, n'est pas claire ; il est donc difficile d'évaluer si un délai raisonnable a été accordé aux investisseurs et aux personnes intéressées entre la publication de la Charte et son entrée en vigueur. Par ailleurs, il n'est pas clair si ces consultations étaient basées sur des échanges informels entre les autorités de régulation et des parties prenantes sélectionnées, ou si toutes les parties prenantes potentielles ont eu une opportunité raisonnable de commenter le projet de loi. En outre, aucune information officielle ne permet de savoir si les résultats de ces consultations ont eu un impact sur l'adoption de la Charte.

À ce titre, la recommandation du conseil concernant la politique et la gouvernance réglementaire de l'OCDE de 2012 encourage les États à mettre en place un mécanisme de consultations publiques qui tient compte du fait que des intérêts légitimes différents ne bénéficient pas du même accès aux ressources et n'ont pas les mêmes possibilités de faire connaître leur point de vue aux autorités ; il convient dès lors d'instaurer et d'entretenir divers moyens de communiquer ces points de vue. Il importe en outre d'accorder aux parties prenantes suffisamment de temps pour leur permettre d'examiner les projets de réglementation et de participer au processus d'élaboration. Réunir des informations relatives à l'impact de la réglementation sur le public, et notamment à la façon dont il perçoit la réglementation, aide les autorités à structurer leurs politiques visant à traiter les problèmes perçus et à mieux hiérarchiser les réformes pour insister sur les domaines dans lesquels la réglementation peut paraître justifiée ou, au contraire, inutilement lourde. Le Maroc pourrait s'inspirer de pratiques mises en place dans d'autres pays afin d'identifier l'approche la plus adaptée à son système politique et législatif (Encadré 3.3)[15].

Encadré 3.3. Exemples de bonnes pratiques en matière de consultations publiques

Colombie – Le ministère colombien de l'environnement publie les réponses aux commentaires des parties prenantes en ligne. Il indique si un commentaire est accepté ou rejeté après avoir expliqué sa décision. Si le commentaire est accepté, la manière dont il est pris en compte dans la proposition de réglementation est également expliquée.

Islande – Les décideurs islandais publient les conclusions des consultations sur le portail de consultations du gouvernement. Un rapport met en évidence les principaux points soulevés par les parties prenantes ainsi que les suggestions d'amélioration et les sujets de préoccupation.

République slovaque – Lorsqu'un commentaire sur un projet de règlement ouvert aux consultations publiques attient les 500 réaction de la part d'autres parties prenantes, l'autorité de régulation est tenue de réagir au commentaire et de s'entretenir avec ces parties prenantes. En outre, les décideurs politiques indiquent pour chaque commentaire s'il est majeur ou mineur et s'il a été accepté, rejeté ou a été partiellement accepté, et fournissent la motivation correspondante à la décision.

Source : (OCDE, 2021[11]).

La publication de la législation au Maroc est assurée par la Direction de l'Imprimerie Officielle via le Bulletin Officiel, accessible en ligne par le public. Les textes sont normalement diffusés en arabe dans l'édition officielle, accompagnés d'une traduction en français. Cependant, dans la pratique, la traduction en français est parfois retardée, voire absente. Des consultations avec les parties prenantes ont révélé que la législation adoptée peut parfois avoir un effet rétroactif, ce qui peut entraver la transparence et la prévisibilité du cadre d'investissement. Bien qu'il n'existe pas de portail unique offrant l'ensemble du cadre juridique et réglementaire de l'investissement du pays, certains portails des CRI tels que le CRI Tanger-Tétouan-Al Hoceima et le CRI Fès-Meknès, fournissent des liens vers les principaux textes juridiques, comme l'exige la loi 47-18 ; les autres CRI sont fortement encouragés à faire de même, afin de remplir leurs missions au titre de l'article 4 de ladite loi. Cela contribue à améliorer la transparence et la prévisibilité du cadre d'investissement.

Enfin, les grands principes transversaux de transparence sont traités dans la loi n° 55-19 relative à la simplification des procédures et des formalités administratives. Cette dernière est applicable à l'ensemble des administrations publiques, des collectivités territoriales, des établissements publics et toute autre personne morale de droit publics ou encore les organismes chargés de missions de services publics. Elle vise à renforcer la confiance entre les usages et l'administration ou encore à assurer la transparence des procédures et des formalités liées aux actes administratifs.

3.3.4. Une économie marocaine ouverte aux IDE

La non-discrimination est l'un des piliers d'un climat de l'investissement attractif. Le principe de non-discrimination garantit à tous les investisseurs d'être traités sur un pied d'égalité dans des situations analogues, quelle que soit la composition de leur capital (OCDE, 2015[1]).

Comme évoqué de manière approfondie dans la section 3.1 du présent chapitre, le Maroc ne fait généralement pas de distinction entre les investisseurs étrangers et nationaux. En adhérant à la Déclaration de l'OCDE sur l'investissement international et les entreprises multinationales en 2009, le Maroc s'est engagé à publier une liste d'exceptions au traitement national fourni aux investisseurs étrangers. Les entreprises opérant sur son territoire et détenues ou contrôlées par des ressortissants étrangers bénéficient du même traitement que les entreprises nationales, sous réserve d'exceptions, qui doivent être publiées comme la Déclaration l'impose à ses adhérents.

Un pas important vers l'élimination de toute discrimination à l'égard des investisseurs étrangers a été franchi en 1983 avec l'abrogation du décret sur la "marocanisation" (OCDE, 2010[4]). Ce décret interdisait aux étrangers l'accès à de nombreuses activités. Aujourd'hui le principe de non-discrimination est explicitement affirmé dans la Charte de l'investissement de 2022. L'article 2 de la Charte dispose que la politique de l'État en matière de développement et de promotion de l'investissement repose sur le principe de l'égalité de traitement des investisseurs quelle que soit leur nationalité[16]. La Charte garantit également le droit à la libre convertibilité et au rapatriement des capitaux investis et des bénéfices nets non imposables sans limitation de montant ni de durée, de même que le transfert du produit de cession ou de liquidation totale ou partielle de l'investissement, y compris les plus-values.

Le Maroc limite toutefois la participation étrangère dans certains secteurs (section 3.1). Ces restrictions se concentrent principalement dans les secteurs des services, notamment les services d'architecture, d'expertise comptable et d'audit, ainsi que la profession d'avocat. Les investissements étrangers dans les sociétés de transport aérien. Les secteurs primaires de l'agriculture et de la pêche sont, quant à eux, soumis à peu de restrictions. Les règles relatives à la propriété foncière dans le secteur agricole marocain ont été libéralisées en 2021, permettant aux sociétés par actions ou aux sociétés de personnes à responsabilité limitée d'acquérir des terres agricoles à des fins agricoles indépendamment des participations d'acteurs étrangers dans celles-ci. Enfin, les monopoles et concessions se concentrent principalement dans le secteur des infrastructures. Ainsi, dans le domaine pétrolier et gazier, l'Agence nationale des hydrocarbures et des mines conserve une part obligatoire de 25 % dans chaque permis d'exploration ou de développement.

3.3.5. Une réforme nécessaire de l'arsenal juridique en matière d'expropriation

La protection des droits de propriété des investisseurs constitue un droit fondamental de la politique d'investissement, sur laquelle repose le processus de création d'un environnement d'investissement de qualité. Ainsi, en règle générale, il est primordial de mettre en place un régime juridique transparent et prévisible en matière d'expropriation, notamment en garantissant qu'une mesure d'expropriation ne puisse être permise que dans certaines conditions strictes, à savoir lorsque cette dernière est justifiée par une cause d'utilité publique, entreprise dans le cadre d'une procédure légale et de manière non discriminatoire et moyennant le paiement d'une indemnité prompte, juste et effective. Un régime juridique sécurisant prévoit souvent une protection contre l'expropriation illicite directe comme indirecte ; ce dernier cas concerne les cas où l'État intervient dans l'utilisation d'un bien ou dans la jouissance des gains qu'il procure, même lorsque le bien n'est pas saisi et que le titre légal de propriété n'est pas affecté (OCDE, 2015, p. 27[1]).

Au Maroc, l'article 35 de la Constitution du 30 juillet 2011 garantit le droit de propriété. Ainsi l'État ne peut procéder à une expropriation que dans des cas stricts et suivant les formes prévues par la loi, lorsque les exigences du développement économique et social du pays le nécessitent. La Constitution ne fait pas référence au versement d'une compensation.

Sur le plan législatif, les procédures d'expropriations sont régies par la loi n° 7-81 relative à l'expropriation pour cause d'utilité publique et à l'occupation temporaire du 6 mai 1982, telle qu'elle a été modifiée[17] (loi n° 7-81), et son décret d'application n° 2-82-382 du 16 avril 1983. Il convient de noter que contrairement à la

Charte de l'investissement de 1995, la Charte de l'investissement de 2022 ne fait pas référence aux protections accordées aux investisseurs en matière d'expropriation illicite.

La loi n °7-81 s'applique uniquement aux immeubles et droits réels immobiliers et, à l'instar de la Constitution, ne consacre pas la notion d'expropriation indirecte. Elle établit les démarches à suivre en cas d'expropriation, notamment en ce qui concerne la déclaration d'utilité publique, la fixation et le versement des indemnités, les voies de recours et les effets de l'expropriation. À ce titre, l'expropriation d'immeubles (en tout ou en partie) ou de droits réels immobiliers ne peut être prononcée que si l'utilité publique a été déclarée (article 1) par autorité de justice (article 2), en suivant les formes prescrites par la loi. Ces règles s'appliquent aux différents types de terres du régime foncier marocain (voir sous-section 3.3.6), à l'exception des édifices religieux de divers cultes, les cimetières, les biens faisant partie du domaine public et les ouvrages militaires.

En pratique, la procédure d'expropriation au Maroc s'articule autour d'une première phase administrative, durant laquelle la zone fait l'objet d'une déclaration d'utilité et éventuellement d'un acte de cessibilité, permettant d'informer toute personne intéressée que ladite zone est susceptible d'être expropriée. Néanmoins, il convient de noter que la loi n° 7-81 ne contient pas de définition concise de la déclaration d'utilité publique et ne précise pas l'autorité compétente pour délivrer cette dernière. Par la suite, le tribunal de première instance doit être saisi pour prononcer le transfert de propriété des immeubles et/ou des droits réels faisant l'objet de l'expropriation et fixer le montant des indemnités (article 18). L'indemnité reflète la valeur réelle du bien exproprié sur la base de l'appréciation du jour de la publication de l'acte déclarant l'utilité publique (article 20). Le montant de l'indemnité et le transfert de propriété semblent également pouvoir faire l'objet d'un accord à l'amiable entres les parties (article 42) ; il convient néanmoins de noter que ladite loi fait référence à un accord entre les parties « *sur le prix fixé par la commission* » sans pour autant identifier cette dernière, ni fournir d'indications supplémentaires sur le rôle, les modalités d'intervention et le fonctionnement de cette commission[18]. Ainsi, le déroulement de la procédure d'expropriation et l'articulation entre les différentes étapes de la procédure d'expropriation, notamment le recours à la commission compétente pour fixer le prix des immeubles faisant l'objet d'une expropriation, la possibilité d'un accord à l'amiable entre les parties et la nécessité d'un recours à la justice judiciaire en cas d'expropriation pour utilité publique, ne sont pas suffisamment clairs dans la loi n° 7-81 et peuvent porter à confusion.

Le jugement prononçant le transfert de propriété et fixant l'indemnité est susceptible d'appel devant la Cour de cassation. Selon la Direction des finances spécialisée dans le domaine foncier privé de l'État, 1152 dossiers d'acquisitions immobilières, à l'amiable (251) ou par expropriation (901), ont été enregistrés en 2022, soit une augmentation de 191 % par rapport à l'année 2021 (Ministère de l'Economie et des Finances, Direction des Domaines de l'Etat, 2023[12]). D'après le rapport du ministère de l'Économie et des Finances portant sur la défense de l'État et la prévention des conflits administratifs, civils, pénaux et commerciaux, une partie significative des 11 000 actions administratives intentés au cours de l'année 2020 concernait l'expropriation de terrains pour cause d'utilité publique (AJR, 2021[13]). Par ailleurs, selon le discours du Roi du 14 octobre 2016, les citoyens marocains font état d'un manque d'indemnisation, d'une indemnisation en deçà des prix de vente en vigueur ou de retards liés à l'octroi de l'indemnisation pour expropriation pour utilité publique l'opération, impactant ainsi la confiance des administrés en l'administration marocaine (Maroc, 2016[14]). D'autres obstacles sont également soulevés dans le discours précité du Roi, à savoir la lenteur et la complexité des procédures judiciaires et la non-exécution des jugements. Ces défis semblent toujours être d'actualité selon le Ministère de l'Équipement et de l'Eau en mars 2022, qui identifie la complexité des procédures, le chevauchement des compétences des différents acteurs et le vide juridique concernant les délais comme étant de véritables obstacles à une mise en œuvre efficace et transparente des procédures d'expropriation (Maroc, 2022[15]). Les problèmes liés à l'expropriation soulignent la nécessité d'une plus grande transparence et d'un processus plus prévisible.

3.3.6. Des avancées significatives vers un système d'administration foncière fiable, mais des efforts supplémentaires nécessaires pour alléger le régime foncier

Des propriétés bien définies de même que des droits sûrs et transférables sur le territoire hôte sont une composante primordiale d'un environnement d'investissement sain. Les investisseurs doivent avoir l'assurance que leurs droits fonciers sont convenablement reconnus et protégés et qu'ils sont protégés contre une expulsion sans indemnisation (OCDE, 2015[1]). Pour qu'il puisse y avoir sécurité foncière, l'administration s'y afférant doit être accessible, fiable et transparente. Les responsabilités de l'administration centrale et celles de l'administration locale doivent être clairement définies afin de garantir l'efficience, réduire la corruption et améliorer l'application et le respect de la législation (OCDE, 2015[1]).

Le régime foncier marocain englobe différents statuts de terres, comprenant la propriété de l'État dans le domaine privé ou public, la propriété collective (terres collectives, habous, terres guichs) et la propriété individuelle, qu'elle soit immatriculée ou non (terres Melk). Certains types de terres sont déjà par nature inaliénables ou ne peuvent être transférés que sous certaines conditions. Bien que parfois justifiée, la pluralité juridique et administrative du régime foncier peut parfois entrainer un manque de transparence et une complexité faisant obstacle à l'accès au foncier. C'est la raison pour laquelle le volet foncier est identifié comme l'un des principaux goulots d'étranglement du cycle de vie des investissements au Maroc, aussi bien par le secteur privé (selon les autorités marocaines) que par les acteurs publics (NMD, 2021, p. 36[6]). À ce titre, bien que le Maroc se positionnait au 53ème rang parmi les 190 pays évalués dans le rapport *Doing Business 2020* de la Banque mondiale, il occupait seulement la 81ème place au sein de l'index sur l'enregistrement de la propriété (Banque mondiale, 2020[16]).

Pour y remédier, le NMD préconise de renforcer la régulation dans le secteur foncier ainsi que la protection des droits liés au capital foncier, notamment par la poursuite des initiatives de « melkisation » des terres collectives (NMD, 2021, p. 120[6]), à savoir la transformation de la propriété dans l'indivision des terres collectives en propriétés individuelles au profit des ayants droits.

En ce qui concerne la pluralité de statuts fonciers, une diversité de textes juridiques s'applique aux propriétés foncières au Maroc. L'article 35 de la Constitution de 2011 garantit d'abord le droit de propriété, avec pour seule limitation possible l'exigence du développement économique et social. Le droit marocain est par ailleurs marqué par une dualité entre un régime traditionnel marqué par l'absence d'immatriculation, et un régime moderne caractérisé par la publicité des inscriptions dans les registres fonciers (CESE, 2019[17]). Le régime foncier des immeubles non immatriculés tire ses règles principales du droit musulman, qui reste en grande partie non codifié. Les deux principaux textes législatifs régissant le droit foncier des terres immatriculées sont (i) le dahir du 12 août 1913 sur l'immatriculation des immeubles[19], modifié et complété pour la dernière fois en 2014, établissant les étapes de la procédure d'immatriculation, les droits réels immobiliers et les modalités de leur inscription, ainsi que (ii) la loi 39-08 relative au code des droits réels (Code des droits réels)[20], qui accorde au propriétaire d'une terre les droits réels principaux et les droits réels accessoires. En vertu du Code des droits réels, le propriétaire d'un immeuble peut l'utiliser, l'exploiter et en disposer sans autres limites que celles posées par la loi ou la convention (article 14). Il peut réclamer la restitution de sa propriété lorsqu'un tiers s'en est indûment emparé et demander à celui qui s'y oppose de mettre fin à son opposition et d'enlever toute source de nuisance (article 22). En outre, de nombreux autres textes législatifs traitent des spécificités du cadastre, des institutions et des différents statuts fonciers. Des sources informelles telles que la coutume et la jurisprudence viennent compléter la cadre juridique. La complexité de ce paysage législatif et la dualité du système peuvent donc constituer un obstacle à la clarté, à la transparence et à l'efficacité du régime foncier. Ceci risque de créer des superpositions ou des lacunes dans la législation, de compliquer la compréhension et de rendre l'application de la loi plus difficile.

Par ailleurs, la sécurité foncière ne dépend pas nécessairement d'une propriété privée ou d'un titre de propriété officiel. Des droits d'utilisation simples de la terre, tels que les baux, peuvent aussi garantir la sécurité foncière s'ils sont bien définis, s'étalent sur une durée spécifique, et ne peuvent être rompus unilatéralement (OCDE, 2015[1]). Au Maroc, les investisseurs peuvent accéder à des terres par le biais de contrats de bail (Dahir du 12 aout 1913 formant Code des obligations et des contrats, loi n° 67-12 du 19 novembre 2013 organisant les rapports contractuels entre bailleurs et locataires des locaux à usage d'habitation ou professionnel, loi n° 49-16 du 18 juillet 2016 relative aux baux des immeubles ou des locaux loués à usage commercial, industriel ou artisanal et le Dahir du 24 mai 1955 relatif aux baux d'immeubles ou de locaux loués à usage commercial, industriel ou artisanal). Il convient de noter que le propriétaire du bien a le droit de résilier le bail de manière unilatérale dans des cas strictement encadrés par la loi (Article 56 de la loi n° 67-12).

Le cout du foncier, notamment dans certaines wilayas, constitue également une entrave importante à l'initiative entrepreneuriale (CRI Casablanca Settat, 2021[18]). En effet, la forte demande en biens fonciers, notamment industriels, dans les mêmes zones géographiques correspondant aux grands bassins d'emploi engendre une spéculation foncière et une hausse des prix. Une généralisation des baux de longue durée permettrait de remédier à ce phénomène et d'empêcher l'effet spéculatif.

L'immatriculation d'une terre crée divers effets pour son titulaire et à l'égard des tiers. Elle permet l'obtention d'un titre foncier individuel, définitif et inattaquable avec les déterminations topographiques et juridiques précises du bien. Cette démarche offre aux particuliers et aux entreprises la possibilité de réclamer une réparation en cas de violation des droits de propriété, et constitue également une garantie permettant de faciliter l'accès au crédit. *A contrario*, les biens non immatriculés souffrent d'un manque de fiabilité de la preuve de la propriété, d'une absence d'identification précise et de l'incertitude quant au régime applicable. Malgré les avantages apparents de l'immatriculation, le Maroc continue de présenter une couverture faible en matière d'inscription cadastrale (Banque mondiale, 2020[16]). Pour y remédier, le pays s'efforce actuellement d'améliorer la propagation du processus d'immatriculation foncière, permettant ainsi la couverture de plus de 9 millions d'hectares au cours de la période 2016-2022, soit l'équivalent de 57 % de la superficie immatriculée au Maroc (EcoActu, 2023[19]).

L'acteur essentiel au niveau institutionnel est l'Agence nationale de la conservation foncière, du cadastre et de la cartographie (ANCFCC), instauré par la loi 58-00 portant création de l'ANCFCC du 13 juin 2002[21]. Elle a pour mission principale l'immatriculation de la propriété foncière, la publicité et la conservation des droits réels et des charges foncières, la conservation des archives et documents fonciers ou encore l'établissement et la conservation des plans cadastraux et du Cadastre National. Le site de l'ANCFCC contient les informations relatives au cadastre ainsi que les textes législatifs importants. L'ANCFCC mène également des actions de sensibilisation ; à titre d'exemple, l'ANCFCC a lancé une campagne nationale destinées à accueillir les Marocains résidant à l'étranger sur les services numérisés de la conservation foncière, notamment afin d'améliorer la qualité des services et de simplifier et moderniser les procédures[22]. En plus de l'ANCFCC, chaque conservateur foncier au Maroc est dirigé par un conservateur de la propriété foncière. L'institution du Conservateur Général assure l'unité de la doctrine administrative et supervise les fonctions dont sont chargés les conservateurs, en plus de leur permettre de soulever toutes les questions et affaires importantes nécessitant une décision de principe, conformément au dahir du 29 décembre 1953 susmentionné.

3.3.7. Une protection robuste des droits de propriété intellectuelle

La protection des droits de propriété intellectuelle (PI) constitue un pilier essentiel de toute politique visant à stimuler les investissements privés et à encourager le développement et l'innovation. Une protection adéquate des droits de PI permet également de renforcer la confiance des détenteurs et de les inciter à partager de nouvelles technologies dans le pays (OCDE, 2015[1]).

Le Maroc peut se targuer d'avoir créé les bases d'un environnement propice à l'innovation et à l'investissement au profit de tous les acteurs de marché, et ce dans une logique de développement durable notamment sur les plans industriel et économique. Ainsi, le Maroc a adopté un système de PI conforme aux standards internationaux (INPI, 2022[20]). Selon le classement *International IP Index*, publié annuellement par le Chambre de commerce américaine, le Royaume occupe la 22ème place parmi les 55 économies figurant dans le classement, avec un score de 62.76 %, et se classe à la première place dans la région du Moyen-Orient et de l'Afrique (U.S. Chamber of Commerce International IP Index, 2024[21]). L'indice mondial de l'innovation dressé par l'organisation mondiale pour la propriété intellectuelle (OMPI) classe le Maroc 70ème parmi 132 économies analysées, et 8ème parmi les pays à revenus faibles ou moyens. S'agissant en particulier de l'environnement institutionnel du Maroc en matière de PI, notamment eu égard à la qualité du cadre réglementaire et l'adhésion à l'État de droit, l'OMPI classe le Maroc 87ème sur un total de 132 pays analysés (OMPI, 2023[22]). Ainsi, le régime juridique mis en place par le Maroc en matière de protection de PI est primordial à un environnement propice à l'attraction des IDE (Encadré 3.4).

Encadré 3.4. L'importance d'un régime juridique robuste pour la protection des droits de la PI

Traditionnellement, un nombre limité de pays développés dans lesquels se concentre une grande partie de la R&D mondiale étaient les principaux « demandeurs » de droits de propriété intellectuelle forts au niveau international. Néanmoins, les évolutions récentes contribuent à élargir l'acceptation des avantages des droits de propriété intellectuelle.

En effet, un plus grand nombre d'entreprises dans un plus grand nombre de pays en développement fabriquent désormais des produits innovants et sont donc directement concernées par la protection des droits de propriété intellectuelle. Au Brésil et aux Philippines, des brevets de courte durée ont aidé les entreprises nationales à adapter des technologies étrangères aux conditions locales, tandis qu'au Ghana, au Koweït et au Maroc, des entreprises locales de logiciels se développent sur le marché international. En Inde, le dynamisme de l'industrie musicale et cinématographique est en partie dû à la protection des droits d'auteur, tandis qu'au Sri Lanka, les lois protégeant les dessins contre les pirates ont permis aux fabricants de céramiques de qualité d'accroître leurs exportations.

Par ailleurs, un nombre croissant de pays en développement cherchent à attirer les IDE notamment dans les secteurs où les technologies propriétaires sont importantes. Les entreprises étrangères hésitent à transférer leurs technologies les plus avancées ou à investir dans des installations de production tant qu'elles ne sont pas sûres que leurs droits soient protégés.

Il est de plus en plus reconnu que les consommateurs, même dans les pays les plus pauvres, peuvent souffrir de la vente de produits contrefaits, comme en témoignent des exemples allant des pesticides faussement marqués au Kenya à la vente de viande empoisonnée en Chine. Les consommateurs sont généralement les plus touchés lorsque les lois protégeant les marques déposées et les noms de marque ne sont pas appliquées de manière rigoureuse.

La tendance est d'aborder les questions de propriété intellectuelle une par une, ce qui permet d'identifier les points d'accord et de trouver un terrain d'entente sur les points de divergence.

Source : (OCDE, 2015[1] ; OCDE, 2007[23]).

La législation marocaine protège à la fois la propriété industrielle et commerciale et la propriété littéraire et artistique (droits d'auteurs et droits voisins). À titre d'exemple, la loi n° 17-97[23] relative à la propriété industrielle, amendée et complétée par les lois n° 31-05 en 2006 et n° 23-13 en 2014, confère au titulaire de la PI ou à ses ayants droit un droit exclusif d'exploitation de l'invention et la protection contre toutes les manipulations non-autorisées. Elle traite de différents titres de propriété industrielle, notamment le brevet d'invention (nouveauté et activité inventive), la marque (distinctive, licite et disponible), le dessin et modèle (nouveauté et caractère propre), ainsi que les indications géographiques. Les droits d'auteurs et droits voisins sont également protégés en vertu du droit marocain par la loi n° 2-00 relative aux droits d'auteur et droits voisins telle que modifiée et complétée[24]. Cette dernière accorde à l'auteur le droit de revendiquer la paternité de son œuvre et lui attribue le droit exclusif de faire, d'interdire ou d'autoriser la réédition et la reproduction de son œuvre. D'autre lois nationales, notamment sectorielles ou institutionnelles, abordent également des considérations de PI[25].

Le respect du droit de la PI est garanti par la mise en place de plusieurs moyens de recours en droit marocain. À titre d'exemple, la loi n° 17-97 relative à la propriété industrielle confère au titulaire un droit d'action en contrefaçon pour interdire la reproduction non autorisée d'innovation et de marques, permet la saisie ou la destruction des produits contrefaits et prévoit une action en concurrence déloyale permettant de sanctionner un concurrent ou un tiers ayant des agissements parasitaires au détriment du titulaire. Le titulaire peut également engager une action en nullité lorsqu'un titre porte atteinte à ses droits ou encore une action en revendication de propriété en cas de fraude des droits à l'enregistrement. De manière similaire, toute violation de la loi 02-00 relative aux droits d'auteur et aux droits voisins peut faire l'objet d'une ordonnance d'interdiction ou de cessation de violation des droits, ou encore de saisies. Toute violation des droits de PI engendre par ailleurs le paiement de dommages et intérêt et expose son contrevenant à la responsabilité pénale. Les détenteurs de marques, d'indications géographiques ou d'appellations d'origine protégées bénéficient en outre d'un système préventif d'opposition à l'enregistrement d'un titre (articles 148.2 à 148.5 et 182.2 de la loi 23-13). Ils peuvent solliciter de l'Administration des douanes et impôts indirects (ADII) qu'elle prenne des mesures aux frontières, notamment la suspension de la mise en libre circulation des marchandises qui peuvent être des marchandises de contrefaçon ou piratée. En 2022, l'ADII a saisi prêt de deux millions d'articles de contrefaçon pour une valeur de plus de deux millions de dollars ; 629 demandes de détention ont été déposées devant l'ADII cette même année (Rapport d'activité ADII, 2022[24]).

Largement inspirées par les conventions internationales, les lois marocaines sur la PI offrent un niveau de protection élevé. Cependant, des lacunes persistent quant à la mise en œuvre de ce corpus juridique. En effet, en raison d'un manque de ressources, les autorités marocaines sont contraintes de se concentrer principalement sur les domaines les plus problématiques, tels que la sécurité nationale (U.S. Chamber of Commerce International IP Index, 2024[21]). En particulier, le manque de magistrats, avec un effectif d'environ 3 magistrats pour 100.0000 habitants, peut menacer l'efficacité du système judicaire et la prise en charge exhaustive des cas apportés (Hespress, 2024[25]). Le rapport de la Chambre de commerce américaine souligne également des lacunes en matière de protection des marques notoires, l'incertitude persistante quant à la disponibilité pratique des brevets pour les créations impliquant des activités intellectuelles, des déficiences du cadre juridique concernant la vente en ligne de produits contrefaits, et un manque de dissuasion par le biais de sanctions civiles et pénales (U.S. Chamber of Commerce International IP Index, 2024[21]). Les taux élevés de contrefaçon physique, tel que les accessoires de mode et les produits d'hygiène, ou encore de piratage en ligne, de films ou de musique, constituent par ailleurs de véritables obstacles à l'entreprenariat au Maroc (INPI, 2022[20]).

Sur le plan institutionnel, le Maroc a mis en place l'Office Marocain de la Propriété Industrielle et Commerciale (OMPIC), qui a pour mission d'assurer la protection de la propriété industrielle et la gestion des registres nationaux de titres de propriété industrielle[26]. L'OMPIC protège les droits de propriété industrielle en enregistrant les titres, ce qui confère aux titulaires une protection légale et leur accorde le droit exclusif d'utiliser leurs inventions, marques ou créations industrielles. De plus, l'OMPIC mène des actions de sensibilisation et propose, en coopération avec l'Académie Marocaine de la Propriété Intellectuelle et Commerciale, des formations visant à aider les entreprises à comprendre les procédures d'enregistrement et les meilleures pratiques en matière de protection de la propriété industrielle. L'OMPIC accompagne les entreprises dans le développement de leurs actifs immatériels, en promouvant les brevets d'invention, en diffusant des informations juridiques, techniques et commerciales (OMPI, 2023[26]). Il offre également un soutien aux PME en réalisant des rapports pré-diagnostic dans le domaine de la PI et en proposant des tarifs réduits pour les services rendus. Le système d'opposition mis en place par l'OMPIC permet également aux détenteurs de droits antérieurs de contester l'enregistrement d'une demande de marque. En 2023, le nombre global des entreprises créées au registre du commerce a atteint 93 517 (OMPIC, 2024[27]), se maintenant à un niveau équivalent à celui enregistré en 2022.

En ce qui concerne la propriété littéraire et artistique, le Bureau Marocain du Droit d'Auteur (BMDA), organisme de gestion collective, est mandaté pour assurer la protection et l'exploitation des droits d'auteur et des droits voisins. Il a pour mission la gestion et la répartition des droits, la collecte des redevances, l'enregistrement des déclarations identifiant les œuvres et les titulaires de droits, la gestion des intérêts des sociétés étrangères d'auteurs, ainsi que la représentation du Maroc auprès des organisations internationales compétentes en matière de propriété littéraire et artistique. Il délivre également des autorisations écrites préalables pour toute utilisation des œuvres protégées.

3.4. Règlement des différends d'investissement : vers le renforcement des mécanismes de prévention

Les mécanismes d'exécution des contrats et de règlement des différends sont des facteurs essentiels au bon fonctionnement des marchés, dans la mesure où ces derniers garantissent plus de visibilité aux opérateurs économiques et aux investisseurs. Ainsi, l'efficacité, l'efficience, l'intégrité et l'indépendance des tribunaux sont des considérations importantes pour tout investisseur (OCDE, 2015[1]).

Afin de favoriser un environnement propice aux IDE et améliorer l'efficacité des mécanismes d'exécution des contrats, les pays sont encouragés à mettre en place des mécanismes de règlements de différends non-bureaucratiques, rapides et transparents, par le biais d'un système judiciaire efficace. Il est par ailleurs possible de rendre le système judiciaire plus attractif pour les investisseurs en renforçant l'indépendance des juges, en ayant des procédures judiciaires efficaces et prévisibles et en assurant la bonne exécution des jugements. Les mécanismes alternatifs de résolution des conflits, tels que l'arbitrage et la médiation, sont également essentiels afin de désengorger le système judiciaire et offrir aux investisseurs des alternatives pour résoudre les litiges commerciaux (OCDE, 2015[1]).

Le système judiciaire marocain a un rôle fondamental à jouer dans le renforcement de la compétitivité et de la croissance économique du Maroc et son fonctionnement est essentiel pour créer les conditions d'un climat d'affaires sain et compétitif. Au Maroc, le système judiciaire est doté de tribunaux commerciaux spécialisés, chargés des litiges économiques et commerciaux. Au cours des dernières années, le Maroc a mis en place de nombreuses initiatives afin d'améliorer l'accès à la justice, notamment au système judiciaire. En parallèle, le Maroc fournit de manière graduelle aux investisseurs, des mécanismes alternatifs de résolution des conflits pour régler les litiges commerciaux et les différends en matière d'investissement, notamment en consacrant une loi à part entière à l'arbitrage et à la médiation conventionnelle ou encore par la mise en place d'institutions comme le Médiateur du Royaume. À ce titre, le Maroc est encouragé à suivre la recommandation édictée dans NMD relative à la mise en place d'un défenseur de l'entreprise, qui permettrait non seulement une meilleure détection des litiges en amont mais aussi de prévenir les litiges en devenir et de désengorger le système judiciaire.

3.4.1. Le système juridictionnel du Maroc

L'organisation judiciaire du Maroc est répartie en deux types de juridictions : les juridictions de droit commun et les juridictions spécialisées.

Les juridictions de droit commun traitent des affaires qui ne relèvent pas de la compétence des autres juridictions ; il existe trois degrés de juridictions au sein de cette organisation, à savoir les tribunaux de premier degré, les tribunaux de deuxième degré et la Cour de cassation dont le siège est à Rabat.

Les juridictions spécialisées comportent notamment la branche administrative et la branche commerciale.

La branche administrative est constituée de trois degrés de juridictions et se compose de tribunaux administratifs (au nombre de dix, implantés à Rabat, Casablanca, Fès, Oujda, Marrakech, Agadir, Tanger, Béni Mellal, Laâyoune et Dakhla) et de cours d'appel administratives (au nombre de cinq, implantés à Rabat, Marrakech, Fès, Tanger et Agadir). La Cour de cassation juge de des affaires en dernier ressort.

Les tribunaux de commerce statuent sur les affaires commerciales conformément à l'article 5 de la loi 53-95, instituant les juridictions de commerce. Ces derniers sont au nombre de dix, implantés à Casablanca, Rabat, Agadir, Marrakech, Fès, Oujda et Tanger. Les tribunaux d'appel commerciaux sont au nombre de cinq, implantés à Casablanca, Marrakech, Fès, Tanger, Agadir, Béni-Mellal, Laâyoune et Dakhla. La Cour de cassation statue en dernier ressort. Le droit des affaires relève de la compétence des tribunaux de commerce tel que déterminé par l'article 5 de la loi 53-95 instituant les juridictions de commerce. Ces tribunaux sont compétents pour connaitre des actions relatives aux contrats commerciaux, des actions entre commerçants à l'occasion de leurs activités commerciales, des actions relatives aux effets de commerce, des différends entres associés d'une société commerciale ainsi que des différends à raison de fonds de commerce. La loi 38-15 portant organisation judiciaire promulgué le 21 juillet 2022 a mis en place au sein des tribunaux de première instance, à partir de 2023, des sections spécialisées en matière commerciale, avec la possibilité d'inclure des sections spécialisées en droit commercial au niveau des cours d'appel[27].

Une grande partie des jugements et arrêts rendus en matière commerciale est accessible au public par le biais du portail du ministère de la Justice du Maroc, du portail du conseil supérieur du pouvoir judiciaire et du portail de la Cour de cassation ; ils sont aussi publiés régulièrement dans des périodiques et des revues.

En clair, les différends commerciaux relèvent du ressort de tribunaux spécifiques et spécialisés en la matière, contribuant ainsi à renforcer la confiance des investisseurs dans le système judiciaire marocain. Néanmoins, l'existence d'instances spécialisées en matière commerciales ne peut à elle seule être un critère d'évaluation de l'efficacité et l'efficience du système judiciaire. L'investisseur doit tout d'abord pouvoir accéder à une justice efficace, intègre et indépendante.

3.4.2. L'Accès à la justice et les efforts de réforme du système judiciaire

Le système judiciaire marocain a connu, au cours des dernières années, plusieurs réformes qui ont permis d'améliorer son efficacité, son efficience, son intégrité et son indépendance.

En effet, le Maroc a entamé en 2011 un processus de réforme du système judiciaire, notamment à la suite de l'adoption d'une nouvelle Constitution. Tout comme la constitution de 1996, la Constitution de 2011 érige l'indépendance du pouvoir judiciaire, notamment vis-à-vis des pouvoirs législatif et exécutif, en principe constitutionnel et rappelle l'interdiction d'ingérence ou immixtion dans le pouvoir judiciaire[28]. Néanmoins, à la différence de la constitution de 1996, la Constitution de 2011 met en place des gardes fou afin de garantir l'indépendance du système judiciaire et prévoit la création de nouvelles institutions garantes de cette indépendance, notamment d'un Conseil supérieur du pouvoir judiciaire, dont le rôle est de veiller à l'application des garanties accordées aux magistrats, notamment quant à leur indépendance, leur nomination et leur avancement[29].

Dans la même lignée, en juillet 2013, le Maroc a adopté à l'issue d'une large consultation nationale, la Charte de la réforme du système judiciaire dans le but d'entamer une réforme profonde du système (Haute Instance du Dialogue National, 2013[28]). Cette dernière se focalise sur six objectifs stratégiques, à savoir la consolidation de l'indépendance du système judiciaire, la moralisation du système judiciaire, le renforcement de la protection des droits et libertés par la justice, la croissance de l'efficacité et de l'efficience de la justice, le développement des capacités institutionnelles du système judiciaire et la modernisation de l'administration judiciaire et le renforcement de sa gouvernance (Haute Instance du Dialogue National, 2013[28]). L'hypertrophie de la carte judiciaire et sa non-rationalisation sont des difficultés soulevées dans la Charte de réforme judiciaire et la carte judiciaire constitue à elle seule un sous-objectif à adresser (Haute Instance du Dialogue National, 2013[28]). Cet engagement à améliorer la performance des tribunaux a été renouvelé dans le plan stratégique du Conseil supérieur du pouvoir judiciaire pour la période 2021-2026, dont les objectifs stratégiques se confondent avec ceux posés par la Charte de la réforme du système judiciaire (CSPJ, 2021[29]).

Dans le but d'atteindre concrètement les objectifs fixés dans la Charte de la réforme du système judiciaire, le Maroc a entrepris de promulguer de nouvelles lois, ou encore de procéder à l'adoption d'amendements portant sur des projets de loi fondateurs, tel que le code de procédure civil (notamment le projet de loi n° 02-23 relatif à la procédure civile)[30].

Ainsi, au cours des dernières années, plusieurs lois organiques ont vu le jour, notamment la loi organique n° 100-13 relative au Conseil supérieur du pouvoir judiciaire susmentionné, qui vient affirmer le principe d'indépendance du pouvoir judiciaire posé par la Constitution de 2011 et fixer entres autres les règles d'élection et de nomination des membres du Conseil supérieur du pouvoir judiciaire, les modalités de son organisation et de son fonctionnement et ses compétences[31]. Au-delà de l'indépendance de la justice, il est nécessaire de garantir l'indépendance des magistrats eux-mêmes : la loi organique n° 106-13 portant statut des magistrats est venue réguler le statut des magistrats et comprend des dispositions relatives aux droits et devoirs des magistrats et aux garanties qui leurs sont accordées. La présidence du ministère public a également été transférée au procureur général du Roi près la Cour de cassation et ce afin de garantir davantage l'indépendance du ministère public[32].

Bien que des efforts substantiels aient été déployés par le Maroc afin d'améliorer l'accès à la justice et le traitement des affaires judiciaires, notamment commerciales, les autorités judiciaires ainsi que les justiciables continuent de faire état de certaines difficultés persistantes, dont l'amélioration pourrait avoir un impact significatif sur l'efficacité du système judiciaire dans le contexte des réformes en cours.

En effet, selon le World Justice Programme Rule of Law Index 2023, le Maroc a un score global de 0.48 en matière de respect des principes universels d'un État de droit, soit un score inférieur non seulement à la moyenne régionale (0.49) mais aussi à la moyenne globale (0.55)[33]. Le Maroc présente un bilan relativement faible en matière d'exécution des contrats par rapport à des économies similaires et se classe 66ème sur un total de 142 pays, avec un score de 0.50 contre une moyenne globale de 0.54. En matière d'absence de corruption, le Maroc obtient un score de 0.42 – en notant que la moyenne régionale en la matière est de 0.50 et la moyenne globale de 0.51[34].

L'engorgement du système judiciaire, la pénurie des magistrats et le manque de moyens continuent par ailleurs de représenter un défi majeur à l'accès à la justice marocaine (CSPJ, 2021[29]).

Ainsi, quand bien même l'implantation des tribunaux spécialisés a été améliorée au cours des dernières années, une meilleure optimisation reste à réaliser dans un souci de rapprocher les juridictions aux justiciables. En effet, l'hypertrophie de la carte judiciaire est soulevée comme étant un défi dans la Charte de réforme du système judiciaire (Haute Instance du Dialogue National, 2013[28]). Ces disparités territoriales en matière d'accès au système judiciaire continuent de persister, comme l'atteste l'inclusion en 2021 du développement de la carte judiciaire et la rationalisation de cette dernière au titre d'objectif dans le Plan stratégique du Conseil supérieur du pouvoir judiciaire 2021-2026 (CSPJ, 2021[29]). Une étude menée en 2018 fait par ailleurs état de cette disparité territoriale, constatant que les régions rurales ont un accès limité aux institutions et mécanismes de résolution des litiges (HiiL, 2019[30]).

Afin de pallier ces difficultés et faciliter l'accès à la justice des justiciables, la loi n° 38-15 portant organisation judiciaire, promulgué le 21 juillet 2022 et en vigueur depuis le 15 janvier 2023, édicte l'inclusion au niveau des tribunaux de première instance de sections spécialisées en matière commerciale, avec la possibilité d'inclure ces mêmes sections au niveau des cours d'appel.

Le Conseil de gouvernement a également approuvé en novembre 2023 le projet de décret n° 2.23.665 relatif à l'établissement de la carte judiciaire du Maroc, qui vise à actualiser et rationaliser la carte judiciaire du Maroc[35], et prévoit notamment l'implémentation de tribunaux de commerce supplémentaires.

Ces réformes, qui repensent notamment la structure et la cartographie judiciaire, sont une avancée importante en la matière, et le Maroc devrait continuer ses efforts, notamment en légiférant, afin d'améliorer l'accès à la justice par les justiciables.

Par ailleurs, le délai de traitement des affaires et l'engorgement du système judiciaire constituent de véritables défis au Maroc. Différents facteurs impactent le délai de traitement des litiges, notamment le nombre grandissant de dossiers à traiter, le nombre limité de magistrats et les moyens déployés pour le traitement des dossiers (personnel, matériel, ressources budgétaires, etc.).

En effet, selon une étude faite par la Commission européenne pour l'efficacité de la justice (CEPEJ) sur la base de données récoltées en 2020, le Maroc compte 7.5 juges professionnels pour 100 000 habitants, contre 11.2 en France ou encore 25 en Allemagne et se situe en dessous de la médiane des pays du Conseil de l'Europe (CEPEJ, 2022[31]). Le nombre de procureurs est de 3 pour 100 000 habitants, une valeur qui a diminué entre 2016 et 2020 et qui, similairement au nombre de juges professionnels, reste inférieure à la médiane des pays du Conseil de l'Europe (CEPEJ, 2022[32]). Selon le Conseil supérieur du pouvoir judiciaire, le taux de 3 magistrats du ministère public pour 100 000 habitants n'avait toujours pas augmenté en janvier 2024[36]. Toujours selon l'étude de la CEPEJ, le nombre de tribunaux de première instance de droit commun et spécialisés pour 100 000 habitants en 2020 était inférieur à un au Maroc et celui des tribunaux pour toutes instances confondues également à moins d'un (CEPEJ, 2022[31]).

Le Maroc est ainsi encouragé à augmenter davantage l'effectif de magistrats, ce qui lui permettrait d'améliorer l'efficacité de son système judiciaire.

La capacité de la Cour de cassation à traiter des affaires, nouvelles ou en cours, est également de plus en plus compromise, étant donné que le nombre d'affaires augmente à une vitesse dépassant la capacité des magistrats à statuer[37]. Au cours de l'année 2023, la Cour de cassation faisait état de plus de 98 000 affaires en cours, dont plus de la moitié constituait le reliquat de l'année précédente[38]. Cette congestion se traduit par des retards fréquents, des reports d'audiences et des délais de contentieux considérablement allongés, compromettant ainsi l'accès rapide à une justice équitable[39].

L'augmentation du nombre de magistrats reste donc une nécessité pressante dans la mesure où le déficit des magistrats pourrait avoir un impact considérable sur l'efficience de la justice. La revue des conditions de pourvoi en cassation peut également contribuer à l'allégement de la charge d'affaires remontant à la haute juridiction.

Selon la Cour de cassation, les tribunaux marocains sont par ailleurs engorgés d'affaires qui peuvent être résolues hors des circuits judiciaires, notamment grâce aux moyens de résolution alternatifs des litiges[40]. Une réforme des conditions préalables à l'accès aux tribunaux nationaux, notamment la mise en place d'un recours obligatoire à la médiation juridictionnelle dans certaines conditions par exemple, pourrait tempérer cette congestion et contribuer à la mise en place d'une justice plus rapide.

La faiblesse des formations substantielles des juges en matière commerciale reste aussi un vrai défi pour la résolution effective des affaires commerciales au Maroc. En 2021, le Conseil supérieur du pouvoir judiciaire s'est donc engagé à promouvoir la formation de magistrats, notamment œuvrant à adopter un cadre juridique approprié pour conférer à ce dernier la supervision de la formation des magistrats ou encore en impulsant la formation spécialisée dans les matières essentielles (CSPJ, 2021[29]).

Afin d'atténuer les défis décrit ci-dessus, les juridictions commerciales ont par ailleurs opté pour la modernisation des moyens d'utilisation des nouvelles technologies d'information et de communication qui permet, en collaboration avec l'ensemble des composantes de la justice, de réduire les délais de traitement notamment en matière de transmission de pièces, assignations et convocations (voir Chapitre 8).

Par ailleurs, dans un contexte de modernisation de l'administration judiciaire et dans le but d'améliorer la célérité et l'efficience du système judiciaire, plusieurs portails ont vu le jour, notamment la plateforme digitale pour les avocats afin de dématérialiser les échanges, le portail électronique de dépôt des états de synthèse, le portail de prise de rendez-vous en ligne auprès des tribunaux, le portail se rapportant aux registres de commerce, etc.

Les juridictions disposent également de plusieurs plateformes numériques et systèmes d'information leur permettant de mieux gérer l'ensemble des procédures (notamment Saj2, décisionnel).

En outre, certaines juridictions telles que la Cour d'appel de Commerce de Casablanca utilisent désormais un « tableau de bord » sur la base du programme de travail annuel adopté lors de l'assemblée générale qui se tient en fin d'année judiciaire, à laquelle assistent toutes les composantes de la juridiction afin de faire le bilan des réalisations et relever les problèmes rencontrés, dans l'objectif d'y remédier et proposer des solutions.

3.4.3. Le Maroc est une juridiction généralement favorable à l'arbitrage

Avant 2022, les procédures d'arbitrages étaient encadrées par le chapitre VIII du titre V de la loi n° 1-74-447 du 28 septembre 1974, tel que modifiée par la loi n° 08-05 du 30 novembre 2007. Cette dernière loi a instauré de nouvelles dispositions relatives à l'arbitrage international et la médiation conventionnelle.

Depuis le 14 juin 2022, une nouvelle loi relative à l'arbitrage et la médiation conventionnelle est entrée en vigueur, à savoir la loi n° 95-17 relative à l'arbitrage et la médiation conventionnelle (la loi n° 95-17). Ce texte législatif tend à moderniser, actualiser et développer le système d'arbitrage et de médiation conventionnelle, et de pallier les lacunes du code de la procédure civile datant de 1974.

Ainsi, toute procédure d'arbitrage ou de médiation initiée après l'entrée en vigueur de la loi n° 95-17 est régie par ladite loi ; *a contrario*, toutes clause d'arbitrage ou de médiation conclues avant l'entrée en vigueur de la nouvelle loi reste soumises aux anciennes dispositions relatives à l'arbitrage et la médiation pour ce qui est de leur validité, les procédures y afférentes sont, selon la date de leur initiation, soit soumise à l'ancienne ou à la nouvelle loi[41].

La loi n° 95-17 distingue entre l'arbitrage interne et l'arbitrage international. Par ailleurs, elle reconnait deux formes d'arbitrages : l'arbitrage institutionnel qui est organisé par un centre ou une institution d'arbitrage et qui est régi par les règles d'arbitrage dudit centre ou institution et l'arbitrage *ad hoc* qui se déroule en dehors de tout cadre institutionnel et dont l'organisation et le déroulement dépendent du tribunal arbitral, sauf accord différent des parties ou choix d'un règlement d'arbitrage spécifique.

La loi n° 95-17 est une réelle avancée en matière de règlement des différends et devrait avoir un impact significatif sur le climat des investissements au Maroc, dans la mesure où il s'agit du premier texte juridique autonome consacré à l'arbitrage et la médiation et basé sur la loi type CNUDCI. Cette loi apporte de réelles innovations : elle étend considérablement le champ d'application de l'arbitrage interne et restreint le recours au juge étatique, redéfinit la notion d'arbitrage interne et élargit la notion d'arbitrage international.

La loi n° 95-17 permet également de soumettre à l'arbitrage les litiges relatifs aux contrats conclus par l'État, les entreprises publiques ou les collectivités territoriales, sous réserve du respect des dispositions spéciales relatives au contrôle des contrats publics. Par ailleurs, les entreprises publiques soumises au droit des sociétés du secteur privé, ainsi que les établissements et institutions publiques peuvent conclure des conventions d'arbitrage. Il convient de noter que d'autres lois adoptées par le Maroc, notamment la Charte de l'investissement, permettent également aux parties de prévoir des clauses compromissoires dans leurs contrats[42].

Cette loi se distingue également par sa souplesse en ce qui concerne les conditions de validité de la convention d'arbitrage en matière d'arbitrage interne et international, ainsi que celles relatives au recours à l'arbitrage en matière administrative. Elle prend également en compte les avancées technologiques dans la mesure où elle permet l'utilisation des moyens de communication électroniques dans le cadre de la conclusion et de la mise en œuvre des clauses compromissoires, l'échange de requêtes et mémoires par voie électronique, la possibilité de rendre des sentences arbitrales par voie électronique ainsi que la tenue d'audiences par visioconférence.

Une autre avancée de la loi n° 95-17 concerne l'indépendance des arbitres : sous l'ancien régime, les arbitres étaient choisis au sein d'une liste établie sur déclaration auprès du Procureur Général près de la cour d'appel ; désormais, la liste d'arbitres n'est plus soumise au contrôle d'une partie judiciaire et est fixée par un texte réglementaire. Le décret n° 2.23.1119 fixant les modalités d'établissement d'une liste d'arbitres et les conditions d'inscription et de radiation y afférentes a été publié au bulletin officiel du 23 mai 2024. Ce décret tend à mettre en œuvre la loi 95-17, qui prévoit en son article 13 la nécessité de mettre en place un texte régissant les modalités d'établissement d'une telle liste par voie réglementaire (conditions d'inscription et de radiation).

Au niveau international, le Maroc est l'un des premiers adhérents à la Convention de New York pour la reconnaissance et l'exécution des sentences arbitrales étrangères du 10 juin 1958 (Convention de New York), à la Convention de Washington pour le règlement des différends relatifs aux investissements entre États et ressortissants d'autres États du 18 mars 1965 (Convention CIRDI) et à la Convention arabe de Riyad relative à l'entraide judiciaire du 6 avril 1983. Les conventions bilatérales d'entraide judiciaire en matière civile et commerciale conclues par le Maroc avec plus de 80 pays comprennent également des dispositions régissant la reconnaissance et l'exécution des sentences arbitrales[43]. Le Maroc est membre de la cour permanente d'arbitrage depuis 2001 et a également adopté la loi type de la CNUDCI sur l'arbitrage commercial international de 1985 avec les amendements adoptés en 2006.

Plusieurs institutions d'arbitrages sont réparties sur le territoire national marocain. Les principaux fora d'arbitrage commercial sont les suivants :

- Le Centre de Médiation et d'Arbitrage créé en 2001 à l'initiative de la Chambre de Commerce d'Industrie et de Services de Casablanca sous forme d'association à but non lucratif ;
- La Cour Marocaine d'Arbitrage instituée au sein de la Chambre de Commerce Internationale du Maroc est un organisme privé d'arbitrage de résolution de différends commerciaux n'ayant pas un caractère international ;
- Le Centre International de Médiation et d'Arbitrage à Rabat créé en 2004 à l'initiative de la Chambre de Commerce d'Industrie et de Services de Rabat sous forme d'Association à but non lucratif ;
- Le Centre International de Médiation et d'Arbitrage du Nord créé à l'initiative de la Chambre de Commerce d'Industrie et de Services de la région de Tanger-Tétouan-Al Hoceima sous forme d'Association à but non lucratif en 2020 ; et
- Le Centre International de Médiation et d'Arbitrage de Casablanca est une institution indépendante à but non lucratif créé en 2016 avec l'appui de Casablanca Finance City qui se veut une place d'arbitrage de premier plan en Afrique.

Les sentences arbitrales nationales sont susceptibles de trois types de recours en vertu de la loi n° 95-17 : (i) une demande de rétractation, (ii) une tierce opposition par un tiers ou (iii) une demande d'annulation par la cour d'appel. La nullité de la sentence arbitrale ne peut néanmoins être prononcée que dans des cas limités, y compris lorsque le tribunal arbitral a statué sans convention d'arbitrage ou lorsque la sentence est fondée sur une convention d'arbitrage nulle ou caduque, lorsque la sentence arbitrale est contraire à l'ordre public, ou lorsque la sentence arbitraire est contraire aux règles de procédure ou la loi applicable désignées par les parties.

Le Maroc étant signataire de la Convention de New York, les juridictions nationales ne peuvent refuser d'octroyer l'exequatur à une sentence arbitrale internationale que dans des cas limités. Ainsi, l'article 80 de la loi n° 95-17 dispose que les sentences internationales sont reconnues au Maroc si leur existence est établie par celui qui s'en prévaut et si cette reconnaissance n'est pas contraire à l'ordre public national ou international. Ce même article prévoit néanmoins qu'une telle procédure est contradictoire (et non en référé comme dans une grande partie des systèmes civils), impliquant ainsi un débat entre les parties. La procédure en exequatur ou reconnaissance de jugements étrangers au Maroc constitue donc une procédure au fond qui peut être longue et fastidieuse, et qui peut retarder considérablement l'efficacité de la sentence arbitrale[44]. Dans un souci de rendre l'exécution des sentences arbitrales internationales plus efficace, le Maroc pourrait donc envisager de rendre la procédure d'exequatur et de reconnaissances des sentences internationales non-contradictoires.

Par ailleurs, il semble que le caractère exécutoire des sentences arbitrales internationales est trop souvent refusé par les juges marocains, notamment au motif d'atteinte à l'ordre public international marocain[45]. En effet, il est fait état d'une utilisation exagérée des voies de recours, ce qui endigue l'effectivité de l'arbitrage, et une utilisation parfois impropre du principe d'ordre public international marocain[46]. Afin de remédier à une telle utilisation, la jurisprudence marocaine doit être uniformisée afin de mettre en place des conditions strictes afin de refuser l'octroi du caractère exécutoire, ou encore mettre en place des formations pour les magistrats en matière d'arbitrage.

S'agissant de la juridiction compétente pour statuer sur une demande d'exequatur, la loi n° 95-17 identifie clairement la juridiction compétente pour octroyer l'exequatur d'une sentence arbitrale en matière commerciale. S'agissant des litiges relatifs aux contrats conclus par l'État ou les collectivités territoriales, la compétence pour statuer sur la demande d'exequatur de la sentence arbitrale revient au président du tribunal administratif de première instance. En matière de contrats publics internationaux, la jurisprudence de la Cour de cassation a donné, dans son arrêt du 22 mars 2018, la compétence pour statuer sur la demande de l'exequatur d'une sentence arbitrale internationale tranchant les litiges relatifs à un contrat public international, aux tribunaux commerciaux, conformément à l'article 327-46 du Code de procédure civile.

Il convient de noter que seule une décision refusant d'octroyer l'exequatur est susceptible d'appel.

3.4.4. Le recours à la médiation comme mécanisme alternatif de résolution des litiges

La loi n° 95-17 est venue consacrer un volet entièrement dédié à la médiation conventionnelle. Ce texte constitue une avancée importante en la matière, les conditions de mise en place de la convention de médiation ou encore les conditions relatives au déroulement du processus de médiation étant désormais plus flexibles.

L'article 89 de la loi n° 95-17 dispose que toute personne physique ou morale en pleine capacité peut souscrire à une convention de médiation, avant ou après la naissance d'un litige, sur les droits dont elle a la libre disposition, dans le respect des lois en vigueur, et ne peut porter sur des questions exclues du champ d'application de la transaction.

S'agissant des litiges d'investissements en particulier, la loi est silencieuse quant à la possibilité pour une personne morale de droit public de conclure une convention de médiation. L'article 1100 du Code des obligations dispose néanmoins qu'« *on ne peut transiger sur une question d'état ou d'ordre public, ou sur les autres droits personnels qui ne font pas objet de commerce ; mais on peut transiger sur l'intérêt pécuniaire qui résulte d'une question d'état ou d'un délit* ». Par ailleurs, l'article 16 de la loi n° 95-17 confirme que les contestations pécuniaires résultant d'un différend lié aux actes de l'État peuvent être soumis à l'arbitrage. Il convient donc pour le Maroc de clarifier s'il en va de même pour la médiation, à savoir si l'État peut conclure une convention de médiation lorsque le litige porte sur l'intérêt pécuniaire qui résulte d'une question d'état.

Par ailleurs, la loi n° 95-17 vient mettre en place un certain nombre de conditions relatives à la qualité de médiateur, à savoir, l'indépendance, l'impartialité, l'intégrité et la loyauté[47].

En outre, suite à la promulgation du Dahir portant création de l'Institution du Médiateur publié au Bulletin Officiel le 17 mars 2011, le Maroc a mis en place le Médiateur du Royaume, une institution nationale indépendante et spécialisée qui a pour mission de défendre les droits dans le cadre des rapports entre l'administration et les usagers, de contribuer à renforcer la primauté du droit et à propager les principes de justice et d'équité, mais aussi de procéder à la diffusion des valeurs de la moralisation et de la transparence dans la gestion des services publics.

Le Médiateur du Royaume exerce ses compétences à travers plusieurs mécanismes et moyens d'intervention et est chargé d'instruire, sur saisine ou de sa propre initiative, tout conflit entre l'État et personne physique ou morale (marocaine ou étrangère) découlant d'un acte de l'administration et qui cause un préjudice à autrui (à l'exception, entre autres, des doléances visant la révision d'une décision de justice irrévocable)[48].

Les domaines d'intervention de l'institution touchent, essentiellement, aux litiges à caractère administratif, financier, foncier et en matière de non-exécution des jugements prononcés à l'encontre de l'administration publique[49]. En particulier, s'agissant des plaintes formulées par les investisseurs, personnes physiques ou morales, celles-ci relèvent de la compétence du Médiateur du Royaume lorsqu'elles touchent aux domaines suivants :

- le domaine administratif, notamment les procédures de création ou de fermeture d'entreprises ;
- le domaine financier, notamment les demandes de recouvrement de créances ou d'impayés ;
- le domaine foncier, notamment les conséquences d'une expropriation du foncier d'un investisseur ;
- le domaine d'exécution des jugements, prononcés en faveur de l'investisseur à l'encontre de l'administration.

A contrario, les réclamations émanant des concurrents ou titulaires de contrats de commande publique, notamment concernant l'application de la réglementation régissant ladite commande, de contrats de partenariat public-privé et des contrats de gestion déléguée ne relèvent pas de la compétence du Médiateur du Royaume[50].

La saisine du Médiateur du Royaume est une procédure gratuite et simplifiée, et se fait par le dépôt d'une plainte signée.

Pour maximiser la coordination entre le Médiateur du Royaume et les administrations concernées par les plaintes des usagers, l'institution dispose d'« *Interlocuteurs Permanents* » au sein de chaque administration. Au niveau des administrations publiques, les « Inspecteurs Généraux » ou, à défaut, les chefs d'institution jouent ce rôle. Cette coordination se manifeste notamment par deux mécanismes , à savoir (i) des séances de travail ou d'enquête organisées soit avec le plaignant afin que ce dernier complète son dossier, soit avec l'administration afin que cette dernière approfondisse l'instruction des dossiers, soit avec les deux parties afin de tenter un rapprochement des points de vue et de trouver une solution amiable au litige et (ii) des Comités Permanents de Suivi et de Coordination, qui sont chargés de trouver des solutions aux difficultés faisant obstacles au règlement des dossiers[51].

Le Médiateur est habilité à mener des enquêtes et des investigations. À l'issu de son enquête, le Médiateur présente à l'administration concernée les conclusions de ses investigations et peut lui adresser des recommandations, propositions et observations.

En cas de différend, le Médiateur présente aux parties toute proposition qu'il juge appropriée en vue d'aboutir à une solution équitable. Ces solutions ne peuvent néanmoins être opposables par les tiers ou à leur encontre. Le Médiateur peut aussi proposer au Chef du Gouvernement de prendre toute mesure ou démarche en vue de trouver une solution juste et équitable et lui proposer l'amendement de la règle de droit.

Selon les autorités marocaines, le Médiateur du Royaume accorde un intérêt particulier au domaine de l'investissement vu son importance stratégique et son impact sur la situation économique du pays. Ainsi, d'après les informations fournies par les autorités marocaines, l'institution a mis en place deux principaux indicateurs, le premier ayant un rapport direct avec l'investissement, le second concernant la moralisation dans le domaine de l'investissement. Par ailleurs, l'institution veille à ce que l'instruction des plaintes, dans tous les domaines y compris le domaine de l'investissement, soit réalisée dans un délai raisonnable[52]. Selon les chiffres publiés dans son rapport annuel au titre de l'année 2019, l'institution a enregistré 110 dossiers concernant la thématique de l'investissement (Institution du Médiateur du Royaume, 2020[33]). Le traitement de ces dossiers a donné lieu à l'émission de 22 recommandations (Institution du Médiateur du Royaume, 2020[33]).

3.4.5. Des avancées significatives vers un système de prévention des litiges d'investissement

Les politiques de prévention et les mécanismes de gestion des différends sont des moyens utiles pour éviter les litiges potentiellement longs et coûteux. Ainsi, il est possible de mettre en place des stratégies de prévention des différends qui permettrait aux États de traiter les problèmes rencontrés par l'investisseur à un stade précoce. Le Maroc semble être sur la bonne ligne dans la mise en place d'un système de prévention des litiges d'investissement.

En novembre 2019, le Maroc a mis en place la Commission Spéciale sur le Modèle de Développement dont l'objectif était de dresser un état des lieux de la situation de développement du Royaume du Maroc et de tracer les contours du NMD. Le rapport général de ladite commission rappelle la nécessité de garantir l'accès à une justice transparente, impartiale et capable de faire exécuter les jugements et préconise de mettre en place un « *défenseur de l'entreprise* », rattaché au chef de gouvernement et dont la mission est d'intervenir en médiation directe selon une procédure structurée (CSMD, Avril 2021[34]), tel un maillon dans l'interaction entre entreprises et administrations, à différents échelons.

Un tel mécanisme serait souhaitable dans la mesure où il permettrait de pallier les lenteurs et excès administratifs cités plus haut et pourrait avoir un impact positif tant sur la prévention des litiges, que sur la perception plus globale d'un climat de confiance entre pouvoirs publics et monde de l'entreprise.

Ce rôle de défenseur de l'entreprise pourrait intervenir à différents stades du potentiel litige en devenir : la mise en place d'une telle institution permettrait l'identification de problèmes rencontrés par les entreprises, une remontée d'information, et de ce fait l'évitement potentiel de litiges qui peuvent altérer le climat de confiance, la fluidité des échanges et la remontée d'information aux autorités. Le défenseur de l'entreprise pourrait aussi être chargé d'émettre des recommandations pour d'éventuelles reformes.

Le Maroc est fortement encouragé à mettre en place une telle recommandation, notamment au sein de chaque ministère pertinent, afin d'élargir la compétence – et donc l'impact - d'une telle institution, tout en soulageant le système judiciaire marocain.

Le Ministère de l'Économie et des Finances (MEF), du fait de ses attributions en matière de négociations des traités internationaux d'investissement et de résolution des litiges, joue un rôle important dans la prévention des litiges. Ainsi, il s'efforce de sensibiliser les administrations marocaines sur les engagements internationaux du Maroc au titre des traités internationaux d'investissements ainsi que sur les risques d'arbitrage et de ses coûts potentiels en cas de non-respect de ces engagements et ce, à l'occasion des rencontres internes ou à travers l'organisation de séminaires dans ce sens.

Le MEF peut également saisir le Chef de Gouvernement ou l'administration concernée afin de mettre fin au litige. Ces derniers peuvent à leur tour, se rapprocher du service concerné relevant de l'Agence Judiciaire du Royaume, qui joue le rôle de conciliateur tout en proposant, selon le cas, une solution que les parties demeurent libres d'accepter ou non[53].

Par ailleurs, dans le prolongement de la circulaire du Premier ministre n° 4/2002 du 25 mars 2002 relative aux poursuites judiciaires des ministères, collectivités locales et établissements publiques entre eux, la nouvelle circulaire du Chef du Gouvernement n° 10/2021 du 19 mai 2021, a confié à l'Agent Judiciaire du Royaume, la mission de conciliateur entre les administrations dans le cadre des litiges survenus entre elles.

En outre, en vertu de la loi n° 47-18 portant réforme des centres régionaux d'investissement et création des commissions régionales unifiées d'investissement promulguée le 13 février 2019, les centres régionaux d'investissement sont désormais chargés d'assurer les missions de conciliation, à la demande des investisseurs, en vue d'aboutir à un règlement à l'amiable es différends qui les opposeraient aux administrations et organismes publics, en relation avec la réalisation ou l'exploitation de leurs projets d'investissement (voir Chapitre 5 sur la promotion et la facilitation de l'investissement et Chapitre 6 sur l'investissement au service et du développement territorial). Un projet de loi n° 22.24 modifiant et complétant la loi n° 47-18 portant réforme des centres régionaux d'investissement et création des commissions régionales unifiées d'investissement a été adopté par le Conseil de gouvernement le 2 mai 2024.

Ainsi, en cas de conflit avec les pouvoirs publics, les entreprises ont accès à différentes voies de recours notamment la conciliation et l'arbitrage.

Enfin, Le Maroc dispose également d'un point de contact national marocain pour la conduite responsable des entreprises (PCN), qui a été mis en place en 2010, à la suite de l'adhésion du Maroc à la Déclaration de l'OCDE sur l'investissement internationales et les entreprises multinationales. Cette instante tripartite, dont la présidence et le secrétariat sont assurés par l'Agence marocaine de développement des investissements et des exportations (AMDIE), contribue, en tant que mécanisme de réclamation non judiciaire, à la résolution des litiges qui surviennent dans la mise en œuvre des Principes directeurs de l'OCDE à l'intention des entreprises multinationales sur la conduite responsable des entreprises (Principes directeurs), dans des circonstances spécifiques d'une manière compatible avec les critères essentiels d'efficacité prévues dans les lignes directrices de l'OCDE.

Le PCN offre un espace de discussion ainsi que son expertise sur les Principes directeurs afin d'assister les milieux d'affaires, les organisations représentant les travailleurs, d'autres organisations non gouvernementales, et les autres parties intéressées dans la résolution des problèmes soulevés efficacement et promptement, et ce, en conformité avec les lois applicables et les Principes directeurs.

En fonction des caractéristiques de chaque affaire, cette assistance peut consister entre autres à soutenir un dialogue constructif, faciliter la conclusion d'accords entre les parties et/ou émettre des recommandations. Les objectifs de cette assistance peuvent être de favoriser la mise en œuvre des Principes directeurs à l'avenir et/ou de remédier à des impacts négatifs d'une manière compatible avec les Principes directeurs (OCDE, 2023[35]).

Références

AJR (2021), *Rapport d'activité de l'Agence Judiciaire du Royaume*, https://www.finances.gov.ma/Publication/ajr/2023/RapportAJR2021.pdf. [13]

Banque mondiale (2021), « Rural population (% of total population) - Morocco », *World Development Indicators*, https://data.worldbank.org/indicator/SP.RUR.TOTL.ZS?locations=MA. [5]

Banque mondiale (2020), *Doing Business: Comparing Business Regulation in 190 Economies*, https://hdl.handle.net/10986/32436. [16]

Banque mondiale (2018), *Global Investment Competitiveness Report 2017/2018: Foreign Investor Perspectives and Policy Implications*, Banque mondiale, https://hdl.handle.net/10986/28493. [8]

CEPEJ (2022), *Systèmes judiciaires européens Rapport d'évaluation de la CEPEJ - Cycle d'évaluation 2022 (données 2020), Partie 2 Fiches pays*, https://rm.coe.int/cepej-fiche-pays-2020-22-f-web/1680a86277. [32]

CEPEJ (2022), *Systèmes judiciaires européens Rapprt d'évaluation de la CEPEJ, Cycle d'évaluation 2022 (données 2020), Partie 1 Tableau, graphiques et analyses*, Conseil de l'europe, https://rm.coe.int/cepej-rapport-2020-22-f-web/1680a86278. [31]

CESE (2019), *Le Foncier au Maroca: un levier fondamental pour le développement durable et l'inclusion sociale*, https://www.cese.ma/media/2020/10/Le-Foncier-au-Maroc.pdf. [17]

Charte de l'Investissement (2022), , http://www.sgg.gov.ma/BO/FR/2873/2022/BO_7152_Fr.pdf. [7]

CRI Casablanca Settat (2021), *Livre blanc foncier industriel sur mesure - Casablanca Settat*, https://www.casainvest.ma/sites/default/files/F%20comme%20Foncier%20Livre%20Blanc%20CRICS.pdf. [18]

CSMD (Avril 2021), *Rapport Général de la Commission spéciale sur le modèle de développement - Nouveau Modèle de Développement*, https://csmd.ma/documents/Rapport_General.pdf. [34]

CSPJ (2021), *Plan Stratégique du Conseil supérieur du pouvoir judiciaire 2021-2026*, https://www.cspj.ma/uploads/files/1tykqbuv.pdf. [29]

EcoActu (2023), *Economie Nationale: Immatriculation foncière: 9,2 millions d'hectares couverts entre 2016-2022 (ANCFCC)*, https://ecoactu.ma/immatriculation-foncieres-titres-fonciers-ancfcc/. [19]

Haute Instance du Dialogue National (2013), *Charte de la Réforme du Système Judiciaire*, http://www.ism.ma/basic/web/pdf/charte/fr.pdf. [28]

Hespress (2024), *SOS Justice met en lumière la pénurie de magistrats au Maroc*, https://fr.hespress.com/349173-sos-justice-met-en-lumiere-la-penurie-de-magistrats-au-maroc.html. [25]

HiiL (2019), *Besoins et satisfaction en matière de justice au Maroc*, https://www.hiil.org/fr/projets/besoins-et-satisfaction-en-matiere-de-justice-au-maroc/. [30]

INPI (2022), *Aller à l'International, L'expertise INPI au service des entreprises - La propriété intellectuelle au Maroc*, https://www.inpi.fr/sites/default/files/Fiche%20PI%20Maroc%202022.pdf. [20]

Institution du Médiateur du Royaume (2020), *Rapport Annuel de l'Institution du Médiateur du Royaume pour l'année 2019*, https://www.mediateur.ma/uploads/files/1611839568%D8%AA%D9%82%D8%B1%D9%8A%D8%B1%20%D9%85%D8%A4%D8%B3%D8%B3%D8%A9%20%D9%88%D8%B3%D9%8A%D8%B7%20%D8%A7%D9%84%D9%85%D9%85%D9%84%D9%83%D8%A9%20-%20compresser.pdf. [33]

Maroc, D. (2016), *Texte intégral du Discours prononcé par SM le Roi à l'ouverture de la 1ère session de la 1ère année législative de la 10-ème législature*, https://www.maroc.ma/fr/discours-royaux/texte-integral-du-discours-prononce-par-sm-le-roi-louverture-de-la-1ere-session-de. [14]

Maroc, M. (2022), *Lancement des travaux d'une conférence sur l'expropriation pour cause d'utilité publique*, https://www.equipement.gov.ma/Actualites/Pages/Actualites.aspx?IdNews=3689. [15]

Ministère de l'Economie et des Finances, Direction des Domaines de l'Etat (2023), *Rapport d'activité 2022 Direction des Domaines de l'Etat*, https://www.domaines.gov.ma/Publications/RAPPORRT_ACTIVITE_%20DDE_2022.pdf. [12]

NMD (2021), *Le Nouveau Modèle de Développement, Rapport Général*, https://csmd.ma/documents/Rapport_General.pdf. [6]

OCDE (2023), *OCDE Principes Directeurs de l'OCDE à l'intention des Entreprises multinationales, Rapport sur la revue par les pairs du point de contact national, Maroc*, OCDE, Paris, https://mneguidelines.oecd.org/ncps/national-contact-point-peer-reviews-maroc.pdf. [35]

OCDE (2021), *OECD Regulatory Policy Outlook 2021 Evidence-based policy making and stakeholder engagement*, OCDE, Paris, https://www.oecd.org/gov/regulatory-policy/chapter-two-evidence-based-policy-making-and-stakeholder-engagement.pdf. [11]

OCDE (2021), *Perspectives des politiques d'investissement au Moyen-Orient et en Afrique du Nord*, Éditions OCDE, Paris, https://doi.org/10.1787/efcc255a-fr. [2]

OCDE (2015), *Cadre d'action pour l'investissement, édition 2015*, Éditions OCDE, Paris, https://doi.org/10.1787/9789264235441-fr. [1]

OCDE (2012), *Recommendation of the Council on Regulatory Policy and Governance*, OCDE, Paris, https://web-archive.oecd.org/fr/2012-12-05/86392-Recommendation%20with%20cover%20FR.pdf. [10]

OCDE (2011), *Regulatory Consultation: A MENA-OECD Practitioners' Guide for Engaging Stakeholders in the Rule-making Process*, OCDE, Paris, https://www.oecd.org/mena/governance/MENA-Practitioners-Guide-%20EN.pdf. [9]

OCDE (2010), *Examens de l'OCDE des politiques de l'investissement: Maroc 2010*, Examens de l'OCDE des politiques de l'investissement, Éditions OCDE, Paris, https://doi.org/10.1787/9789264079632-fr. [4]

OCDE (2007), *Cadre d'action pour l'investissement: Panorama des bonnes pratiques*, Éditions OCDE, Paris, https://doi.org/10.1787/9789264025899-fr. [23]

OMPI (2023), *Indice mondial de l'innovation*, https://www.wipo.int/edocs/pubdocs/en/wipo-pub-2000-2023/ma.pdf. [22]

OMPI (2023), *L'OMPI contribue à l'autonomisation des PME grâce à la propriété intellectuelle en Afrique et dans les pays arabes*, https://www.wipo.int/sme/fr/news/2023/news_0027.html. [26]

OMPIC (2024), *OMPIC: Les créations d'entreprises en 2023 au même niveau quee l'année dernière*, http://www.ompic.ma/fr/actualites/ompic-les-creations-dentreprises-en-2023-au-meme-niveau-que-lannee-derniere#:~:text=l%27ann%C3%A9e%20derni%C3%A8re-,OMPIC%20%3A%20les%20cr%C3%A9ations%20d%27entreprises%20en%202023%20au%20m%C3%AAme,niveau%20que%20l%27ann%. [27]

Rapport d'activité ADII (2022), *Administration des Douanes et Impôts Indirects*, https://www.google.com/url?sa=t&rct=j&q=&esrc=s&source=web&cd=&ved=2ahUKEwi89fiFt7WFAxW_T6QEHUgxCuEQFnoECBAQAQ&url=https%3A%2F%2Fwww.douane.gov.ma%2Fdms%2FloadDocument%3FdocumentId%3D92136&usg=AOvVaw3JfOSMZSzZZUSX3RgZxDRG&opi=89978449. [24]

U.S. Chamber of Commerce International IP Index (2024), , https://www.uschamber.com/intellectual-property/2024-ip-index?country=MA. [21]

Vidican-Auktor, G. et T. Hahn (2017), « The effectiveness of Morocco's Industrial Policy in Promoting a National Automotive Industry », *Germand Development Institute Discussion Paper*, https://www.idos-research.de/uploads/media/DP_27.2017.pdf. [3]

Notes

[1] Voir la loi relative à l'exercice de la profession d'architecte et à l'institution de l'Ordre national des architectes (nº 16-89 du 10 septembre 1939) et le décret pris en application de celle-ci (nº 2-93-66 du 1er octobre 1993).

[2] Loi nº 28-08 du 20 octobre 2008 modifiant la loi nº 1-93-162 du 10 septembre 1993 organisant l'exercice de la profession d'avocat (décret royal nº 1-08-101, BO nº 5680 du 6 novembre 2008).

[3] Voir la loi réglementant la profession d'expert-comptable et instituant un Ordre des experts-comptables (loi nº 15-89 du 8 janvier 1993) et le décret royal nº 1-15-111 du 4 août 2015 portant promulgation de la loi nº 127-12 réglementant la profession de comptable agréé et instituant une Organisation professionnelle des comptables agréés (BO nº 6388 du 20 août 2015).

[4] Voir le décret nº 2-61-161 du 7 safar 1382 (10 juillet 1962) portant réglementation de l'aéronautique civile, et son annexe 3 relatif au cahier des charges fixant les conditions d'octroi d'autorisation d'exploitation des services aériens de transport public réguliers et non réguliers.

[5] Voir les textes suivants : Code du commerce maritime (dahir du 31 mai 1919 ; BO du 26 mai 1919), tel que modifié en dernier lieu par le dahir portant loi des finances pour l'année 1984 (27 avril 1984) ; loi nº 1-81 instituant une zone économique exclusive de 200 milles marins au large des côtes marocaines (dahir nº 1-81-179 du 8 avril 1981 ; BO nº 3575 du 6 mai 1981), modifié en dernier lieu par dahir nº 1-14-95 du 12 mai 2014 ; dahir nº 1-73-255 du 23 novembre 1973 formant règlement sur la pêche maritime (BO nº 3187 du 28 novembre 1973), tel que modifié par le dahir nº 1-14-95 du 12 mai 2014 ; et décret nº 2-92-1026 du 29 décembre 1992 fixant les conditions et les modalités de délivrance et de renouvellement de la licence de pêche dans la zone économique exclusive (BO nº 4183 du 30 décembre 1992)

[6] Voir le Code des assurances (loi nº 17-99, promulguée par le décret royal nº 1-02-238 du 3 octobre 2002), tel que modifié par la loi nº 87-18 du 9 août 2019.

[7] Voir le dahir nº 1-04-257 du 25 kaâda 1425 (7 janvier 2005) portant promulgation de la loi nº 77-03 relative à la communication audiovisuelle, et le dahir nº 1-02-207 du 25 rejeb 1423 (3 octobre 2002) portant promulgation de la loi nº 77-00 modifiant et complétant le dahir nº 1-58-378 du 3 joumada I 1378 (15 novembre 1958) formant Code de la presse et de l'édition.

[8] Voir le dahir n° 1-21-70 du 3 hija 1442 (14 juillet 2021) portant promulgation de la loi n° 62-19 portant dispositions particulières relatives à l'acquisition par les sociétés anonymes ou sociétés en commandite par actions, de biens agricoles ou à vocation agricole en dehors des périmètres urbains et le dahir portant loi n° 1-73-645 du 11 rebia II 1395 (23 avril 1975) relatif à l'acquisition des « propriétés agricoles ou à vocation agricole à l'extérieur » des périmètres urbains.

[9] Voir le dahir du 28 joumada II 1337 (31 mars 1919) portant Code de Commerce; le Dahir 1-81-179 du 3 joumada II 1401 (8 avril 1981) portant promulgation de la loi n° 1-81 relative à la zone économique exclusive et au plateau continental du Royaume du Maroc; le dahir n° 1-73-255 du 27 chaoual 1393 (23 novembre 1973) formant règlement sur la pêche maritime, le dahir n° 2-92-1026 du 4 rejeb 1413 (29 décembre 1992) fixant les conditions et modalités de délivrance et de renouvellement de la licence de pêche dans la zone économique exclusive; et l'arrêté du 22 hijja 1352 (7 avril 1934) fixant la proportion de marins de nationalité marocaine qui doivent être embarqués à bord des navires armés sous pavillon marocain.

[10] Pour plus d'information sur la politique nationale de l'amélioration de l'environnement des affaires, voir le site du CNEA accessible au lien suivant : www.cnea.ma/fr/adoption-de-la-politique-nationale-de-lamelioration-de-lenvironnement-des-affaires-lors-de-la.

[11] Décret n° 2-23-1 relatif à la mise en œuvre du dispositif de soutien principal à l'investissement et du dispositif de soutien spécifique applicable aux projets d'investissement à caractère stratégique, 16 février 2023.

[12] Arrêté n° 3-12-23 pris pour l'application des articles 1 et 7 du décret n° 2-23-1; Arrêté n° 3-13-23 pris pour l'application de l'article 6 du décret n° 2-23-1; Arrêté n° 3-14-23 fixant la liste des provinces ou des préfectures relevant des catégories A et B dans le ressort territorial desquels les projets d'investissement réalisés peuvent bénéficier d'une prime territoriale.

[13] A ce titre, il convient de noter que selon l'Union Européenne, le Maroc n'est pas aligné aux réglementations UE sur la transparence en matière d'aides d'État ; ceci peut parfois porter préjudice aux

investisseurs étrangers, dans la mesure où, selon l'Union Européenne, ces derniers sont confrontés à des difficultés liés aux aides d'État (notamment en termes de transparence) lorsqu'ils exportent vers l'UE.

[14] Pour plus d'informations sur les différentes réformes du droit des affaires, voir le site du CNEA, accessible au lien suivant : www.cnea.ma/fr/domaine-de-reforme/droit-des-affaires.

[15] A ce titre, le Maroc a adopté en 2009 le décret n° 2-08-229 instituant une procédure de publication des projets de textes législatifs et réglementaire « *qui concernent les secteurs et domaines énoncés ci-après prévu dans le cadre de l'accord de libre-échange signé entre le Royaume du Maroc et les États-Unis d'Amérique* ».

[16] Bien que la Charte reconnaisse expressément le principe de non-discrimination envers les investisseurs étrangers, il convient de noter que certains « avantages » sont octroyés aux produits d'origine marocaine. À titre d'exemple, le décret n° 2-22-431 relatif aux marchés publics du 8 mars 2034 prévoit que la définition des besoins nécessaires pour la prestation objet du marché doit être faite sur la base de produits d'origine marocaine, ou subsidiairement sur la base de produits d'origine étrangères, sous réserve de l'établissement d'un certificat administratif justifiant le recours aux produits d'origine étrangère. Ces avantages ne constituent pas des restrictions réglementaires à l'IDE au sens de l'indice de restrictivité de l'IDE de l'OCDE. En vertu du même décret n° 2-22-431 relatif aux marchés publics du 8 mars 2034, une préférence nationale est également accordée aux offres nationales s'agissant des marchés de travaux et études y afférentes, des marchés de fournitures et des marchés de service, dans la mesure où les offres présentées par les entreprises étrangères sont majorées d'un pourcentage de 15 %. Cet article a un effet dissuasif sur la soumission d'offres étrangères.

[17] Loi n° 7-81 relative à l'expropriation pour cause d'utilité publique et à l'occupation temporaire, modifiée par Dahir n° 1.11.170 du 25 octobre 2011 et Dahir n° 1-91-225 du 10 septembre 1993.

[18] Le Décret d'application n° 2-82-382 du 16 avril 1983 définit uniquement en son article 7 la composition visée à l'article 42 de la loi n° 7-81 précitée, mais ne fournit pas d'indications supplémentaires quant au rôle, aux modalités de fonctionnement et d'intervention de cette dernière.

[19] Dahir du 9 ramadan 1331 (12 août 1913) sur l'immatriculation des immeubles (B.O. 12 septembre 1913), Dahir du 12 août 1913.

[20] Dahir n° 1-11-178 du 25 hija 1432 (22 novembre 2011) portant promulgation de la loi n° 39-08 relative au code des droits réels tel qu'il a été modifié et complété, Dahir n° 1-11-178 du 25 hija 1432.

[21] Dahir n° 1-02-125 du 1er rabii II 1423 (13 juin 2002) portant promulgation de la loi n° 58-00 portant création de l'Agence nationale de la conservation foncière, du cadastre et de la cartographie (A.N.C.F.C.C), Dahir n° 1-02-125 du 1er rabii II 1423.

[22] La Campagne Nationale d'Accueil des Marocains Résidant à l'étranger, ANCFCC.

[23] Loi n° 17-97 relative à la protection de la propriété industrielle, promulguée par Dahir n° 1-00-91 du 9 Dhul- Qa'dah 1420 (15 février 2000), telle que modifiée jusqu'à la loi n° 23-13, WIPO Lex.

[24] Loi n° 2-00 relative aux droits d'auteur et droits voisins, promulguée par le Dahir n° 1-00-20 du 9 Dhul-Qa'dah 1420 (15 février 2000), et modifiée jusqu'à la loi n° 79-12, WIPO Lex.

[25] Les principales lois nationales sur la PI: Loi n° 13-99 portant création de l'Office marocain de la propriété industrielle et commerciale, promulguée par Dahir n° 1-00-71 du 9 Dhul-Qa'dah 1420 (15 février 2000), et

modifiée par la loi n° 87-17, WIPO Lex; Loi n° 25-06 relative aux signes distinctifs d'origine et de qualité des denrées alimentaires et des produits agricoles et halieutiques, promulguée par le Dahir n° 1-08-56 du 17 Joumada I 1429 (23 mai 2008), WIPO Lex ; Loi n° 25-19 relative au Bureau marocain des droits d'auteur et droits voisins, promulguée par Dahir n° 1-22-52 du 13 Moharrem 1444 (11 août 2022), WIPO Lex.

26 Pour plus d'information, voir le site de l'OMPIC au lien suivant http://www.ompic.ma/fr/content/missions.

27 Dahir n° 1-16-40 du 24 mars 2016 portant promulgation de la loi organique n° 106-13 portant statut des magistrats.

28 *Voir* article 107 et suivants du Dahir n° 1-11-91 du 29 juillet 2011 portant promulgation du texte de la constitution.

29 *Voir* article 113 et suivants du Dahir n° 1-11-91 du 29 juillet 2011 portant promulgation du texte de la constitution.

30 Plusieurs programmes internationaux d'assistance ont été mis en place afin d'assister le Maroc dans la réforme du système judiciaire. A titre d'exemple, l'Union Européenne et le Conseil de l'Europe on mit en place un Programme conjoint UE/CdE d'appui à la réforme du secteur justice – Amélioration du fonctionnement de la justice au Maroc sur la base des outils développés par la Commission européenne pour l'efficacité de la justice (CEPEJ).

31 Dahir n° 1-16-40 du 24 mars 2016 portant promulgation de la loi organique n° 100-13 relative au Conseil supérieur du pouvoir judiciaire.

32 Dahir n° 1-17-45 du 30 aout 2017 portant promulgation de la loi n° 33-17 relative au transfert des attributions de l'autorité gouvernementale chargée de la justice au Procureur général du roi près la Cour de cassation, en sa qualité de chef du ministère public et édictant les règles d'organisation de la présidence du ministère public.

33 Le *World Justice Project Rule of Law Index* repose sur une analyse comparative de l'étendue du respect par les pays des principes universels d'un État de droit. L'index évalue et classe les pays en fonction d'indicateurs clés de l'État de droit, notamment le contrôle des pouvoirs publics, la corruption et la transparence, les droits fondamentaux et l'égalité des droits, l'ouverture du gouvernement, l'engagement civique, la sécurité, la réglementation des entreprises et le fonctionnement des systèmes de justice réglementaire, pénale et civile. Le profil du Maroc est accessible au lien suivant https://worldjusticeproject.org/rule-of-law-index/country/2023/Morocco/.

34 Le *World Justice Project Rule of Law Index* repose sur une analyse comparative de l'étendue du respect par les pays des principes universels d'un État de droit. L'index évalue et classe les pays en fonction d'indicateurs clés de l'État de droit, notamment le contrôle des pouvoirs publics, la corruption et la transparence, les droits fondamentaux et l'égalité des droits, l'ouverture du gouvernement, l'engagement civique, la sécurité, la réglementation des entreprises et le fonctionnement des systèmes de justice réglementaire, pénale et civile. Le profil du Maroc est accessible au lien suivant https://worldjusticeproject.org/rule-of-law-index/country/2023/Morocco/.

35 Décret n° 2.23.665 du 10 novembre 2023 relatif à la carte judiciaire du Maroc, paru au Bulletin officiel du 28 décembre 2023, accessible en version arabe au lien suivant https://s1.lematin.ma/files/lematin/fichiers/articles/2024/01/BO_7260_Ar.pdf ; *voir également* « Réforme

judiciaire : La carte des tribunaux du Maroc redessinée », Lesinfos.ma, 2 janvier 2024, https://www.lesinfos.ma/article/1495612-Reforme-judiciaire-La-carte-des-tribunaux-du-Maroc-redessinee.html ; *voir également* N. Jaafar, « Justice : une nouvelle carte judiciaire prometteuse », Lebrief.ma, 3 janvier 2024, https://www.lebrief.ma/justice-une-nouvelle-carte-judiciaire-prometteuse-114410/.

[36] Discours du Juge Mohamed Abdennabaoui, Premier président de la Cour de cassation et Président délégué du Conseil supérieur du pouvoir judiciaire, janvier 2024, https://fr.hespress.com/349173-sos-justice-met-en-lumiere-la-penurie-de-magistrats-au-maroc.html ; *voir également*, Discours du Juge Mohamed Abdennabaoui, Premier président de la Cour de cassation et Président délégué du Conseil supérieur du pouvoir judiciaire, 6 février 2023, Les magistrats croulent sous les dossiers, menace sur la mission de la Cour de cassation - Le Matin.ma.

[37] Discours du Juge Mohamed Abdennabaoui, Premier président de la Cour de cassation et Président délégué du Conseil supérieur du pouvoir judiciaire, janvier 2024, https://fr.hespress.com/349173-sos-justice-met-en-lumiere-la-penurie-de-magistrats-au-maroc.html; *voir également*, A. Ibn Abdeljalil, « *Tribunaux : plus de 4 millions de jugements rendus en dernier ressors en 2023* », LesEco.ma, 17 janvier 2024, https://leseco.ma/maroc/tribunaux-plus-de-4-millions-de-jugements-rendus-en-dernier-ressort-en-2023.html. *Voir également*, Discours du Juge Mohamed Abdennabaoui, Premier président de la Cour de cassation et Président délégué du Conseil supérieur du pouvoir judiciaire, 6 février 2023, Les magistrats croulent sous les dossiers, menace sur la mission de la Cour de cassation - Le Matin.ma.

[38] Discours du Juge Mohamed Abdennabaoui, Premier président de la Cour de cassation et Président délégué du Conseil supérieur du pouvoir judiciaire, janvier 2024, https://fr.hespress.com/349173-sos-justice-met-en-lumiere-la-penurie-de-magistrats-au-maroc.html.

[39] « Le Conseil du gouvernement approuve un projet de décret relatif à l'établissement de la carte judiciaire », Agence Marocaine de Presse, 2 novembre 2023, https://www.mapnews.ma/fr/actualites/politique/le-conseil-de-gouvernement-approuve-un-projet-de-d%C3%A9cret-relatif-%C3%A0. Le projet de décret est accessible dans sa version arabe au lien suivant https://s1.lematin.ma/files/lematin/fichiers/articles/2024/01/BO_7260_Ar.pdf.

[40] Discours du Juge Mohamed Abdennabaoui, Premier président de la Cour de cassation et Président délégué du Conseil supérieur du pouvoir judiciaire, ac; *voir également*, A. Ibn Abdeljalil, « *Tribunaux : plus de 4 millions de jugements rendus en dernier ressors en 2023* », LesEco.ma, 17 janvier 2024, https://leseco.ma/maroc/tribunaux-plus-de-4-millions-de-jugements-rendus-en-dernier-ressort-en-2023.html.

[41] Article 10 du dahir n° 1-22-34 on° portant promulgation de la loi n° 95-17 relatif à l'arbitrage et la médiation conventionnelle.

[42] A titre d'exemple, la loi n° 54-05 relative à la gestion déléguée des services publics reconnait la possibilité d'inclusion d'une clause compromissoire dans le contrat de la gestion déléguée (article 9). De même, la loi n° 86-12 relative aux contrats de partenariats public-privés permet l'inclusion de clauses compromissoires dans ce type de contrats (article 27).

[43] Il convient de noter que, selon l'Union Européenne, le Maroc n'a pas encore communiqué à l'UE une liste d'experts pouvant agir comme arbitres dans des procédures d'arbitrage.

[44] B.L. Samir, « L'Impact et l'efficacité de la phase post-arbitrale sur le développement du commerce international », *International Journal of Business and Economic Strategy*, volume 1, 2020 ; N. Ghaouti, "Exequatur au Maroc des sentences arbitrales internationales : un parcours du combattant », Conjoncture, édition n° 992-49, 15 mai 2017.

[45] A. Naimi, « Droit des affaires : les arbitres souhaitent la suppression des voies de recours », LaVieEco, 17 décembre 2015, mis à jour le 22 décembre 2022, https://www.lavieeco.com/affaires/droit-des-affaires-les-arbitres-souhaitent-la-suppression-des-voies-de-recours/ ; A. Naimi ; « Arbitrage : comment la Cour de cassation a fluidifié la procédure », LaVieEco, 21 décembre 2016, mis à jour le 22 décembre 2022, https://www.lavieeco.com/affaires/arbitrage-comment-la-cour-de-cassation-a-fluidifie-la-procedure/.

[46] A. Naimi, « Droit des affaires : les arbitres souhaitent la suppression des voies de recours », LaVieEco, 17 décembre 2015, mis à jour le 22 décembre 2022, https://www.lavieeco.com/affaires/droit-des-affaires-les-arbitres-souhaitent-la-suppression-des-voies-de-recours/ ; A. Naimi ; « Arbitrage : comment la Cour de cassation a fluidifié la procédure », LaVieEco, 21 décembre 2016, mis à jour le 22 décembre 2022, https://www.lavieeco.com/affaires/arbitrage-comment-la-cour-de-cassation-a-fluidifie-la-procedure/.

[47] Article 97 du dahir n° 1-22-34 portant promulgation de la loi n° 95-17 relatif à l'arbitrage et la médiation conventionnelle.

[48] Dahir portant création de l'institution du médiateur, publié au Bulletin Officiel n° 5926 du 17 mars 2011.

[49] Dahir n° 1-19-43 du 11 mars 2019 portant promulgation de la loi n° 14-16 relative à l'Institution du Médiateur.

[50] Informations fournies lors de consultations avec les autorités marocaines.

[51] Dahir n° 1-19-43 du 11 mars 2019 portant promulgation de la loi n° 14-16 relative à l'Institution du Médiateur.

[52] Informations fournies lors de consultations avec les autorités marocaines.

[53] Pour plus d'informations, voir la page dédiée à l'Agence Judiciaire du Royaume sur le site du Ministère de l'Économie et des finances, accessible au lien suivant https://www.finances.gov.ma/fr/Ministere/Pages/ajr.aspx.

4 Approche marocaine en matière de conventions bilatérales et régionales d'investissement

Ce chapitre examine l'élément international de l'écosystème législatif du Maroc et se concentre ainsi sur la politique marocaine en matière de traités d'investissement internationaux, notamment les conventions bilatérales et régionales d'investissement. Le présent chapitre présente donc un aperçu général du cadre des traités d'investissement internationaux conclus par le Maroc, fait état de l'évolution de ces derniers et la mise en place d'une nouvelle génération de traités d'investissement, notamment à travers le nouveau modèle de traité bilatéral d'investissement du Maroc. Ce chapitre examine également le recours au mécanisme de règlement des différends entre investisseurs et État dans le contexte marocain, la reconsidération de la politique relative à certaines dispositions prévues par les traités d'investissement et d'autre considérations à prendre en compte dans la réforme de ces derniers.

4.1. Introduction et orientations générales

Le droit international de l'investissement, notamment les conventions bilatérales et régionales d'investissement, font partie intégrante du climat de l'investissement et complètent le cadre juridique national de l'investissement en apportant ainsi un niveau supplémentaire de sécurité aux investisseurs étrangers couverts (OCDE, 2015[1]). Ainsi, à l'instar de nombreux pays dans le monde et dans la région, le Maroc a conclu un grand nombre d'accords internationaux d'investissement (AII) ayant pour objectif d'octroyer aux investisseurs étrangers, en plus des garanties accordées par le droit national décrites dans le Chapitre 3 relatif au cadre juridique national régissant les investissements (voir Chapitre 3), des protections supplémentaires et autonomes, spécifiques à ces derniers. Ces traités, le plus souvent sous forme de traités bilatéraux d'investissement (TBI) ou d'accords régionaux sur l'investissement, sont une composante essentielle du cadre juridique régissant les investissements directs étrangers (IDE) et jouent un rôle important dans la promotion d'un environnement réglementaire propice aux investissements.

Afin de bénéficier des protections procédurales et substantielles édictées par un accord d'investissement, les investisseurs doivent naturellement satisfaire à une série de conditions définies ; à titre d'exemple, les notions d'investisseurs étrangers et d'investissement telles que stipulées par l'AII délimitent le champ d'application de ce dernier, notamment eu égard à la nationalité de l'investisseur ou encore à la forme de l'investissement.

S'agissant des protections substantielles, les AII protègent généralement les investisseurs étrangers contre l'expropriation et les traitements discriminatoires (traitement national (TN) et traitement de la nation la plus favorisée (NPF)) et garantissent aux investisseurs un traitement juste et équitable (TJE). Ces protections viennent s'ajouter aux garanties octroyées par les lois nationales de l'État hôte. S'agissant des protections procédurales, les accords offrent fréquemment aux investisseurs des mécanismes de résolution extrajudiciaires des litiges permettant de garantir les droits de l'investisseur contre toute violation éventuelle par l'État hôte de ses obligations au titre de l'AII.

Historiquement, l'une des principales raisons qui pousse les États à conclure des traités d'investissement est d'attirer les investissements étrangers ; cette logique est néanmoins aujourd'hui remise en cause par un courant croissant de littérature empirique sur les réels catalyseurs de flux des IDE mais aussi de la prolifération des AII (Pohl, 2018[2] ; UNCTAD, 2023[3]).

La politique marocaine en matière de traités d'investissement mérite une attention soutenue. La présente revue, notamment l'examen de cette politique, démontre que comme beaucoup de pays, le Maroc a conclu un nombre conséquent de traités d'investissements et possède un nombre important de traités dits de « première génération », édictant des protections vagues qui peuvent avoir des conséquences néfastes pour le Maroc. En effet, face à ces traités de première génération, les arbitres chargés de trancher les litiges en matière d'investissements disposent d'une grande latitude pour interpréter ces protections, résultant souvent en des interprétations divergentes ou incohérentes, dommageables pour l'État d'accueil.

Vraisemblablement attentif à ces considérations, les TBI conclus par le Maroc récemment reflètent les bonnes pratiques en la matière et, surtout, le modèle de TBI mis en place par le Maroc en 2019 incorpore pleinement ces considérations afin de limiter les risques qui peuvent en découler. Au demeurant, les TBI de premières générations restent en vigueur dans l'écosystème conventionnel marocain, affectant ainsi la portée des efforts fournis par le Maroc.

Le présent chapitre examine ainsi l'approche marocaine en matière de conventions bilatérales et régionales d'investissement, et les dispositions conventionnelles en vigueur, fait état de l'évolution de ces dernières et de la mise en place d'une nouvelle génération de traités d'investissement, notamment à travers le nouveau modèle de TBI du Maroc. Ce chapitre examine également le recours au mécanisme de règlement des différends entre investisseurs et État (RDIE) dans le contexte marocain, et analyse la réforme conventionnelle qui s'impose en raison des dispositions peu précises contenues dans les AII de première génération ainsi que d'autres considérations à prendre en compte dans la réforme de ces derniers.

Recommandations

- **Examiner les possibilités de renégociation, de clarification et de sortie des traités d'investissement**. Compte tenu des risques de « treaty shopping », le Maroc devrait examiner son réseau de traités dans son ensemble. En effet, malgré les efforts considérables du Maroc en matière de traités d'investissement ainsi que la mise en place d'un nouveau modèle de traité bilatéral d'investissement (TBI) en ligne avec les bonnes pratiques les plus récentes, les traités contenant des dispositions vagues et non qualifiées, conclus par le Maroc, peuvent donner lieu à des interprétations indésirables dans le cadre de RDIE.

  Le Maroc pourrait envisager de mettre à jour ces traités, notamment afin d'aligner ces derniers avec la stratégie du gouvernement, les priorités actuelles du Maroc et les pratiques plus récentes en matière de politique de traités d'investissement.

  Le Maroc devrait également s'efforcer de minimiser les incohérences entre les obligations internationales contractées avec les différents pays et explorer la possibilité d'harmoniser les politiques régionales en matière de traités d'investissement, par le biais des cadres régionaux existants.

  Dans de nombreux cas, une telle révision peut être réalisée par le biais d'amendements ou d'interprétations conjointes convenues avec les partenaires du traité. La résiliation ou le remplacement d'anciens traités d'investissement par consentement ou action unilatérale peut représenter un dernier recours approprié afin de gérer l'exposition et de sauvegarder le droit du gouvernement à réglementer dans l'intérêt public.
- **S'engager dans les efforts internationaux visant à équilibrer la protection des investisseurs fondée sur les traités et les mécanismes de gouvernance associés**. Le Maroc devrait s'engager activement dans les efforts actuellement déployés au niveau international pour équilibrer la protection des investisseurs et le droit de réglementer. Une spécification plus claire des dispositions clés des TBI de première génération contribuerait probablement à refléter l'intention du gouvernement et à garantir une marge de manœuvre plus large pour la réglementation gouvernementale.
- **Continuer à s'engager dans des forums multilatéraux en matière de réclamation pour perte par ricochet des actionnaire**s. Le Maroc devrait continuer à s'engager dans des forums multilatéraux tels que l'OCDE (notamment dans le programme de travail sur le Futur des traités d'investissement, le premier volet étant lié à l'alignement des traités d'investissement sur l'Accord de Paris de 2015 et le net zéro, et le second volet étant lié à l'étude de l'évolution des dispositions matérielles spécifiques des traités de l'ancienne génération vers les modèles actuels) et la CNUDCI (le Groupe de travail III sur la Réforme du règlement des différends entre investisseurs et États) notamment afin de contribuer aux discussions relatives à l'approche adoptée dans les RDIE en matière de réclamation pour perte par ricochet des actionnaires dans la mesure où seule une réforme menée par les gouvernements est susceptible de résoudre les divergences existantes en la matière.
- **Gérer de manière proactive les risques liés aux traités d'investissement existants**. Le Ministère de l'Économie et des Finances (MEF), qui est en charge de la conception, de l'élaboration et de la négociation des traités internationaux d'investissement, ainsi que de la défense du Maroc dans les différends liés à l'investissement international, l'Agence Marocaine de Développement des Investissements et des Exportations (AMDIE), le ministère de la Justice et le ministère des Affaires étrangères devraient continuer à développer des outils de prévention des différends et de gestion des dossiers dans le cadre de RDIE. Le MEF, en collaboration avec les départements concernés, pourrait également envisager des efforts de sensibilisation aux

traités d'investissement du Maroc et à l'importance des obligations internationales du Maroc en vertu de ses traités d'investissement pour les fonctions quotidiennes des différentes agences gouvernementales et des fonctionnaires qui interagissent régulièrement avec les investisseurs étrangers.

- **Continuer à aborder les questions de conduite responsable des entreprises (CRE) dans les traités d'investissement**. Bien que le Maroc ait intégré des obligations relatives à la CRE dans son nouveau modèle de TBI ainsi que les derniers TBI conclus par lui, les questions de CRE sont absentes des traités d'investissement de première génération. Le Maroc est donc encouragé à revoir les AII de première génération afin d'y inclure des considérations de CRE. De même, le Maroc est encouragé à veiller à ce que la protection accordée au titre de tous ses traités d'investissement soit limitée aux investissements réalisés dans le respect des législations marocaines, notamment la Loi Cadre n° 99-12 portant charte nationale de l'environnement et du développement, qui met en place des obligations relatives à la CRE ; une clause expresse à cet effet dans les AII permettrait donc de mieux filtrer les investissements.
- **Continuer à participer activement et à suivre de près les actions inter-gouvernementales et autres sur les réformes des traités d'investissement à l'OCDE et à la CNUDCI.** L'examen des réformes et les discussions politiques sur les dispositions fréquemment invoquées dans les affaires de RDIE et la question de savoir si les traités d'investissement atteignent les objectifs visés revêtent une importance particulière dans la politique actuelle en matière de traités d'investissement. Les questions émergentes telles que le rôle possible des traités de commerce et d'investissement dans la promotion d'une conduite responsable des entreprises, ainsi que les discussions en cours sur les traités et le développement durable, méritent également une attention particulière.

4.2. Aperçu général du cadre des traités d'investissement

Les AII sont, historiquement, un instrument majeur pour la promotion et la protection des investissements dans la mesure où ils mettent en place les normes de traitement des investisseurs et de leurs investissements (OCDE, 2015[1]).

Signataire actif d'AII, le Maroc a, à ce jour, conclu 79 TBI, dont 53 sont toujours en vigueur, 2 accords entièrement dédiés aux investissements, plusieurs mémorandums d'entente sur la coopération, notamment un Mémorandum d'entente sur la coopération dans le domaine des finances et de l'investissement conclu avec l'État d'Israël en 2020 (voir tableau des TBI conclus par le Maroc en Annex 4.A).

Ces chiffres risquent d'évoluer dans le futur proche. En effet, afin d'élargir son réseau de TBI et de renégocier ou mettre à jour ses TBI de première génération, le Maroc a procédé à des échanges de projets de TBI sur la base de son nouveau modèle de TBI de 2019. Ainsi, le Maroc a échangé des projets de TBI avec de potentiels partenaires dont notamment la Moldavie, Singapour, le Canada, la Biélorussie, l'Inde, Bangladesh, Cambodge, Kazakhstan, Ouzbékistan, Kirghizstan et l'Iraq. Le Maroc a également échangé des projets de TBI avec l'Italie, la Belgique, la Russie, Oman et Bahreïn afin de mettre à jour ses traités de première génération. De même, des discussions sont en cours pour la renégociation des anciens TBI avec les Émirats arabes unis et le Qatar et la conclusion des TBI de nouvelle génération avec l'Arabie saoudite, l'Azerbaïdjan et San Marino (voir Graphique 4.1 ci-dessous).

Graphique 4.1. Évolution des relations d'investissement conclues par le Maroc

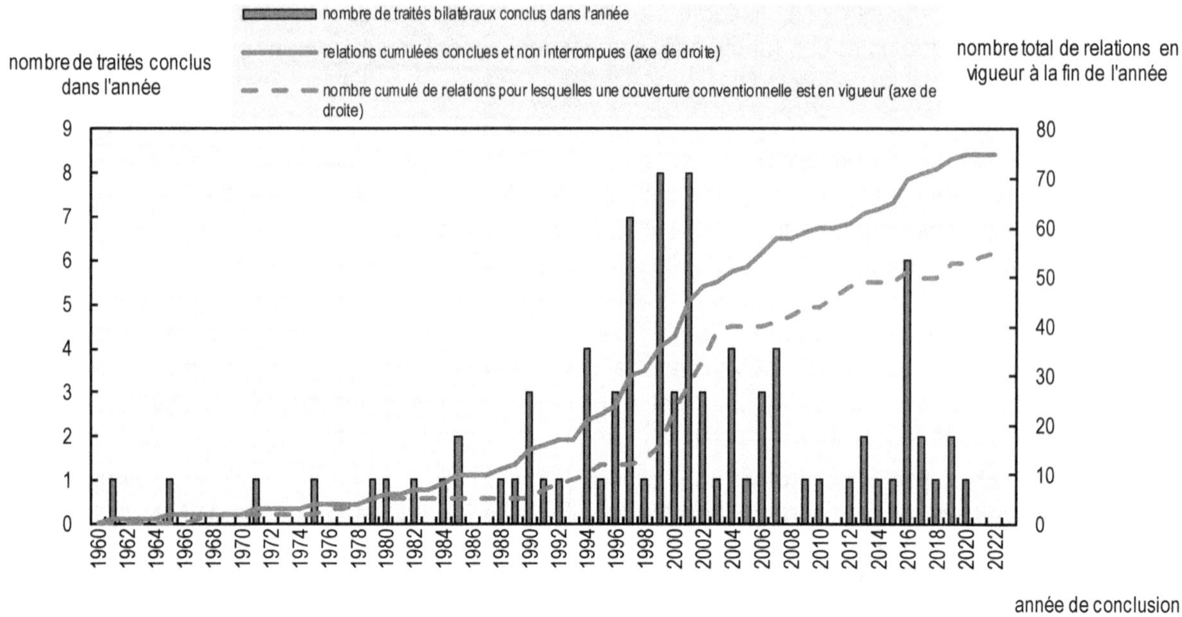

Source : Calculs de l'OCDE basés sur la base de données des traités d'investissement de l'OCDE.

Le Maroc est également signataire de plusieurs accords de libre-échange, notamment avec l'Union Européenne ou encore avec la République de Türkiye. Il est à noter que l'accord de libre-échange conclu avec les États-Unis contient un chapitre entièrement dédié à l'investissement et aux protections substantielles des investissements. Les AII, et plus particulièrement les TBI, conclus par le Maroc sont principalement des traités dits de « première génération » dans la mesure où une grande partie de ces derniers a été conclue entre les années 1960 et 2000 et contient des dispositions de fond relativement vagues (OCDE, 2021[4]). À ce titre, les protections accordées aux investisseurs étrangers sont définies en de termes généraux, laissant ainsi place à des interprétations larges par les tribunaux arbitraux en matière de litiges d'investissements. Par ailleurs, ces protections sont principalement en faveur des investisseurs étrangers et ne sont pas nécessairement équilibrés eu égard aux droits et obligations de l'État.

Il convient de noter qu'un nombre non négligeable de TBI signés par le Maroc n'est jamais entré en vigueur.

Les traités d'investissement conclus par le Maroc couvrent un périmètre substantiel généralement large ainsi que des types d'économies différentes (petites, larges, en cours de développement, développées etc.). Ainsi, le Maroc a conclu des IIA avec tous les pays du groupe G7, à l'exception du Canada, et est signataire de TBI avec la grande majorité des États exportateurs de capitaux du groupe G20, notamment l'Argentine, le Brésil et le Japon. Le Maroc a également en place des TBI avec la majorité des pays de l'Union Européenne, à l'exception de la République de Chypre, la République de Malte, la Slovénie et la Lettonie.

Les relations d'investissement qui unissent le Maroc aux États-Unis se déploient par le truchement de plusieurs outils conventionnels : outre le TBI en place entre les deux pays, ces derniers ont conclu un accord de libre-échange, un accord relatif au développement des relations commerciales et d'investissement ainsi qu'un accord sous forme d'échange de notes sur la garantie des investissements.

Au niveau régional, deux accords régionaux sur l'investissement sont particulièrement importants : la Convention unifiée pour l'investissement des capitaux arabes dans les pays arabes, adoptée en novembre 1980 par les membres de la Ligue des États arabes (Convention arabe unifiée) et l'Accord sur la promotion, la protection et la garantie des investissements entre les États membres de l'Organisation de la Conférence islamique (Accord de l'OCI sur l'investissement), entré en vigueur en 1988. Une modification de la Convention arabe unifiée a été adoptée en 2013, mais cette dernière ne semble pas avoir été ratifiée par le Maroc. Ces accords régionaux d'investissement édictent des protections substantielles, notamment contre l'expropriation directe et indirecte, mais n'octroient pas aux investisseurs une garantie de traitement juste et équitable de leurs investissements. Néanmoins ces accords sont aujourd'hui considérés comme problématiques, dans la mesure où ces derniers contiennent des clauses de résolution des litiges controversées. À titre d'exemple, la clause de résolution des litiges prévue dans l'Accord de l'OCI sur l'investissement est considérée comme pathologique dans la mesure où l'offre d'arbitrage prévue par la convention est souvent contestée par les États membres, paralysant ainsi ce méchanisme.

Le Maroc a également signé l'Accord sur l'investissement de l'Union du Maghreb arabe en 1990, mais ce dernier n'est jamais entré en vigueur. Plus récemment, dans le prolongement du Traité instituant la Communauté économique africaine signé en 1991 à Abuja, le Maroc a signé et ratifié l'accord portant création de la Zone de libre-échange continentale africaine (ZLECAf) visant à créer un marché unique pour les marchandises et les services à l'échelle du continent africain. En février 2023, le protocole sur l'investissement de l'Accord portant la création de la ZLECAf a été adopté par les chefs d'États africains pendant le 36ème sommet de l'Union Africaine. Ce protocole sur l'investissement définit de manière précise une série de termes clés, tels que le développement durable, l'État d'origine, l'État hôte, l'investisseur et l'investissement[1]. Le protocole vise à établir un meilleur équilibre entre les droits accordés aux investisseurs et leurs obligations à l'égard des États hôtes ; ainsi, les normes de protection et de traitement des investisseurs et des investissements font l'objet d'exceptions et d'exclusions[2]. Ledit protocole consacre un chapitre complet sur la promotion et la facilitation des investissements et réglemente les incitations aux investissements durables[3].

À l'échelle internationale, le Maroc est membre de l'Organisation mondiale du commerce (OMC) et participe notamment à l'initiative plurilatérale sur la Facilitation de l'Investissement pour le Développement (voir Chapitre 5). Par ailleurs, le Maroc est membre de l'Agence multilatérale de garantie des investissements (MIGA) qui a pour objectif de faciliter les apports d'investissements directs étrangers dans les pays en développement, en fournissant aux investisseurs des garanties spécifiques.

Le Maroc est en outre adhérant à la Convention de New York pour la reconnaissance et l'exécution des sentences arbitrales étrangères du 10 juin 1958 (Convention de New York), à la Convention de Washington pour le règlement des différends relatifs aux investissements entre États et ressortissants d'autres États du 18 mars 1965 (Convention CIRDI) et à la Convention arabe de Riyad relative à l'entraide judiciaire du 6 avril 1983. Le Maroc a également adopté la loi type de la CNUDCI sur l'arbitrage commercial international de 1985 avec les amendements adoptés en 2006.

Enfin, il convient de noter que le Maroc a également adhéré à la Déclaration de l'OCDE sur l'investissement international et les entreprises multinationales (voir Chapitre 7 sur la CRE).

4.3. Couverture des traités d'investissement conclus par le Maroc

Le Maroc a conclu des traités d'investissement avec un ensemble varié d'économies, grandes et petites, avancées et en développement, sans qu'une typologie ne révèle nécessairement une politique ou une stratégie systématique. Il semblerait que le Maroc ait d'abord conclu des traités avec des pays « plus riches » (selon la mesure du PIB par habitant), et plus tard avec des pays en cours de développement. En effet, au-delà des traités d'investissement régionaux tels que l'Accord de l'OCI sur l'investissement, les premiers traités d'investissements signés par le Maroc dans les années 1970 et 1980 ont majoritairement été conclus avec des puissances économiques mondiales, notamment avec les États-Unis et les pays européens.

À partir des années 1990, le Maroc a multiplié le nombre de traités d'investissement en concluant une multitude de TBI avec tout type d'économie et de région. Cette évolution est concomitante au développement du cadre législatif et institutionnel national, et notamment avec l'adoption de la loi-cadre n° 18-95 formant Charte des investissements, entrée en vigueur en 1995.

Ainsi, le Maroc semble bénéficier d'une protection conventionnelle pour la quasi-totalité de son stock d'IDE entrant et un peu de plus de 70 % pour son stock d'IDE sortant tel qu'il ressort du Graphique 4.2 ci-dessous.

Graphique 4.2. Évolution approximative de la couverture des stocks d'IDE entrants et sortants du Maroc à partir des traités d'investissements en vigueur

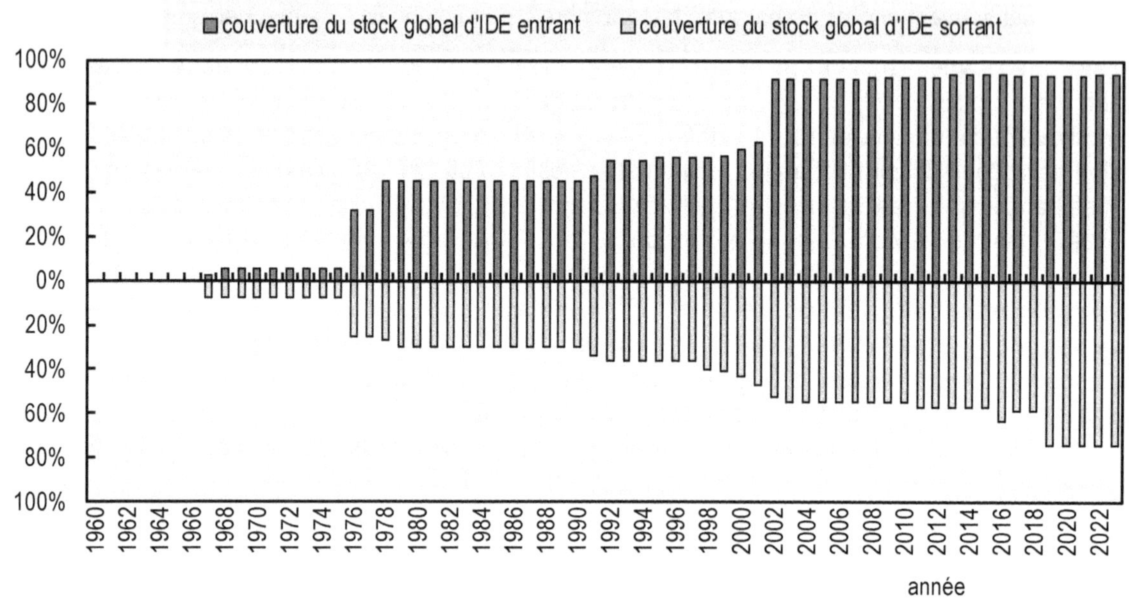

Note : Les pourcentages sont basés sur la correspondance entre les données bilatérales immédiates sur l'IDE et les relations conventionnelles en date de juillet 2023.
Source : Calculs de l'OCDE sur la base de données des traités d'investissement de l'OCDE.

4.4. Vers une nouvelle génération de traités d'investissement

De nombreux TBI en vigueur au Maroc aujourd'hui présentent des caractéristiques souvent associées au traités dits « de première génération », conclus majoritairement dans les années 1990 et début des années 2000. Ces traités se caractérisent généralement par une définition large des termes clés et par des protections peu précises dont le champ d'application est souvent trop étendu.

Les principales dispositions inclues dans les traités d'investissement conclus par le Maroc sont les suivantes :

- Une définition large du terme investissement, qui inclut l'investissement direct, l'investissement de portefeuille, la propriété intellectuelle ainsi que les concessions accordées par la loi ou le contrat ;
- Une garantie contre l'expropriation illégale – un investissement ne peut faire l'objet d'une expropriation que lorsque cette dernière est non discriminatoire, fondée sur l'intérêt public et moyennant le paiement d'une indemnité prompte et adéquate – cette garantie couvre l'expropriation directe et, dans une moindre mesure, l'expropriation indirecte ;

- Le traitement juste et équitable, défini généralement de manière peu précise ;
- Le traitement national et celui de la nation la plus favorisée octroyés aux investisseurs et à leurs investissements ;
- La liberté de transfert des investissements, des revenus qui en découlent et des indemnités ainsi que le rapatriement des capitaux investis (OCDE, 2010[5]).

Les dispositions ci-dessus sont développées de manière détaillée plus bas.

Les TBI conclus par le Maroc donnent généralement aux investisseurs étrangers accès à l'arbitrage international, notamment sous l'égide du CIRDI ou conformément aux règles de la CNUDCI.

Récemment, le Maroc a entrepris de réformer sa politique et sa pratique en matière de traités d'investissement. En effet, conscient des problématiques liées aux traités de première génération, le Maroc a mis en place en 2017 une feuille de route concernant la réforme du cadre conventionnel de l'investissement, qui, selon les autorités marocaines, s'articule autour de trois étapes : une première phase d'évaluation et de recensement des AII, suivi d'une deuxième phase qui consiste à mettre en place un accord modèle de référence au négociateur marocain pour les prochaines négociations. La prochaine et troisième étape, consiste en la renégociation et éventuellement la dénonciation de certains accords.

Ainsi, en juin 2019, le Maroc a mis en place un nouveau modèle de TBI, qui prend en compte les pratiques récentes en matière de protection et de promotion des investissements et des évolutions récentes en droit international des investissements (Encadré 4.1). Ce dernier constitue un point de départ et une référence pour le négociateur marocain lors de la négociation de nouveaux TBI, et sa teneur peut par conséquent être adapté selon les circonstances et le partenaire concerné.

Encadré 4.1. Le nouveau modèle de TBI du Maroc

Le nouveau modèle de TBI du Maroc vise à instaurer un meilleur équilibre entre les droits et les obligations des investisseurs et de l'État hôte, et prend en compte différentes considérations :

- La contribution de l'investissement étranger au développement durable ;
- Le droit de l'État hôte de réglementer dans l'intérêt public ;
- La nécessité de mettre à jour la définition des notions d'investissement, d'investisseur, de traitement juste et équitable, d'expropriation (notamment indirecte), de traitement national et de traitement de la nation la plus favorisée ;
- La nécessité d'imposer aux investisseurs étrangers le respect de certaines obligations dans l'exercice de leurs activités sur le territoire de l'État hôte ; et
- La nécessité de faciliter les investissements à travers notamment l'établissement d'un comité conjoint chargé de faciliter l'application de l'accord et d'un point focal national servant de point de contact pour les investisseurs étrangers.

Le degré de précision apporté dans le nouveau modèle de TBI marocain, notamment à certaines clauses clés des TBI, est particulièrement utile compte tenu de la multiplication exponentielle des affaires de RDIE au cours des vingt dernières années.

Reflétant les pratiques récentes en matière d'AII, le nouveau modèle de TBI du Maroc redéfinit ainsi la notion d'investissement : désormais, seuls les investissements réalisés de bonne foi et contribuant au développement durable de l'État hôte bénéficient des protections et garanties offertes par le TBI. Ces dispositions sont en ligne avec la politique récente du Maroc qui vise à encourager la coopération économique centrée sur les investissements durables dans leurs dimensions économique, sociale et environnementale.

Le nouveau modèle marocain de TBI exige par ailleurs que l'investissement implique une certaine durée, un engagement de capital ou d'autres ressources assimilées, une attente de profit ainsi qu'une prise de risque.

La définition de la notion d'investisseur a également été affinée dans le nouveau modèle de TBI du Maroc. À titre d'exemple, la définition d'investisseur exclue désormais expressément de son champ d'application les ressortissants personnes physiques ayant la nationalité des deux parties (double nationaux), sauf si ces derniers ont leur domicile principal ainsi que leur centre d'intérêt dans le territoire de l'autre partie au moment de la réalisation de l'investissement.

Par ailleurs, afin de répondre à la définition d'investisseur étranger au sens du nouveau modèle de TBI, une personne morale doit remplir une série de conditions définies de manière stricte et précise. Ainsi, la condition usuelle d'exercice d'une activité économique substantielle sur le territoire de l'autre partie est minutieusement définie et implique un examen du montant de l'investissement, son effet sur la communauté locale, la durée pendant laquelle l'entreprise a été opérationnelle ainsi que le nombre d'emplois crées. Le critère de « détention » est également défini et implique d'une personne morale détenue ou contrôlée par des personnes physiques ou morales ayant la nationalité d'un État tiers ou la nationalité de l'État hôte ne peut être un investisseur étranger au sens du TBI.

Le nouveau modèle de TBI du Maroc met par ailleurs à la charge des parties des obligations nouvelles qui ne figuraient pas expressément dans les TBI de première génération : c'est notamment le cas pour l'obligation de lutte contre la corruption, le blanchiment des capitaux et le financement du terrorisme (cette obligation est généralement implicite et découle des principes généraux de droit international). Cet ajout opportun formalise ainsi une obligation préexistante de conformité à l'ordre public et permet de lever toute ambiguïté quant à son existence. Le nouveau modèle de TBI contient également des dispositions spécifiques à la responsabilité sociale et environnementale des investisseurs, notamment la CRE et la responsabilité sociale des entreprises (RSE), et met ainsi à la charge de l'investisseur étranger une obligation de contribuer au développement durable de l'État hôte et de la collectivité locale au moyen de pratiques responsables ou encore une obligation de conformité en matière de droits humains et de travail, de conduite responsable des entreprises, de protection de la santé et de l'environnement. Ces obligations obligent ainsi les investisseurs étrangers à s'assurer que leurs objectifs économiques ne sont pas en contradiction avec les objectifs de développement social et économique du Maroc.

En outre, le nouveau modèle de TBI du Maroc met en place des innovations spécifiques au RDIE qui visent notamment à :

- Mettre en place un cadre institutionnel de prévention des différends dans lequel le Comité conjoint et les points focaux institués au niveau de l'accord jouent un rôle important ;
- Limiter les différends qui peuvent être soumis aux mécanismes de RDIE ;
- Épuiser les voies de recours internes avant de recourir à l'arbitrage international ;
- Renforcer le droit des États parties au TBI d'interpréter les normes et les dispositions du TBI, même après son entrée en vigueur ;
- Prévoir un dispositif de traitement accéléré des plaintes infondées ou frivoles et de regroupement des plaintes et ce en vue de réduire les frais de la procédure d'arbitrage ;
- Offrir la possibilité pour l'État d'accueil de présenter des demandes reconventionnelles au tribunal arbitral si l'investisseur ne respecte pas ses obligations telles que prévues par l'accord ;
- Empêcher les recours abusifs des investisseurs étrangers à l'arbitrage international par l'instauration de sanctions en cas de plainte injustifiée ou frivole ;
- Limiter le recours à l'arbitrage pour les investisseurs qui pratiquent le *treaty shopping* ;

- Renforcer l'éthique des arbitres et améliorer le fonctionnement et la transparence des procédure arbitrales conformément au Règlement de la CNUDCI sur la transparence dans l'arbitrage entre investisseurs et États fondés sur des traités ; et enfin

Au-delà d'être en ligne avec les pratiques modernes en matière de AII, le nouveau modèle de TBI du Maroc est conforme à la politique actuelle du Royaume qui consiste à créer les bases d'un environnement propice à l'innovation et à l'investissement productif dans une logique de développement durable.

Source : OCDE, analyse du nouveau modèle de TBI du Maroc.

Depuis l'entrée en vigueur du nouveau modèle de TBI, les autorités marocaines font état de cinq nouveau TBI, conclus respectivement avec le Japon, le Djibouti, l'Union des Comores, le Sierra Leone et la République du Cabo-Verde[4].

Le TBI Maroc-République du Cabo-Verde s'inspire largement du nouveau modèle de TBI du Maroc et reflète ainsi les pratiques des AII modernes. À titre d'exemple, les dispositions relatives aux standards de protection (et les exclusions subséquentes) sont largement similaires à celle du nouveau modèle de TBI du Maroc. Ce TBI contient également des obligations relatives à la lutte contre la corruption, le blanchiment des capitaux et le financement du terrorisme, ainsi que des obligations relatives à la responsabilité sociale et environnementale. La gouvernance institutionnelle (mise en place d'un comité conjoint et d'un point focal national) ou encore les innovations spécifiques aux RDIE mis en place dans le nouveau modèle de TBI marocain sont également repris en grande partie dans le TBI conclu avec la République du Cabo-Verde.

Le TBI Japon-Maroc reprend quant à lui, dans une moindre mesure, certain nombre de clauses du nouveau modèle de TBI du Maroc l'article relatif aux standards généraux de protection des investissements édicté dans le TBI Japon-Maroc est largement similaire à celui contenu dans le modèle TBI du Maroc, dans la mesure où il définit le standard TJE de manière précise en énumérant des exemples d'actes constituant une violation dudit standard. Le TBI Japon-Maroc met également à la charge des parties une obligation de moyen pour lutter contre la corruption. Il convient néanmoins de noter que les innovations spécifiques au RDIE prévues par le nouveau modèle de TBI du Maroc ne sont pas reprises dans le TBI Japon-Maroc.

Néanmoins, et malgré les efforts considérables du Maroc pour moderniser ses traités d'investissement, les TBI plus anciens restent en vigueur et font partie intégrante du cadre juridique du pays en matière d'investissement. De ce fait, le Maroc reste exposé à une série de conséquences potentiellement préjudiciable, notamment en raison du champ d'application large des possibles plaintes portées devant des tribunaux d'arbitrage international dans le cadre de ces traités. Bien que certains pays aient revu leur approche en matière de négociation de nouveaux AII afin de répondre à ces préoccupations, notamment le Maroc, la question plus délicate des anciens TBI n'a pas été résolue. Certains gouvernements ont négocié des amendements aux traités ou des interprétations conjointes avec les partenaires de traités existant, mais ces efforts nécessitent beaucoup de temps et de ressources. Les initiatives multilatérales en cours pour la réforme des AII, tels que celles de la CNUDCI et du CIRDI, sont essentiellement de nature technique et de portée limitée.

4.5. Le recours au mécanismes RDIE édictés par les AII

Les AII contiennent généralement des dispositions relatives aux RDIE et prévoient communément le recours à l'arbitrage international en cas de litige. La multiplication des AII au cours des dernières années s'est donc naturellement accompagnée d'une hausse concomitante du nombre des affaires de RDIE. Le Maroc semble néanmoins avoir une expérience limitée en matière de RDIE[5]. À la date de janvier 2024, le Maroc a été mis en cause dans dix procédures RDIE et aucun investisseur marocain n'a engagé de procédure de RDIE sur le fondement d'un traité impliquant le Maroc[6].

4.5.1. Le Maroc en tant que Défendeur à des procédures de RDIE

Selon le site du CIRDI, le Maroc a fait l'objet de dix procédures RDIE entre les années 2000 et 2024. Quatre des dix procédures RDIE sont toujours en cours et quatre procédures RDIE ont été suspendues, ayant fait l'objet d'accords amiables entre les parties[7]. Ainsi, à ce jour, les deux seules sentences arbitrales rendues dans le cadre de procédures RDIE l'ont été en faveur du Maroc[8].

Les investissements ayant fait l'objet de procédures RDIE contre le Maroc relèvent principalement du domaine de la construction, du tourisme et de l'industrie des hydrocarbures. Trois procédures RDIE ont été intentées sur le fondement du TBI Italie-Maroc et seulement une seule sur la base d'un contrat.

Les protections invoquées par les investisseurs étrangers envers le Maroc sont principalement le traitement juste et équitable et l'expropriation.

4.5.2. Les investisseurs Marocains en tant que Demandeurs à des procédures RDIE

Selon les informations publiques disponibles, aucun investisseur marocain n'a engagé de procédure RDIE contre un État hôte. Néanmoins, compte tenu de la confidentialité des procédures RDIE hors CIRDI, il est difficile de déterminer avec précision le nombre de procédures RDIE réellement initiées par des investisseurs de nationalité marocaine.

4.6. Reconsidération de la politique d'investissement du Maroc

Cette section examine certains aspects de la politique d'investissement du Maroc qui font aujourd'hui l'objet de plusieurs débats : la portée des protections substantielles fréquemment invoquées par les investisseurs, à savoir, le traitement juste et équitable, les normes de traitement de la nation la plus favorisée, et l'expropriation indirecte, ainsi que les mécanisme RDIE et d'autres aspects possibles de la réforme des traités d'investissement.

4.6.1. Les protections substantielles centrales aux AII

Le traitement juste et équitable

L'obligation d'accorder un traitement juste et équitable est une protection centrale à la plupart des AII ; depuis les années 2000, elle est l'une des protections les plus fréquemment invoquées par les investisseurs étrangers dans les procédures RDIE, et les affaires contre le Maroc ne font pas exception à cette tendance. Pour autant, le standard de traitement juste et équitable est rarement défini de manière précise : la plupart des dispositions relatives au TJE dans les traités d'investissement ne fournissent pas d'indications spécifiques sur la portée du traitement qui doit être considéré comme juste et équitable.

Ce flou juridique a donné lieu à des interprétations très divergentes de la norme TJE et a engendré un manque de sécurité juridique pour les États hôtes (OCDE, 2024[6] ; OCDE, 2022[7]). Ainsi, le TJE a été considéré par certains tribunaux arbitraux comme un standard autonome, tandis que d'autres ont jugé qu'il s'agit d'un traitement minimal qui englobe notamment le traitement de la nation la plus favorisée et le traitement national et/ou la notion de protection et sécurité intégrales (OCDE, 2022[7]).

En réponse à l'absence de consensus général sur la définition du standard de traitement juste et équitable, certains gouvernements ont adopté des approches plus restrictives vis-à-vis de ce standard, allant parfois jusqu'à l'exclure complètement du champ de leurs AII ou, du moins, de celui des RDIE.

Dans le contexte particulier du Maroc, bien que la grande majorité des TBI toujours en vigueur contienne des dispositions garantissant un traitement juste et équitable aux investissements étrangers, la plupart d'entre eux définissent la norme TJE de manière vague et imprécise.

L'absence de définition stricte de la norme TJE est commune aux TBI de première génération, notamment ceux conclus par le Maroc. Ces dispositions vagues créent une incertitude quant à la portée des obligations du Maroc en matière de TJE et l'expose à des interprétations extensives de la part des tribunaux arbitraux dans le contexte des affaires RDIE. La clarification de cette disposition telle qu'elle figure dans les TBI du Maroc pourrait se faire de plusieurs façons, tel qu'expliqué dans l'Encadré 4.2, et améliorer la sécurité juridique pour toutes les parties intéressées réduisant ainsi les risques d'exposition aux demandes de dommages et intérêts. Une clarification permettrait également de limiter l'impact des conventions internationales sur la prérogative de réglementer du Maroc.

Encadré 4.2. L'approche récente des TBI en matière de TJE

La nouvelle génération de TBI reflète la tendance récente des États de préciser les contours de l'obligation d'accorder un TJE. L'incertitude juridique créée par les contours flous de la norme TJE a même conduit certains États à exclure ce standard de leurs TBI ou du champ d'application des RDIE. Les tendances principales en la matière sont présentées ci-dessous.

L'approche de TJE/norme minimale de traitement – limitation expresse du TJE à la norme minimale de traitement en vertu du droit international coutumier

Cette approche a été utilisée dans un nombre croissant de traités récents, en particulier dans les traités impliquant les États des Amériques et d'Asie (Gaukrodger, 2017[8]).

À titre d'exemple, outre l'utilisation de l'approche de la norme minimale de traitement, l'Accord de partenariat transpacifique global et progressif (2018) (PTPGP) exige du demandeur qu'il établisse la règle de TJE/norme minimale de traitement en démontrant une pratique étatique généralisée (Art. 9.6 (3)-(5), nbp 15 et 17, Annexe 9A). La preuve de ces deux éléments n'a rarement, voire jamais, été apportée par les demandeurs. Cette approche a depuis été reprise par d'autres États (voir, par exemple, l'Accord de partenariat économique globale Australie-Indonésie (2019), art. 14.7). Cette approche a récemment été exclue par ses promoteurs initiaux, les gouvernements de l'Accord de libre-échange Nord-Américain (ALENA), en faveur d'un ensemble de protections beaucoup plus limité dans l'Accord Canada-Etats-Unis-Mexique (ACEUM) (voir ci-dessous).

Au moins 26 TBI conclus par le Maroc lient expressément la notion de TJE à la norme minimale de traitement en vertu du droit international coutumier.

L'approche par liste définie – listes limitatives des composantes du standard TJE

Les traités de dernière génération négociés par l'Union européenne, la Chine, la République slovaque ou encore la France contiennent une liste positive des éléments constitutifs de l'obligation de TJE, permettant ainsi de définir de manière précise la portée de cette obligation. Cette approche peut varier considérablement en fonction de la nature de la liste et comprend souvent des éléments tel que le déni de justice, la violation substantielle des droits de la défense et le traitement manifestement arbitraire et/ou abusif des investisseurs. La frustration des attentes légitimes des parties est généralement exclue du champ d'application du TJE ; cependant, certains traités permettent de prendre cette notion en compte dans des circonstances bien définies. L'approche par liste définie peut donc aboutir à un élargissement du TJE comparé à l'approche TJE / norme minimale de traitement, notamment lorsque la pratique étatique et l'*opinio juris* sont pris en compte dans la définition du TJE / norme minimale de traitement.

Le Maroc a opté pour l'approche par liste définie dans son nouveau modèle de TBI de 2019.

L'exclusion de la norme TJE

L'interprétation large de la notion de TJE adoptée par les tribunaux arbitraux a conduit certains gouvernements à exclure catégoriquement ce standard du champ d'application des RDIE, voire de leurs AII. L'ACEUM, récemment conclu par les gouvernements de l'ALENA pour mettre à jour leurs obligations internationales, définit ainsi le TJE en fonction de la norme minimale de traitement mais l'exclut généralement de la portée des RDIE, à l'exception d'une catégorie étroites d'affaires concernant certains contrats publics. En conséquence, le RDIE prévu dans l'ACEUM ne s'applique qu'aux demandes résultant d'une expropriation directe ou d'une mesure discriminatoire postérieure à la réalisation de l'investissement. D'autres gouvernements ont catégoriquement exclu la norme TJE de leurs AII ; à titre d'exemple, le modèle de TBI du Brésil n'inclut aucune référence au TJE.

Conforme à la politique du Brésil, le TBI Brésil-Maroc conclut en 2019 ne contient aucune référence au standard du TJE.

Source : (OCDE, 2022[7]).

Seulement un nombre limité de TBI conclus par le Maroc contient une définition précise du standard TJE. Ceci est notamment le cas du TBI France-Maroc, signé en 1996, qui limite le champ d'application du TJE par le biais d'un protocole d'accord signé en 2000, ou encore des TBI conclus avec le Burkina Faso, le Mali et la Macédoine du Nord qui se réfèrent au standard TJE en conformité avec le droit international.

Néanmoins, le Maroc envisage actuellement de mettre à jour l'ensemble des TBI de première génération conclus avec ses principaux partenaires économiques, entre autres, les TBI conclus avec la Suède, l'Italie, la Belgique, l'Espagne, la France, l'Argentine, la Russie, les Émirats arabes unis. Une telle mesure serait l'occasion de réviser la définition du TJE ainsi que les normes de traitement et les clauses sur le règlement des différends afin de refléter les dernières pratiques en matière d'AII, notamment la promotion de l'investissement durable et la préservation du droit de réglementer dans l'intérêt public. Dans un intérêt d'efficacité de ce processus de révision, il pourrait être également envisagé d'adopter à court terme des protocoles additionnels avec les autres signataires de TBI de première génération.

Le nouveau modèle marocain de TBI de 2019 ainsi que les TBI de dernière génération conclus récemment par le Maroc sur la base de ce modèle, tels que les TBI conclus avec la République de Cabo-Verde ou avec le Japon, contiennent quant à eux une définition circonscrite de la norme TJE.

L'article 6 du nouveau modèle de TBI marocain stipule en effet qu'une violation de l'obligation d'accorder un traitement juste et équitable a lieu à chaque fois qu'une mesure constitue (i) un déni de justice dans les procédures pénales, civiles ou administratives, (ii) une violation fondamentale des droits de la défense, (iii) une discrimination ciblée fondée sur des motifs manifestement injustifiés, tels que le genre, la race ou les croyances, ou (iv) un traitement manifestement abusif, tel que le harcèlement, la contrainte et la pression.

Par ailleurs, ce même article édicte explicitement les actes qui ne peuvent constituer une violation de l'obligation d'octroyer un TJE, à savoir, le changement seul de la législation d'une partie, toute mesure considérée comme nécessaire pour protéger l'ordre public, la santé publique ou pour préserver l'environnement sous réserve qu'une telle mesure ne soit pas appliquée d'une manière discriminatoire, abusive ou injustifiée, l'atteinte aux attentes d'un investisseur, le fait qu'une incitation liée à l'investissement n'a pas été accordée, renouvelée ou maintenue, ou a été modifiée par une partie.

Par ailleurs, l'article 6 du nouveau modèle de TBI délimite de manière explicite le champ d'application du standard TJE et dispose en outre que les revenus de l'investissement en cas de réinvestissement jouissent de la même protection que l'investissement initial et que le TJE s'applique à la gestion, l'entretien, l'utilisation, la jouissance, la vente ou la liquidation de l'investissement effectué sur le territoire d'une partie.

La modernisation du modèle de TBI adopté par le Maroc constitue une réforme majeure et augmente donc la sécurité juridique en matière d'obligations internationales ; néanmoins, les TBI de première génération conclus par le Maroc continuent d'être en vigueur au sein de son cadre réglementaire et le Maroc devrait envisager de mettre à jour la définition du TJE dans l'ensemble de ces TBI, par le biais de renégociations avec ses partenaires de traités ou la conclusion de protocoles additionnels.

Le traitement de la nation la plus favorisée

Les TBI conclus par le Maroc édictent généralement une obligation d'octroyer aux investisseurs étrangers un traitement NPF impliquant que chacun des États contractants traite les investisseurs ressortissants de l'autre État contractant non moins favorablement que les investisseurs d'autres pays en vertu de traités similaires. A l'instar des dispositions relatives au TJE, les clauses NPF établissent une norme relative : elles exigent que le Maroc traite les investissements visés au moins aussi favorablement qu'il traite les investissements comparables d'investisseurs de pays tiers. Comme pour les dispositions relatives au TJE, les obligations NPF contenues dans les AII conclus par le Maroc sont souvent vagues et ne donnent que peu d'indications sur la manière dont elles doivent être appliquées ou interprétées.

Une approche plus spécifique des dispositions relatives aux NPF pourrait améliorer la prévisibilité des relations juridiques.

En effet, en raison de sa définition large et peu précise, la norme NPF peut avoir des conséquences imprévisibles et a par conséquent fait l'objet de plusieurs débats, notamment eu égard à trois axes principaux : (i) les clauses NPF et le « *treaty shopping* » ; (ii) l'application du principe *ejusdem generis* selon lequel une clause NPF ne peut s'appliquer qu'à des investissements comparables et ; (iii) l'utilisation des listes négatives, d'exclusions ou de conditions (OCDE, 2022[7]).

S'agissant de la question de « *treaty shopping* », les clauses NPF sont souvent invoquées par les investisseurs couverts par un TBI afin d'importer des dispositions de fond plus favorables d'un TBI tiers conclu par l'État hôte. Néanmoins, depuis l'affaire *Maffezini c Espagne*, les investisseurs ont recours aux clauses NPF afin d'importer les dispositions relatives aux RDIE ; cette tendance a donné lieu à de nombreuses critiques, notamment en raison de la latitude laissée aux investisseurs étrangers de rassembler des éléments provenant de divers traités conclus par l'État hôte, méconnaissant ainsi le caractère bilatéral des engagements pris par les États dans leur TBI. Bien qu'en matière commerciale, l'application du traitement NPF porte généralement sur le traitement interne des commerçants de différents pays, la plupart des demandes formulées sur le fondement du traitement NPF dans le cadre de RDIE tend à accéder à d'autres dispositions conventionnelles, plus favorables que celles édictées dans le TBI applicable (OCDE, 2022[7]).

Conscients du risque que pourrait constituer une utilisation excessive des dispositions NPF dans les RDIE, un nombre croissant de gouvernements clarifient désormais dans leurs traités récents les dispositions relatives à la NPF, en précisant qu'elles ne peuvent être utilisées à des fins de « *treaty shopping* ». Ainsi, certains gouvernements ont limité l'application des clauses NPF aux seuls cas où des mesures gouvernementales ont été adoptées ou maintenues dans le cadre du traité avec le pays tiers. L'article 8.7(4) de l'AECG entre le Canada, l'UE et les États membres de l'UE, par exemple, précise que "*les obligations substantielles contenues dans d'autres traités internationaux d'investissement ne constituent pas en elles-mêmes un "traitement" et ne peuvent donc pas donner lieu à une violation* [de la clause NPF], *en l'absence de mesures adoptées ou maintenues par une partie en vertu de ces obligations*". L'ACEUM interdit également le « *treaty shopping* » pour les questions de fond et de procédure (article 14.D.3(1)(a)(i)(A), note de bas de page 22).

Les dispositions relatives à la norme NPF dans le nouveau modèle de TBI du Maroc incluent cette clarification. En effet, l'article 8 dudit modèle, relatif au traitement NPF, exclut expressément de son champ « *le traitement accordé aux investisseurs d'un État tiers et à leur investissement en vertu de dispositions relatives au règlement des différends en matière d'investissement prévue dans d'autres accords internationaux, y compris les accords contenant un chapitre sur l'investissement, conclus entre une Partie et un État tiers* ». Par ailleurs, le nouveau modèle de TBI du Maroc précise que les obligations de fond contenues dans d'autres traités internationaux sur l'investissement « *ne constituent pas en elles-mêmes un « traitement », et ne peuvent donc donner lieu à une violation* [de la clause NPF]*, en l'absence de mesures adoptées ou maintenues par une Partie au titre de ces obligations* ».

D'autres TBI conclus récemment par le Maroc, notamment sur la base du nouveau modèle de TBI, contiennent des limitations similaires. Ceux conclus avec le Brésil, la Guinée-Bissau, le Rwanda ou encore avec le Japon et la République de Cabo-Verde excluent ainsi les mécanismes RDIE contenus dans d'autres TBI du champ d'application de la norme NPF et/ou considèrent que les obligations de fond contenues dans d'autres traités ne constituent pas un traitement, et donc ne sont pas susceptibles de violation par le biais de la clause de la NPF.

S'agissant de la détermination des investissements comparables, cette notion fait également l'objet de réforme dans les traités de nouvelle génération (OCDE, 2024[9]). En effet, les traités de première génération ne définissent pas le caractère comparable des investissements, donnant lieu, là encore, à des interprétations, parfois divergentes, par les tribunaux arbitraux dans le cadre de RDIE. Ainsi, certains traités récents prévoient que la comparabilité des investissements suppose des « circonstances similaires » pour que la clause NPF soit applicable. Néanmoins, afin de donner pleinement effet à une telle précision, il convient d'aller plus loin et de définir le régime applicable pour établir l'existence de « circonstances similaires » (OCDE, 2024[9]). À ce titre, l'ACEUM dispose par exemple que l'examen des « circonstances similaires » implique de rechercher si le traitement en question établit une distinction entre les investisseurs ou les investissements sur la base d'objectifs légitimes d'intérêt public.

En conformité avec les pratiques récentes en la matière, le nouveau modèle de TBI marocain conditionne l'application du standard NPF à l'existence de « circonstances similaires » et définit le régime applicable pour conclure d'une telle détermination. En particulier, par référence à l'article 7 relatif au traitement national, l'article 8 du nouveau modèle de TBI énumère les facteurs qui doivent être pris en compte afin de conclure à l'existence de « circonstances similaires » : (i) l'objectif et la nature de la mesure concernée par l'investissement ; (ii) l'impact réel et potentiel de l'investissement sur la population, l'environnement et sur le développement local, régional ou national : (iii) l'emplacement de l'investissement et le secteur où est effectué l'investissement et les marchandises ou services consommés ou produits par ledit investissement ; (iv) l'origine publique ou privée de l'investissement.

S'agissant enfin de l'utilisation des listes négatives, d'exclusions ou de conditions, certains traités récents incluent des listes négatives d'exclusion du champ d'application des clauses NPF, consacrant ainsi des exceptions au traitement NPF, tels que les avantages accordés dans le cadre d'unions douanières, d'autres traités internationaux ou de régimes spécifiques de droit interne. La grande majorité des TBI conclus par le Maroc contiennent de telles limitations. Par ailleurs, dans son nouveau modèle de TBI, le Maroc exclut désormais du champ d'application de la clause NPF les dispositions relatives au RDIE et dispose que les protections substantielles contenues dans d'autres TBI ne constituent pas en elles-mêmes un "traitement" susceptible de violation par le biais de clause NPF.

L'expropriation indirecte

La grande majorité des traités d'investissement conclus par le Maroc stipulent des protections contre l'expropriation mais ne régulent pas le système de calcul de compensation. Nombre de ces TBI font référence à la dépossession directe de la propriété de l'investisseur par le gouvernement (expropriation directe) ainsi qu'à d'autres mesures gouvernementales qui, sans transfert formel de propriété ou saisie pure et simple, ont pour effet une dépossession directe de l'investissement (expropriation indirecte). À ce titre, les dispositions relatives à l'expropriation indirecte figurent aujourd'hui parmi les dispositions les plus invoquées par les investisseurs dans le cadre d'affaires RDIE, après les dispositions relatives au traitement juste et équitable (OCDE, 2021[10]).

Depuis 2003, certains gouvernements ont choisi de clarifier la portée de l'expropriation indirecte dans leur nouvelle génération de traités d'investissement. Ces précisions peuvent être réparties en quatre grandes catégories :

- des définitions positives du concept d'expropriation indirecte ;
- des indications sur la manière de déterminer s'il y a expropriation indirecte ;
- des listes négatives de mesures qui ne constituent pas une expropriation indirecte ; et
- des restrictions sur les types d'actifs couverts par cette protection (OCDE, 2021[10]).

Dans son nouveau modèle de TBI de 2019, le Maroc a confirmé sa volonté d'octroyer aux investisseurs et investissements étrangers une protection contre l'expropriation indirecte et, en ligne avec les pratiques récentes en matière de TBI, apporte des précisions supplémentaires sur les éléments constitutifs d'une expropriation indirecte. Le nouveau modèle de TBI définit l'expropriation indirecte comme étant celle qui « *résulte d'une mesure ou d'une série de mesures prises par une Partie qui ont un effet équivalent à une expropriation directe et ce, en privant d'une manière substantielle ou définitive l'investisseur des droits fondamentaux de propriété associés à son investissement, y compris le droit d'user, de jouir et de disposer de son investissement sans transfert formel de propriété ni saisie définitive, au point de priver l'investisseur des bénéfices pouvant être légitimement attendus ou de priver son investissement de toute utilité* ». L'article 10 dudit modèle précise par ailleurs les facteurs qui doivent faire l'objet d'une enquête afin de déterminer si une mesure ou une série de mesures constituent une expropriation indirecte.

Ainsi, les TBI conclus récemment par le Maroc, notamment avec le Japon, le Libéria ou encore la République de Cabo-Verde, contiennent des précisions supplémentaires concernant les éléments constitutifs d'une expropriation indirecte. De telles clarifications sont susceptibles d'harmoniser la portée de la garantie contre l'expropriation indirecte et de réduire la possibilité d'interprétations divergentes de cette notion dans le cadre d'affaires RDIE ; elles devraient également être prises en compte dans le débat sur l'équilibre des droits de l'investisseur et le droit de l'État de réglementer dans les traités d'investissement. L'impact de ces clarifications pourrait toutefois dépendre d'autres dispositions du même traité, telles que celles relatives au TJE qui ont souvent été invoquées comme subsidiaire aux réclamations d'expropriation indirecte. Selon les autorités marocaines, cette même approche sera désormais adoptée dans les TBI en cours de négociation ou qui seront conclus ou renégociés à l'avenir.

4.6.2. La nouvelle approche envers les RDIE

A l'instar de la plupart des AII, un mécanisme RDIE est inclus dans la majorité des AII conclus par le Maroc, permettant aux investisseurs étrangers couverts par un TBI d'attraire le Maroc à une procédure d'arbitrage international, à la suite de, ou au lieu de, recours nationaux. L'arbitrage entre investisseur et État implique qu'un tribunal arbitral, désigné par les parties selon les particularités de l'affaire, statue de manière définitive sur le litige.

Comme beaucoup de traités de première génération, la quasi-totalité des TBI marocains réglementent le RDIE de manière souple, octroyant un pouvoir décisionnaire large au tribunal arbitral, aux parties et à leurs représentants. Ainsi, à ce jour, de nombreux TBI marocains laissent aux demandeurs et à leurs conseils un pouvoir décisionnaire sur des questions clés de la procédure, notamment l'identité de l'autorité de nomination du tribunal arbitral par le biais du choix unilatéral de l'investisseur entre plusieurs institutions d'arbitrage. Par ailleurs, aucun TBI ne prévoit l'intervention d'une autorité gouvernante non-partie au litige à des fins d'interprétation dans les affaires RDIE ni ne traite de la transparence dans les RDIE. Enfin, aucun TBI ne traite des mesures correctives qui peuvent être accordées par un tribunal arbitral.

La pratique récente en matière de traités démontre une volonté grandissante de la part des États à circonscrire les limites des mécanismes RDIE voire à rejeter catégoriquement ces mécanismes en faveur d'autres approches (Encadré 4.3).

Encadré 4.3. L'évolution récente des politiques relatives aux RDIE

Un certain nombre d'interrogations alimente depuis quelque temps la méfiance vis-à-vis des RDIE : le recours croissant à l'arbitrage, le risque qui en découle pour la réputation du climat d'investissement de l'État, le poids financier que peut engendrer une procédure arbitrale ou encore le scepticisme eu égard à la légitimité, la cohérence et la transparence du système. Ces considérations ont poussé de nombreux États à repenser leurs politiques relatives aux RDIE au cours des dernières années, voire à remplacer l'arbitrage investisseur-État par des systèmes similaires aux tribunaux :

- L'Union européenne a rejeté le principe de l'arbitrage entre investisseurs et États et, tout en soutenant la création d'une cour multilatérale d'investissement, a inclus dans tous ses traités d'investissement récents un règlement des différends de type judiciaire ;
- Certains gouvernements remettent en question les protections accordées aux investisseurs par les AII et en ont soit réduit considérablement la portée, en limitant l'accès au RDIE (ex. ACEUM), soit ont supprimé entièrement les dispositions de fond relatives au RDIE.
- Le Brésil a élaboré un nouveau modèle de traité d'investissement axé sur le règlement des litiges entre États sans recours au RDIE, par le biais de point focaux nationaux qui jouent le rôle de médiateur ;

Le Groupe de travail III de la CNUDCI a été mandaté en 2017 pour élaborer des solutions de réforme des RDIE. Dans ce contexte, 60 membres de la CNUDCI ainsi que de nombreux États non-membres disposant du statut d'observateur ont adopté le principe de la réforme plurielle pour répondre aux préoccupations suscitées par le RDIE.

Source : OCDE.

Compte tenu du nombre important de traités de première génération conclus par le Maroc, une révision de l'approche envers les mécanismes RDIE pourrait être envisagée dans ses traités, afin notamment de déterminer si le faible niveau de réglementation des mécanismes RDIE dans les AII reflètent de manière appropriée les objectifs politiques du Maroc. En effet, de nombreux AII conclus par le Maroc donnent aux parties demanderesses et leurs conseils un pouvoir décisionnel substantiel en matière de questions procédurales en plus de leur permettre de choisir le moment de leur action. Cela découle notamment du choix de l'autorité de nomination, qui joue un rôle clé dans une procédure arbitrale, notamment parce qu'elle est parfois amenée à choisir le président du tribunal (composé généralement de trois arbitres) (Gaukrodger, 2018[11]). Or, en donnant aux demandeurs et leurs avocats la possibilité de choisir entre différentes institutions d'arbitrage, le TBI permet à ces derniers d'influencer le choix de l'autorité de nomination et exacerbe la concurrence pour les affaires entres institutions d'arbitrage.

Le nouveau modèle de TBI marocain, dans ses dispositions relatives au RDIE, reflète certains des débats de la communauté internationale en matière de réforme des mécanismes RDIE. En effet, ce nouveau modèle met en place un mécanisme de RDIE innovant qui reprend un certain nombre de propositions formulées par le Groupe de travail III de la CNUDCI.

À titre d'exemple, le nouveau modèle de TBI instaure le principe d'un comité conjoint, composé de représentants des deux parties contractantes et chargé notamment de résoudre tout litige résultant de l'accord entre les parties, avant tout recours en justice, ou encore d'intervenir en cours d'instance afin de donner des avis et des interprétations au sujet des dispositions de l'accord.

Le nouveau modèle de TBI limite également l'accès au RDIE et en délimite la portée. Ainsi, la violation par un investisseur de ses obligations au titre du TBI prive ce dernier de tout recours au mécanisme RDIE (article 28.3 du nouveau modèle TBI). Cette disposition peut néanmoins être problématique, dans la mesure où toute violation alléguée de l'investisseur priverait ce dernier de recours au RDIE. Une telle considération devra être prise en compte lors de la conclusion de nouveaux TBI. Le recours aux mécanismes de RDIE est également exclu lorsqu'il existe une autorisation d'investissement ou un contrat d'investissement entre les parties ou encore lorsque l'investissement a été effectué à travers la corruption, le blanchiment d'argent ou une fausse déclaration (article 32 du nouveau modèle TBI). En outre, l'investisseur perd son droit d'action au-delà d'un délai de prescription de 3 ans à compter de la date de la prise de connaissance du manquement allégué et de la perte ou dommage subi (article 28.6 du nouveau modèle TBI).

Néanmoins le nouveau modèle de TBI ne traite pas de toutes les interrogations actuelles autour des AII et du RDIE : il ne règlemente pas le pouvoir décisionnel accordé aux demandeurs et leurs représentants dans la mesure où il continue de donner le choix entre plusieurs institutions d'arbitrage (article 33 du modèle TBI). Cette considération devra être traitée à l'avenir et prise en compte lors de la conclusion de nouveaux TBI, notamment sur la base du nouveau modèle de TBI marocain.

4.7. Autres considérations à prendre en compte dans la réforme des AII

4.7.1. Une délimitation plus claire des dispositions relatives à la protection de l'investissement permettrait de mieux refléter les intentions du gouvernement

De manière générale, les clarifications apportées aux dispositions clés des AII reflètent des positionnements politiques nouveaux du Maroc en matière de politique conventionnelle et d'investissements internationaux. Diverses considérations doivent être prises en compte dans la détermination de la politique d'investissement : les coûts et les avantages de ces choix, leur impact potentiel sur les investisseurs étrangers et nationaux, les intérêts réglementaires légitimes du Maroc ainsi que le risque lié à l'arbitrage et une condamnation conséquente dans le cadre du RDIE. Le gouvernement doit donc continuer d'évaluer ses AII et de s'assurer de leur conformité avec la politique conventionnelle et d'investissements internationaux du Maroc, le cas échéant, de mettre à jour ses traités d'investissement afin de les aligner sur ses priorités actuelles. En fonction du contexte et de la formulation du traité d'investissement, il peut être possible d'atteindre ces objectifs par le biais d'interprétations conjointes convenues avec les autres parties contractantes. Dans d'autres cas, il peut être nécessaire de modifier les AII, voire de remplacer le traité par consentement des deux parties.

L'expérience du gouvernement face à la pandémie de COVID-19 peut également influencer la façon dont il considère les dispositions des traités d'investissement, ainsi que l'équilibre approprié entre les protections octroyées à l'investisseur et le droit de réglementer. En effet en période de crise, comme lors de la pandémie, les gouvernements doivent pouvoir bénéficier d'une marge de manœuvre suffisante afin de pouvoir réagir efficacement à la crise et prendre des mesures vitales telles que l'accès rapide aux biens et services essentiels ; il est donc primordial pour les traités d'investissement de préserver la marge de manœuvre correspondante à ces mesures d'exception. L'expérience acquise pendant la crise du COVID-19 peut être prise en compte pas le gouvernement dans la poursuite des plans d'évaluation et, le cas échéant, de mise à jour de ses traités d'investissement.

4.7.2. Les traités d'investissement comme outil de libéralisation des politiques d'investissement

Bien que les dispositions relatives à la libéralisation soient courantes dans les accords commerciaux internationaux, elles le sont beaucoup moins dans les TBI. Ces dispositions sont devenues l'une des composantes les plus fréquentes des chapitres sur l'investissement dans des traités plus large sur le commerce et l'investissement. Les traités d'investissement peuvent être utilisés pour libéraliser la politique d'investissement, en facilitant la réalisation ou l'établissement de nouveaux investissements (Pohl, 2018[2]). Cet objectif peut être atteint en étendant les normes de traitement national et de traitement NPF aux investisseurs qui cherchent à réaliser des investissements ou en interdisant expressément les mesures qui bloquent ou entravent l'accès au marché. Dans l'ensemble, les dispositions visant à favoriser la libéralisation ne sont pas communes dans les TBI conclus par le Maroc. Seuls un nombre limité de traités conclus par le Maroc accordent aux investisseurs le traitement national et le traitement NPF de préétablissement. À titre d'exemple, les TBI conclus par le Maroc respectivement avec les États-Unis et le Nigéria prévoient que les parties au traité autorisent les investisseurs à « investir et à conclure des contrats » à des conditions non moins favorables que celles octroyées à leurs propres nationaux ou aux investisseurs des États tiers. Les dispositions de ce type s'accompagnent généralement de certaines exclusions (Encadré 4.4). Le Maroc pourrait envisager d'étudier l'opportunité de sa pratique consistant à limiter le traitement national aux investissements post-établissement.

Encadré 4.4. Exceptions au traitement national et traitement NPF fondées sur des listes négatives et positives

Lorsque les États accordent le traitement national et/ou le traitement NPF, que ce soit avant ou après l'établissement de l'investissement, ils le font généralement sous réserve. Il existe deux approches afin de limiter ce traitement.

La première approche est fondée sur une liste négative qui prévoit que le traitement national et la norme NPF sont accordés, sous réserve de certaines exceptions et/ou de dispositions spécifiques. Il s'agit de l'approche par liste négative. La grande majorité des TBI conclus par le Maroc prévoient que le traitement NPF ne s'applique pas aux privilèges et aux avantages qu'une partie contractante accorde aux investisseurs d'un Etat tiers « en vertu de sa participation ou de son association à une zone de libre-échange, une union économique régionale ou un accord international similaire ou en vertu d'une convention tendant à éviter la double imposition en matière fiscale ou toute autre convention en matière d'impôts ». Cela est notamment le cas des TBI conclus avec le Mali, la Guinée-Bissau, la France ou encore la Russie.

La seconde approche est fondée sur une liste positive en vertu de laquelle les dispositions relatives au traitement national et au traitement NPF ne s'appliquent qu'à des secteurs spécifiques identifiés dans le TBI. Il s'agit de l'approche par liste positive. En général, l'approche par liste négative est considérée plus propice à la libéralisation des investissements, et en particulier eu égard au développement continu de nouveaux domaines d'activité économique qui ne sont pas couverts par les listes négatives.

Source : OCDE.

4.7.3. Approche des demandes de pertes par ricochet dans le cadre de RDIE

Les pertes réfléchies surviennent lorsque qu'une société subit une perte qui se traduit, à son tour, par une perte proportionnelle pour les actionnaires, généralement sous forme d'une perte de valeur des actions. Contrairement à l'approche des législations nationales de nombreux pays, les traités d'investissement ont généralement été interprétés de manière à permettre aux actionnaires couverts de formuler des réclamations dans le cadre de RDIE pour les pertes subies par les sociétés dans lesquelles ils détiennent des actions (Encadré 4.5).

Encadré 4.5. L'approche des RDIE en matière de pertes par ricochet

Une perte par ricochet est subie par les actionnaires lorsque la société dans laquelle ils détiennent des actions subit une perte qui se traduit, à son tour, par une perte proportionnelle pour les actionnaires (e.g. perte de valeur des actions). Les créanciers d'une entreprise lésée peuvent également subir une perte par ricochet. Le préjudice par ricochet est généralement opposé au préjudice direct aux droits des actionnaires, tel que l'interférence avec les droits de vote de ces derniers.

Les systèmes de droit des sociétés interdisent de manière générale les demandes d'indemnisation pour préjudice moral. Lorsqu'une entreprise est lésée, le droit de réclamation appartient à l'entreprise elle-même et seule cette dernière peut récupérer les pertes. Les réclamations des actionnaires pour pertes dérivées sont généralement exclues. Cette règle générale d'application universelle présente des avantages tant sur le plan de la procédure que sur le fond. Sur le plan de la procédure, elle permet de réaliser une économie judiciaire en limitant les réclamations, en évitant des jugements incohérents, en facilitant le règlement à l'amiable et en empêchant le double recouvrement par la société et les actionnaires pour une seule et même perte. Cette approche est considérée comme équitable, en particulier pour les défendeurs qui ne sont pas soumis à des demandes multiples pour le même préjudice allégué.

Dans le contexte des RDIE, les tribunaux arbitraux ont parfois adoptés une approche différente, permettant ainsi aux actionnaires d'intenter une action contre les gouvernements pour perte par ricochet. Cette approche a donné lieu à de nombreux problèmes, tels que les réclamations multiples pour le même préjudice, entrainant, entre autres, des millions de dollars de frais de justice supplémentaires pour le même litige.

Les gouvernements examinent ces questions à l'OCDE depuis 2013 ((OCDE, 2016[12]) ; (Gaukrodger, 2014[13]) ; (Gaukrodger, 2014[14]) ; résumé de la 19e table ronde sur la liberté d'information, octobre 2013, p. 12-19 ; résumé de la 18e table ronde sur la liberté d'information, mars 2013, p. 4-9). Les discussions en cours au sein du Groupe de travail III de la CNUDCI sur la réforme des RDIE examinent les réformes possibles pour traiter ces questions, qui ont été soulignées dans une note récente du Secrétariat de la CNUDCI (UNCITRAL, 2019[15]). À la demande du groupe de travail, ces discussions sont menées conjointement avec l'OCDE. Étant donné que l'approche actuelle concernant la perte par ricochet dans les RDIE offre aux demandeurs des avantages exceptionnels et augmente considérablement le nombre d'affaires RDIE réelles et potentielles, seule une réforme menée par les gouvernements est susceptible de résoudre ces problèmes.

Au vu de ce qui précède, le Maroc devrait continuer à s'engager dans des forums multilatéraux tels que l'OCDE (notamment dans le programme de travail sur le Futur des traités d'investissement, le premier volet étant lié à l'alignement des traités d'investissement sur l'Accord de Paris de 2015 et le net zéro, et le second volet étant lié à l'étude de l'évolution des dispositions matérielles spécifiques des traités de l'ancienne génération vers les modèles actuels) et la CNUDCI afin de contribuer aux discussions relatives à l'approche adoptée dans les RDIE en matière de réclamation pour perte par ricochet des actionnaires.

4.7.4. Les chevauchements entre les différents traités d'investissement

Comme d'autres pays de la région MENA, le Maroc est signataire d'un nombre considérable d'accords conventionnels qui se chevauchent, notamment entre ses TBI et ses accords multilatéraux comme l'Accord OCI sur l'investissement et la Convention arabe unifiée, qui dupliquent les protections conventionnelles avec des États individuels.

Le chevauchement des traités d'investissement qui s'appliquent aux investissements d'investisseurs d'un même pays peut soulever certaines préoccupations politiques. De manière générale, le Maroc devrait s'efforcer de minimiser les incohérences entre les obligations internationales contractées avec les différents pays et explorer la possibilité d'harmoniser les politiques régionales en matière de traités d'investissement, par le biais des cadres régionaux existants. En effet, les investisseurs de pays ayant conclu deux traités d'investissement ou plus avec le Maroc pourraient choisir de s'appuyer sur des dispositions plus favorables d'anciens AII, que ce soit dans leurs relations avec le gouvernement ou dans le contexte d'un RDIE. À titre d'exemple, de nombreuses dispositions de l'Accord de l'OCI sur l'investissement et de la Convention arabe unifiée reflètent une conception parfois obsolète des traités, qui, s'ils restent en place sous leur forme actuelle, pourraient compromettre les efforts actuellement entrepris par le Maroc pour réviser et réformer ses TBI : les investisseurs couverts pourraient vraisemblablement contourner les TBI récents du Maroc en choisissant de s'appuyer sur les dispositions plus favorables de TBI ou traités multilatéraux plus anciens qui sont toujours en vigueur.

Il convient de noter que toute différence significative entre les TBI conclus par Maroc et les accords régionaux auxquels ce dernier est parti est peu susceptible de contribuer à la création d'un espace d'investissement totalement intégré au niveau régional. Le Maroc pourrait donc s'engager avec ses partenaires conventionnels afin d'examiner si leurs obligations internationales respectives reflètent leurs priorités actuelles. Selon le contexte et la lettre de l'accord, il peut être possible d'atteindre ces objectifs par le biais d'interprétations conjointes avec les homologues à ce dernier. Une révision de l'AII peut parfois être nécessaire.

4.7.5. Une marge de manœuvre pour la réglementation gouvernementale

Un plus grand degré de liberté réglementaire légitime peut contribuer à un développement durable d'un État. Pour ce faire, les gouvernements peuvent utiliser une série de techniques afin d'influer sur l'équilibre entre le droit de réglementer et les protections accordées aux investisseurs dans le cadre de traités d'investissements (Gaukrodger, 2017[16]). La plus évidente consiste à inclure ou exclure des dispositions particulières et de rédiger de manière étroite ou large les traités notamment s'agissant des protections le plus souvent invoquées dans les actions contre les États. Une autre manière d'influer sur cet équilibre consiste à inclure des dispositions expresses relatives au droit de réglementer.

Les considérations ci-dessus semblent s'aligner sur la stratégie nationale de développement du Maroc (Maroc à horizon 2035), qui consiste notamment à encourager les investissements durables et inclusifs et à créer des emplois de qualité.

Le nouveau modèle de TBI marocain incarne ces considérations et reflète les priorités du gouvernement, dans ses dimensions économiques, sociales et environnementales, en laissant aux parties une marge de manœuvre pour la réglementation des normes en matière de santé publique, de travail, d'environnement et de sécurité. En effet, le nouveau modèle de TBI prévoit qu'aucune disposition de l'accord ne sera interprétée comme empêchant une partie de prendre toute mesure considérée comme nécessaire pour protéger l'ordre public, la santé publique ou pour préserver l'environnement, à condition que ces mesures ne soient pas appliquées d'une manière discriminatoire, abusive ou injustifiée. Par ailleurs, aucune partie ne devrait renoncer ou déroger à des mesures nationales liées à la santé publique, au travail, à l'environnement ou à la sécurité afin d'encourager l'établissement, l'acquisition, l'expansion ou le maintien sur son territoire d'un investissement tel que défini par le nouveau modèle de TBI marocain.

Dans cette même optique, les mesures législatives et réglementaires de bonne foi et non discriminatoires prises par une partie dans le but de protéger ou améliorer les objectifs d'intérêts publics tels que la santé publique, la sécurité, l'environnement et le travail ne peuvent constituer une expropriation indirecte susceptible de compensation.

Bien que le nouveau modèle de TBI reflète fidèlement les priorités du gouvernement, le Maroc devrait considérer la question des TBI de première génération et envisager de revoir le langage de certaines dispositions, notamment celles relatives au standard de TJE, afin de refléter les pratiques susmentionnées dans ces traités. Afin de se réserver une plus grande marge de manœuvre politique, le Maroc pourrait envisager de clarifier le langage du traité, de procéder à des déclarations interprétatives unilatérales ou conjointes, d'inclure des exceptions générales ou spécifiques ou encore de mettre en place des conditions préalables au consentement à l'arbitrage.

4.7.6. Prise en compte du développement durable et de la conduite durable des entreprises dans les traités d'investissement

L'OCDE étudie actuellement l'impact des traités de commerce et d'investissement sur les responsabilités des entreprises, notamment l'impact sur la marge de manœuvre des gouvernements, la manière dont leurs dispositions renforcent le droit national ou encore imposent directement le respect des normes CRE (Gaukrodger, 2020[17]).

La nouvelle génération de TBI aborde généralement la responsabilité des investisseurs. Ainsi, certains traités précisent qu'il est inapproprié d'encourager les investissements des investisseurs de l'autre partie contractante en assouplissant les mesures environnementales ou sanitaires. D'autres traités excluent les investissements obtenus par voie de corruption du champ d'application des protections prévues par le traité et reconnaissent que les investissements doivent contribuer au développement économique de l'État hôte ou encore exigent des entreprises qu'elles respectent les normes en matière de responsabilité sociale des entreprises.

Certains traités d'investissement marocains contiennent des dispositions relatives aux objectifs CRE et aux responsabilités des investisseurs ; ces dispositions varient en termes de portée et de précision. En effet, au moins trois TBI conclus par le Maroc contiennent des références expresses à ces objectifs[9]. Le Maroc pourrait également envisager d'aborder les questions de CRE dans ses traités d'investissement de première génération, notamment en amendant les TBI de première génération.

Le nouveau modèle de TBI marocain, contient toutes les dispositions susvisées : il consacre des dispositions relatives au maintien des normes en matière de santé publique, de travail, d'environnement et de sécurité et à la lutte contre la corruption, le blanchiment des capitaux et le financement du terrorisme ; il met par ailleurs à la charge des investisseurs une responsabilité sociale et environnementale et il exclut toute indemnité résultant de mesures prises dans un objectif d'ordre public, de santé publique ou pour préserver l'environnement.

Ces sujets sont également abordés dans la Loi Cadre n° 99-12 portant charte nationale de l'environnement et du développement durable. Le Maroc est encouragé à veiller à ce que la protection accordée au titre de tous ses traités d'investissement soit limitée aux investissements réalisés dans le respect des législations marocaines, notamment la Loi Cadre n° 99-12. Une telle exigence constitue un mécanisme de filtrage qui peut potentiellement inciter les investisseurs à être plus attentifs aux obligations qui leur incombent en vertu du droit national. L'insertion d'une clause explicite à cet effet dans les TBI du Maroc est fortement encouragée.

Les considérations ci-dessus sont d'avantage détaillés dans le chapitre 7 relatif à la conduite responsable des entreprises (voir Chapitre 7).

4.7.7. Considérations procédurales : Sortie et renégociations des traités d'investissement

Un nombre croissant de pays envisagent de remplacer, de mettre à jour ou de sortir des traités d'investissement plus anciens, qui ne reflètent plus les priorités actuelles des gouvernements. L'examen et la renégociation des traités d'investissement (ou encore des traités plus large contenant des chapitres relatifs à la promotion et la protection des investissement) nécessitent du temps et des ressources gouvernementales importantes ; de même l'option de mettre fin à un traité n'est pas nécessairement possible à tout moment, car les dispositions relatives à la validité temporelle du traité peuvent limiter les options de sortie Encadré 4.6).

Encadré 4.6. Conception des dispositions relatives à la validité temporelle des traités d'investissement

Contrairement à la plupart des conventions internationales qui peuvent être dénoncées dans un délai relativement court, les traités d'investissement contiennent généralement des clauses qui prolongent leur validité temporelle pour des périodes significatives. Trois types de dispositions peuvent coexister dans un même accord :

- La plupart des traités d'investissement contiennent une clause qui fixe la période de validité initiale à dix ans ou plus, à compter de l'entrée en vigueur du traité.
- Après cette période initiale de validité, de nombreux traités autorisent les États contractant à dénoncer le traité uniquement à l'issue d'intervalles spécifiques, souvent de dix ans ou plus.
- Enfin, les obligations découlant des traités continuent presque universellement de s'appliquer pendant une période de temporisation après la dénonciation du traité, là encore pour des périodes de dix ans ou plus.

En définitif, de nombreux traités lient les parties contractantes pendant au moins deux décennies et, dans certains cas, jusqu'à 50 ans.

Les modèles de traités qui prolongent automatiquement la validité du traité pour des périodes déterminées sont inclus dans environ 30 % du stock mondial de traités, mais ce modèle est de moins en moins utilisé. En effet, cette conception tend à prolonger la période pendant laquelle les États contractants sont liés, sans apporter d'avantages supplémentaires en termes de prévisibilité pour les investisseurs ; au contraire, la validité résiduelle oscillante du traité devient difficile à prévoir sans étude détaillée.

De nombreux TBI en vigueur aujourd'hui dans le Maroc contiennent des dispositions de validité temporelle, qui auront pour effet de retarder la possibilité de sortie unilatérale du traité. Les TBI conclus par le Maroc ont une durée de validité initiale comprise entre 5 et 20 ans. Environ la moitié des TBI marocains prévoient une période de renouvellement automatique après la période de validité initiale et autorisent l'une ou l'autre des parties à dénoncer le traité dans les six ou douze mois suivant l'expiration de la période de renouvellement. Les traités qui se renouvellent pour une durée déterminée nécessitent une surveillance accrue, car ils limitent les possibilités d'actualisation ou de dénonciation unilatérale de l'accord. Si aucune des parties ne dénonce le TBI au cours de la période de préavis, ce dernier est automatiquement renouvelé pour la période convenue dans le TBI, engageant ainsi le Maroc dans ces traités pour 15 ou 20 ans supplémentaires dans certains cas sans possibilité de dénonciation. Même si le Maroc mettait fin à ces traités avec succès, la majorité des traités continueraient à s'appliquer pendant une période de survie d'au moins dix ans dans la majorité des cas, ce qui expose le Maroc à des réclamations d'investisseurs en vertu de dispositions RDIE après la date d'expiration du TBI.

À titre d'exemple, au 20 juin 2023, le gouvernement ne pourrait se retirer unilatéralement de tous ses traités d'investissement qu'à partir de l'année 2034 au plus tôt (en tenant compte des périodes de renouvellement automatique de certains traités)[10] et les effets des périodes d'extinction post-dénonciation pourraient durer au-delà de l'année 2049, même si des mesures appropriées étaient prises dès aujourd'hui.

Pour les traités d'investissement en vigueur, la dénonciation unilatérale n'est pas la seule option pour remédier aux lacunes perçues dans ces derniers. En effet, les possibilités de sortie peuvent influencer la manière dont les modifications ou les sorties convenues peuvent être négociés avec les partenaires du traité, en particulier si la période de renouvellement est imminente. Le Maroc pourrait donc souhaiter examiner si la conception actuelle de ses dispositions relatives à la validité temporelle peut servir ses intérêts dans les discussions avec les partenaires de traités. L'interprétation conjointe d'un traité constitue une autre piste d'amélioration. Ces interprétations peuvent être conclues à tout moment et peuvent représenter un moyen plus simple, plus rapide et politiquement acceptable d'aborder certains aspects de la politique du traité si le texte dudit traité offre une marge de manœuvre suffisante pour parvenir à l'interprétation souhaitée conjointement. Le Maroc peut souhaiter étudier des exemples d'interprétations conjointes récentes signées par d'autres États ou élaborer un modèle d'interprétation conjointe pour ses TBI par le bais de consultations avec les parties intéressées. Il peut également être prudent d'envisager de réviser systématiquement les dispositions existantes sur la validité temporelle dans le cadre d'amendements ou de renégociations de TBI existants afin de supprimer les dispositions de *lock-in* et de réduire les périodes d'extinction post-dénonciation.

Le nouveau modèle de TBI marocain démontre que le gouvernement a reconsidéré sa position quant à la validité temporelle : aucune durée initiale de validité n'est prédéterminée, et il est stipulé que le TBI restera en vigueur « *tant que l'une des Parties n'a pas avisé par écrit l'autre Partie de son intention d'y mettre fin, auquel cas il prend fin un an après la réception de l'avis de dénonciation par l'autre Partie* ». Le nouveau modèle de TBI réduit par ailleurs la survie des effets des protections accordées à 5 ans à compter de la date de prise d'effet de la dénonciation.

Annex 4.A. Liste des TBI conclus par le Maroc

Numéro	Pays	Signature	Entrée en vigueur
1	Allemagne	06/08/2001	12/04/2008
2	Argentine	13/06/1996	19/02/2000
3	Autriche	02/11/1992	01/07/1995
4	Bahreïn	07/04/2000	09/04/2001
5	Belgique / Luxembourg	13/04/1999	29/05/2002
6	Bénin	15/06/2004	
7	Brésil	13/06/2019	
8	Bulgarie	22/05/1996	19/02/2000
9	Bulgarie Protocole Additionnel	28/09/2010	20/09/2012
10	Burkina Faso	08/02/2007	05/03/2016
11	Cabo Verde	09/05/2023	
12	Cameroun	24/01/2007	
13	Afrique centrale	26/09/2006	
14	Tchad	04/12/1997	
15	Côte d'Ivoire	19/03/2013	24/06/2019
16	Côte d'Ivoire Protocole Additionnel	05/02/2014	24/06/2019
17	Corée du Sud	27/01/1999	08/05/2001
18	Croatie	29/09/2004	
19	République Tchèque	11/06/2001	30/01/2003
20	République Tchèque Protocole Additionnel	19/03/2010	18/12/2012
21	Danemark	23/05/2003	18/04/2013
22	République Dominicaine	23/05/2002	04/01/2007
23	Égypte	14/05/1997	01/07/1998
24	Émirats arabes unis	09/02/1999	01/04/2002
25	Espagne	11/12/1997	13/04/2005
26	États-Unis	22/07/1985	30/05/1991
27	Guinée équatoriale	05/07/2005	
28	Estonie	25/09/2009	04/11/2012
29	Éthiopie	19/11/2016	01/09/2019
30	Finlande	01/10/2001	06/04/2003
31	France	13/01/1996	01/04/1999
32	Gabon	21/06/2004	24/07/2009
33	Gambie	20/02/2006	12/10/2011
34	Grande Bretagne	30/10/1990	14/02/2002
35	Grèce	16/02/1994	28/06/2000
36	Guinée (République de)	02/05/2002	
37	Guinée-Bissau	28/05/2015	
38	Hongrie	12/12/1991	03/02/2000
39	Inde	13/02/1999	
40	Indonésie	14/03/1997	21/03/2002
41	Iran	21/01/2001	31/03/2003
42	Italie	18/07/1990	26/04/200
43	Italie Protocole Additionnel		
44	Japon	08/01/2020	
45	Jordanie	16/06/1998	07/02/2000
46	Koweït	16/02/1999	07/05/2001

Numéro	Pays	Signature	Entrée en vigueur
47	Liban	03/07/1997	25/02/2000
48	Libye	02/11/2000	20/10/2001
49	Macédoine du Nord	11/05/2010	15/10/2012
50	Malaisie	16/04/2002	23/04/2009
51	Mali	21/02/2014	02/03/2016
52	Mauritanie	13/06/2000	20/10/2003
53	Pays-Bas	23/12/1971	27/07/1978
54	Nigéria	03/12/2016	
55	Pakistan	16/04/2001	
56	Pologne	24/10/1994	03/07/1999
57	Portugal	17/04/2007	08/06/2011
58	Qatar	20/02/1999	21/05/2001
59	Roumanie	28/01/1994	03/02/2000
60	Russie	15/03/2016	
61	Rwanda	19/10/2016	19/11/2019
62	El Salvador	21/04/1999	12/04/2002
63	Sao Tomé-et-Principe	25/01/2016	
64	Sénégal	15/11/2006	05/03/2011
65	Serbie	06/06/2013	
66	Sierra Leone	28/04/2023	
67	République slovaque	14/06/2007	
68	Soudan	23/02/1999	04/07/2002
69	Suède	26/09/1990	16/06/2008
70	Suisse	17/12/1985	12/04/1991
71	Sultanat d'Oman	08/05/2001	25/02/2003
72	Syrie	01/10/2001	29/03/2003
73	Tunisie	28/01/1994	01/04/1999
74	République de Türkiye	08/04/1997	30/05/2004
75	Ukraine	24/12/2001	25/04/2009
76	Yémen	24/02/1997	
77	Zambie	20/02/2017	08/02/2021

Note : Il est difficile d'être précis sur le statut exact des TBI conclus par le Maroc en raison de certaines incohérences dans les informations accessibles au public, notamment en ce qui concerne les dates de signature et d'entrée en vigueur.
Source : Ministère des affaires étrangères, Base de données de l'OCDE sur les traités d'investissement.

Références

Gaukrodger, D. (2020), *Business Responsibilities and Investment Treaties*, http://www.oecd.org/daf/inv/investment-policy/Consultation-Paper-on-business-responsibilities-and-investment-treaties.pdf?_ga=2.258456330.1418669026.1705506100-627857389.1696261480. [17]

Gaukrodger, D. (2018), *Appointing Authorities and the Selection of Arbitrators in Investor-State Dispute Settlement: An Overview*, http://www.oecd.org/investment/investment-policy/ISDS-Appointing-Authorities-Arbitration-March-2018.pdf?_ga=2.28808124.1418669026.1705506100-627857389.1696261480. [11]

Gaukrodger, D. (2017), « Addressing the balance of interests in investment treaties : The limitation of fair and equitable treatment provisions to the minimum standard of treatment under customary international law », *OECD Working Papers on International Investment*, n° 2017/3, Éditions OCDE, Paris, https://doi.org/10.1787/0a62034b-en. [8]

Gaukrodger, D. (2017), « The balance between investor protection and the right to regulate in investment treaties : A scoping paper », *OECD Working Papers on International Investment*, n° 2017/2, Éditions OCDE, Paris, https://doi.org/10.1787/82786801-en. [16]

Gaukrodger, D. (2014), *Investment Treaties and Shareholder Claims for Reflective Loss: Insights from Advanced Systems of Corporate Law*, Éditions OCDE, Paris, https://doi.org/10.1787/5jz0xvgngmr3-en. [13]

Gaukrodger, D. (2014), *Investment Treaties and Shareholder Claims: Analysis of Treaty Practice*, Éditions OCDE, Paris, https://doi.org/10.1787/5jxvk6shpvs4-en. [14]

OCDE (2024), *Future of Investment Treaties - About work on Future of Investment Treaties in the Track 2 Project.* [6]

OCDE (2024), *Interaction among investment treaties based on most-favoured-nation treatment*, OCDE, Paris, https://one.oecd.org/document/DAF/INV/TR2/WD(2024)1/en/pdf. [9]

OCDE (2022), « L'interaction entre les clauses de la nation la plus favorisée et les modalités de règlement des différends dans les traités d'investissement », vol. 2022/01, https://doi.org/10.1787/3dcd5dea-fr. [7]

OCDE (2021), *Perspectives des politiques d'investissement au Moyen-Orient et en Afrique du Nord*, Éditions OCDE, Paris, https://doi.org/10.1787/efcc255a-fr. [4]

OCDE (2021), *The Future of Investment Treaties (Track 2) - The notion of 'indirect expropriation' in investment treaties concluded by 88 jurisdictions: a large sample survey of treaty provisions*, OCDE, Paris, https://www.oecd.org/investment/investment-policy/oecd-future-investment-treaties-indirect-expropriation-meeting-background.pdf. [10]

OCDE (2016), « The impact of investment treaties on companies, shareholders and creditors », dans *OECD Business and Finance Outlook 2016*, Éditions OCDE, Paris, https://doi.org/10.1787/9789264257573-13-en. [12]

OCDE (2015), *Cadre d'action pour l'investissement, édition 2015*, Éditions OCDE, Paris, https://doi.org/10.1787/9789264235441-fr. [1]

OCDE (2010), *Examens de l'OCDE des politiques de l'investissement : Maroc 2010, Examens de l'OCDE des politiques de l'investissement*, Éditions OCDE, Paris, https://doi.org/10.1787/9789264079632-fr. [5]

Pohl, J. (2018), *Societal benefits and costs of International Investment Agreements: A critical review of aspects and available empirical evidence*, Éditions OCDE, Paris, https://doi.org/10.1787/18151957. [2]

UNCITRAL (2019), *Possible reform of investor-State dispute settlement (ISDS): Shareholder claims and reflective loss Note by the Secretariat*, https://uncitral.un.org/sites/uncitral.un.org/files/media-documents/uncitral/en/oecd_secretariat_dp.10.pdf. [15]

UNCTAD (2023), *Trends in the investment treaty regime and a reform toolbox for energy transition*, https://unctad.org/system/files/official-document/diaepcbinf2023d4_en.pdf. [3]

Notes

[1] Le Protocole sur l'investissement de l'Accord portant création de la Zone de libre-échange continentale africaine est accessible en sa version anglaise au lien suivant https://www.bilaterals.org/IMG/pdf/en_-_draft_protocol_of_the_afcfta_on_investment.pdf.

[2] Le Protocole sur l'investissement de l'Accord portant création de la Zone de libre-échange continentale africaine est accessible en sa version anglaise au lien suivant https://www.bilaterals.org/IMG/pdf/en_-_draft_protocol_of_the_afcfta_on_investment.pdf.

[3] Le Protocole sur l'investissement de l'Accord portant création de la Zone de libre-échange continentale africaine est accessible en sa version anglaise au lien suivant https://www.bilaterals.org/IMG/pdf/en_-_draft_protocol_of_the_afcfta_on_investment.pdf.

[4] Il convient de noter que seuls les TBI Maroc-Japon et Maroc- République du Cabo Verde semblent disponibles publiquement.

[5] Informations récoltées de la base de données du CIRDI, accessible au lien suivant https://icsid.worldbank.org/cases/case-database.

[6] Informations récoltées de la base de données du CIRDI, accessible au lien suivant https://icsid.worldbank.org/cases/case-database.

[7] Informations récoltées de la base de données du CIRDI, accessible au lien suivant https://icsid.worldbank.org/cases/case-database.

[8] Informations récoltées de la base de données du CIRDI, accessible au lien suivant https://icsid.worldbank.org/cases/case-database.

[9] *Voir par exemple*, TBI Nigéria-Maroc, TBI Brésil-Maroc.

[10] L'OCI et Unified Arab sont exclus de cette étude.

5 Promotion et facilitation des investissements au Maroc

Ce chapitre examine le cadre institutionnel, la stratégie et les politiques de promotion et de facilitation de l'investissement au Maroc et les considère dans le contexte de reprise économique durable à la suite de la crise du COVID-19. Le rôle de l'agence marocaine de développement des investissements et des exportations est au centre de ce chapitre, qui comprend une comparaison internationale de sa structure institutionnelle, ses méthodes, ses activités et ses outils de promotion de l'investissement. Le chapitre examine également les mesures plus larges visant à améliorer le climat des affaires et autres initiatives pour faciliter les investissements et les expansions au Maroc. Des standards et outils de l'OCDE sont utilisés pour analyser ces éléments à la lumière des évolutions et réformes récentes, notamment les réponses des autorités marocaines à l'enquête OCDE-BID auprès des agences de promotion des investissements.

5.1. Introduction et orientations générales

Les politiques de promotion et de facilitation de l'investissement peuvent contribuer à la compétitivité du pays hôte grâce à des mesures d'attraction ciblées et à des services facilitant l'établissement ou l'expansion des investisseurs. De telles initiatives sont essentielles pour favoriser un climat de l'investissement attractif et bénéficier de l'apport des entreprises multinationales sur les objectifs de développement national. Elles sont particulièrement importantes pour répondre à la crise provoquée par la pandémie de COVID-19, en conséquence de laquelle la contraction économique et la baisse des investissements directs étrangers (IDE) en 2020, ainsi que la pression sur les budgets publics, ne sont pas sans conséquences sur les politiques et les institutions chargées de promouvoir et de faciliter les investissements au Maroc. Il est toutefois important que ces efforts de promotion et de facilitation complètent – et ne remplacent pas – les mesures visant à garantir un cadre de politique d'investissement solide, telles que celles examinées dans les autres chapitres de cette revue (OCDE, 2015[1]).

Le Royaume du Maroc affiche de grandes ambitions pour renforcer l'attractivité et la compétitivité de son économie. Le Nouveau modèle de développement, un document stratégique des autorités qui apporte des éléments de projection et de prospective à l'horizon 2035, vise « un renforcement de la capacité d'attraction des IDE » (Royaume du Maroc, 2021[2]). Alors que la contribution de l'investissement privé à l'atteinte des objectifs de développement durable est indispensable dans le contexte de reprise par suite de la crise du COVID-19, les outils de promotion et de facilitation des investissements se doivent d'être pertinents et adaptés pour soutenir les ambitions du Nouveau modèle de développement.

À la suite des élections législatives de 2021, les autorités marocaines ont révisé leur cadre institutionnel pour la promotion et la facilitation de l'investissement afin de lui donner une nouvelle impulsion. Ainsi, conformément aux hautes orientations de Sa Majesté le Roi, visant à donner une importance stratégique et horizontale à la politique de l'investissement, le Ministère de l'Investissement, de la Convergence et de l'Évaluation des Politiques Publiques (MICEPP) a été créé. Dans ce même élan et sous l'égide de ce nouveau ministère, la loi-cadre 03-22 formant Charte de l'investissement a été adoptée à la fin de 2022 et une nouvelle feuille de route sur le climat des affaires dévoilée en 2023 avec l'ambition de stimuler et promouvoir les investissements privés internationaux et nationaux au Maroc. Au niveau opérationnel, l'agence marocaine de développement des investissements et des exportations (AMDIE), sous la tutelle du nouveau ministère, est au centre du cadre stratégique de la promotion de l'investissement au niveau national. Elle est complétée par l'action des Centres Régionaux d'Investissement (CRI) au niveau infranational, qui, depuis mai 2023, sont rattachés au Chef du gouvernement, qui en a délégué une partie des prérogatives au MICEPP. Avec cette nouvelle gouvernance unifiée et territorialisée de l'investissement, le Maroc ambitionne de donner davantage de coordination et de cohérence à sa politique de l'investissement, et de renforcer la convergence et les synergies en matière d'investissement au niveau central et territorial.

L'AMDIE a la responsabilité de mettre en œuvre le régime incitatif prévu dans la Charte de l'investissement et assure le secrétariat de la Commission nationale des investissements présidée par le Chef du gouvernement en charge d'approuver les nouvelles conventions d'investissement. L'AMDIE a vu ses ressources humaines et financières quelque peu affectées par la crise du COVID-19, mais a toutefois su en faire une opportunité pour accélérer sa transition numérique, à l'instar de nombreuses agences de promotion des investissements (API) de l'OCDE. Bien qu'elle soit active dans toutes les fonctions classiques de la promotion et de la facilitation de l'investissement, l'AMDIE a progressivement mis l'emphase sur la création d'image, notamment avec l'initiative *Morocco NOW* mise en place en 2021. L'AMDIE aligne sa stratégie de promotion de l'investissement sur les orientations générales du gouvernement et les stratégies économiques sectorielles. Durant de nombreuses années, ses actions de ciblage et de priorisation des investisseurs étrangers ont été insuffisamment sélectives, se concentrant sur certains secteurs de l'économie mais priorisant relativement peu de pays ou de projets d'investissement. Toutefois, depuis 2022, davantage d'actions de démarchage ont été tenues dans un groupe de pays prioritaires, ce qui témoigne d'une volonté accrue des autorités de rendre les activités de promotion de l'investissement plus sélectives et donc plus efficaces. Afin d'améliorer l'impact de son action, l'AMDIE a également mis en place des outils de suivi et évaluation, bien que certains indicateurs puissent être davantage développés.

Les activités de ciblage se calquent sur les secteurs porteurs identifiés dans la nouvelle charte de l'investissement, à savoir : l'industrie, l'industrie culturelle, les énergies renouvelables, la logistique et le transport, l'aquaculture, le tourisme et les loisirs, le numérique, la transformation et valorisation des déchets, et l'outsourcing.

Comme dans de nombreux pays au monde, la facilitation de l'investissement est une tâche pangouvernementale au Maroc. Les autorités ont mis l'accent depuis de nombreuses années sur l'amélioration de l'environnement des affaires, ce qui s'est traduit par des avancées significatives reconnues internationalement. Récemment, la simplification, la dématérialisation et la déconcentration des procédures et démarches administratives pour l'investisseur ont été au centre des réformes du climat des affaires du Maroc. La mise en place du MICEPP a notamment pour objectif de faciliter l'acte d'investir et d'élever les investissements privés à deux tiers des investissements totaux d'ici 2035. Depuis 2022, les pouvoirs publics se sont engagés dans la préparation d'une nouvelle feuille de route pour l'amélioration du climat des affaires avec pour ambition de libérer le plein potentiel des investisseurs et faciliter l'acte d'entreprendre. Cette feuille de route, élaborée en consultation avec l'ensemble des parties prenantes publiques et privées, adresse plusieurs chantiers stratégiques visant l'amélioration des conditions structurelles de l'acte d'investir et d'entreprendre, l'appui à la transformation de l'économie nationale, le renforcement de sa compétitivité, le développement d'un environnement propice à l'entrepreneuriat et à l'innovation, et le renforcement de l'éthique, de l'intégrité et de la prévention de la corruption.

Le Royaume a également participé aux négociations sur la facilitation de l'investissement pour le développement à l'organisation mondiale du commerce (OMC), ce qui devrait donner une impulsion à ses réformes nationales lors de la mise en œuvre de l'accord. L'AMDIE et les centres régionaux d'investissement (CRI) complètent ces initiatives par des services de facilitation aux nouveaux investisseurs et de suivi aux investisseurs établis, y compris par des services de conciliation au niveau des CRI ainsi que des comités régionaux de l'environnement des affaires œuvrant à la mise en place des chantiers de la feuille de route nationale de l'amélioration de l'environnement des affaires.

Recommandations d'action

- **Tirer les pleins bénéfices d'un nouveau cadre institutionnel plus cohérent et de la nouvelle Charte de l'investissement** pour donner une impulsion à la politique de promotion et de facilitation de l'investissement et un rôle plus central dans la politique du gouvernement, où le ministère, l'AMDIE et les CRI se positionnent en leaders institutionnels avec des rôles distincts et complémentaires. À cet effet, il pourrait être opportun de renforcer le rôle de l'AMDIE en tant que point focal national pour les investisseurs étrangers, y compris pour les secteurs d'activités qui ne sont pas sous sa responsabilité à l'heure actuelle.
- **Clarifier les mandats de l'AMDIE**, dont le nombre est relativement élevé et le champ d'action large, et renforcer les mécanismes de coordination avec les autres entités publiques nationales et infranationales ayant des mandats similaires. Continuer la mise en œuvre d'une politique de gouvernance solide de l'AMDIE articulée autour d'un conseil d'administration fonctionnel et équilibré.
- **Faire de l'AMDIE une agence plus proactive et centrée sur la promotion de l'IDE**, au-delà de l'administration du régime incitatif de la Charte de l'investissement, en renforçant ses fonctions de génération et de facilitation des investissements, qui sont les fonctions essentielles

des API. Il serait judicieux d'adopter une stratégie d'attraction de l'investissement plus ciblée et sélective, avec des secteurs prioritaires plus détaillés et une priorisation par pays ainsi que par projet ou par investisseur. Une présence à l'étranger accrue de l'AMDIE pourrait également contribuer à mieux cibler les investisseurs potentiels et à optimiser ses activités de démarchage.

- **Développer davantage d'indicateurs d'évaluation de performance au sein de l'AMDIE**, en particulier des indicateurs de résultats, afin de s'assurer que les activités de l'agence remplissent leurs objectifs et de mieux mesurer l'impact des IDE sur l'économie locale. Dans ce contexte, s'assurer que le CRM de l'AMDIE soit opérationnel le plus rapidement possible et, dans la mesure du possible, lié aux CRM des CRI pour une coordination optimale des activités entre les différents niveaux de gouvernement.
- **Poursuivre et renforcer les efforts de simplification des procédures administratives pour les entreprises**, y compris au travers d'une digitalisation renforcée et élargie, et réduire les démarches redondantes ou inutiles afin de faciliter les nouveaux investissements et d'encourager des réinvestissements et des expansions. Les autorités marocaines pourraient, à cet effet, envisager de passer d'un système d'autorisation à un système de cahier des charges, où les nouveaux investissements sont autorisés de prime abord s'ils respectent un certain nombre de critères.
- **Poursuivre la participation active du Maroc dans les négociations sur la facilitation de l'investissement pour le développement** au sein de l'OMC, préparer la mise en œuvre de l'accord et considérer donner le rôle de point focal à l'AMDIE.
- **Renforcer les services de facilitation et de suivi aux investisseurs de l'AMDIE**, y compris par la mise en place du Centre Aftercare, afin de soutenir davantage les entreprises déjà établies. Dans le même cadre, renforcer les programmes de promotion des liens d'affaires entre multinationales et petites et moyennes entreprises (PME) locales et, ce faisant, s'assurer d'une coordination optimale entre les différents acteurs en place.

5.2. Une stratégie de promotion des investissements innovante au service des priorités nationales du Maroc

Les gouvernements conçoivent des stratégies de promotion des investissements afin de fournir aux autorités compétentes des objectifs, des cibles, des moyens et des activités pour attirer des IDE. Ces stratégies portent essentiellement sur des questions visant à déterminer : (i) comment mettre en pratique cette stratégie, autrement dit le cadre institutionnel général et, plus particulièrement, le rôle de l'API ; (ii) ce qu'il faut promouvoir, c'est-à-dire les secteurs, les pays, les projets et les investisseurs à cibler ; et (iii) comment mesurer la mise en œuvre et les résultats de la stratégie, notamment grâce aux mécanismes de suivi et d'évaluation.

5.2.1. Cadre institutionnel et analyse comparative de l'AMDIE

L'AMDIE est au centre de la stratégie de promotion de l'investissement au Maroc

Bien que le cadre institutionnel diffère grandement d'un pays à l'autre, la plupart des juridictions ont établi des API dédiées à l'attraction et à la facilitation des IDE afin de mettre en œuvre la stratégie de promotion des investissements de leur gouvernement. Les API ne sont jamais les seuls acteurs en place et d'autres entités publiques jouent souvent des rôles complémentaires – parfois se chevauchant – pour promouvoir et faciliter l'investissement. La façon dont les gouvernements organisent leur cadre institutionnel pour la promotion de l'investissement répond à leurs objectifs politiques et à la priorité qu'ils accordent à l'investissement. Ces choix peuvent toutefois grandement influencer leur capacité à attirer des IDE de façon efficiente et efficace.

Au Maroc, l'AMDIE est l'acteur principal de la mise en œuvre de la politique de promotion et de facilitation de l'investissement. Elle est le point focal pour les investisseurs étrangers et domestiques. Depuis les élections de 2021, l'AMDIE se retrouve sous la tutelle du MICEPP nouvellement créé. Ce changement de tutelle devrait lui donner davantage de visibilité et de cohérence, ainsi qu'un champ d'action plus large. Il pourrait aussi s'accompagner de défis puisque tous les mandats de l'AMDIE n'ont pas forcément directement trait à l'investissement (voir plus loin).

En vertu de la loi 60-16 portant création de l'agence marocaine de développement des investissements et des exportations, l'AMDIE est le fruit de la fusion, en 2017, de trois agences distinctes, à savoir Maroc Export, l'Agence Marocaine de Développement des Investissements, et l'Office des Foires et Expositions de Casablanca. L'AMDIE est une agence autonome et opérationnelle, chargée de mettre en œuvre la stratégie de l'État en matière de promotion des investissements nationaux et étrangers ainsi que des exportations des produits et services. Elle est chargée notamment de :

- Réaliser des études sur les opportunités d'investissement ;
- Accompagner les investisseurs marocains dans leurs projets d'investissements au niveau international ;
- Accueillir, informer, orienter et accompagner les investisseurs dans la conduite de leurs projets d'investissement au Maroc en coordination avec les autorités, les collectivités territoriales et les organismes concernés ;
- Prêter l'assistance et le conseil technique aux entreprises dans le domaine du soutien à l'export, notamment à travers l'organisation d'opération de prospection de nouveaux clients et la mise en relation des exportations marocains et les donneurs d'ordre à l'international ; et de
- Réaliser des études et des investigations sur les marchés étrangers prometteurs.

En matière de promotion de l'investissement, l'AMDIE a la charge de mettre en œuvre le régime incitatif prévu dans la nouvelle Charte de l'investissement. À cet effet, l'agence assure le secrétariat de la Commission nationale des investissements, présidée par le Chef du gouvernement, et porte ainsi assistance aux pouvoirs publics en matière de conclusion des contrats et conventions à conclure avec des investisseurs dans le cadre de la charte. Une nouvelle Charte de l'investissement, faisant suite à des années de réflexion quant à la refonte du régime incitatif de l'investissement au Maroc, a été finalisée et votée en 2022 (Encadré 5.1).

Encadré 5.1. La nouvelle Charte de l'investissement

La première charte de l'investissement (loi cadre 18-95) a été promulguée en 1995. Depuis lors, les autorités marocaines se sont penchées durant de nombreuses années sur sa refonte afin de s'adapter aux nouvelles réalités du pays. Ainsi, la nouvelle Charte de l'investissement a été adoptée à la Chambre des conseillers le 29 novembre 2022. Son objectif est de fournir un cadre unifié pour l'investisseur et de détailler les différents régimes d'incitations disponibles.

La loi-cadre a pour ambition de donner un nouveau souffle au climat de l'investissement au Maroc et concerne essentiellement les primes à l'investissement. Celles-ci doivent suivre des critères bien définis et transparents, visant à soutenir les projets d'investissement créateurs d'emplois, à réduire les disparités entre les régions et à développer l'investissement dans les secteurs d'activité prioritaires. Des dispositifs spécifiques sont également prévus pour soutenir les projets d'investissement à caractère stratégique, les très petites, petites et moyennes entreprises et le développement des entreprises marocaines à l'international.

La Charte reconnaît que des réformes doivent être poursuivies en parallèle du régime d'incitations afin d'améliorer l'attractivité du Maroc et de favoriser l'investissement privé. Ces réformes concernent essentiellement l'accès au financement, le renforcement de la compétitivité du secteur de la logistique, le recours aux énergies renouvelables, l'accès au foncier et la facilitation de l'acte d'investir.

Le travail de l'AMDIE est complété par celui de nombreuses structures gouvernementales jouant un rôle clé aussi bien au niveau national qu'infranational. En particulier, les CRI jouent un rôle central dans la promotion et la facilitation des investissements au niveau des différentes régions du Royaume. En mai 2023, dans le cadre de cette nouvelle gouvernance unifiée et territorialisée de l'investissement, les CRI ont été rattachés au Chef du gouvernement, qui en a délégué une partie des prérogatives au MICEPP, conformément au décret 2.23.310 adopté le 04 mai 2023 et portant application de la loi 47.18 portant réforme des centres régionaux d'Investissement et création des commissions régionales unifiées d'investissement. Leur mission principale est d'encourager l'investissement au niveau régional et de contribuer à promouvoir le potentiel des territoires régionaux.

Comme détaillé plus loin dans ce chapitre et dans le chapitre 6, les CRI jouent également un rôle important dans la facilitation des investissements et la simplification des procédures connexes. Ce rôle a été renforcé par la Loi n°47-18 de février 2019.

Au niveau national, un certain nombre d'agences économiques sectorielles ont la charge de la promotion des investissements dans leur secteur d'activité. C'est le cas de l'agence nationale de développement de l'aquaculture, de l'agence pour le développement agricole et de la société marocaine d'ingénierie touristique (en charge de la promotion des investissements touristiques). De plus, l'agence du développement du digital (ADD) a pour mission la mise en œuvre, en coordination avec les autorités et les organismes concernés, de la stratégie de développement, de promotion et d'incitation à l'investissement dans le domaine de développement du digital, y compris en favorisant le développement de l'écosystème et de l'innovation numérique au Maroc.

Enfin, l'agence de la promotion des petites et moyennes entreprises (Maroc PME) et l'office de développement de la coopération ont la charge de favoriser l'entrepreneuriat et l'investissement national. L'action de Maroc PME, en particulier, vise à l'amélioration de la compétitivité des PME et à la création d'emplois au travers d'activités de conseil et d'assistance technique et de renforcement de l'écosystème entrepreneurial en favorisant le déploiement du statut de l'autoentrepreneur et l'accompagnement à la formalisation des activités.

Les mandats de l'AMDIE sont variés et ont augmenté au cours de ces dernières années

De grandes différences existent entre API en termes de structures organisationnelles, de politique de gouvernance, de priorités stratégiques, et d'outils et d'activités de promotion de l'investissement. Afin de mieux comprendre les caractéristiques et la dynamique de promotion des investissements au Maroc et de comparer son agence nationale avec ses pairs internationaux, le Maroc a participé à une enquête sur les API mise au point par l'OCDE et la Banque interaméricaine de développement (BID) et menée par l'OCDE dans le cadre de ce rapport (Encadré 5.2). Les résultats servent de base à l'analyse comparative menée dans ce chapitre et permettent d'observer des évolutions temporelles et de comparer l'AMDIE à ses pairs de l'OCDE et d'autres régions.

Encadré 5.2. L'enquête OCDE-BID auprès des API

L'OCDE et la BID ont conçu conjointement une enquête complète sur les API nationales présentée sous la forme d'un questionnaire en ligne et divisée en neuf parties :

- Profil de base ;
- Budget et personnel ;
- Bureaux (nationaux et à l'étranger) ;
- Activités ;
- Priorisation ;
- Suivi et évaluation ;
- Interactions institutionnelles ; et
- Perceptions de l'API sur l'investissement international.

En 2017-18, l'enquête a été partagée avec des représentants d'agences de 32 pays de l'OCDE (34 depuis lors) et de 19 pays d'Amérique latine et des Caraïbes. Dans la foulée, 10 agences nationales du Moyen-Orient et d'Afrique du Nord, y compris le Maroc, ont également participé à la même enquête et 10 autres pays d'Eurasie ont effectué le même exercice l'année suivante.

Les résultats de l'enquête sont présentés dans des rapports de cartographie des API, qui fournissent une image complète et comparative des API dans les régions sélectionnées. Les rapports évaluent les agences les unes par rapport aux autres ainsi que l'API moyenne d'une région à l'autre.

Depuis lors, cette enquête est également utilisée dans le cadre de la préparation des examens de l'OCDE de la politique d'investissement. Ainsi, l'AMDIE a participé à l'enquête en 2021-22 dans le cadre de ce deuxième examen. Les résultats sont utilisés pour fournir une analyse approfondie de l'agence et la comparer dans le temps ainsi qu'à d'autres agences de par le monde.

Note : Pour plus d'informations, voir http://www.oecd.org/investment/investment-promotion-and-facilitation.htm.

Les API peuvent être soit entièrement dédiées à l'attraction et à la facilitation des investissements étrangers entrants, soit faire partie d'une agence plus large qui comprend des mandats supplémentaires, tels que la promotion des exportations, de l'innovation, du développement régional, des investissements extérieurs et des investissements nationaux, entre autres. Dans la pratique, pour des raisons d'efficacité et de synergies, la plupart des API dans le monde ont des mandats multiples et mènent des activités qui vont au-delà de la promotion des investissements étrangers.

L'AMDIE a indiqué dans ses réponses à l'enquête de l'OCDE-BID auprès des API avoir huit mandats officiels (sur un total de 18 mandats possibles) :

- Promotion des investissements étrangers
- Promotion des exportations
- Promotion du développement régional
- Promotion des investissements nationaux
- Promotion des investissements vers l'extérieur
- Filtrage des investissements ou enregistrement des investisseurs
- Négociation d'accords internationaux d'investissement
- Gestion des zones franches, zones économiques ou parcs industriels

Avec trois mandats de plus qu'en 2018, les responsabilités de l'AMDIE se sont élargies au cours des dernières années. Elles lui donnent un rôle plus important sur des questions horizontales, notamment le développement régional, mais aussi sur la gestion d'outils de promotion de l'investissement, tels que les zones économiques et l'enregistrement des investisseurs (Tableau 5.1). La majorité des mandats de l'AMDIE sont ceux que l'on retrouve le plus fréquemment dans les pays de l'OCDE. L'élargissement à la promotion du développement régional reflète également une pratique courante dans les pays de l'OCDE.

Tableau 5.1. Évolution des mandats de l'AMDIE et comparaison avec les agences de l'OCDE

	Maroc (2022)	Maroc (2018)	Moyenne OCDE
Promotion des investissements étrangers			100 %
Promotion des exportations			56 %
Promotion de l'innovation			53 %
Promotion du développement régional			47 %
Promotion des investissements nationaux			38 %
Promotion des investissements vers l'extérieur			29 %
Octroi d'incitations financières			29 %
Filtrage des investissements ou enregistrement des investisseurs			24 %
Facilitation des échanges			24 %
Octroi d'autres incitatifs			15 %
Fonctionnement du guichet unique			12 %
Gestion des partenariats public-privé			9 %
Octroi d'incitations fiscales			9 %
Négociation d'accords internationaux d'investissement			9 %
Gestion des zones franches, zones économiques ou parcs industriels			3 %
Négociation et administration des concessions publiques			3 %
Octroi de permis d'entreprise			0 %
Gestion des privatisations			0 %

Note : L'information concernant la moyenne OCDE date de 2018. Elle intègre les données des nouveaux pays membres (Colombie et Costa Rica), ce qui peut expliquer des chiffres différents des moyennes OCDE précédemment publiées.
Source : (OCDE-BID, 2018[3] ; OCDE-BID, 2022[4]).

Il est néanmoins relativement plus rare qu'une API combine autant de mandants en son sein. Bien que le nombre total de mandats d'une agence puisse varier considérablement d'un pays ou d'une région à l'autre, l'AMDIE possède un nombre de mandats plus élevé qu'un certain nombre d'agences de pays comparateurs dans différentes régions du monde (Graphique 5.1). Elle est supérieure à la moyenne du nombre de mandats des agences des pays de l'OCDE, où seulement cinq agences regroupent dix mandats ou plus en leur sein (Estonie, Lettonie, Norvège, Slovénie et Tchéquie). A l'inverse, la moitié des agences de l'OCDE ont reporté avoir un maximum de cinq mandats, reflétant une volonté de rendre leurs API plus spécialisées. Chaque État doit adopter l'approche qui lui convient le mieux et, comme on peut le constater sur le graphique, la taille du pays n'a pas nécessairement d'incidence sur le nombre de mandats.

Graphique 5.1. Nombre total de mandats de l'AMDIE et d'autres agences de pays comparateurs

(sur un total de 18 mandats possibles)

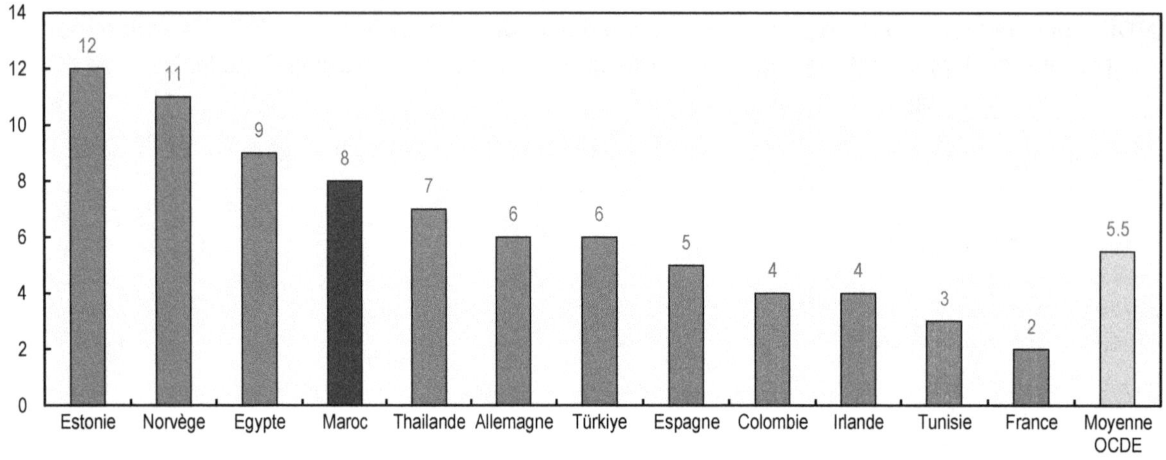

Source : (OCDE-BID, 2018[3] ; OCDE-BID, 2022[4]).

L'approche du Maroc, où l'agence intègre des mandats qui ne sont pas liés directement à la promotion et la facilitation des IDE, tels que la promotion de l'exportation, du développement régional et de l'investissement national, peut lui permettre d'adopter une mise en œuvre plus cohérente et plus intégrée de ses activités, où la promotion de l'investissement international est mise au service de ces différents objectifs de développement durable et inclusif. Il est toutefois important que la diversité de ces mandats n'entrave pas son rôle principal d'attraction de l'investissement étranger. Cela demande également une coordination renforcée avec les autres agences de terrain impliquées dans des fonctions similaires ainsi qu'avec les ministères de tutelle afin d'éviter une duplication des tâches et des mandats au niveau national.

Selon l'enquête menée dans le cadre de ce rapport, un certain nombre de mandats de l'AMDIE sont également exécutés par d'autres agences ou ministères nationaux ainsi que par les autorités infranationales (Tableau 5.2). Le rôle de premier plan des autorités infranationales – à savoir les CRI – dans la promotion et la facilitation des investissements témoigne de l'engagement du Maroc à mettre l'IDE au service du développement régional, mais peut également soulever des défis potentiels de coordination (voir Chapitre 6). La décision récente de rationaliser le cadre institutionnel pour la promotion et la facilitation de l'investissement en déléguant au MICEPP une partie des prérogatives des CRI et en lui donnant la tutelle de l'AMDIE reflète néanmoins un objectif de cohérence qui devrait se traduire par une plus grande efficacité d'action.

Tableau 5.2. Existence d'autres structures publiques au Maroc avec des mandats similaires

	Autres structures nationales avec ce mandat	Autres structures infranationales avec ce mandat
Promotion des investissements étrangers	OUI	OUI
Promotion des investissements nationaux	OUI	OUI
Promotion des investissements vers l'extérieur	OUI	OUI
Filtrage des investissements ou enregistrement des investisseurs	OUI	OUI
Négociation d'accords internationaux d'investissement	NON	NON

Source : (OCDE-BID, 2022[4]).

La gouvernance de l'AMDIE reflète les bonnes pratiques internationales

La gouvernance d'une API concerne la manière dont elle est supervisée, orientée, contrôlée et gérée. Les politiques de gouvernance d'une API sont souvent dictées par leur contexte institutionnel ainsi que des choix de politiques plus larges. Elles sont importantes dans le sens où elles affectent son statut juridique, ses liens hiérarchiques et sa structure de gestion. Le statut juridique des API se classifie généralement en quatre catégories distinctes, à savoir – du moins indépendant au plus autonome : (i) les organismes gouvernementaux (par exemple un ministère ou une unité au sein d'un ministère), (ii) les organismes publics autonomes, (iii) les organismes mixtes public-privé et (iv) les organismes entièrement privés (OCDE, 2018[5]). L'AMDIE appartient à la seconde catégorie, comme la majorité des API de l'OCDE (60 %) ainsi que de la région Moyen Orient et Afrique du Nord (90 %) (OCDE, 2019[6]). En dehors de ces deux régions, on retrouve un grand nombre d'API privées ou semi-privées en Amérique latine ou, inversement, d'API totalement gouvernementales en Eurasie et en Asie du Sud-Est[1].

L'AMDIE reporte à son ministère de tutelle, à savoir le MICEPP, mais également au Chef du gouvernement et à un Conseil d'Administration établi en 2017 dans la loi 60-16 portant création de l'agence marocaine de développement des investissements et des exportations. La mise en place d'un conseil d'administration à l'AMDIE est une initiative positive et reflète une pratique majoritaire des API dans le monde et de 69 % des agences de l'OCDE. L'existence et le rôle du conseil d'administration ont une importance particulière dans la gouvernance d'une API. Il peut être chargé de superviser le travail de l'agence ou de le conseiller. Celui de l'AMDIE appartient à la première catégorie.

Les membres du conseil d'administration des API sont généralement composés de représentants des secteurs public et privé ainsi que, parfois, de la société civile et du monde universitaire. Au Maroc, le conseil d'administration compte 14 membres, dont un président, six représentants du secteur public et sept représentants du secteur privé. La représentation équitable entre représentants des secteurs public et privé est une bonne pratique qui se retrouve dans un certain nombre d'API dans le monde (Graphique 5.2). Cela permet de contribuer à garantir la prise en considération des perspectives et des intérêts des différents acteurs du marché dans les orientations stratégiques de l'agence.

Graphique 5.2. Composition des conseils d'administration des API du Maroc et d'autres agences de pays comparateurs

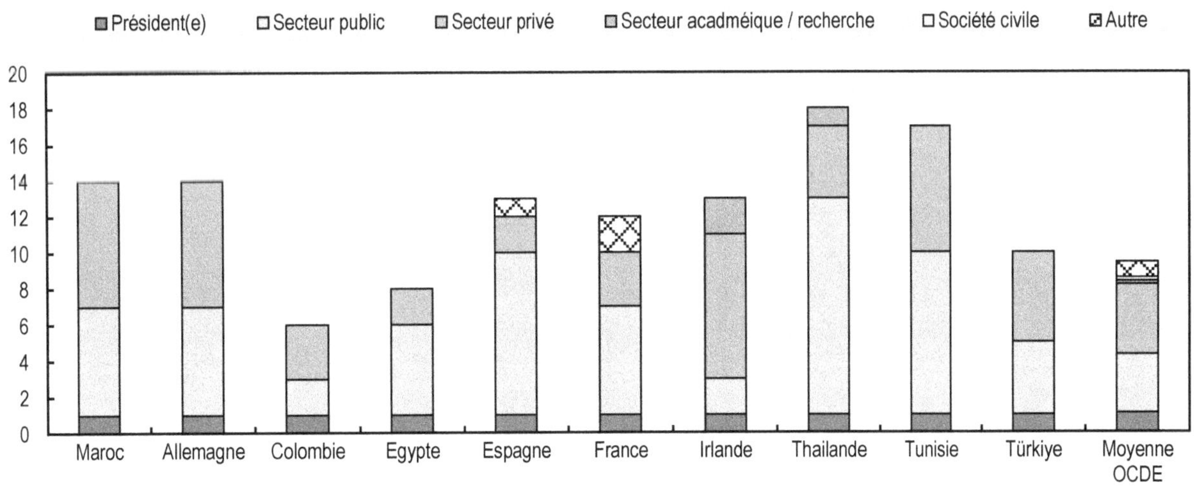

Source : (OCDE-BID, 2018[3] ; OCDE-BID, 2022[4]).

Dans les API de l'OCDE, les conseils d'administration sont composés d'environ 10 personnes en moyenne et sont dominés par des représentants du secteur privé (41 % en moyenne) et du secteur public (38 %), les autres étant des représentants de la recherche et du monde universitaire, de la société civile ou d'autres domaines (OCDE, 2018[5]). L'AMDIE pourrait considérer intégrer d'autres parties prenantes dans son conseil d'administration, comme c'est le cas dans certaines API de l'OCDE notamment, afin de mieux représenter la diversité des intérêts de la société dans les décisions de l'agence. Cela pourrait contribuer ainsi à ce que la politique de promotion et de facilitation de l'investissement prenne davantage en considération des questions d'ordre social et environnemental, et s'intègre de façon plus holistique dans la politique de développement durable du pays.

L'AMDIE assure également la présidence et le secrétariat du Point de Contact National, permettant de promouvoir et diffuser les normes et les bonnes pratiques promus par l'OCDE auprès des acteurs publics et privés, notamment les principes directeurs pour la conduite responsable des entreprises (voir Chapitre 7). Le budget et le personnel de l'AMDIE ont augmenté à la suite de la fusion mais ont été négativement affectés par la crise du COVID-19

Les ressources financières d'une API déterminent l'étendue de ses activités, la quantité et le degré de compétences de son personnel, les mécanismes d'évaluation de performance et d'autres aspects organisationnels. Pour les agences qui ont un nombre élevé de mandats, la différence entre le budget total de l'API et celui dédié à la promotion et la facilitation des investissements peut être assez importante. Il en va de même pour le personnel.

Au Maroc, les ressources financières et humaines ont évolué au cours de ces dernières années, reflétant les changements institutionnels, l'intégration de nouveaux mandats et la plus grande multiplicité d'outils et d'activités mises en œuvre qui en découle (Graphique 5.3). D'une façon générale, l'évolution des ressources spécifiques à la promotion et la facilitation de l'investissement suit la même courbe que celle des ressources totales, contribuant à démontrer la centralité des fonctions liées directement à l'investissement par rapport aux autres fonctions de l'AMDIE. Alors que l'AMDIE a connu un pic en termes de ressources humaines et financières en 2018, également lié à la fusion des trois agences, ces ressources ont légèrement décliné en 2020 en raison probablement des contraintes budgétaires liées à la crise du COVID-19. Ces dernières années, comme reflété sur le graphique, le personnel de l'AMDIE spécialisé dans la fonction 'investissement' représente environ 70 % du personnel total, ce qui démontre encore l'importance de la fonction investissement au sein de l'agence.

Graphique 5.3. Évolution du personnel et du budget de l'AMDIE, 2012-2021

Personnel en nombre d'employés équivalent temps plein (gauche) et budget en millions MAD (droite)

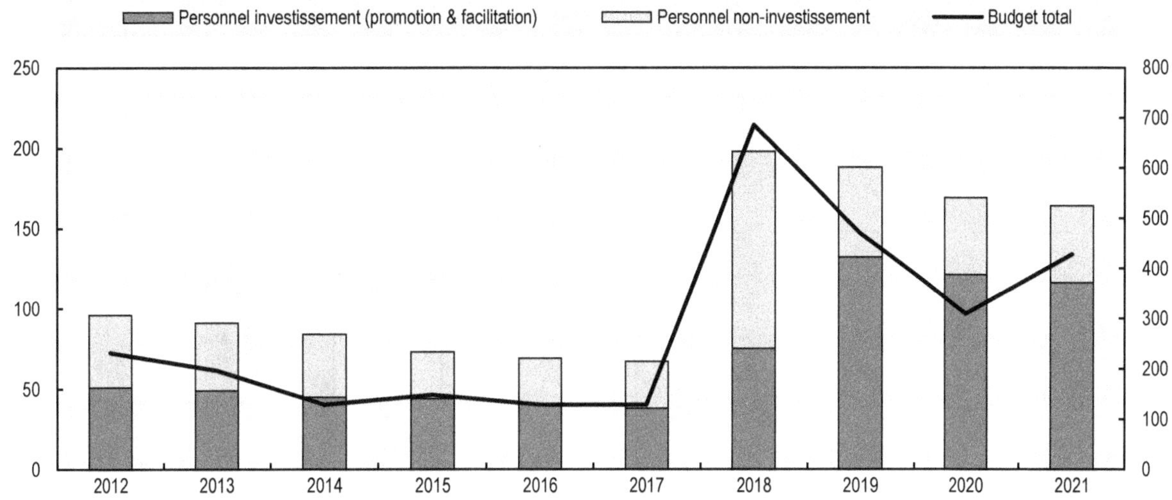

Source : (OCDE-BID, 2018[3])..

Les fonctions principales de l'AMDIE ont évolué pour s'orienter vers davantage de création d'image et de plaidoyer politique

Dans le cadre de leur mandat principal de promotion et de facilitation des investissements, les API sont généralement des acteurs majeurs de la mise en œuvre de quatre fonctions principales : (i) la création d'image, dont l'objectif est de favoriser l'image positive du pays d'accueil et à le promouvoir comme destination d'investissement rentable ; (ii) la génération d'investissements, qui traite des techniques de démarchage et de marketing ciblant des secteurs, des pays, des projets, des activités et des investisseurs spécifiques, conformément aux priorités nationales ; (iii) la facilitation et le suivi des investissements, qui consiste à apporter un soutien aux investisseurs durant leur processus d'établissement et une fois installés ; et (iv) le plaidoyer politique, qui consiste à l'identification des goulets d'étranglement dans le climat d'investissement et à la formulation de recommandations au gouvernement afin de les résoudre. Alors que les deux premières fonctions concernent la promotion et l'attraction de l'investissement, les deux dernières traitent plutôt de sa facilitation (à savoir faciliter l'établissement et l'expansion des investisseurs).

D'après l'enquête de l'OCDE-BID auprès des API complétée par l'AMDIE en 2018 et en 2022, la part de ressources financières allouées aux fonctions de promotion est significativement plus élevée que celle allouée aux fonctions de facilitation (Graphique 5.4 Panel A). Par rapport à 2017, une part plus importante de ces ressources est maintenant allouée à la création d'image par rapport à la génération d'investissements. Cela peut correspondre à la mise en œuvre de la campagne *Morocco NOW*, qui, comme toute activité de création d'image, peut s'avérer coûteuse mais moins intensive en termes de personnel, ce qui explique la différence avec l'allocation du personnel (Graphique 5.4 Panel B). Cette campagne, coordonnée par l'AMDIE, représente la nouvelle identité visuelle de l'offre Maroc et vise à fédérer toutes les initiatives existantes pour promouvoir l'investissement au Maroc.

Graphique 5.4. Estimation des ressources utilisées par l'AMDIE et la moyenne des API de l'OCDE pour les quatre fonctions principales de promotion et de facilitation des investissements

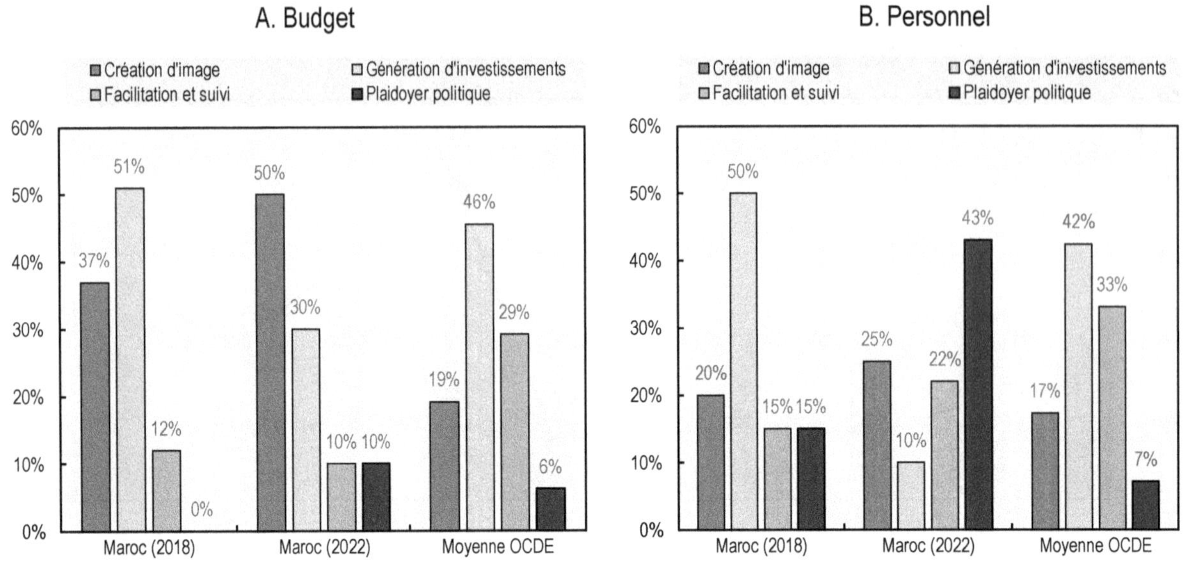

Source : (OCDE-BID, 2018[3] ; OCDE-BID, 2022[4]).

Il est toutefois surprenant d'observer que la fonction de génération d'investissements – qui représente la fonction principale des API de l'OCDE avec 42 % des ressources humaines en moyenne – ne représente plus que 30 % du budget et 10 % du personnel de l'AMDIE. La génération d'investissements est effectivement une des fonctions les plus efficaces de la promotion de l'investissement, mais elle requiert également une connaissance approfondie des secteurs et une bonne compréhension des stratégies d'internationalisation des multinationales (OCDE, 2011[7]). De façon générale, la variation entre allocation des ressources humaines et financières ainsi que celle au cours de ces quatre dernières années rendent la lecture des fonctions principales de l'AMDIE quelque peu difficile.

La fonction de facilitation et rétention et celle de plaidoyer politique représentent une part marginale des ressources financières mais nettement plus importante des ressources humaines. Ceci peut s'expliquer par le fait que l'AMDIE dédie une grande partie de ses ressources (humaines en particulier) au traitement des projets qui sont soumis à la Commission national des investissements et à se concerter avec les CRI des régions ainsi que les départements ministériels concernés par lesdits projets pour étudier leur éligibilité aux avantages prévus dans le cadre du régime conventionnel. Par ailleurs, l'évolution des ressources humaines utilisées pour ces fonctions entre 2018 et 2022 est particulièrement frappante. L'AMDIE consacre une part sensiblement plus élevée de ses ressources humaines au plaidoyer politique que ses pairs de l'OCDE, ce qui pourrait être lié à l'intégration de nouveaux mandats au sein de l'agence (voir plus haut), mais ne l'explique pas entièrement. Ce choix, dans une certaine mesure, peut paraître judicieux car la crise du COVID-19 a entraîné une incertitude et une baisse des flux d'IDE qui réaffirme l'importance du rôle de plaidoyer politique des API pour soutenir un environnement des affaires sain (OCDE, s.d.[8]). Néanmoins, cette part dédiée au plaidoyer de politique semble particulièrement élevée pour une agence opérationnelle en charge principalement d'attirer et de faciliter des investissements.

En 2020, l'AMDIE a lancé *Morocco NOW* (www.morocconow.com), une nouvelle marque économique du Maroc visant à placer le Maroc comme plateforme industrielle et exportatrice de premier rang afin de promouvoir les investissements étrangers. Cette initiative met en avant quatre atouts distinctifs : NOW durable, NOW compétitif, NOW gage de succès et NOW agile.

Bien que cette initiative puisse être efficace pour attirer l'attention des investisseurs étrangers, il est nécessaire d'aller au-delà de telles campagnes de communication larges et coûteuses, particulièrement dans un pays comme le Maroc qui jouit déjà d'une image positive de pays stable et influent. Cette orientation devient encore plus importante dans le contexte de post-COVID-19, où des mesures d'attraction d'investissements ciblées, ainsi que de facilitation et de rétention, s'avèrent plus efficaces et pertinentes pour soutenir la reprise économique du Maroc, et devraient donc rester les fonctions principales de l'AMDIE.

5.2.2. Stratégie de promotion et d'attraction des investissements

Le cadre stratégique général donne les orientations de la promotion des IDE au Maroc

Les stratégies de promotion des investissements se doivent de présenter des orientations générales et des objectifs clairs mais également des moyens spécifiques pour les atteindre. Elles doivent s'appuyer sur les stratégies de développement économique du pays mais se concentrer sur ce que l'IDE peut apporter en plus de l'investissement national aux objectifs de développement.

Les orientations stratégiques de promotion de l'investissement au Maroc sont préparées conjointement par un ensemble de structures gouvernementales comprenant le Chef de gouvernement, le MICEPP, l'AMDIE, les CRI et des représentants du secteur privé, notamment la Confédération Générale des Entreprises du Maroc (CGEM). La nouvelles Charte de l'investissement s'inscrit dans le cadre de cette stratégie et fournit le régime incitatif des investissements. La préparation collégiale de la stratégie est une bonne initiative compte tenu du caractère horizontal de l'investissement. Il permet à la fois d'impulser les objectifs de développement national tout en reflétant le potentiel et les spécificités des différentes régions ainsi que les intérêts et les perspectives du secteur privé.

Les objectifs de promotion de l'investissement reflètent les grands axes de développement du pays. Ainsi, un des documents stratégiques les plus importants au Maroc est « Le nouveau modèle de développement : libérer les énergies et restaurer la confiance pour accélérer la marche vers le progrès et la prospérité pour tous ». Il s'agit d'un document d'orientation de politiques global préparé par la Commission spéciale sur le modèle de développement au cours de 2019-2021. Il présente un travail de diagnostic des contraintes au développement social et économique du Maroc et apporte des éléments de projection et de prospective à l'horizon 2035. Il identifie cinq leviers transformateurs d'amorçage du nouveau modèle de développement, à savoir : (i) le numérique comme levier de transformation rapide; (ii) un appareil administratif compétent et efficace ; (iii) la sécurisation des ressources nécessaires au financement des projets transformateurs ; (iv) la mise à contribution des Marocains du monde de leurs savoirs, réseaux et expertises; et (v) la mobilisation des liens de coopération avec les partenaires extérieurs du Royaume, selon une approche gagnant-gagnant (Royaume du Maroc, 2021[2]).

Les orientations stratégiques de promotion de l'investissement marocaine reflètent également les différentes stratégies sectorielles du gouvernement. Ce sont ces mêmes stratégies qui déterminent les secteurs prioritaires pour la promotion de l'IDE (voir ci-dessous). Bien que les orientations générales de promotion de l'investissement semblent bien établies au Maroc, en particulier depuis l'adoption de la nouvelle Charte de l'investissement, il serait souhaitable qu'une stratégie plus précise soit consolidée afin de donner plus de visibilité aux objectifs des autorités en termes de promotion de l'investissement et à clairement édicter les objectifs, les outils et le rôle de chaque partie prenante. Cette stratégie devrait inclure des cibles et des indicateurs plus précis, comme élaboré dans les sections suivantes. À cet effet, une stratégie de promotion de l'investissement est en cours d'élaboration par le MICEPP. D'après les autorités, elle sera également déclinée de manière sectorielle et régionale et inclura des indicateurs précis pour suivre et évaluer l'atteinte des objectifs fixés.

Le ciblage sélectif des IDE demeure relativement limité dans la stratégie de l'AMDIE

De façon plus opérationnelle, les API ont généralement la charge de la mise en œuvre de la stratégie de promotion de l'investissement et disposent d'une certaine marge de manœuvre pour leur réalisation. La priorisation des IDE est une pratique dominante dans les activités de promotion des API. Elles l'effectuent en ciblant certains investissements plutôt que d'autres, soit en raison de leur plus grande probabilité de réalisation, soit en raison des bénéfices qu'ils peuvent apporter à l'économie. La priorisation peut se faire au niveau des pays, des secteurs, des projets ou des investisseurs, ou d'une combinaison de ces facteurs. Dans les pays de l'OCDE, par exemple, 84 % des agences ciblent des secteurs particuliers, 59 % ciblent certains pays, 78 % ciblent des projets et 47 % ciblent des investisseurs (OCDE, 2018[5]).

L'AMDIE cible des secteurs spécifiques, mais s'est seulement récemment mise à proactivement cibler des pays prioritaires. D'autre part, l'agence priorise relativement peu de projets d'investissements ou d'investisseurs particuliers. Selon les autorités, les secteurs prioritaires ciblés sont les secteurs, notamment industriels, ceux à haut potentiel ainsi que les secteurs identifiés dans les stratégies sectorielles et la nouvelle charte de l'investissement (voir ci-dessus). A l'inverse, les secteurs de l'immobilier et du négoce, ainsi que l'agriculture sont exclus des activités de promotion proactive de l'AMDIE car ils demeurent la prérogative d'autres agences opérationnelles.

Un autre aspect témoignant du manque de priorisation de l'AMDIE est la multitude de critères utilisés pour cibler les secteurs prioritaires (Tableau 5.3). Les critères de sélection de ces secteurs doivent se baser sur la stratégie de promotion de l'investissement. Ils incluent aussi bien les atouts du pays que les domaines que l'IDE peut contribuer à renforcer. Par exemple, les activités de promotion doivent trouver un équilibre entre la volonté du gouvernement de diversifier l'économie et celle de s'appuyer sur des capacités locales solides. Mais il est difficile, voire impossible, d'établir une stratégie basée sur la totalité de ces critères.

Tableau 5.3. Critères utilisés par l'AMDIE et d'autres agences de pays comparateurs pour déterminer les secteurs prioritaires de promotion

	Maroc	Espagne	France	Portugal	Tchéquie	Tunisie	Moyenne OCDE
Forte capacité locale							64 %
Potentiel de diversification de l'économie							58 %
Position concurrentielle vis-à-vis des autres pays							58 %
Impact sur l'emploi et/ou les conditions de travail							55 %
Liens importants avec le reste de l'économie							48 %
Importance pour le développement régional							48 %
Forte demande mondiale							48 %
Investissement vert							27 %
Existence de défaillance du marché							21 %
Impact sur l'environnement ou le climat							21 %

Note : les critères de sélection étant révisés de façon relativement fréquente, les informations concernant les pays de l'OCDE peuvent avoir changé depuis l'enquête effectuée en 2018. Il est par exemple très certain que la proportion d'API utilisant le critère de l'impact sur l'environnement ou le climat soit nettement plus important de nos jours.
Source : (OCDE-BID, 2018[3] ; OCDE-BID, 2022[4]).

L'AMDIE pourrait considérer une stratégie de priorisation plus ciblée pour ses activités de marketing et de démarchage, avec des secteurs plus détaillés et hiérarchisés ainsi que des pays, des projets ou des investisseurs prioritaires. Adopter et mettre en œuvre une telle stratégie devrait rendre le travail de l'AMDIE plus percutant et plus performant. Il est démontré qu'une priorisation plus ciblée a un impact avéré sur les décisions d'investissement des entreprises multinationales (Encadré 5.3).

Dans un contexte de ciblage et de promotion sélective, il pourrait être pertinent pour l'AMDIE d'accroître sa présence à l'étranger, soit au travers de liens renforcés avec les missions diplomatiques, soit en établissant directement des bureaux dans certains marchés clés. Les trois quarts des agences des pays de l'OCDE ont leurs propres bureaux à l'étranger, dont une bonne moitié a la responsabilité de la promotion de l'investissement et des exportations (OCDE, 2019[6]). En moyenne, l'API moyenne de l'OCDE compte 34 bureaux à l'étranger, ce qui témoigne de l'importance accordée à ce choix organisationnel. La présence à l'étranger, au moins dans certains marchés prioritaires, permet effectivement de mieux rassembler des informations de veille commerciale, de développer des prospects et de mettre en place des activités de démarchage proactifs auprès de cibles potentielles.

Une stratégie détaillée facilite également la tâche du personnel de l'agence en lui permettant de mettre en œuvre des activités de promotion plus concrètes, de suivre les progrès réalisés et de mesurer les résultats plus facilement. La mise en œuvre de la stratégie de promotion pourrait également être facilitée par la mise en place d'une unité consacrée aux secteurs prioritaires au sein de l'agence, comme c'est le cas dans plus de la moitié des API de l'OCDE. L'AMDIE devrait également se concentrer sur des projets dans des secteurs où la performance des investissements étrangers est supérieure à celle des investissements nationaux, notamment en termes de productivité et d'innovation, de développement des compétences et de la qualité d'emploi, de performance environnementale et de technologies propres, et d'inclusion économique des femmes. Dans ce contexte, le travail de l'OCDE sur les indicateurs de qualité de l'IDE pourrait s'avérer utile pour orienter les choix stratégiques de l'AMDIE (Chapitre 2)[2].

Encadré 5.3. Impact de la priorisation par secteurs et par pays sur l'efficacité de l'API : l'expérience de l'Amérique latine et des Caraïbes

La Banque interaméricaine de développement a collecté des données au niveau de l'entreprise auprès de 12 agences nationales d'Amérique latine et des Caraïbes dans le cadre d'une série d'études d'impact des API de la région visant notamment à déterminer si leurs stratégies de priorisation (par secteur, par pays ou les deux) avaient un effet sur l'efficacité de leurs activités d'attraction des IDE.

Les résultats confirment que les stratégies de priorisation s'avèrent bel et bien importantes pour l'efficacité des API. Celles hautement spécialisées et dont les stratégies de promotion des IDE sont particulièrement ciblées sont les plus efficaces pour attirer des nouvelles entreprises multinationales. Ceci est particulièrement vrai pour les agences qui attribuent relativement plus de ressources à la génération et à la facilitation des investissements. La priorisation par pays et une combinaison de priorisation par pays et par secteur sont associées à un impact plus élevé du rôle de l'agence sur l'établissement d'un investisseur étranger dans l'économie hôte. Dans le cas de la priorisation par secteur, l'impact des activités l'API est plus élevé lorsqu'il est combiné à la présence d'un bureau dans le pays d'origine de l'investisseur étranger. L'impact des activités des API est le plus élevé dans le cas des investisseurs provenant de pays moins familiers avec le pays hôte et pour lesquels l'information est plus difficile à obtenir.

Source : (Volpe Martincus, 2021[9]).

Bien qu'il soit important que la promotion des IDE s'aligne sur les stratégies sectorielles, les autorités marocaines doivent également pouvoir adapter leur processus de sélection des secteurs prioritaires au regard du contexte post-COVID-19 et des nouvelles tendances mondiales. Ainsi, dans les pays de l'OCDE par exemple, 44 % des agences ont révisé leurs priorités sectorielles au cours de 2020-21, considérant que des facteurs tels que la transformation numérique (pour 50 % d'entre elles) ou le développement durable (44 %) exercent une influence essentielle sur la stratégie de priorisation de l'agence (Sztajerowska et Volpe Martincus, 2021[10]). L'IDE peut jouer un rôle significatif dans la transformation numérique au

Maroc. Une promotion des IDE ciblée, qui repose sur un écosystème digital attractif et un climat des affaires favorable au développement du digital sont autant d'éléments essentiels pour le succès de cette démarche (De Crombrugghe et Moore, 2021[11]). Cet aspect est examiné en profondeur dans le Chapitre 8. De même, la priorité affichée d'un grand nombre de pays, notamment européens, pour développer rapidement et massivement une économie verte est une opportunité importante dans la stratégie de promotion des IDE du Maroc.

L'AMDIE a accéléré sa transition numérique pour faire face à la pandémie de COVID-19

Dans un monde dominé par la pandémie de COVID-19 en 2020-21, toutes les institutions publiques et privées ont dû adapter leurs modes et processus de travail pour y faire face. Les API n'y font pas exception et ont adopté de nouvelles pratiques de promotion de l'investissement pour répondre aux défis posés par les nouvelles technologies et s'adapter aux nouveaux modèles économiques des entreprises (Encadré 5.4).

Encadré 5.4. Numérisation de la promotion de l'investissement dans un contexte de pandémie : expérience de certaines agences de l'OCDE

La réponse au COVID-19 a considérablement accéléré la tendance à une plus grande numérisation des API. Alors que de nombreuses agences ont vu un impact immédiat de la crise sur la manière de mener leurs activités, les moyens numériques leur ont permis de continuer à servir leurs clients existants et à identifier de futurs clients. En même temps, la pandémie n'a été que le prétexte pour accélérer une tendance déjà existante de numériser plus largement les services aux investisseurs.

IDA Ireland, par exemple, a maintenu un dialogue soutenu avec ses entreprises clientes sur une base individuelle par le biais de diverses plateformes digitales et d'événements en ligne et de webinaires. Elle a développé au cours de 2020 de nouveaux outils sur-mesure pour permettre, là où c'était possible, de décrocher des investissements à distance, dont la facilitation de visites à distance de sites par les entreprises clientes. *IDA Ireland* a également utilisé ses capacités numériques pour offrir aux entreprises clientes une assistance pour accéder à des services de conseil en gestion.

CINDE Costa Rica a également profité de la pandémie pour accélérer ses solutions numériques, notamment en intégrant l'intelligence artificielle dans ses activités de marketing et dans ses services de mise en relation d'employeurs étrangers avec les talents existants. *Business Sweden* a développé une carte interactive en ligne de sélection de sites d'investissements pour aider les investisseurs à déterminer les sites disponibles les mieux adaptés à leurs besoins. Chaque site est présenté avec des détails tels que le type de propriété, la taille, les détails de l'infrastructure et les secteurs appropriés. De façon similaire, les outils numériques de *Switzerland Global Enterprise* aide les investisseurs à trouver un emplacement en leur donnant la possibilité de les comparer en fonction de certains critères particuliers. Ils fournissent notamment des informations sur la démographie, les données commerciales et sectorielles, et le bassin de talents.

Source : Auteur sur base de (OCDE, s.d.[8] ; De Crombrugghe et Moore, 2021[11]).

Comme la majorité des agences de l'OCDE (53 %), l'AMDIE indique que la pandémie de COVID-19 l'a considérablement incitée à utiliser davantage d'outils numériques dans ses activités de promotion des investissements. L'AMDIE accorde effectivement une grande importance à l'amélioration de son utilisation d'outils numériques et à leur intégration dans l'environnement de travail. L'agence œuvre à identifier et cartographier en temps réel les besoins du marché et repositionner son offre pour être la plus compétitive possible dans un contexte de relance économique post-crise, marqué par une importante transition numérique.

À la suite de la crise liée au COVID-19, l'AMDIE a dû intégrer un certain nombre d'outils numériques pour faire face au travail à distance, très tôt mis en place au Maroc. Ces outils ont permis de maintenir une bonne communication interne mais également de proposer de nouvelles prestations digitales comme des webinaires, des rencontres d'affaires virtuelles et des visioconférences. Ces actions ont notamment concerné la promotion des secteurs du textile et cuir, de l'agro-industrie, de l'aéronautique et de l'automobile, et ont ciblé différents marchés (Afrique, MENA, Europe).

En ce qui concerne les activités relatives à la communication et le marketing, l'AMDIE a également mené des campagnes orientées et ciblées sur les réseaux sociaux, renforçant ainsi considérablement sa présence digitale. Elle a également mis en place l'initiative *Morocco NOW*[3], une campagne de promotion exhaustive présentant les atouts du pays, ses principales caractéristiques et secteurs économiques, et son cadre réglementaire (voir ci-dessus). L'AMDIE continue de travailler sur des projets qui ont pour objectif d'améliorer et optimiser la manière d'accompagner les exportateurs et les investisseurs, notamment au travers de la création de plateformes intelligentes et faciles d'utilisation. La mise en place d'outils digitaux de gouvernance fait également partie des priorités de l'agence, ceux-ci permettant d'assurer un meilleur suivi des actions et des décisions stratégiques qui résultent des conseils d'administration de l'agence.

Au-delà de la pandémie et des restrictions de mouvement s'y afférant, la numérisation des activités et processus des API peut les aider à devenir plus efficientes et à améliorer leurs performances. D'après les résultats d'une enquête menée auprès des pays de l'OCDE et du Maroc en 2021[4], les trois outils numériques les plus utilisés par les agences des pays de l'OCDE pour mener à bien leurs fonctions essentielles de promotion et de facilitation des investissements sont également ceux que l'on retrouve en premier lieu à l'AMDIE (Tableau 5.4).

Tableau 5.4. Outils numériques utilisés par l'AMDIE pour attirer des IDE en comparaison avec les agences de l'OCDE

	Maroc	Moyenne OCDE
Campagnes sur les réseaux sociaux		97 %
Vidéoconférences, réunions électroniques, webinaires, foires virtuelles		94 %
Outils de communication interne, de gestion et de collaboration (par ex. cloud computing, signature électronique, messagerie interne, etc.)		81 %
Analyses « big data » (par ex. pour anticiper le comportement des investisseurs ou cibler des investisseurs spécifiques)		47 %
Cartes ou plateformes interactives en ligne avec accès aux systèmes d'information géographique (par. ex pour visualiser l'emplacement des fournisseurs locaux)		39 %
Visites virtuelles de sélection de sites et technologies basées sur la réalité virtuelle		31 %
Service numérique d'assistance à la clientèle (par ex. assistant de chat basé sur l'intelligence artificielle		22 %
Outils de marketing basés sur l'intelligence artificielle (par ex. site web alimenté par l'intelligence artificielle)		14 %

Source : (OCDE, 2021[12]).

Mis à part quelques exceptions notoires[5], les API de l'OCDE, comme celle du Maroc, semblent s'appuyer principalement sur des outils existants et relativement simples, tels que les réseaux sociaux, plutôt que de développer des outils numériques de promotion des investissements plus sophistiqués. Par exemple, certaines agences des pays de l'OCDE utilisent des outils numériques telles que des analyses de mégadonnées (par exemple pour prédire le comportement des investisseurs ou cibler des investisseurs spécifiques), des cartes interactives en ligne disposant d'un accès à l'information géographique, des services numériques d'assistance aux clients ou des outils de marketing basés sur l'intelligence artificielle.

On note toutefois, dans le cas du Maroc, l'organisation de visites virtuelles de sélection de sites, lui permettant de conduire ses activités de marketing et de facilitation à distance. Mais cette tendance générale démontre qu'au-delà du rôle d'accélérateur qu'a eu la pandémie sur la numérisation des API, celle-ci est un processus à long terme qui nécessite une stratégie organisationnelle intégrée (De Crombrugghe et Moore, 2021[11]). L'AMDIE n'y fait pas exception et doit développer ses acquis afin de surmonter les obstacles les plus importants qu'elle a identifié au développement d'outils numériques, à savoir la difficulté de changer la culture d'entreprise, la nécessité de mettre le client au centre des solutions technologiques, le manque de compétence ou de formation adéquate, et la nécessité de se coordonner avec d'autres organismes. Le manque de compétence et de formation fait également partie des défis les plus fréquemment cités par les agences de l'OCDE.

5.2.3. Suivi et évaluation des activités de l'AMDIE

Assurer l'efficacité de l'action publique est une préoccupation constante des gouvernements et la promotion de l'investissement n'y fait pas exception. Le suivi et l'évaluation sont essentiels pour s'assurer que toute activité atteint ses objectifs, et ce de la manière la plus efficace possible, en termes de qualité et de temps. Une stratégie de promotion de l'investissement bien ficelée doit donc non seulement inclure un processus de ciblage et de priorisation adéquat, mais également un système de suivi et d'évaluation solide et des indicateurs de performance bien calibrés.

Un système de gestion de la relation client en refonte et graduellement connecté à ceux des CRI

Afin de monitorer et évaluer l'assistance fournie aux entreprises priorisées, la plupart des agences enregistrent systématiquement les informations sur cette assistance dans leur système de gestion de la relation client (*Customer Relationship Management* ou CRM). Le CRM est un des outils les plus utilisés pour le suivi et l'évaluation et accompagne les organisations dans la gestion de leurs relations avec les clients prospectifs ou existants et dans la collecte et l'analyse des données associées. Les API peuvent utiliser des systèmes CRM pour suivre leurs interactions avec les investisseurs et assurer un suivi de bout en bout de chaque relation prometteuse.

Parmi les pays de l'OCDE, l'écrasante majorité des agences (94 %) utilisent un logiciel CRM. Les API utilisent largement les utilisent pour surveiller l'efficacité de leurs canaux de projets d'investissement et identifier les plus performants (OCDE, 2018[5]). Au Maroc, l'ancienne agence – l'AMDI – avait un CRM fonctionnel, qui permettait de faciliter le processus de prospection et de conversion des prospects et de répertorier les interactions entre les utilisateurs et les investisseurs. D'après les autorités, ce modèle de CRM a ensuite été abandonné dû à la complexité de son utilisation et l'AMDIE est restée quelques années sans CRM suite à la fusion de 2017, ce qui a rendu l'évaluation de la performance de ses activités beaucoup plus difficile. Un nouveau CRM de gestion interne a toutefois été mis en place à l'AMDIE depuis le début de 2022 afin de piloter des actions de démarchage commerciale avec du développement spécifique. Ainsi, le CRM de l'AMDIE permet la gestion des contacts, des prospects et des projets, l'historisation et le suivi des interactions de l'AMDIE avec ses cibles potentielles et la gestion des évènements.

Afin de rendre les activités de l'AMDIE et des CRI plus pertinentes et coordonnées, il serait judicieux de connecter leurs différents systèmes de CRM, notamment pour les activités de démarchage citées ci-dessus. Un projet pilote en cours vise justement à relier le CRM de l'AMDIE à celui du CRI de la région de Tanger-Tétouan-Al Hoceima. Cette initiative louable, qui devrait rendre le travail des agences plus efficaces, devrait être élargie à d'autres régions. Le changement de tutelle des CRI devrait contribuer à renforcer l'interconnexion digitale entre les CRI et l'AMDIE.

Des indicateurs de performance clé à développer pour prendre en considération l'impact des IDE

Les indicateurs de suivi et d'évaluation des API (*Key Performance Indicators* ou KPI) sont des indicateurs qui mesurent la performance d'une organisation et le succès à atteindre des objectifs ciblés. Ces indicateurs se départagent généralement entre les indicateurs d'activités et les indicateurs de résultats. Les premiers portent sur l'agence elle-même, ses activités (telles que le nombre de campagnes lancées), ses processus (tels que le temps de réponse) et ses résultats (tels que le nombre d'entreprises assistées) et fournit donc une indication de l'efficacité et l'efficience des mesures. Les seconds types d'indicateurs mettent l'emphase sur l'impact des investissements générés sur l'économie hôte.

L'AMDIE rapporte utiliser des KPIs opérationnels, d'impact et d'évènements. Quand on les rapporte aux catégories proposées ci-dessus, on constate que l'AMDIE est en-deçà des pays de l'OCDE en ce qui concerne l'utilisation de KPIs, aussi bien d'activités que de résultats (Tableau 5.5). Alors que l'AMDIE utilise des KPIs d'évènements qui mesurent le nombre d'évènements liées à la promotion de l'investissement et de l'exportation, il serait plus judicieux d'utiliser des indicateurs qui mesurent la performance de l'agence dans la mise en œuvre de ses activités, telles que le temps requis pour répondre aux requêtes des investisseurs ou pour organiser des visites, ainsi que la qualité des réponses fournies ou les coûts des activités. Le nombre d'évènements comptabilisé ne permet pas de mesurer de façon adéquate la performance de l'agence et de déterminer si elle répond à ses objectifs en termes d'attraction des IDE.

Tableau 5.5. Indicateurs de suivi et évaluation utilisés par l'AMDIE en comparaison avec les agences de l'OCDE

			Maroc (2022)	Maroc (2018)	Moyenne OCDE
Indicateurs d'activités	Nombre d'entreprises assistées				65 %
	Temps requis pour répondre				50 %
	Réponses aux requêtes sujettes à évaluation				44 %
	Coûts des activités				38 %
	Temps requis pour organiser des visites				26 %
	Études de marché sujettes à une revue par les pairs				24 %
Indicateurs de résultats	*Indicateurs IDE*	Projets d'investissement			91 %
		Volume total des IDE			81 %
		Nombre d'investisseurs			66 %
	Indicateurs socio-économiques	Emploi			88 %
		Innovation / R&D			50 %
		Développement régional			38 %
		Exportations			38 %
		Image du pays			29 %
		Salaires			26 %
		Capacités des entreprises locales			24 %
		Investissement vert			21 %
		Durabilité			18 %
		Concurrence			18 %
		Recettes fiscales			15 %
		Historique des entreprises en terme de responsabilité sociale des entreprises			6 %
	Autres indicateurs	Satisfaction des clients			65 %
		Réforme du climat des affaires			29 %

Note : les indicateurs étant révisés de façon relativement fréquente, les informations concernant les pays de l'OCDE, notamment les indicateurs de résultats, peuvent avoir changé depuis l'enquête effectuée en 2017-2018. Il est par exemple très certain que la proportion d'API utilisant les indicateurs d'investissement vert et de durabilité soient nettement plus importants de nos jours.
Source : (OCDE-BID, 2018[3] ; OCDE-BID, 2022[4]).

De même, l'AMDIE n'utilise pas suffisamment d'indicateurs de résultats, mis à part ceux mesurant le volume des IDE et la création d'emplois, qui sont également les indicateurs les plus courants dans le monde et les pays de l'OCDE. L'indicateur de satisfaction des clients, utilisé par 65 % des API de l'OCDE devrait être remis en place car il peut constituer un rôle de boussole pour l'agence et l'orienter dans ses services. Par ailleurs, bien que les indicateurs de résultats soient plus complexes à manier et dépendent notamment des méthodologies d'évaluation mises en place, il est important de développer quelques KPIs d'impact plus sophistiqués – notamment liés à l'innovation, au développement régional ou à la transition bas-carbone – pour s'assurer que la stratégie de promotion de l'investissement réponde aux objectifs de développement du pays (Encadré 5.5). Une stratégie de ciblage plus étroite de l'AMDIE, telle que recommandée plus haut, lui permettrait de mieux effectuer le suivi de ses activités et ses résultats, notamment en développant des indicateurs et des méthodologies spécifiques aux secteurs, pays et projets prioritaires.

Encadré 5.5. L'utilisation d'indicateurs d'investissements bas-carbone dans les pays de l'OCDE

Dans leurs activités de ciblage et de priorisation des investissements, près de la moitié des API de l'OCDE ont développé des indicateurs liés à la transition bas-carbone. Ces indicateurs peuvent prendre différentes formes et avoir divers degrés de sophistication. La plupart de ces agences (dont le Chili, la Finlande, la Lettonie, les Pays-Bas et la République de Türkiye, par exemple) utilisent les secteurs bas-carbone qui sont ciblés pour développer leurs indicateurs, tandis que d'autres s'appuient sur les politiques internes des entreprises pour réduire leurs émissions de carbone (par exemple l'Islande et le Portugal) ou encore sur la propension de ces entreprises à contribuer à la décarbonation de l'économie (notamment l'Allemagne, le Canada, l'Irlande et la Suède).

Un nombre beaucoup plus limité d'agences intègrent des indicateurs bas-carbone dans leurs dispositifs de suivi et évaluation, pourtant nécessaires pour mesurer les résultats de l'agence et la contribution effective des entreprises assistées par l'API à la décarbonation de l'économie. Ainsi, les API évaluent généralement le nombre d'investissements bas-carbone par rapport à leurs objectifs (en termes de volume, de pourcentage, etc.). Certaines ont élaboré des systèmes plus sophistiqués, tel que le mécanisme de notation de la durabilité des investissements développé par *Germany Trade and Invest*. Un questionnaire adressé aux entreprises assistées par l'agence leur est envoyé, ce qui lui permet d'évaluer la contribution de ces entreprises à un certain nombre de domaines sur l'économie hôte dont la durabilité. *Business Finland* a introduit un mécanisme d'évaluation d'impact similaire basé sur des entretiens directs avec des investisseurs. Des conseillers de l'agence posent des questions aux représentants de tout nouveau projet d'investissement traitant de leur impact carbone. Bien que les sources d'informations demeurent relativement subjectives, les réponses apportées leur permettent de formuler des indicateurs de résultats précis sur la contribution des investissements attirés à la transition bas-carbone.

Source : Questionnaire de l'OCDE sur le suivi et l'évaluation et la priorisation des API (2021) ; et Questionnaire de l'OCDE sur les mécanismes de notation de la durabilité (2022).

Les aspects institutionnels du suivi et de l'évaluation sont bien en place mais pourraient être renforcés

Le suivi et l'évaluation de l'AMDIE est conduit par un département de suivi de la performance, comme dans le cas de près de deux tiers des agences de l'OCDE. Ce département, qui existe depuis la création de l'AMDIE, est attaché à la direction stratégie, veille et suivi de performance. Il a pour principales attributions :

- L'identification et la mise en place des indicateurs de productivité et d'impact ;
- La mise en place des reportings et des tableaux de bord de gestion ;
- Le suivi des réalisations et des résultats du plan d'action business par rapport aux objectifs arrêtés ; et
- Le pilotage de l'activité commerciale.

Alors que l'AMDIE indique que la numérisation croissante de son organisation l'incite à adapter la nature de ses activités de ciblage et de services aux entreprises, cette numérisation peut également contribuer à améliorer la manière dont la promotion des investissements est évaluée. Ainsi, des solutions numériques renforcent le système de suivi et évaluation en permettant une collecte de données plus précise sur le parcours de l'investissement et un meilleur stockage de l'information obtenue (Sztajerowska et Volpe Martincus, 2021[10]). Cela permet également d'améliorer les instruments d'enquête et à comprendre la satisfaction des clients à propos des services fournis.

De façon plus générale, face aux ambitions fixées par le Nouveau Modèle de Développement, le Maroc a besoin de renforcer les flux de données permettant de monitorer la politique nationale d'investissements. À cet effet, l'Observatoire de l'investissement, en cours de réflexion, sera doté d'un dispositif de collecte de données permettant de reconstituer des indicateurs de suivi et d'évaluation de la politique nationale d'investissements, en plus d'un dispositif de veille pour accompagner la mise en œuvre de la politique d'investissement, mesurer l'évolution de l'investissement et sa répartition et améliorer la connaissance de l'écosystème de l'investissement.

L'Observatoire de l'investissement aura une responsabilité de production d'intelligence économique. Son étude est en cours de finalisation.

5.3. Mettre la facilitation des investissements au service d'une reprise économique résiliente et inclusive

La facilitation des investissements commence lorsqu'un investisseur manifeste de l'intérêt pour une localité. Cela intègre la manière dont les requêtes des investisseurs en phase de prospection sont traitées par les autorités compétentes, notamment l'API, et les mesures visant à réduire les obstacles potentiels auxquels sont confrontés les investisseurs une fois qu'ils ont décidé d'investir. Mais la facilitation des investissements ne s'arrête pas là : encourager l'expansion des investisseurs existants et les aider à surmonter les défis auxquels ils sont confrontés dans l'exploitation de leur entreprise est au moins aussi important que de faciliter de nouveaux investissements (OCDE, 2015[1]). Alors que la promotion de l'investissement est principalement l'affaire des API, sa facilitation implique souvent une approche pangouvernementale (Novik et de Crombrugghe, 2018[13]).

Le gouvernement marocain a placé la nécessité d'améliorer l'environnement des affaires et l'appareil administratif en tête de ses priorités, reconnaissant la contribution majeure du secteur privé à une croissance économique durable et inclusive (Royaume du Maroc, 2021[2]). Alors que les investissements publics représentent encore la majorité des investissements totaux du Royaume, le gouvernement vise à infléchir la tendance en encourageant l'investissement privé, conformément aux objectifs de la nouvelle charte de l'investissement qui vise à atteindre une part de 65 % d'investissement privé à l'horizon 2035.

L'objectif est également de placer cette nouvelle politique de l'investissement au cœur de la relance socio-économique du Royaume.

Des mesures successives pour faciliter l'implantation de nouvelles entreprises ont été également mises en place au cours des dernières années, notamment en simplifiant, en dématérialisant et en déconcentrant les procédures et les démarches administratives. Les réformes visant à améliorer l'environnement des affaires et les mesures visant à garantir la transparence et la prévisibilité de la réglementation des affaires sont particulièrement importantes dans le contexte de la reprise économique postpandémie.

5.3.1. Réformes et numérisation de l'environnement des affaires au Maroc

La simplification, la dématérialisation et la déconcentration des démarches administratives sont au cœur des réformes de l'environnement des affaires

L'amélioration continue de l'environnement des affaires est une priorité majeure du Royaume du Maroc depuis plusieurs décennies. Après de multiples initiatives au cours de la décennie 2000, la création du Comité National de l'Environnement des Affaires (CNEA) en 2009 répondit à un besoin de mise en cohérence et constitua une étape importante de ce processus. Les objectifs poursuivis par la création du CNEA étaient notamment de renforcer la coordination interministérielle et le dialogue public-privé sur les questions de l'environnement des affaires, et à instaurer un pilotage stratégique des réformes directement rattaché au Chef de l'Exécutif (Encadré 5.6).

Encadré 5.6. Le CNEA en tant que plateforme de dialogue public-privé fédératrice de réformes

Depuis sa création en 2009, le CNEA a permis d'accélérer l'identification et la mise en œuvre de plusieurs réformes structurantes en matière d'amélioration du climat des affaires au Maroc. Il est présidé par le Chef du gouvernement et regroupe en son sein les départements ministériels, les agences AMDIE et Maroc PME, les représentants du secteur privé, ainsi que plusieurs partenaires concernés par le développement du secteur privé et l'amélioration de l'environnement des affaires au Maroc.

En plus d'œuvrer comme catalyseur et promoteur de réformes de l'environnement des affaires, le CNEA est avant tout une plateforme de dialogue public-privé qui offre un espace de dialogue aux différents acteurs des secteurs public et privé pour se concerter et travailler de façon collaborative. Cette plateforme de dialogue vise la mise en place et le partage d'une vision commune des réformes et l'identification des chantiers prioritaires pour le développement du secteur privé. Ce dernier est représenté par la Confédération Générale des Entreprises au Maroc, la Fédération des Chambres de Commerce, d'Industrie et des Services, et le Groupement Professionnel des Banques du Maroc.

Le CNEA est composé de groupes de travail thématiques et vise à lever, sur la base de problématiques identifiées, les contraintes obstruant le climat des affaires. Les axes de travail principaux du CNEA sont le cadre légal et réglementaire des affaires, la dématérialisation et simplification des procédures, et la mise en place de guichets uniques. Le CNEA est à la fois une force de proposition, de pilotage de la mise en œuvre et d'évaluation des réformes tant au niveau national que celui des régions.

Plus récemment, le CNEA a travaillé à la mise en place de deux plateformes électroniques :

- La plateforme https://business-dialogue.ma pour garantir un dialogue permanent avec le secteur privé sur des thématiques qui intéressent les entreprises ; et
- La plateforme business-barometer.ma qui permet de mesure la performance des réformes engagées par le CNEA auprès d'un panel d'entreprises représentatives du tissu économique.

Source : Autorités marocaines et www.cnea.ma.

Cette initiative, parmi d'autres, a permis au Maroc de graduellement renforcer son climat des affaires, comme en témoigne son classement à l'Indice mondial de la compétitivité du Forum économique mondial et à l'Indice de la facilité de faire des affaires de la Banque mondiale. Le CNEA a joué un rôle fédérateur autour de réformes clés et les progrès se sont fait ressentir sur plusieurs aspects du climat des affaires, notamment la création d'entreprises (Chauffour, 2018[14]).

Ces dernières années, le Royaume du Maroc a pris une série d'initiatives supplémentaires pour améliorer son environnement des affaires et faciliter l'investissement. Plusieurs priorités, qui se renforcent l'une l'autre, sont au cœur de l'action du gouvernement, notamment la simplification des procédures et démarches administratives, la déconcentration des décisions administratives et de l'accompagnement des investisseurs, et la numérisation et dématérialisation des services publics. Ces démarches s'inscrivent dans les objectifs plus larges de développement du numérique et de réforme de l'appareil administratif, qui figurent tous deux parmi les cinq leviers du changement du Nouveau Modèle de Développement (Royaume du Maroc, 2021[2]). Le numérique est présenté comme un levier efficace pour augmenter la confiance entre le citoyen, les entreprises et l'État, tandis que la réforme de l'administration est considérée comme une condition de réussite du nouveau modèle.

Ainsi, les autorités marocaines ont promulgué la Loi n°47-18 en février 2019 portant réforme des CRI qui vise la transformation de ces centres en établissements publics, instaure des Commissions Régionales Unifiées d'Investissement (CRUI) – en charge de l'examen et de l'instruction des dossiers d'investissement – et institue une commission interministérielle de pilotage. Les CRI sont donc devenus des entités publiques chargées de l'accompagnement des investisseurs dans la réalisation de leurs projets d'investissement, d'accompagner les PME, d'analyser les demandes pour bénéficier des subventions de l'État, de participer à la mise en œuvre de stratégies de promotion d'investissement et de jouer un rôle de médiation en cas de différends avec l'administration. L'un des projets prioritaires de la feuille de route de la réforme des CRI a consisté en la mise en place de la plateforme digitale CRI-INVEST (www.cri-invest.ma) en vue d'harmoniser, de simplifier et de dématérialiser les formalités et procédures de dépôt et de traitement des dossiers d'investissement et de leur instruction par les CRUI. Cette plateforme, partagée avec l'ensemble des administrations régionales concernées, permet le dépôt dématérialisé des dossiers d'investissements et la gestion de bout en bout des demandes d'actes et d'autorisations formulées par les investisseurs.

Un an plus tard, la Loi n° 55-19 sur la simplification des procédures et formalités a introduit des changements majeurs dans les principes de base des procédures et formalités administratives pour le traitement des demandes des usagers, tout en encourageant l'administration à promouvoir un climat propice au développement et aux investissements via notamment le renforcement de la transparence, le raccourcissement des délais de réaction de l'administration et la publication des lois, réglementations et mesures liées à l'investissement. Cette loi prévoit cinq ans pour la simplification et la digitalisation des actes et procédures administratives et instaure les principes généraux et les fondements encadrant la digitalisation de ces procédures.

Afin de libérer le plein potentiel des investisseurs et faciliter l'acte d'entreprendre, le gouvernement s'est engagé en 2022 dans la préparation d'une nouvelle feuille de route à l'horizon 2026 pour l'amélioration du climat des affaires. Cette feuille de route, élaborée conjointement par le MICEPP – doté d'une direction dédiée au climat des affaires – et les équipes du CNEA, en concertation avec les parties prenantes publiques et privées, adresse plusieurs chantiers stratégiques :

- Le premier pilier vise à améliorer les conditions structurelles de l'acte d'investir et d'entreprendre, à travers le renforcement du cadre relatif au droit des affaires, l'optimisation, la digitalisation et la déconcentration des procédures administratives et le renforcement de la coordination et de la veille en matière d'environnement des affaires.
- Le deuxième pilier vise le renforcement de la compétitivité nationale, à travers la mobilisation des financements pour une meilleure relance économique, l'amélioration de l'accès aux énergies renouvelables et la décarbonation industrielle, le renforcement de l'accès au foncier et le renforcement de la compétitivité logistique.

- Le troisième pilier vise le développement d'un environnement propice à l'entrepreneuriat et à l'innovation, à travers le développement des dispositifs de soutien aux PME et Startups, la promotion de l'innovation, des activités de R&D et de la culture entrepreneuriale, et le renforcement de l'offre de formation et de la performance du capital humain.
- Le pilier transversal vise le renforcement de l'éthique, de l'intégrité et la prévention de la corruption.

D'après les autorités, plus de 70 % des initiatives incluses dans la feuille de route 2023-2026 relative à l'amélioration du climat des affaires ont déjà été lancées depuis leur annonce en mars 2023.

De nombreuses initiatives de numérisation des services publics auprès des entreprises ont été mises en œuvre par différentes parties prenantes de l'administration. Ainsi, par exemple, le ministère de la Justice a contribué aux efforts de dématérialisation des services aux investisseurs, notamment en instaurant un guichet virtuel unique pour l'immatriculation des entreprises au registre de commerce, en adoptant la signature électronique, en instaurant le paiement électronique pour le recouvrement des taxes, des frais de justice et des amendes, et en mettant en place une plateforme d'échange électronique entre les avocats et les tribunaux. Le Ministère de l'Aménagement du Territoire National a mis en ligne un géo-portail (http://www.taamir.gov.ma) permettant à l'ensemble des agences urbaines de publier leurs documents d'urbanisme homologués avec une nomenclature unifiée, accessible aux citoyens et professionnels et offrant des notes de renseignements urbanistiques indicatives, facilitant ainsi l'accès à l'information sur l'ensemble de l'information urbanistique nécessaire à l'investissement. De leurs côtés, alors que la Commission nationale de contrôle de la protection des données à caractère personnel (CNDP) œuvre pour consolider la confiance numérique au travers de missions d'assistance, de sensibilisation et d'information du secteur privé, la Commission du droit d'accès à l'information (CDAI) joue un rôle de sensibilisation sur l'importance de faciliter l'accès à l'information, et émet des recommandations pour améliorer la qualité, la transparence, l'accessibilité et la simplification des procédures administratives.

Ces réformes ont permis la numérisation d'un grand nombre de procédures et démarches administratives au Maroc. D'après l'enquête de l'OCDE sur la promotion de l'investissement et l'économie numérique conduite en 2021, la majorité des procédures et des exigences requises pour investir et établir son entreprise sont disponibles en ligne au Maroc, comme dans 47 % des pays de l'OCDE (De Crombrugghe et Moore, 2021[11]). Ce processus n'est toutefois pas encore entièrement numérisé, comme dans près d'un tiers des pays de l'OCDE. L'AMDIE rapporte également que plusieurs procédures spécifiques peuvent se faire en ligne, entièrement ou partiellement, comme dans la majorité des pays de l'OCDE (Graphique 5.5).

Graphique 5.5. Disponibilité de procédures spécifiques en ligne au Maroc et dans la moyenne des pays de l'OCDE

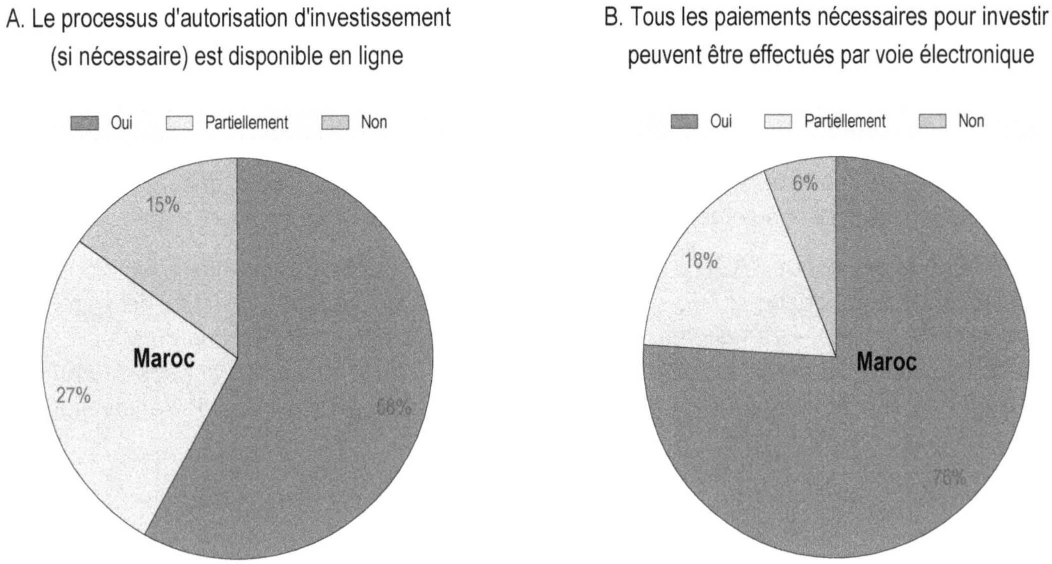

Source : (OCDE, 2021[12]).

Il reste néanmoins un certain chemin à parcourir afin d'améliorer la qualité du service public au Maroc, y compris au travers de la numérisation, et de rendre ainsi des services aux investisseurs plus rapides et efficients. La Banque mondiale estime que la qualité de la réglementation fait encore partie des lacunes importantes de l'environnement des affaires au Maroc (Banque mondiale, 2021[15]). La simplification des procédures administratives pour les entreprises demeure une priorité majeure pour le secteur privé, aussi bien en termes de longueur et de visibilité des délais que de nombre d'autorisations et d'interactions avec les services publics (CGEM, 2021[16]). Ainsi, les entreprises marocaines passent en moyenne encore 200 heures par année en contact avec les services publics avec un taux d'insatisfaction d'environ 70 % (CNEA, 2021[17]). Deux tiers des entreprises estiment aussi que la complexité des procédures constitue un obstacle au bon déroulement de leur activité (ibid.). L'accès au foncier demeure également un obstacle à l'acte d'investir fréquemment cité par le secteur privé (voir Chapitre 3). Les goulets d'étranglement bureaucratiques affectent par ailleurs le processus d'approbation des projets, et créent un risque de dépassement des coûts qui peut dissuader les investisseurs. L'efficacité dans l'élimination de ces obstacles sera cruciale si le Maroc veut capitaliser sur ses avantages géographiques et économiques.

Les autorités marocaines pourraient, dès lors, envisager de passer à un système déclaratif (ou de cahier des charges), où les nouveaux investissements sont autorisés de prime abord s'ils répondent à un certain nombre de critères préétablis. La charge revient ainsi à l'administration de vérifier, à posteriori et dans un certain délai, si l'entreprise rempli les différents critères. Ainsi, en République de Türkiye par exemple, depuis l'adoption de la loi de 2018, les entreprises à capitaux étrangers doivent notifier les IDE au ministère de l'Industrie et de la Technologie, mais une autorisation n'est requise que pour établir des bureaux de liaison.

Par ailleurs, alors que le niveau de digitalisation est considéré comme encore insuffisant, le Département de la Réforme Administrative marocain a réalisé une étude couvrant la totalité des départements ministériels et près d'un tiers des établissements publics (Royaume du Maroc, 2019[18]).

Celle-ci vise à mesurer la maturité des services publics électroniques en les classant en quatre niveaux :

- Niveau 1 : informationnel
- Niveau 2 : transactionnel
- Niveau 3 : dématérialisé partiellement
- Niveau 4 : dématérialisé complètement

D'après les autorités marocaines, l'étude a conclu que, sur 453 services et démarches électroniques recueillis, une grande majorité (46 %) sont de niveau informationnel, alors que 28 % sont de niveau dématérialisation partielle et seulement 23 % sont digitalisés de bout en bout.

Afin de renforcer ce processus, l'ADD a élaboré une Note d'orientations générales pour le développement du digital au Maroc à horizon 2025, qui ambitionne – parmi d'autres objectifs de numérisation de l'économie et de la société – d'améliorer la qualité des services publics (Royaume du Maroc, 2020[19]). La note ébauche les actions à mettre en place pour avoir dans les cinq prochaines années une administration digitale au service des citoyens et des entreprises, avec comme objectif un taux de satisfaction de plus de 85 %.

Les réformes nationales sont complétées par des initiatives internationales

La facilitation de l'investissement est un sujet qui a été mis à l'agenda des discussions internationales ces dernières années, notamment depuis la mise en place du groupe de travail sur le commerce et l'investissement du G20 sous la présidence chinoise en 2016 (Novik et de Crombrugghe, 2018[13]). Ce thème est également au centre de la négociation de certains nouveaux traités bilatéraux d'investissement, notamment du Brésil ou de l'Union européenne. Mais plus important encore, la facilitation de l'investissement fait l'objet de négociations à l'OMC depuis 2017 (Encadré 5.7). Cette initiative est prometteuse dans le sens où elle contribue à mettre l'IDE au centre des discussions internationales liées à la relance économique mondiale, à utiliser l'investissement pour promouvoir le développement, à encourager des réformes nationales du climat de l'investissement et à renforcer la confiance dans le système économique multilatéral.

Le Maroc a adhéré à l'initiative de l'OMC sur la facilitation de l'investissement pour le développement le 5 juin 2020 et a présenté sa propre proposition de cadre multilatéral en la matière le 27 décembre de la même année – proposition qui converge avec les objectifs de ladite initiative. La participation aux travaux de l'OMC s'appuie également sur l'adoption d'un nouveau modèle d'accord de promotion des investissements élaboré en concertation avec la CNUCED et qui s'aligne sur les recommandations de l'OCDE, ainsi que la ratification de plusieurs conventions internationales relatives à la garantie et à la protection des investissements.

L'enjeu de la participation du Maroc à cette initiative est double. D'une part, il s'agit de faire valoir les réformes menées au niveau national pour drainer davantage d'IDE, et d'autre part, faciliter la réalisation des investissements marocains à l'étranger, notamment en Afrique où le Maroc est le deuxième investisseur africain sur le continent. Le Maroc se positionne donc comme de nombreuses autres parties prenantes de l'initiative, qui y voient un bénéfice aussi bien en tant que récepteurs que pourvoyeurs d'IDE.

L'OCDE encourage le Maroc à poursuivre sa participation active à ces négociations ainsi qu'à la préparation de leur mise en œuvre, afin de continuer à mettre l'IDE au centre de sa politique économique extérieure, de démontrer sa volonté de continuer à conduire des réformes de son climat de l'investissement et d'encourager des réformes dans les pays où le Maroc opère en tant qu'investisseur étranger. En vertu des provisions de l'accord, le Maroc se doit de se doter d'un point focal pour la facilitation de l'investissement. Alors que la négociation a été conduite conjointement par le ministère de l'Économie et des Finances et le ministère de l'Industrie et du Commerce, il pourrait être opportun que le Maroc sélectionne l'AMDIE – ou son ministère de tutelle – pour un tel rôle vu qu'elle exerce déjà le rôle de point focal national pour les investisseurs étrangers.

Encadré 5.7. La facilitation de l'investissement pour le développement à l'OMC

Lancée par un groupe de pays en développement et moins avancés de l'OMC, l'Initiative conjointe sur la facilitation de l'investissement pour le développement vise à élaborer un accord multilatéral ou plurilatéral pour améliorer le climat des investissements et permettre aux investisseurs d'investir plus facilement, de mener à bien leurs activités et d'étendre plus facilement leurs opérations. Alors que l'initiative regroupait 70 pays membres à ses débuts, elle en comptait 112 au début de 2022, suite à la Déclaration conjointe de décembre 2021.

Les discussions s'articulent autour des thèmes suivants :

- Améliorer la transparence et la prévisibilité des mesures d'investissement ;
- Simplifier et accélérer les procédures administratives liées aux investissements ;
- Renforcer le dialogue entre les gouvernements et les investisseurs, et promouvoir les pratiques de conduite responsable des entreprises, et la prévention et la lutte contre la corruption ; et
- Assurer un traitement spécial et différencié, une assistance technique et un renforcement des capacités pour les pays en développement et les pays les moins avancés.

L'initiative ne couvre pas l'accès au marché, la protection des investissements et le règlement des différends entre investisseurs et États.

Source : www.wto.org.

5.3.2. Les services de l'AMDIE et les CRI pour maintenir un environnement de confiance avec les investisseurs étrangers et favoriser leur ancrage dans l'économie locale

Les services de facilitation et de suivi de l'AMDIE nécessitent une coordination optimale avec les CRI

Les API, qu'elles soient nationales ou infranationales, jouent un rôle important dans le soutien aux investisseurs étrangers une fois leur décision d'investir étant prise. Elles peuvent jouer un rôle important à tous les niveaux du parcours de l'investisseur, à savoir une assistance à la définition de projet, l'appui aux démarches administratives, les services de suivi (ou *aftercare*) tels que l'identification de partenaires locaux ou de résolution de litiges, et le plaidoyer de politiques pour proposer des réformes structurelles du climat des affaires.

Au niveau des agences d'exécution, la facilitation de l'investissement étranger et les activités de suivi au Maroc sont principalement départagées entre l'AMDIE et les CRI. L'AMDIE, pour sa part, assure un accompagnement de bout en bout des investisseurs comprenant l'identification des projets d'investissement à fort potentiel, l'apport d'informations sur le cadre réglementaire et juridique des affaires au Royaume, l'accompagnement dans les démarches d'implantation et d'investissements, la facilitation des contacts avec les instances administratives et les partenaires locaux, et le soutien à un meilleur environnement des affaires au Maroc. L'agence est en train de mettre en place un Centre Aftercare axé sur la proximité avec les investisseurs, par le biais de rencontres individualisées régulières et des visites sur site, ainsi qu'à travers des enquêtes de satisfaction. Étant donné l'importance de cette fonction pour la pérennisation des investissement existants, il est impératif que le Centre Aftercare soit opérationnel le plus rapidement possible.

Les CRI, quant à eux, fonctionnent comme guichets uniques œuvrant à l'examen des dossiers d'investissement, l'accompagnement des investisseurs pour l'obtention des autorisations et actes administratifs nécessaires et un suivi aux entreprises (notamment les PME) dans leur développement et leurs éventuelles difficultés. Ils contribuent également au règlement à l'amiable des différends, notamment au travers de missions de conciliation avec les administrations et organismes publics concernés lors de la réalisation ou de l'exploitation des projets d'investissement.

L'appui de l'AMDIE dans les différents domaines de la facilitation de l'investissement en fait une agence compétitive sur ces fonctions, notamment en comparaison avec les API de l'OCDE (Graphique 5.6, Panel A). Un grand nombre de ces activités sont menées conjointement avec les CRI, notamment les activités de facilitation et de suivi alors que celles de plaidoyer sont menées de façon plutôt autonome (Graphique 5.6, Panel B).

Graphique 5.6. Étendue des services de facilitation et de plaidoyer de l'AMDIE

(en % des activités possibles sous chaque fonction)

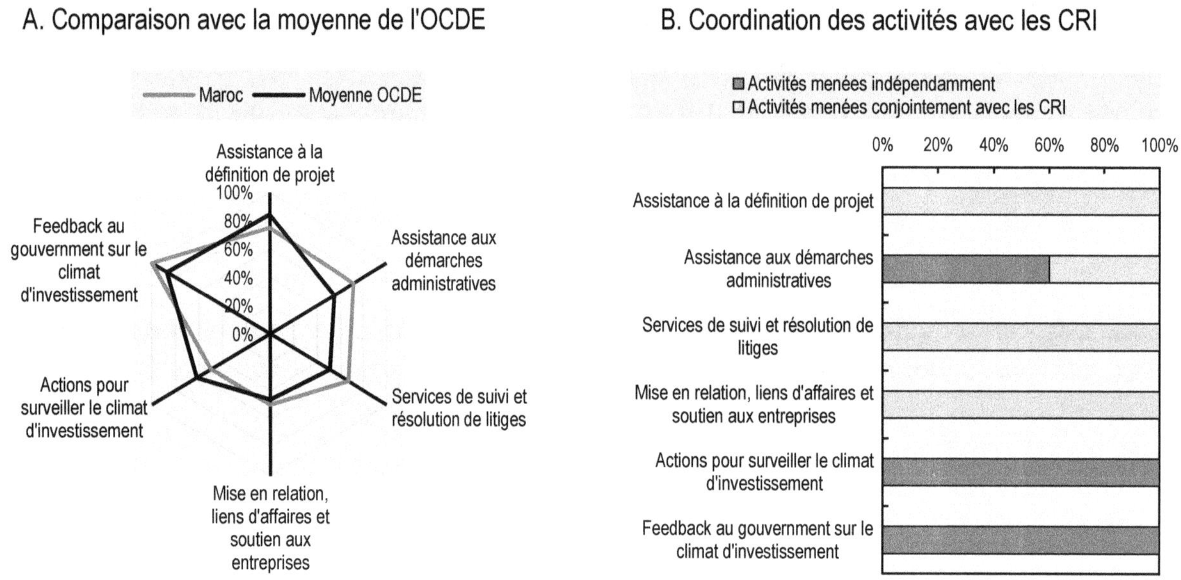

Source : (OCDE-BID, 2018[3] ; OCDE-BID, 2022[4]).

L'AMDIE et les CRI ont institutionnalisé leur coordination par l'intégration de cette première dans les conseils d'administration de ces dernières. D'après les autorités marocaines, l'AMDIE et les CRI partagent un certain nombre de tâches, notamment :

- L'accompagnement des investisseurs, grâce à un partage des différents canevas et informations nécessaires pour le montage des dossiers d'investissement et à une coordination pour faciliter le contact entre les investisseurs avec les partenaires au niveau central et local ;
- Les travaux des comités techniques de préparation et de suivi, au travers notamment de la réception des dossiers d'investissement au niveau local, de l'instruction des projets de conventions d'investissement au niveau régional et de la transmission de l'avis à l'AMDIE, ainsi que de la participation aux réunions du comité technique de préparation et de suivi par l'AMDIE ;
- Le suivi des projets conventionnés au niveau local et les visites de constat et préparation des attestations nécessaires pour le déboursement des subventions d'investissement par le comité central ; et
- Le suivi aux investisseurs, avec notamment la participation des CRI aux visites proposées par l'AMDIE et à la résolution des requêtes des investisseurs en collaboration avec les CRI.

À l'avenir, il est important que l'AMDIE et les CRI continuent à se répartir les tâches de facilitation de l'investissement de façon optimale afin de ne pas risquer de réduire leur impact, de faire passer des messages contradictoires aux investisseurs ou de favoriser une concurrence indésirable entre régions. Leur passage sous la même tutelle devrait favoriser cette tendance mais il est important de continuer à s'assurer que leurs activités ne se chevauchent pas et n'entrent pas en concurrence les unes avec les autres. Alors que l'AMDIE doit maintenir une vision et une action intégrée, elle doit continuer à favoriser des activités de promotion et de plaidoyer afin de laisser une place plus grande aux CRI dans les activités de facilitation et suivi. De façon générale, les API régionales sont des organisations locales plus proches de l'investisseur et de son environnement immédiat, et il est avéré que cette proximité leur permet d'influer efficacement sur les conditions opérationnelles de l'investissement en réduisant notamment les asymétries d'information et les défaillances institutionnelles (Crescenzi, Di Cataldo et Giuac, 2021[20]). La capacité des CRI à influencer les entrées d'IDE en supprimant les obstacles opérationnels et administratifs des investisseurs est donc un grand atout dans la politique d'attraction des IDE au Maroc. Cet aspect est examiné plus en détails dans le Chapitre 6.

La promotion des liens IDE-PME au cœur des services de suivi de l'AMDIE

La fonction de suivi est devenue particulièrement importante dans le contexte de la crise de COVID-19. Alors que celle-ci affecte les entreprises du monde entier, les API ont considérablement intensifié leurs activités de suivi pour aider les investisseurs existants à y faire face et pour soutenir leurs investissements ou opérations en cours (OCDE, s.d.[8]). Au Maroc, le processus de suivi a également été renforcé et les outils y afférant digitalisés avec comme objectif la pérennisation des investissements. Pour que ces services soient efficaces, ils doivent se concentrer sur les investisseurs qui ont la plus grande propension à étendre leurs activités et sur ceux qui ont le plus fort impact sur le développement durable du pays, que ce soit en termes de gains de productivité, de création d'emplois de qualité, de développement de l'économie verte ou de liens avec l'économie locale. Par souci de cohérence, d'efficacité et de développement des connaissances sectorielles, l'AMDIE devrait concentrer ses activités proactives de suivi sur les entreprises qui opèrent dans les mêmes industries et secteurs que ceux choisis pour attirer et générer des investissements (voir première partie du chapitre). Inversement, sa stratégie de promotion de l'investissement doit également se baser sur les atouts de l'économie locale afin de maximiser les possibilités de liens entre les investissements étrangers générés et les PME marocaines.

En effet, les multinationales ne s'engagent pas de façon automatique dans des relations avec des fournisseurs locaux – même lorsque les entreprises locales sont suffisamment compétitives. Si ce n'est à cause de contrats préexistants, cela peut être par facilité ou manque d'informations collectées auprès d'entreprises locales. Ces lacunes peuvent donc être comblées par des mesures ciblées pour faciliter l'échange d'informations. Ainsi, dans ses activités de suivi, l'AMDIE – comme beaucoup d'API de par le monde – est active dans la promotion de partenariats et de liens d'affaires entre investisseurs étrangers et fournisseurs locaux, notamment parmi les PME marocaines (Tableau 5.6). Différents programmes sont en place, notamment une base de données des fournisseurs locaux et des services de rencontres et mises en relation d'entreprises. La base de données est mise à jour chaque année et inclut la liste de tous les produits/services offerts par les fournisseurs locaux, leur localisation géographique ainsi que d'autres caractéristiques spécifiques (par exemple leur année d'établissement ou leur taille).

Tableau 5.6. Activités de l'AMDIE et des agences de l'OCDE pour la promotion des liens d'affaires entre investisseurs étrangers et fournisseurs locaux

		Maroc (2022)	Maroc (2018)	Moyenne OCDE
Programmes de liens d'affaires	Base de données des fournisseurs locaux			67 %
	Mise en relation entre investisseurs étrangers et entreprises locales			64 %
	Soutien au renforcement des capacités des entreprises locales			39 %
Programmes de recrutement du personnel	Assistance au recrutement du staff local			39 %
	Programmes d'éducation ou de formation du staff local			21 %
Autres	Programmes de clusters			48 %

Source : (OCDE-BID, 2018[3] ; OCDE-BID, 2022[4]).

Des études ont montré que les investisseurs étrangers établis de longue date, du fait de leur connaissance du contexte local, sont plus enclins à faire appel à des fournisseurs locaux plutôt que de s'approvisionner à l'étranger (Farole et Winkler, 2014[21]). Un suivi actif des investisseurs étrangers peut ainsi soutenir le double objectif de les aider à s'ancrer dans l'économie locale, tout en renforçant les retombées positives de leurs investissements sur le développement local.

Une coordination optimale de l'AMDIE et des CRI avec Maroc PME est évidemment indispensable pour que ces services de mise en relation soient fructueux et bénéficient aussi bien aux investisseurs étrangers qu'aux PME marocaines. Dans tout pays, la nature des politiques visant à renforcer les retombées de l'IDE sur les PME requiert des mesures dans différents domaines politiques liés à la promotion et à la facilitation des investissements, mais également à l'internationalisation des PME, à l'innovation et au développement régional. Quel que soit le cadre institutionnel qui régit ces domaines politiques, des mécanismes de coordination appropriés doivent être mis en place pour assurer l'alignement des politiques entre les départements ministériels, les agences d'exécution et les organes consultatifs (Encadré 5.8). La collaboration avec les CRI est particulièrement importante au vu de l'élargissement de leur mission à l'accompagnement des PME depuis la promulgation de la Loi n°47-18 en 2019. Il est essentiel que cette coordination se fasse aussi bien par des canaux formels qu'informels et soit complétée par des consultations régulières avec le secteur privé sur ses besoins en termes de fournisseurs locaux.

Enfin, l'AMDIE et les CRI peuvent également envisager d'utiliser leurs services de suivi aux investisseurs pour promouvoir une conduite responsable des entreprises existantes et les encourager à se conformer plus systématiquement à leurs obligations législatives, telles que celles sur le respect des droits de l'homme, la protection de l'environnement, les relations de travail et la responsabilité financière, ainsi que d'adopter des pratiques responsables et durables dans leurs opérations commerciales (voir Chapitre 7).

Encadré 5.8. Le cadre institutionnel et de politiques pour encourager les retombées des IDE sur les PME : le cas du Portugal

Bien que le Portugal ait été fortement touché par la crise du COVID-19, notamment dû à une population importante de microentreprises ayant une capacité limitée à s'adapter aux mesures de confinement strictes, les liens de la chaîne de valeur entre les entreprises étrangères et locales demeurent bien établis. Les filiales étrangères établies au Portugal s'approvisionnent de façon intensive auprès de fournisseurs locaux (souvent des PME), en particulier dans le secteur manufacturier de haute technologie et les services de moindre technologie, ce qui accroît les opportunités de retombées positives dans ces secteurs. En outre, les entreprises portugaises bénéficient des intrants (de qualité) produits localement par les filiales étrangères.

La conception et la mise en œuvre de politiques permettant des retombées positives des IDE sur les PME locales couvrent plusieurs domaines de politiques au Portugal et impliquent donc de nombreuses institutions publiques. Les principales agences d'exécution – à savoir *AICEP* (l'agence de promotion de l'investissement portugaise), *IAPMEI* (l'agence de la compétitivité et l'innovation des PME), *ANI* (l'agence nationale de l'innovation), et dans une moindre mesure *AD&C* (l'agence pour la cohésion et le développement) – rendent compte à différents ministères de tutelle et opèrent dans des domaines politiques spécifiques, ce qui rend la coordination interinstitutionnelle impérative. La collaboration interministérielle est facilitée par trois conseils consultatifs de haut niveau qui se concentrent sur les domaines de l'entrepreneuriat et de l'innovation, du développement régional et de l'internationalisation de l'économie. L'essentiel de la coordination se fait cependant au niveau des agences d'exécution, à la fois par des canaux formels et informels. Ainsi, une majorité des politiques de diffusion IDE-PME (52 %) impliquent un élément de collaboration dans leur formulation et mise en œuvre.

Au niveau des politiques, celles-ci présentent un degré de sélectivité relativement élevé, motivé par des stratégies nationales et régionales de spécialisation intelligente. De nombreuses politiques ciblent des catégories d'entreprises spécifiques – en particulier les PME –, des secteurs prioritaires et des activités de la chaîne de valeur, ainsi que des zones géographiques particulières. Les politiques portugaises ont comme objectifs principaux l'attraction des IDE à forte intensité de connaissances, le renforcement des capacités d'absorption des PME et la promotion des partenariats IDE-PME.

Source : (OCDE, 2022[22]).

Références

Banque mondiale (2021), *Rapport de suivi de la situation économique au Maroc: de la reprise à l'accélération*, https://documents.worldbank.org/en/publication/documents-reports/documentdetail/932951641921316905/morocco-economic-monitor-from-recovery-to-acceleration. [15]

CGEM (2021), *Livre blanc: Vers une croissance économique soutenue, responsable et durable*, https://drive.google.com/file/d/1iW8CEiZimb-9BpDp7Los88FswxIgGiDa/view. [16]

Chauffour, J. (2018), *Le Maroc à l'horizon 2040 : investir dans le capital immatériel pour accélérer l'émergence économique*, https://doi.org/10.1596/978-1-4648-1078-7. [14]

CNEA (2021), *Politique nationale d'amélioration de l'environnement des affaires au Maroc: Feuille de route 2021-2025*, https://www.cnea.ma/sites/default/files/docuemtns_publications/Rapport%20Politique%20Nationale%20VF.pdf. [17]

Crescenzi, R., M. Di Cataldo et M. Giuac (2021), « FDI inflows in Europe: Does investment promotion work? », *Journal of International Economics*, vol. 132, https://doi.org/10.1016/j.jinteco.2021.103497. [20]

De Crombrugghe, A. et S. Moore (2021), « Investment Promotion and the Digital Economy: A Comparative Analysis of Investment Promotion Practices Across the OECD », *OECD Investment Insights*, https://www.oecd.org/daf/inv/investment-policy/Investment-Insights-Investment-Promotion-Digital-Economy-OECD.pdf. [11]

Farole, T. et D. Winkler (2014), *Making Foreign Direct Investment Work for Sub-Saharan Africa : Local Spillovers and Competitiveness in Global Value Chains*, World Bank, https://doi.org/10.1596/978-1-4648-0126-6. [21]

Novik, A. et A. de Crombrugghe (2018), « Towards an International Framework for Investment Facilitation », *OECD Investment Insights*, https://www.oecd.org/investment/Towards-an-international-framework-for-investment-facilitation.pdf. [13]

OCDE (2022), *Strengthening FDI and SME Linkages in Portugal*, Éditions OCDE, Paris, https://doi.org/10.1787/d718823d-en. [22]

OCDE (2021), *Enquête de l'OCDE sur la promotion de l'investissement et l'économie numérique*. [12]

OCDE (2019), « Cartographie des agences de promotion de l'investissement Moyen-Orient et Afrique du Nord », n° 49, Éditions OCDE, Paris, https://doi.org/10.1787/961fae8b-fr. [6]

OCDE (2015), *Cadre d'action pour l'investissement, édition 2015*, Éditions OCDE, Paris, https://doi.org/10.1787/9789264235441-fr. [1]

OCDE (2011), *Attractiveness for Innovation: Location Factors for International Investment*, Éditions OCDE, Paris, https://doi.org/10.1787/9789264104815-en. [7]

OCDE-BID (2022), *Enquête OCDE-BID auprès des API: Maroc*. [4]

OCDE-BID (2018), *Enquête OCDE-BID auprès des API: OCDE et MENA*. [3]

OECD (2018), *Mapping of investment promotion agencies in OECD countries*, Éditions OCDE, Paris, https://doi.org/10.1787/098e4f0e-en. [5]

OECD (s.d.), *OECD Policy Responses to Coronavirus (COVID-19)*, Éditions OCDE, Paris, https://doi.org/10.1787/5b0fd8cd-en. [8]

Royaume du Maroc (2021), *Le nouveau modèle de développement : libérer les énergies et restaurer la confiance pour accélérer la marche vers le progrès et la prospérité pour tous*, https://www.csmd.ma/documents/Rapport_General.pdf. [2]

Royaume du Maroc (2020), *Note d'orientations générales pour le développement du digital au Maroc à horizon 2025*, https://add.gov.ma/storage/pdf/Avril_NOG_ADD_fr_SITE_VF.pdf. [19]

Royaume du Maroc (2019), *Recueil des services électroniqueset l'évalusation de leur maturité*, https://ereadiness.service-public.ma/. [18]

Sztajerowska, M. et C. Volpe Martincus (2021), « Together or Apart: Investment Promotion Agencies' Prioritisation and Monitoring and Evaluation for Sustainable Investment Promotion », *OECD Investment Insights*, https://www.oecd.org/daf/inv/investment-policy/Investment-Insights-Investment-Promotion-Prioritisation-OECD.pdf. [10]

Volpe Martincus, C. (2021), *Making Invisible Visible: Multinational Production and Investment Promotion in Latin*, https://doi.org/10.18235/0003807. [9]

Notes

[1] Pour plus d'informations sur les cartographies des agences de promotion de l'investissement dans les différentes régions du monde, veuillez consulter : https://www.oecd.org/investment/investment-promotion-and-facilitation.htm.

[2] Pour plus d'informations, veuillez consulter : https://www.oecd.org/investment/fdi-qualities-indicators.htm.

[3] Pour plus d'information, voir le site *Morocco NOW* accessible au lien suivant https://www.morocconow.com/.

[4] L'OCDE a conçu une enquête pour collecter des informations systématiques sur la promotion des investissements et la numérisation. Les résultats permettent, d'une part, d'explorer comment les API ont adapté leurs priorités pour promouvoir les IDE dans l'économie numérique et, d'autre part, d'analyser comment les API ont adapté leurs façons de travailler avec des solutions numériques pour attirer et aider les entreprises. L'enquête a été partagée avec les représentants d'API des pays de l'OCDE et de la région MENA, y compris le Maroc.

[5] Les API du Costa Rica, d'Estonie, de Finlande et de Türkiye sont, parmi les agences de l'OCDE, celles qui offrent les palettes les plus larges d'outils numériques de promotion des IDE.

6 L'investissement en faveur du développement territorial

Ce chapitre porte sur la contribution des politiques d'investissement nationales et infranationales au Maroc en faveur de l'attractivité territoriale et du développement, un domaine prioritaire du Nouveau Modèle de Développement du Maroc. Le chapitre fait le point sur le processus de régionalisation avancée et son impact sur l'amélioration du climat des affaires au niveau infranational, en se concentrant sur Casablanca-Settat, Tanger-Tétouan-Al Hoceïma et la région de l'Oriental. Ces régions diffèrent dans leurs niveaux de développement et d'attractivité aux IDE. L'Oriental est une région moyenne qui présente un grand potentiel de développement alors que Casablanca-Settat et Tanger-Tétouan-Al Hoceïma sont déjà des pôles d'attractivité importants, mais qui diffèrent dans le profil des investisseurs qui s'y implantent. Le chapitre analyse de quelle manière les réformes récentes ont modifié les mandats des organismes nationaux et infranationaux (et les mécanismes de coordination connexes) en matière d'élaboration de stratégies et de réglementation, de promotion et de facilitation des investissements. Le chapitre fournit des orientations de politiques publiques pour promouvoir la contribution des IDE en faveur de l'attractivité territorial.

6.1. Introduction et orientations générales

Les progrès du Maroc vers une régionalisation avancée, débutée il y a plus d'une décennie, ont été marqués par des réformes majeures visant à stimuler la productivité et l'investissement privé en soutien au développement territorial. Si l'impact sous-jacent de ces réformes, à commencer par la Charte de l'investissement de 2022, continue de se concrétiser, elles ont déjà permis une meilleure cohérence des politiques, des stratégies nationales plus intégrées en matière d'investissement et de développement territorial, et un cadre de gouvernance national et infranational plus inclusif en matière d'investissement. La poursuite de la mise en œuvre de la Charte de l'investissement et des réformes de régionalisation avancée devrait permettre d'améliorer le climat des affaires locales et, par la suite, de renforcer l'attractivité territoriale pour les investissements étrangers et nationaux et de mieux tirer profit de ces investissements pour le développement durable.

La répartition territoriale des investissements directs étrangers (IDE) au Maroc reflète les fortes disparités sociales et économiques existantes entre les territoires. Bien qu'essentiels pour réduire les déficits de financement et soutenir le développement durable, les IDE sont inégalement répartis et se concentrent dans les zones côtières et métropolitaines. Si le Maroc ne fait pas exception (en effet, les investissements sont inégalement répartis dans la plupart des pays de l'OCDE), des disparités territoriales fortes et persistantes dans les IDE peuvent entraver une croissance économique régionale équilibrée. Les disparités régionales des IDE sont supérieures à celles observées en matière de PIB dans les régions de Casablanca-Settat (CS), Tanger-Tétouan-Al Hoceïma (TTA) et de l'Oriental. Cela suggère que la concentration infranationale des IDE et les motivations des investisseurs ne peuvent s'expliquer uniquement par des facteurs tels que la taille du marché local. La concentration régionale d'IDE « greenfield » est toutefois en baisse, avec plus de 70 % des projets depuis 2018 attribués à d'autres régions que celles de Casablanca-Settat et Tanger-Tétouan-Al Hoceïma.

Les stratégies d'investissement et les réformes entreprises depuis le début de la régionalisation avancée montrent que la mobilisation de l'investissement privé en faveur du développement régional est devenue une priorité nationale. Cette approche intégrée vise à faire avancer des objectifs stratégiques correspondant au Nouveau modèle de développement (NMD) du Maroc, notamment en tirant parti des caractéristiques territoriales distinctes et des facteurs d'attractivité. Les priorités stratégiques visant à encourager l'investissement sont de plus en plus définies par diverses entités gouvernementales aux niveaux national et infranational, comme c'est également le cas dans les pays de l'OCDE. La nouvelle Charte de l'investissement considère la réduction des disparités territoriales comme une priorité absolue (un facteur moins souvent mentionné dans les lois d'investissement d'autres pays), fournit des mesures d'incitation plus élevées, basées sur les dépenses, aux régions moins développées et établit, avec d'autres lois, un cadre reliant l'investissement au développement territorial.

Les politiques d'investissement sont définies par l'État, conformément à la nouvelle Charte de l'investissement, et mises en œuvre au niveau territorial par les Centres Régionaux d'Investissement (CRI) et les Commissions Régionales Unifiées de l'Investissement (CRUI). Elles englobent un éventail de politiques visant à façonner l'attractivité territoriale, y compris des mesures d'incitation, des liens commerciaux et des zones économiques spéciales. Concernant les IDE, l'accent est traditionnellement mis sur l'attraction de nouvelles activités. Toutefois, pouvoir compter sur les CRI pour soutenir l'expansion des projets étrangers existants, en particulier dans les régions moins développées, peut être efficace et avoir de grandes retombées sur l'emploi local. Une réorientation de la politique d'investissement est en cours afin qu'elle ne repose plus sur des incitations fiscales, mais sur l'amélioration de l'environnement des affaires au niveau local. Chaque région est confrontée à des défis particuliers, que ce soit entre les zones urbaines et rurales du Maroc ou les régions côtières et de l'arrière-pays, allant des infrastructures de connectivité dans l'Oriental à la disponibilité de travailleurs suffisamment qualifiés dans la région TTA.

La révision de la Charte de l'investissement a été un signal fort en faveur d'une gouvernance unifiée, renforcée et déconcentrée de la politique d'investissement, à la suite d'autres lois importantes, telles que la loi organique relative aux régions, la Charte Nationale de la Déconcentration Administrative et les réformes redéfinissant le mandat et la gouvernance des CRI et la création des CRUI. Bien que cela ait permis d'améliorer le cadre institutionnel à plusieurs niveaux en matière d'investissement, des difficultés persistent, requérant une approche plus globale de l'élaboration des politiques d'investissement et de la mise en œuvre des lois et règlements existants, y compris la Charte de l'investissement, et d'allouer des ressources humaines et financières correspondant aux mandats réformés des Conseils Régionaux et des CRI sur l'attractivité des investissements et l'amélioration du climat des affaires locales. Depuis 2023, les CRI sont rattachés au Chef du Gouvernement, qui a délégué certaines de ses prérogatives au ministère de l'Investissement, de la Convergence et de l'Évaluation des Politiques Publiques (MICEPP) créé récemment. Néanmoins, la délimitation des mandats n'est pas toujours claire et les complémentarités entre l'Agence Marocaine de Développement des Investissements et des Exportations (AMDIE) et les CRI sont moins importantes que celles au sein des pays de l'OCDE. Un projet de loi en cours vise à repenser le positionnement des CRI afin d'en faire une référence pour l'investissement, devrait renforcer le rôle stratégique des CRI en tant que facilitateurs et catalyseurs de l'investissement au niveau territorial.

Recommandations d'action

- **Continuer d'améliorer la cohérence des stratégies nationales et infranationales en matière d'investissement, de développement territorial et de plans sectoriels.** Une plus grande cohérence des stratégies dans ces domaines permet de promouvoir des territoires compétitifs et prospères en mettant les objectifs nationaux en adéquation avec les objectifs de développement local. La participation d'entités infranationales telles que les CRI à la formulation de ces stratégies nationales contribuera à mettre en évidence les priorités et les capacités infranationales. Les organismes infranationaux devraient intégrer davantage les priorités nationales d'attractivité des IDE dans les Programmes de Développement Régional (PDR) et les stratégies de promotion de l'investissement des CRI lorsqu'elles existent.
- **Poursuivre les efforts visant à intégrer un pilier « territorial » dans la stratégie nationale de l'investissement afin de renforcer la cohérence, la clarté des mandats et les mécanismes de coordination existants.** Le pilier doit considérer la promotion de l'investissement au niveau infranational comme une responsabilité mutuelle du MICEPP, de l'AMDIE, des CRI, des Conseils Régionaux et d'autres acteurs pertinents, y compris des représentants du secteur privé. Le pilier fixe des objectifs d'investissement en fonction des priorités et des atouts territoriaux, identifie les efforts de promotion de l'investissement et clarifie les mandats des entités nationales et infranationales et les mécanismes de coordination connexes pour assurer la complémentarité des actions de l'AMDIE et des CRI. Ce pilier doit être en adéquation avec les PDR.
- **Veiller à ce que les ressources humaines et financières allouées aux CRI et Conseils Régionaux correspondent à leurs mandats en matière d'investissement.** La réussite de la régionalisation avancée au Maroc nécessite un niveau plus élevé d'autonomie financière (ou de ressources financières de la part du gouvernement central) pour les organismes infranationaux impliqués dans la politique d'investissement et qui corresponde à leurs responsabilités, en particulier les mandats révisés des CRI de 2019. Les institutions infranationales possèdent une compréhension plus approfondie des forces et des défis locaux, faisant des CRI des contributeurs précieux, tels des « plombiers institutionnels », pour soutenir les investisseurs et résoudre les problèmes inhérents à leurs opérations.

- **Développer des politiques visant à améliorer le climat des affaires et attirer les IDE qui prennent en compte la dimension territoriale.** Cela comprend notamment la mise en place de meilleures infrastructures de connectivité dans les régions de l'arrière-pays et l'anticipation des besoins en compétences dans les régions en évolution rapide et orientées vers l'exportation telles que celle de TTA. Donner la priorité à l'expansion des projets d'IDE existants peut s'avérer être une approche rentable et efficace pour le développement local. Le *pôle Impulsion économique et offre territoriale* du CRI, en coopération avec le *pôle Maison de l'investisseur*, pourrait se concentrer davantage sur la promotion de l'expansion des projets existants vers des activités à plus forte valeur ajoutée telles que la R&D dans les régions avancées et l'expansion créatrice d'emplois dans les régions à fort taux de chômage.
- **Améliorer la collecte, la disponibilité et la diffusion de données sur les investissements privés étrangers et nationaux au niveau infranational, y compris sur l'impact de l'investissement sur le développement durable.** Cela implique une coordination étroite entre les différents ministères et organismes, y compris le HCP, l'Office des Changes, le MICEPP, l'AMDIE et les CRI.

6.2. L'investissement dans le contexte de la régionalisation au Maroc

6.2.1. Régionalisation avancée au Maroc : panorama

Les disparités de développement entre les régions sont fortes au Maroc. Ce défi se caractérise par des inégalités sociales et régionales prononcées, une faible productivité, une compétitivité réduite et une dépendance économique à l'égard des prix des hydrocarbures et du secteur agricole (Banque mondiale, 2019[1] ; IMF, 2023[2]). Les rapports régionaux 2015 du Haut-Commissariat au Plan (HCP) soulignent des inégalités régionales persistantes, avec des écarts de PIB entre les régions de plus en plus importants (Benkada et al., 2018[3]). Ces défis entravent les progrès dans des domaines tels que la croissance, la création d'emplois, la compétitivité territoriale et la préservation de l'environnement.

La régionalisation avancée au Maroc a débuté en 2015 avec pour objectif de remédier aux disparités territoriales et sociales et de renforcer la contribution des régions à la richesse nationale. Le Maroc n'est pas le seul État à se tourner vers la régionalisation ; la tendance mondiale est à la décentralisation et à la déconcentration des pouvoirs, encouragées par la quête de démocratie, d'une efficacité accrue et de la responsabilisation. Les tendances de fond telles que la transformation digitale et la mondialisation soulignent encore davantage le rôle essentiel joué par les gouvernements infranationaux. Les autorités marocaines ont mis en place une organisation territoriale prête à relever ces nouveaux défis de développement tout en répondant à l'évolution des demandes des citoyens (Conseil Économique, Social et Environnemental, 2023[4]).

Des progrès considérables ont été accomplis en matière de décentralisation et de modernisation des structures étatiques. Par exemple, une gouvernance décentralisée accrue a renforcé le fonctionnement démocratique des conseils régionaux en instaurant un système de représentation proportionnelle (Benkada et al., 2018[3]). Les régions doivent développer leurs PDR, la feuille de route pour les politiques et les projets régionaux du conseil régional, qui reflètent les compétences confiées à la région (OCDE, 2018[5]). Ce cadre constitutionnel et juridique définit le rôle central des régions dans la structure de gouvernance du pays et dans la participation au développement des infrastructures publiques et à l'amélioration des services publics essentiels (Conseil Économique, Social et Environnemental, 2023[4]).

Près d'une décennie après le lancement d'une régionalisation avancée, les progrès restent entravés par diverses contraintes. Les effets de la régionalisation avancée ne sont pas encore exhaustifs ; certaines mesures sont encore récentes et leurs retombées mettront du temps à se concrétiser, même si elles sont mises en œuvre avec succès. Pour parvenir à une régionalisation efficace, il est nécessaire de renforcer la cohérence des différentes stratégies (section 6.3). Les stratégies sectorielles, élaborées au niveau central, ne sont pas toujours appliquées efficacement au niveau infranational, ce qui entrave le développement de régions compétitives et prospères. Il est essentiel d'impliquer les entités infranationales dans l'élaboration des plans pour remédier à ces lacunes. Au niveau infranational, les versions initiales des PDR manquaient de coordination, de hiérarchisation et de budgétisation adéquate, ce qui a limité leur crédibilité et l'efficacité de leur mise en œuvre.

Il existe des possibilités de clarifier davantage la gouvernance territoriale, bien que des améliorations importantes aient été apportées et que d'autres sont en cours (Conseil Économique, Social et Environnemental, 2023[4]). Des réformes visaient à clarifier la chaîne complexe et parfois floue des responsabilités entre le Wali (le gouverneur), les Présidents Régionaux et les représentants des services extérieurs. L'article 30 de la nouvelle Charte de l'investissement prévoit la création d'une Commission Régionale sous la présidence et la supervision du Wali. Cette commission vise à renforcer l'homogénéité, la convergence et la complémentarité des actions entre les services décentralisés et déconcentrés au niveau régional. Elle nomme un secrétaire général chargé des affaires régionales, qui supervise les missions attribuées et coordonne le travail de suivi nécessaire pour soutenir le Wali régional. La mise en œuvre des règlements et des lois en vigueur demeure indispensable pour clarifier les mandats et les responsabilités.

Encadré 6.1 Dialogue Maroc-OCDE sur les politiques de développement territorial : recommandations principales

Renforcer l'efficacité des réformes en améliorant le dialogue entre les parties prenantes à travers un mécanisme institutionnel de coordination de l'action publique pour partager l'information et les objectifs, afin de soutenir l'action concertée et son suivi.

Définir des politiques publiques à la bonne échelle. Le Maroc pourrait adopter les définitions et classifications de l'OCDE appliquées aux territoires ruraux et la méthode OCDE-Union européenne de mesure des zones urbaines fonctionnelles pour cibler les interventions prioritaires de politique publique en fonction des spécificités des territoires, clarifier l'allocation des compétences et des ressources sur la base de données objectives, et assurer la mise en œuvre et l'évaluation des politiques publiques en impliquant toutes les parties prenantes.

Instaurer un dialogue territorial multi-niveaux, avec la participation de la société civile et du secteur privé, pour mieux prendre en compte l'émergence des métropoles et améliorer leur gouvernance. Les zones métropolitaines ne sont pas représentées institutionnellement dans les mécanismes de la réforme de régionalisation de 2015. Une plateforme de dialogue, basée sur des indicateurs métropolitains, permettrait de renforcer l'action publique à la bonne échelle et de s'appuyer sur la comparabilité internationale. Il est essentiel d'assurer une meilleure intégration des politiques à l'échelle métropolitaine et de clarifier leur articulation avec les responsabilités des régions.

Soutenir la mise en place de centres ruraux émergents pour fournir des services publics adaptés aux besoins et aux possibilités des zones rurales en mobilisant les autorités régionales et locales. La mise en œuvre de ce système contribuerait à réduire les déséquilibres entre les villes et les campagnes et à renforcer la compétitivité des zones rurales en s'appuyant sur les synergies entre les interventions publiques, notamment celles du Programme de réduction des disparités en milieu rural.

Renforcer la production et l'utilisation d'indicateurs territoriaux pour éclairer l'action publique territoriale grâce à la mise en place d'une Charte qui encadre les conditions de production et d'utilisation des indicateurs, visant à la transversalité de l'action. Cette Charte doit inclure un cadre méthodologique clair et flexible, inspiré des pratiques internationales, pour s'adapter aux spécificités territoriales. Utile aux acteurs publics, cette approche permettrait également aux acteurs du monde économique et de la société civile de disposer d'informations précieuses en matière de choix d'investissement ainsi que d'outils d'évaluation des politiques publiques.

Améliorer la gouvernance des investissements publics pour en renforcer l'efficacité. Les défis sont principalement liés à la planification, au dialogue à plusieurs niveaux et au suivi du rendement des investissements. Le Maroc a adhéré à la Recommandation du Conseil de l'OCDE sur l'investissement public efficace entre niveaux de gouvernement pour se rapprocher des normes de l'OCDE dans ce domaine. Il s'agit maintenant d'assurer sa mise en œuvre.

Mieux coordonner l'action publique en clarifiant les compétences et les ressources de chacun ainsi que les interactions nécessaires. La réforme de la régionalisation représente une occasion de mieux définir l'action des différents niveaux de gouvernement et de mettre en place les instruments de coordination nécessaires entre le niveau central et les autorités locales. En basant l'action publique sur les possibilités et les enjeux locaux, cette réforme pourrait contribuer à remédier aux inégalités sociales en soutenant un développement économique plus équitable.

Source : OCDE (2018), « Dialogue Maroc-OCDE sur les politiques de développement territorial : Enjeux et Recommandations pour une action publique coordonnée », Éditions OCDE, Paris. http://dx.doi.org/10.1787/9789264302884-fr.

Malgré des progrès encourageants, les pouvoirs étendus accordés aux conseils régionaux ne sont souvent pas accompagnés de ressources suffisantes (García et Collado, 2015[6] ; Bird & Bird, 2017[7] ; Oxford Business Group, 2020[8] ; Benkada et al., 2018[3]). L'insuffisance des ressources financières et humaines entrave la capacité d'exécution des régions. Les autorités locales manquent d'indépendance financière et dépendent fortement de l'aide de l'État. La répartition de la masse salariale de l'administration publique reflète cette situation. En 2018, la masse salariale attribuée au secteur de l'administration publique s'élevait à 90 % pour l'administration centrale et 10 % pour les pouvoirs locaux. Les mandats non financés des acteurs infranationaux constituent un obstacle aux retombées économiques positives de la régionalisation avancée, ce qui souligne la nécessité d'aligner le financement sur la fonction. De manière générale, les mandats non financés ont un effet négatif sur la croissance économique régionale. Pour que les avantages de la décentralisation se concrétisent, il est préférable de ne pas poursuivre la décentralisation tant que le financement ne correspond pas pleinement à la fonction (Rodriguez-Pose et Vidal-Bover, 2022[9]).

Pour tirer parti des effets positifs de la déconcentration, il convient d'adopter une approche proactive pour relever ces défis. L'atténuation des inégalités régionales est un facteur essentiel pour que les régions s'engagent activement dans la mondialisation et affrontent les impacts des crises. Cela permettra également de développer certains secteurs qui pourraient être de nouveaux moteurs de croissance de ces régions. La réalisation de cet objectif nécessite la mise en œuvre de politiques structurelles durables (Benkada et al., 2018[3]). Des efforts coordonnés, une autonomie financière accrue et des structures de gouvernance améliorées ouvriront la voie à une régionalisation avancée réussie au Maroc.

6.2.2. La régionalisation avancée a conduit à d'importantes réformes visant à améliorer le climat des affaires

Dans un contexte de régionalisation avancée, et pour construire un environnement économique dynamique et plus favorable, le Maroc a mis en œuvre plusieurs stratégies et réformes afin d'améliorer le climat des affaires. Parmi les exemples de domaines de réforme la restructuration des CRI (les API infranationales au Maroc) pour faciliter les procédures d'investissement, la création des CRUI pour accroître l'efficacité de l'approbation des projets d'investissement, le renforcement de la déconcentration administrative, et un meilleur partage avec les régions des mandats liés au développement économique, y compris la promotion de l'investissement (CSMD, 2021[10]). La Charte Nationale de Déconcentration Administrative de 2018 place la région au premier rang de la mise en œuvre de la politique de déconcentration administrative. Elle établit des principes et des règles clairs qui régissent les services décentralisés de l'État, favorisant la collaboration avec les autorités locales et les établissements publics.

Les réformes de régionalisation ont eu, et continueront d'avoir au fur et à mesure de leur mise en œuvre, un impact considérable sur l'amélioration du climat des affaires au Maroc (voir également le Chapitre 3). Le gouvernement, en coordination avec les CRI, a harmonisé 22 processus administratifs et réduit de 45 % les documents requis afin de simplifier les procédures pour les investisseurs (Ministry of Youth, 2023[11]). Certains défis persistent néanmoins et diffèrent selon les secteurs et les régions, soulignant la nécessité d'une approche locale des réformes du climat des affaires, ou de prendre davantage en compte le climat des affaires dans les réformes de régionalisation (Oxford Business Group, 2020[8]).

En 2019, le secteur privé a identifié la corruption, la fiscalité et le secteur informel comme principaux obstacles au climat des affaires au niveau national. Bien que les régions CS et TTA soient les deux moteurs de la croissance, les défis auxquels elles font face diffèrent fortement (Graphique 6.1). Malgré le processus de régionalisation, certaines politiques sont nationales par essence et peuvent ne pas affecter toutes les régions de la même manière. Les différences de niveaux de développement et de spécificités territoriales de l'écosystème local, y compris la taille, le statut des exportations et les secteurs d'activité des entreprises, contribuent aux variations des contraintes liées au climat des affaires d'une région à l'autre.

Certains défis liés au climat des affaires sont uniques ou, au contraire, n'affectent pas certaines régions marocaines. La fiscalité est rarement un sujet de préoccupation pour les entreprises situées dans la région TTA, peut-être en raison de la présence de zones franches telles que Tanger Med (Graphique 6.1). La pénurie de main-d'œuvre qualifiée constitue toutefois un facteur limitant pour un quart des entreprises, contre moins de 5 % au niveau national. Dans les provinces de Chefchaouen, Fahs-Anjra, Al Hoceïma ou Ouazzane situées dans la région TTA, plus des deux tiers de la population sont analphabètes, ce qui limite la création d'emploi offerte par les nouveaux investissements, bien que le taux d'alphabétisation soit en hausse (Ministère de l'Interieur, 2021[12]). Les transports, l'instabilité et, dans une moindre mesure, le foncier constituent également des contraintes importantes dans la région TTA. Ces contraintes spécifiques s'expliquent par l'évolution rapide de la dynamique dans la région, notamment l'émergence de nouveaux secteurs nécessitant des compétences spécifiques, l'importance accrue des exportations et l'exposition aux fluctuations du commerce mondial. En revanche, la fiscalité et la corruption sont les deux facteurs limitants les plus importants dans la région CS. Ce constat reste toutefois moins négatif que dans la région de l'Oriental, une région avec un grand potentiel de développement, où environ un tiers des entreprises sont confrontées à un manque d'efficacité dans l'administration fiscale (Encadré 6.2). Dans cette dernière, la réglementation du marché du travail représente une autre contrainte majeure. Le taux de chômage y est parmi les plus élevés du pays.

Graphique 6.1. Les principales contraintes du climat des affaires dans certaines régions du Maroc

En pourcentage du total des entreprises interrogées, 2019

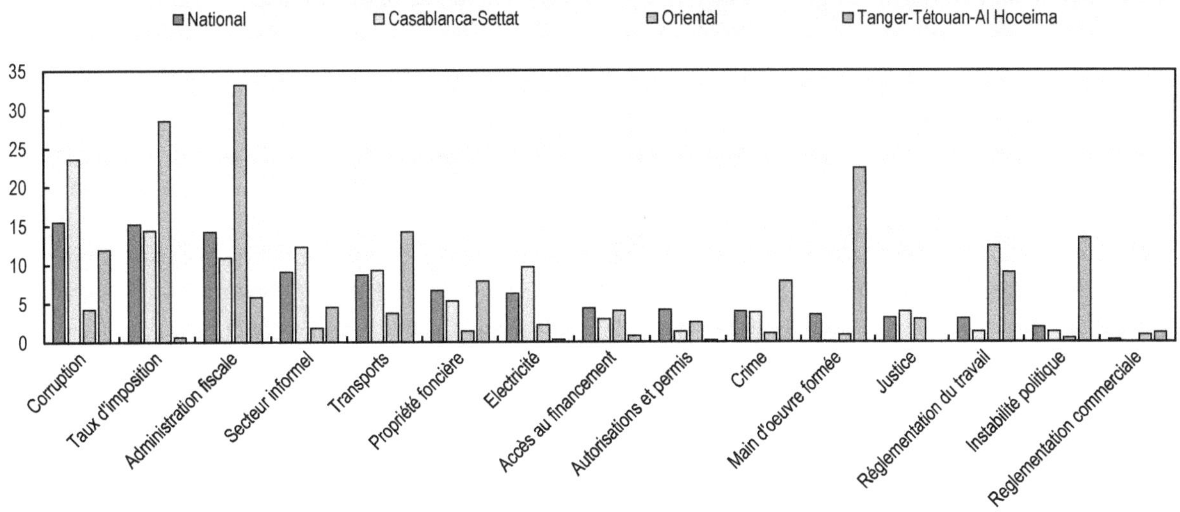

Source : élaboré par l'OCDE d'après l'enquête de la Banque mondiale sur les entreprises (2019[13]).

Les enjeux liés au climat des affaires ne sont pas nécessairement identiques pour les régions côtières et de l'arrière-pays du Maroc et peuvent également varier fortement au sein d'une même région, en particulier entre les zones urbaines et rurales. Les régions de l'arrière-pays accueillent davantage de petites et moyennes entreprises (PME) et sont confrontées à des défis plus importants en matière de fiscalité, d'accès au financement et de coûts de production élevés, en partie dus à une connectivité limitée des infrastructures. À titre d'exemple, le réseau routier du nord de la région TTA est de très bonne qualité, contrairement à celui des zones rurales du sud de cette même région (Ministère de l'Interieur, 2021[12]). Les défis liés au système fiscal devraient diminuer grâce à la mise en œuvre de la Loi de Finances 2020, qui comporte des mesures visant à assurer la sécurité fiscale et à rétablir la confiance des contribuables destinées à stimuler les investissements et à circonscrire le secteur informel, et aux réformes du régime fiscal des collectivités locales de 2021 (CSMD, 2021[10]). Cependant, le système fiscal des régions reste moins adapté à leurs spécificités (Conseil Économique, Social et Environnemental, 2023[4]).

Encadré 6.2. L'Oriental : une région avec un grand potentiel de développement à travers les IDE

Désenclavement de la Région de l'Oriental et intégration dans le tissue économique national

Située dans le nord-est du pays, la région de l'Oriental au Maroc bénéficie d'une position géographique stratégique entre la Méditerranée au nord et les régions présahariennes au sud. Cet emplacement joue un rôle crucial dans son évolution en tant que carrefour reliant l'Europe, l'Afrique de l'Ouest et le bassin méditerranéen, offrant un potentiel significatif pour son développement économique (Ministère de l'Equipement, du Transport, de la Logistique et de l'Eau, 2019[14]). Cependant, pendant longtemps, le développement de la région a été entravé par plusieurs facteurs, notamment une frontière fermée avec l'Algérie depuis 1994 et des infrastructures de transport limitées. Au cours des dernières décennies, les autorités marocaines ont entrepris d'importants efforts concertés pour désenclaver la région, l'intégrer pleinement dans le tissu économique national et en faciliter l'accès (UNCTAD, 2011[15]).

Le développement de la région de l'Oriental a été animé par *l'Initiative Royale pour le Développement de la région de l'Oriental*, lancée en 2003. L'initiative, structurée autour de quatre axes, avait pour but de stimuler l'investissement et d'encourager la création de petites et moyennes entreprises. Elle visait également à doter la région des équipements de base essentiels et à privilégier les grands projets économiques (Royaume du Maroc, 2003[16]). En conséquence, d'importants investissements publics ont été mobilisés pour moderniser les infrastructures, dynamiser l'emploi, encourager les investissements privés et promouvoir un développement économique durable (Agence de l'Orientale, 2014[17]). Des efforts considérables ont été concentrés sur le développement d'infrastructures stratégiques telles que des ports (p.ex. : port maritime de Nador Béni Nsar), des aéroports (p. ex : aéroport d'Oujda-Angad) et des autoroutes (p.ex. : Autoroute Fès-Oujda), cruciales pour soutenir sa croissance économique continue. L'initiative a ainsi marqué une étape décisive dans l'amélioration du potentiel économique de la région et la création d'un environnement favorable à l'investissement (Haute-Commissariat au Plan, 2021[18]).

Création d'un environnement propice à l'attraction des IDE

La position stratégique de la région et l'amélioration de son infrastructure la placent favorablement pour attirer des IDE à forte valeur ajoutée. Des projets récents tels que AEOLON, spécialisé dans la fabrication de pales éoliennes nouvelle génération et appartenant à un groupe industriel chinois, APTIV, un équipementier automobile multinational, ainsi que Tessi, une entreprise européenne offrant des services innovants de traitement des affaires, illustrent la diversité et des investissements affluant vers la région de l'Oriental. Ces investissements contribuent non seulement à la diversification économique, mais aussi à la création d'emplois et au développement durable. Un exemple est le projet d'AEOLON, avec un investissement de 220 millions d'euros, permettant la création de 3 300 emplois dans la région (AEOLON, 2023[19]), renforçant ainsi le développement économique de la ville de Nador et de l'écosystème industriel énergétique national.

Aujourd'hui, la Région de l'Oriental se profile comme un exemple de progrès dans la stratégie de régionalisation du Maroc, illustrant l'impact transformateur du développement territorial sur l'attractivité des investissements. Néanmoins, la région fait encore face à plusieurs défis persistants, notamment une administration fiscale et une réglementation du marché du travail contraignantes. De plus, des déficits en matière d'éducation contribuent à la pauvreté multidimensionnelle, tandis que la pression démographique urbaine, les conditions climatiques peu favorables pour l'agriculture, la rareté des ressources en eau, et une compétitivité industrielle limitée posent également des obstacles significatifs au développement économique et social de la région (Haute-Commissariat au Plan, 2021[18]).

Une approche systématique et unifiée du suivi des améliorations du climat des affaires au niveau infranational aidera à mettre en évidence les avantages de la régionalisation et à identifier de nouvelles possibilités de réforme. Bien que certains mécanismes semblent être en place, les informations ne sont pas toujours disponibles de manière transparente ni régulièrement mise à jour. Différents modèles pourraient être développés et étendus à d'autres régions. L'Observatoire de l'Investissement de la Région de l'Oriental, lancé par le CRI en 2020, souligne le rôle croissant des CRI dans le développement régional et la facilitation des investissements. L'Observatoire fournit aux investisseurs des données et des visualisations détaillées sur les aspects démographiques, économiques, sociaux et sectoriels. Il est également doté d'un baromètre précisant le type de permis demandés, le délai de traitement et les permis délivrés par le CRUI (Graphique 6.2). L'analyse des données par nationalité des investisseurs peut mettre en évidence les tendances et les écarts en matière de délais et de secteurs. Préciser les catégories d'action permettra de mieux comprendre le champ d'application de l'Observatoire.

Graphique 6.2. Baromètre des investissements dans la région de l'Oriental : suivi des actes approuvés

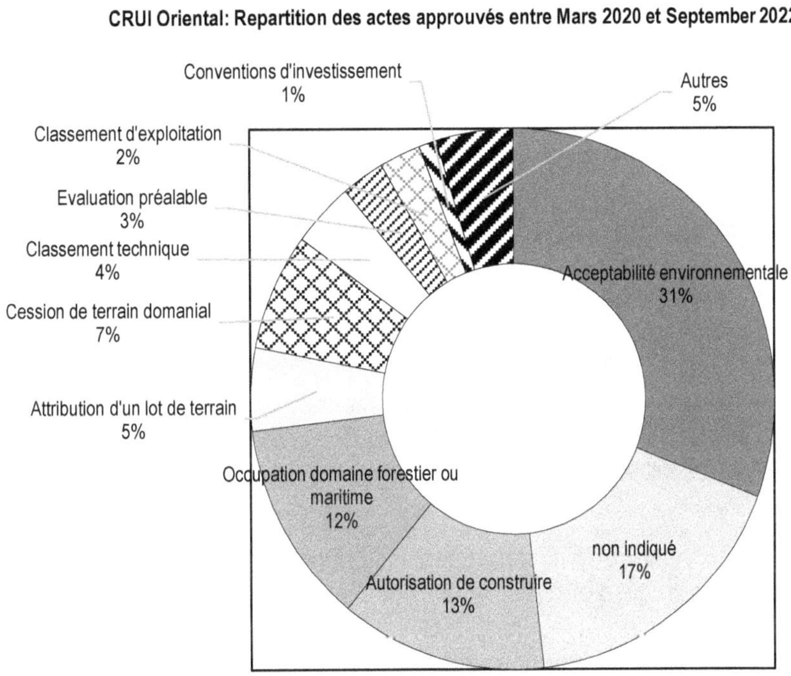

Source : OCDE ; Baromètre de l'investissement, Observatoire de l'investissement du CRI de la région de l'Oriental.

L'adoption généralisée et la normalisation de ces baromètres permettraient d'identifier les obstacles liés au climat des affaires propres à chaque territoire. Le MICEPP et ses partenaires infranationaux pourraient jouer un rôle proactif dans ce processus, permettant de monitorer la Politique Nationale d'Investissements. À cet égard, l'Observatoire de l'investissement, dont les travaux de mise en œuvre ont été lancés, sera doté d'un dispositif de collecte de données fiables, exhaustives et exploitables, permettant de reconstituer des indicateurs de suivi et d'évaluation de la Politique Nationale d'Investissements, en plus d'un dispositif de veille pour :

- Accompagner la mise en œuvre de la politique d'investissement ;
- Mesurer l'évolution de l'investissement et sa répartition ;
- Améliorer la connaissance de l'écosystème de l'investissement ;
- Produire de l'intelligence économique.

Les décideurs pourraient tirer parti de cet inventaire comme d'un outil fondé sur des données factuelles pour des actions locales visant à améliorer le climat des affaires, telles que l'harmonisation des processus d'enregistrement des activités et le suivi systématique des progrès. D'autres pays qui ont opté pour la déconcentration ont également développé des outils permettant d'évaluer les progrès réalisés en matière de climat des affaires au niveau infranational. Au Vietnam, l'Indice de compétitivité provinciale a permis d'évaluer l'impact de la décentralisation sur le climat des affaires. Cela a facilité l'apprentissage par les pairs dans toutes les régions et encouragé les réformes du climat des affaires au niveau local (Encadré 6.3).

Encadré 6.3 Suivi de l'amélioration du climat des affaires en Indonésie et au Vietnam

Depuis 1998, **l'Indonésie** a entrepris des réformes ambitieuses en matière de décentralisation qui ont façonné le développement régional et la géographie de l'investissement dans tout le pays. Les gouvernements régionaux ont le pouvoir d'élaborer et de mettre en œuvre leurs propres réglementations en matière d'investissement. Chaque gouvernement régional dispose d'un guichet unique offrant des services intégrés. Depuis 2017, *UKM Indonesia*, un portail web développé par l'université UKM, suit toutes les réglementations d'autorisation au niveau infranational. Dans le cadre d'un projet pilote couvrant huit villes, l'initiative a rassemblé, analysé et publié les réglementations nationales et régionales afin que les utilisateurs puissent accéder à des informations pertinentes pour leur contexte commercial. Le projet détermine si le guichet unique au niveau régional ou une agence technique spécifique délivre les autorisations. Les résultats ont montré que le nombre d'autorisations est globalement similaire d'une ville à l'autre, mais que la capacité des guichets uniques en tant qu'autorités responsables de leur délivrance varie considérablement. Dans la plupart des villes, les guichets uniques délivrent jusqu'à deux tiers des licences. L'initiative *UKM Indonesia* permet de proposer un inventaire en ligne de toutes les réglementations existantes en matière de délivrance de permis au niveau infranational. Cependant, des données complètes, comparables et à jour sur la qualité du climat des affaires dans les régions indonésiennes font encore défaut. Les gouvernements central et régional pourraient s'associer à *UKM Indonesia afin de* propager l'inventaire sur les réglementations à d'autres villes, en particulier celles où les informations sur le climat des affaires sont moins disponibles.

Au Vietnam, la loi sur l'investissement stipule que les provinces du pays sont habilitées à délivrer des certificats d'investissement et d'enregistrement des entreprises. Les autorités provinciales ont également été habilitées à renforcer leur propre climat d'investissement. Des équipes ont été mises en place dans chaque province et de nombreuses provinces ont été en mesure d'apporter des changements importants aux règlements régissant les activités d'investissement. L'apprentissage par les pairs et l'analyse comparative dans l'ensemble des provinces ont contribué à stimuler les réformes du climat des affaires au niveau local. L'Indice de compétitivité provinciale, qui évalue et classe la qualité de la gouvernance économique des autorités provinciales, en est l'illustration. Cet indice est fondé sur des enquêtes annuelles sur l'environnement local des entreprises et sur des données issues de source officielle concernant les conditions locales. Les données de ces enquêtes auprès des entreprises peuvent être ventilées selon l'âge des entreprises, la forme juridique et le secteur d'activité. L'Indice de compétitivité provinciale est divisé en dix sous-indices : i) les frais initiaux pour la création d'une entreprise ; ii) l'accès au foncier et la sécurité des locaux professionnels ; iii) la transparence de l'environnement des entreprises et l'équité en matière d'informations commerciales ; iv) l'existence de redevances informelles ; v) le temps nécessaire aux procédures bureaucratiques et aux inspections ; vi) l'exclusion de l'activité privée à caractère politique à l'égard de l'État, de l'étranger ou d'entreprises apparentées ; vii) la proactivité et la créativité des dirigeants provinciaux dans la résolution des difficultés auxquels se heurtent les entreprises ; viii) l'existence et la qualité des services d'appui aux entreprises ; ix) l'existence et la qualité des politiques de formation ; et (x) l'équité et l'efficacité des procédures juridiques de règlement des différends.

Source : OCDE (2020[20]), « Examens de la politique d'investissement de l'OCDE : Indonésie 2020 », Examens de la politique d'investissement de l'OCDE, Éditions OCDE, Paris, https://doi.org/10.1787/b56512da-en.

6.2.3. *Les disparités en matière d'investissement et d'attractivité territoriale sont importantes mais tendent à diminuer*

L'investissement étranger est essentiel pour soutenir le développement territorial et durable au Maroc, mais il est inégalement réparti. Bien que les déséquilibres territoriaux en matière d'IDE soient un problème prédominant dans presque tous les pays, l'ampleur de ces disparités et leurs causes peuvent varier, allant d'inégalités territoriales plus larges à des spécificités géographiques (OCDE, 2022[21]). Les IDE « greenfield » cumulés de 2014 à 2022, un indicateur pour mesurer les investissements directs étrangers, mettent en évidence des variations considérables entre les régions de CS, de TTA et de l'Oriental. La région CS a attiré 21 % des IDE, un chiffre 1.3 fois supérieur à celui de la région TTA (18 %) et 16 fois supérieur à celui de l'Oriental (1 %) (Graphique 6.3, panel A).

Les différences régionales sont plus faibles, bien qu'elles restent importantes lorsque l'on prend en compte les différences entre les populations. TTA obtient des résultats remarquables avec des IDE par habitant 1.6 fois plus élevés que dans la région CS (et 8.7 fois plus élevés que dans l'Oriental) (Graphique 6.3, panel B). Les disparités en matière d'IDE sont également très répandues à l'intérieur même des régions, les IDE se concentrant dans les grandes villes. Les centres urbains de Casablanca et de Tanger apparaissent comme les principaux pôles d'attraction des projets d'investissement, éclipsant les villes moyennes et les zones rurales où la densité de population est particulièrement faible.

Graphique 6.3. La répartition du stock des IDE « greenfield » dans les régions sélectionnées

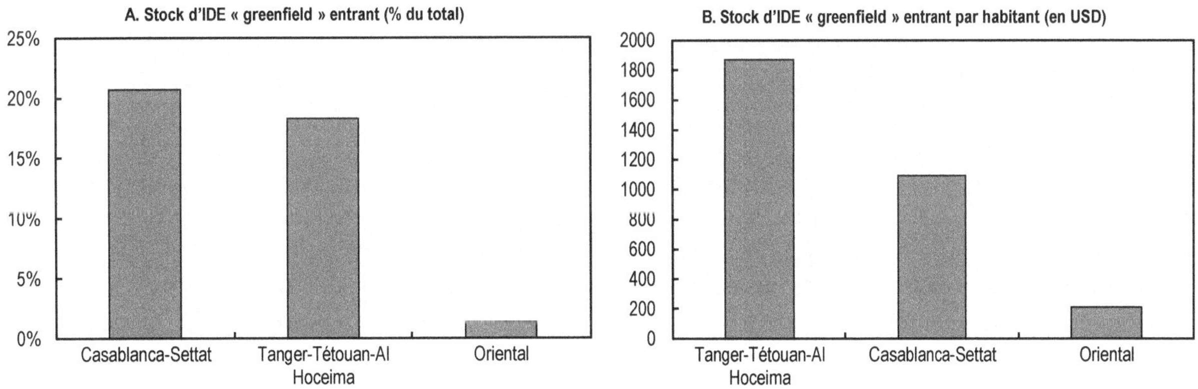

Note : le stock des IDE désigne les IDE cumulés de tous les projets annoncés entre 2003 et 2022.
Source : élaboré par l'OCDE d'après les Marchés des IDE du Financial Times (2023[22]) | et HCP.

L'investissement étranger risque d'exacerber les inégalités territoriales si sa concentration est considérablement plus élevée que l'activité économique (OCDE, 2022[21]). En particulier, les disparités régionales en matière d'IDE sont plus importantes que celles observées au niveau du PIB dans les trois régions sélectionnées. En moyenne, le PIB dans la région CS était 6 fois plus élevé que dans celle de l'Oriental de 2014 à 2020 (Graphique 6.4, panel A). Au cours de la même période, l'IDE « greenfield » était en moyenne 110 fois plus élevé dans la région de CS et 96 fois plus élevé dans la région TTA que dans celle de l'Oriental (Graphique 6.4, panel B). Ces données indiquent une forte concentration de l'investissement dans des régions spécifiques, expliquée par des facteurs tels que la taille du marché au sein du paysage économique marocain, mais pas uniquement.

Graphique 6.4. IDE « greenfield », activité économique et population dans les régions sélectionnées, 2014 à 2020

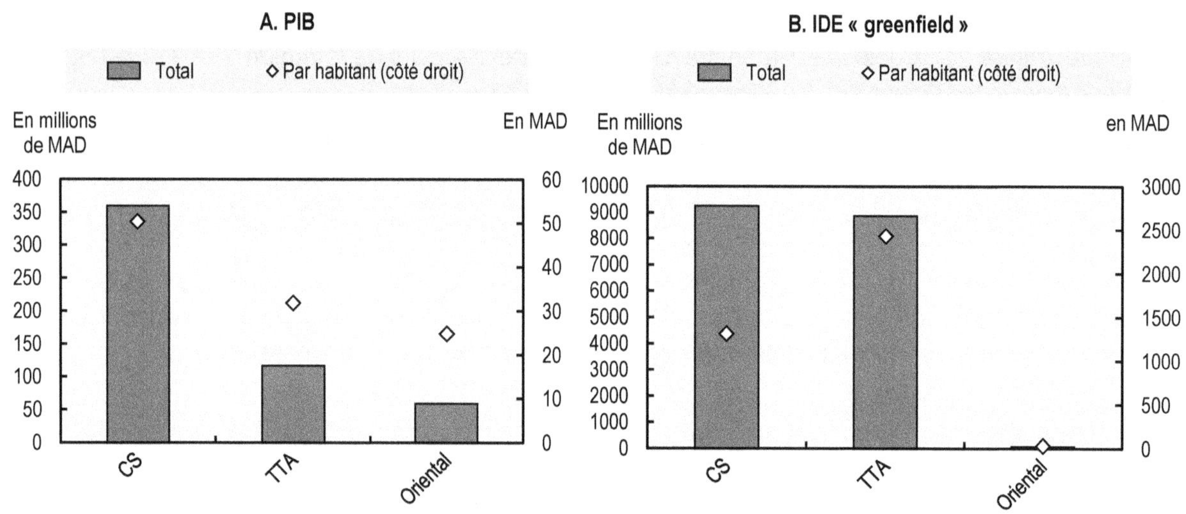

Note : les flux d'IDE « greenfield » ont été convertis en millions de MAD en appliquant le taux de change annuel moyen.
Source : OCDE, d'après les Marchés des IDE du Financial Times et HCP.

Le processus de régionalisation avancée au Maroc a coïncidé avec un déclin de la concentration des IDE régionaux au cours de la dernière décennie. Cela pourrait mettre en évidence l'impact positif de la décentralisation sur l'amélioration de l'attractivité d'un plus grand nombre de territoires et, par là même, sur l'atténuation des disparités régionales en matière d'IDE. À partir de 2013, la concentration de projets d'IDE « greenfield » dans les régions TTA et CS a progressivement diminué. Cette évolution s'est intensifiée depuis 2018, avec plus de 70 % des projets allant à d'autres régions que celles de TTA et de CS (Graphique 6.5). La région de l'Oriental n'en a toutefois pas bénéficié de cette réallocation et une partie de ces investissements étrangers en dehors des trois régions sont des mégaprojets dans l'industrie de l'extraction. Une analyse plus approfondie est nécessaire pour évaluer l'impact de la régionalisation avancée sur la répartition régionale de l'IDE.

Graphique 6.5. Évolution temporelle de la concentration des IDE régionaux « greenfield »

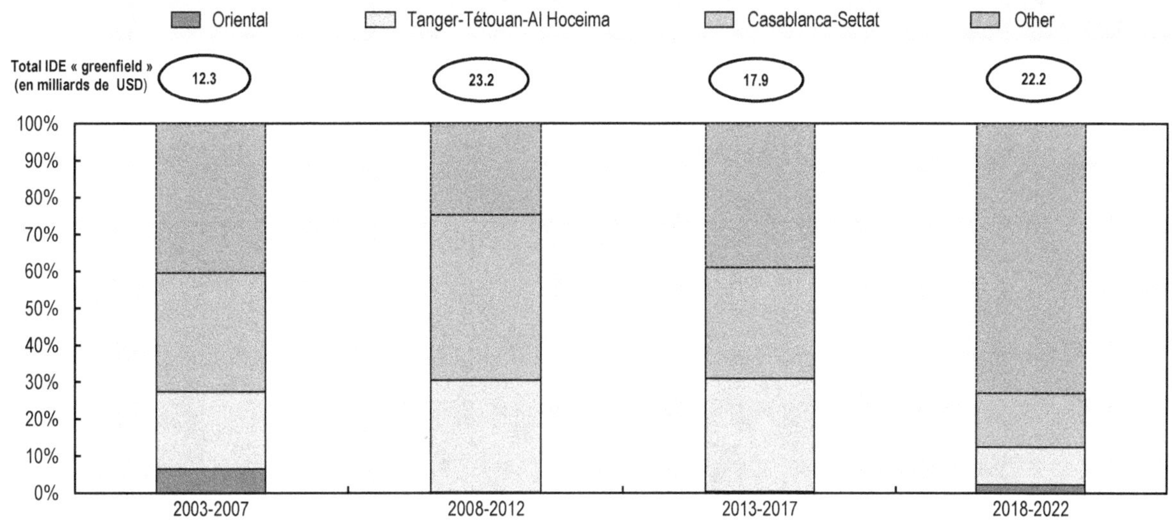

Source : OCDE ; Marchés des IDE du Financial Times.

Le Maroc attire des IDE dans des secteurs très divers, mais la répartition varie considérablement d'un territoire à l'autre, reflétant des avantages comparatifs distincts et conduisant à des effets différents des IDE sur le développement. Les IDE « greenfield » dans la région CS sont largement plus diversifiés que dans les régions TTA et de l'Oriental (Graphique 6.6, panel A). Positionné en tant que pôle industriel et financier de premier plan, CS compte 53 zones et parcs industriels ainsi que Casablanca Finance City, le principal centre financier en Afrique (China Development Institute et Z/Yen, 2023[23]). L'industrie manufacturière et le secteur de la construction ont attiré la plupart des projets d'IDE dans la région TTA, contribuant au développement de pôles automobiles et aéronautiques. La diversification des IDE « greenfield » est la plus faible dans la région de l'Oriental avec 75 % d'entre eux se concentrant dans le secteur de l'énergie. Chaque territoire dispose d'une proposition de valeur unique qui, avec les interventions de politiques publiques adéquates, peut être mise à profit pour attirer les IDE et faire progresser le développement régional. À titre d'exemple, le potentiel de développement de l'énergie solaire dans la région de l'Oriental, associé à une stratégie nationale axée sur le développement du secteur des énergies renouvelables, place la région au premier plan de l'innovation dans l'énergie solaire (UNCTAD et International Chamber of Commerce, 2012[24]).

Graphique 6.6. IDE « greenfield » nationaux et régionaux par secteur et pays d'origine

En millions de USD

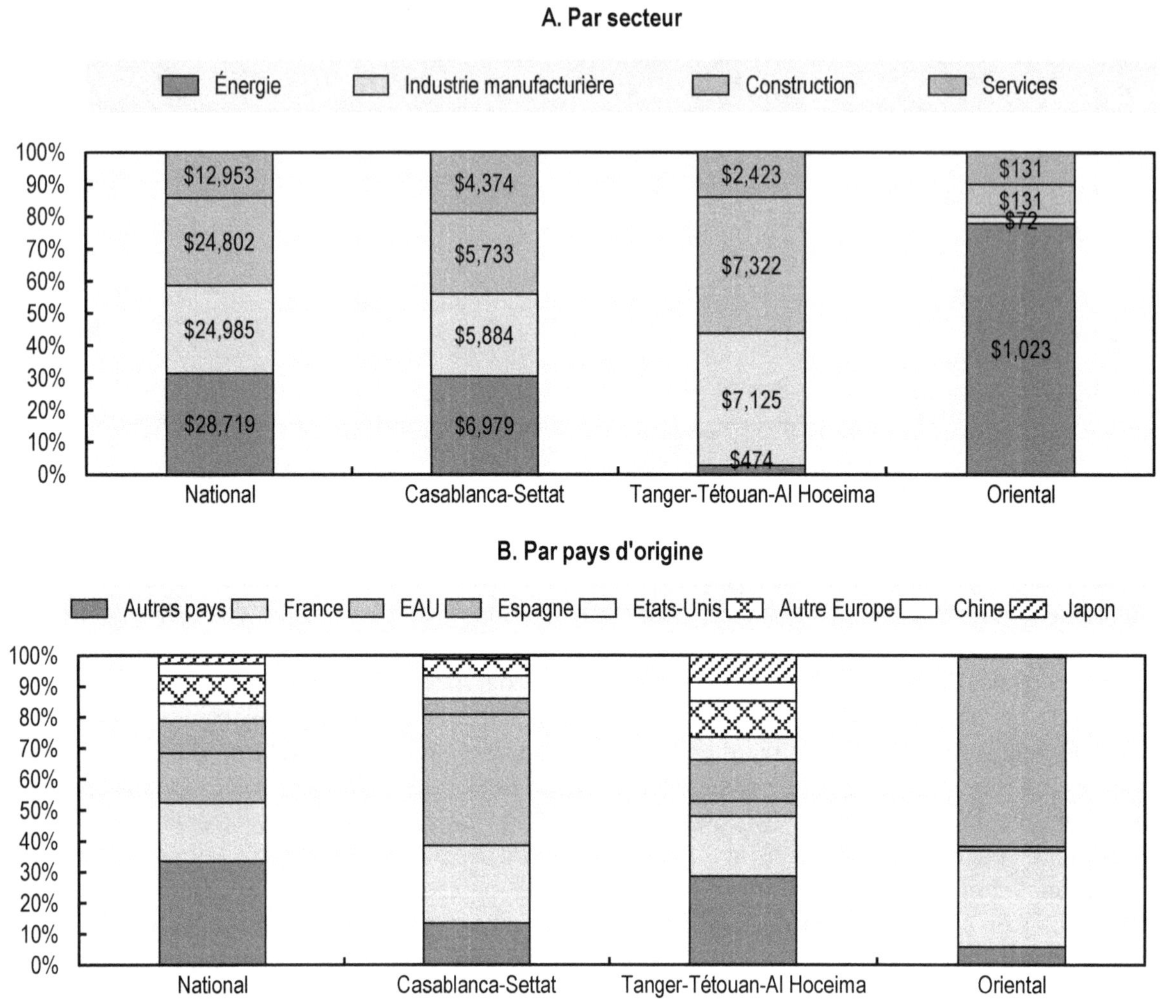

Note : les données comprennent tous les projets ouverts et annoncés entre 2003 et 2022.
Source : OCDE ; Marchés des IDE du Financial Times.

Le Maroc reçoit des investissements de la part de différents pays, notamment européens, mais, comme pour les secteurs, les disparités régionales sont importantes (Graphique 6.6, panel B). Les régions CS et TTA attirent des investisseurs provenant d'un large éventail de pays, tandis que la région de l'Oriental, qui compte moins d'investisseurs, dépend des investissements provenant de France et d'Espagne (bien qu'elle ait récemment accueilli des IDE en provenance d'Inde, des États-Unis et de Chine, notamment). Avec Tanger comme pôle majeur en matière de transbordement, la région TTA est la plus diversifiée des trois et attire de nombreux investisseurs de pays asiatiques comme la Chine et le Japon, tandis que CS attire un grand nombre d'IDE des Émirats arabes unis. Si la concurrence en matière d'IDE entre les régions peut s'avérer intense, les différences constatées entre les régions CS, TTA et de l'Oriental illustrent le fait qu'elles ne briguent pas les mêmes investisseurs dans les mêmes secteurs ou maillons de la chaîne d'approvisionnement. Ces spécificités régionales soulignent le rôle que les CRI pourraient jouer pour cibler les investisseurs. Ils peuvent également participer à la diversification des sources d'IDE afin de réduire les risques de dépendance excessive et de renforcer la résilience des régions, en particulier lorsque l'incertitude mondiale est élevée.

Les facteurs d'attractivité territoriale perçus ne peuvent que réduire partiellement les disparités régionales en matière d'IDE

Divers facteurs au niveau national expliquent le succès du Maroc à attirer les IDE, notamment un coût compétitif de la main-d'œuvre, une croissance macroéconomique stable, une stabilité politique et un positionnement stratégique entre l'Europe et l'Afrique subsaharienne. Les facteurs infranationaux influencent également les décisions des investisseurs. Ils diffèrent de manière significative au Maroc par rapport aux pays de l'OCDE (Tableau 6.1). Selon l'AMDIE, les incitations à l'investissement, les zones franches et les ressources naturelles sont les principaux facteurs d'attractivité en matière d'IDE dans les régions moins développées. Dans les pays de l'OCDE, au-delà d'une main-d'œuvre hautement qualifiée ou d'activités de R&D, d'autres facteurs d'attractivité comprennent les faibles coûts pour les entreprises et la connectivité des infrastructures. Ces facteurs sont de moindre importance au Maroc, indiquant les défis structurels à relever pour améliorer les écosystèmes locaux grâce à une éducation, des infrastructures et d'autres réformes du climat des affaires de meilleure qualité. Les zones franches et les incitations fiscales sont des solutions plus immédiates, quoique partielles et temporaires, pour surmonter les défis structurels. Le faible dynamisme des entreprises est dû à des coûts élevés, tandis que les gains en capital sont plus élevés que les gains de productivité, ce qui explique pourquoi la présence de ressources naturelles est un facteur important.

Tableau 6.1 Principaux facteurs d'attractivité territoriale des IDE au Maroc et dans les pays de l'OCDE

Classement des facteurs du plus important (1) au moins important (8)

	Maroc	Moyenne OCDE
Aides apportées par l'État (par exemple, incitations, zones économiques, etc.)	1	4.0
Présence de ressources naturelles	2	5.0
Nombre élevé de clients et de fournisseurs	3	4.5
Niveau élevé de main-d'œuvre instruite/activité de R&D	4	2.7
Faibles coûts d'exploitation (main-d'œuvre, opérations, etc.)	5	3.3
Infrastructures ou connectivité de qualité	6	3.4
Faible rotation des employés	7	5.2

Source : Enquête de l'OCDE sur la promotion de l'investissement et le développement régional (2022[21]).

Tous les facteurs d'attractivité régionale au Maroc n'influencent pas de la même manière les décisions des investisseurs. Les politiques visant à améliorer certains facteurs peuvent entraîner une augmentation des IDE dans une région, mais n'avoir qu'un impact limité dans une autre. À titre d'exemple, les motivations des investisseurs pour s'implanter dans les régions TTA ou CS présentent des similitudes, mais également des différences notables qui soulignent le rôle unique de TTA en tant que pôle mondial en matière de transit commercial et celui de CS en tant que zone métropolitaine mondiale dotée d'un vaste marché dans les secteurs de l'immobilier, des services financiers et commerciaux, et de l'automobile. Un quart des investisseurs étrangers choisissent la région TTA pour sa situation géographique contre 11 % dans la région CS (Graphique 6.7). La disponibilité des infrastructures et des moyens logistiques est également plus importante dans la région TTA. Dans celle de CS, après la croissance du marché, c'est la disponibilité de main-d'œuvre qualifiée qui importe le plus, reflétant les projets dans les services à forte valeur ajoutée. Les coûts de production ne sont une motivation principale dans aucune des deux régions, tandis que la disponibilité de fournisseurs et de consommateurs locaux se classe au troisième rang dans les deux régions, ce qui indique que les IDE pourraient engendrer une diffusion des connaissances. Le foncier est également un facteur essentiel pour les IDE dans le choix de leur implantation au Maroc (Ait Soussane et El Halaissi, 2020[25]).

Graphique 6.7. Motivations des investisseurs étrangers : Casablanca-Settat et Tanger-Tétouan-Al Hoceïma

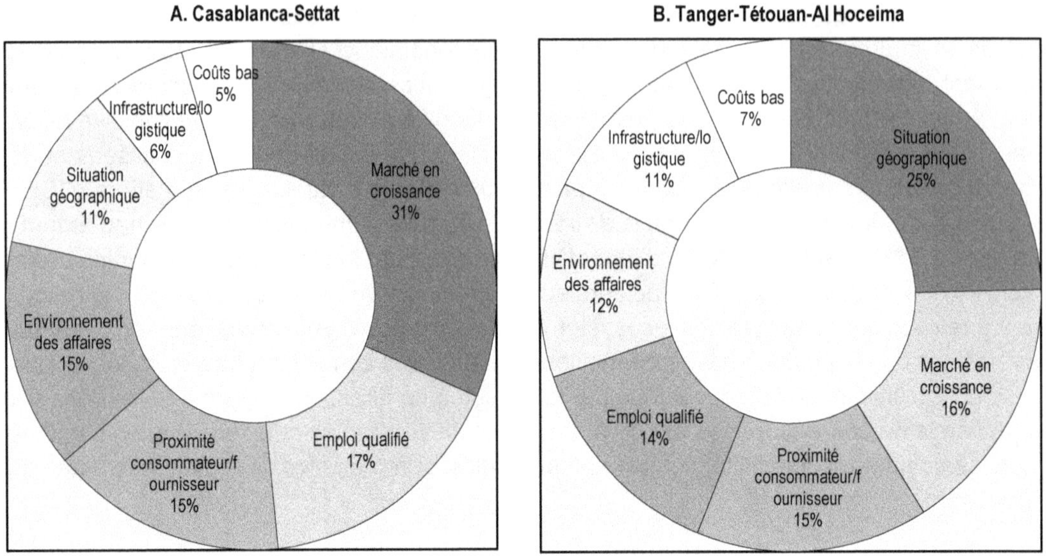

Note : projets d'IDE greenfield de 2003 à 2022. Chaque projet peut disposer de plusieurs motivations. Données insuffisantes pour la région de l'Oriental.
Source : OCDE ; Base de données des Marchés des IDE du Financial Times.

L'impact des IDE sur le développement durable et inclusif présente des différences géographiques

L'investissement privé contribue au développement territorial au Maroc en stimulant la création d'emplois, la productivité, les compétences et l'innovation, mais cette contribution est inégale d'une région à l'autre. L'impact de l'IDE sur la création d'emplois au Maroc est indéniable : le nombre d'emplois créés par million investi dépasse la moyenne de l'OCDE (Chapitre 2). Toutefois, cet impact est géographiquement inégal et n'est pas seulement dû aux différences de montants investis, mais également au type d'activités attirant les IDE. Pour un même montant d'IDE « greenfield », le nombre d'emplois directs créés est nettement plus élevé dans la région TTA que celui reflété dans la moyenne nationale et dans les régions sélectionnées, grâce à des investissements dans des industries manufacturières à forte intensité de main-d'œuvre et orientées vers l'exportation (Graphique 6.8). Inversement, la région de l'Oriental attire les investissements dans les secteurs à forte intensité de capital. Les disparités intrarégionales sont également importantes, car la plupart des emplois générés par les IDE « greenfield » sont concentrés dans les grandes villes.

Graphique 6.8. Nombre d'emplois créés par million de dollars d'IDE « greenfield » par secteur

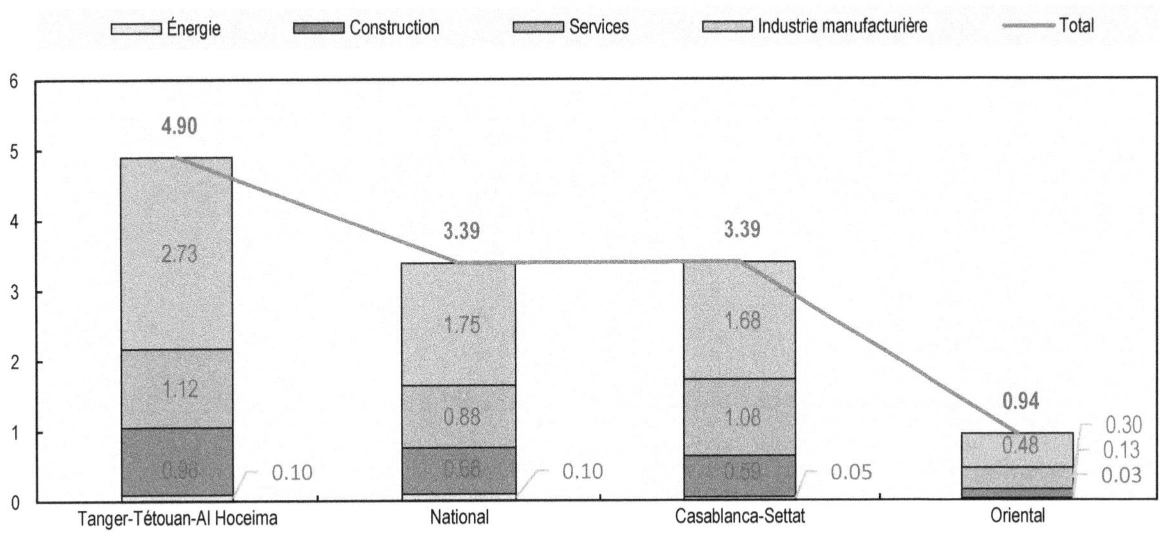

Note : ce graphique exclut un méga projet annoncé en 2021 dans la région de l'Oriental qui n'a pas abouti. Le nombre d'emplois par million d'USD serait de 80 dans le secteur manufacturier si ce projet était inclus.
Source : OCDE ; Marchés des IDE du Financial Times.

Au-delà de la création directe d'emplois, l'impact des IDE diffère d'une région à l'autre du Maroc dans d'autres domaines du développement durable. En outre, la productivité et la diffusion des connaissances se voient impactées par les IDE qui dépendent des caractéristiques des entreprises locales. Le commerce est un élément important qui influence à la fois l'impact de l'IDE et le développement économique en général. L'analyse de l'OCDE fondée sur l'enquête de la Banque mondiale sur les entreprises du Maroc de 2019 indique que TTA et, dans une moindre mesure, CS sont nettement plus intégrées dans les chaines de valeur mondiales (CVM) que la région de l'Oriental (Graphique 6.9, panel A). La forte dépendance des entreprises situées dans les régions TTA et CS à l'égard des intrants intermédiaires importés signale toutefois qu'il est possible de renforcer plus en amont les liens entre les entreprises étrangères et les producteurs locaux, en particulier dans les zones rurales les moins développées. Améliorer les capacités des entreprises locales est une condition préalable. Les autorités nationales ou locales pourraient aider davantage les PME à s'aligner sur les normes internationales de production et à innover, notamment par des investissements dans la R&D (Graphique 6.9, panels A et B).

Le renforcement des capacités des entreprises locales à coopérer avec les entreprises étrangères implique également une amélioration des compétences et d'autres considérations relatives au marché du travail local. La part des entreprises dans la région TTA offrant des possibilités de formation à leurs employés est plus faible que celle de la région CS, bien que le manque de travailleurs qualifiés soit un facteur limitant plus important dans cette région (Graphique 6.9, panel C). Dans la région TTA, les IDE concernent principalement des activités manufacturières à forte intensité de main-d'œuvre et peu qualifiées et, par conséquent, le pourcentage de travailleurs qualifiés dans le secteur manufacturier est plus faible que dans les régions CS et de l'Oriental. Les politiques et programmes de développement des compétences devraient correspondre aux besoins spécifiques des entreprises locales dans ce domaine. Cela favorisera également la création d'emplois de qualité, directement ou indirectement, grâce à l'IDE.

Graphique 6.9. Contribution des entreprises au développement durable dans les régions en 2019

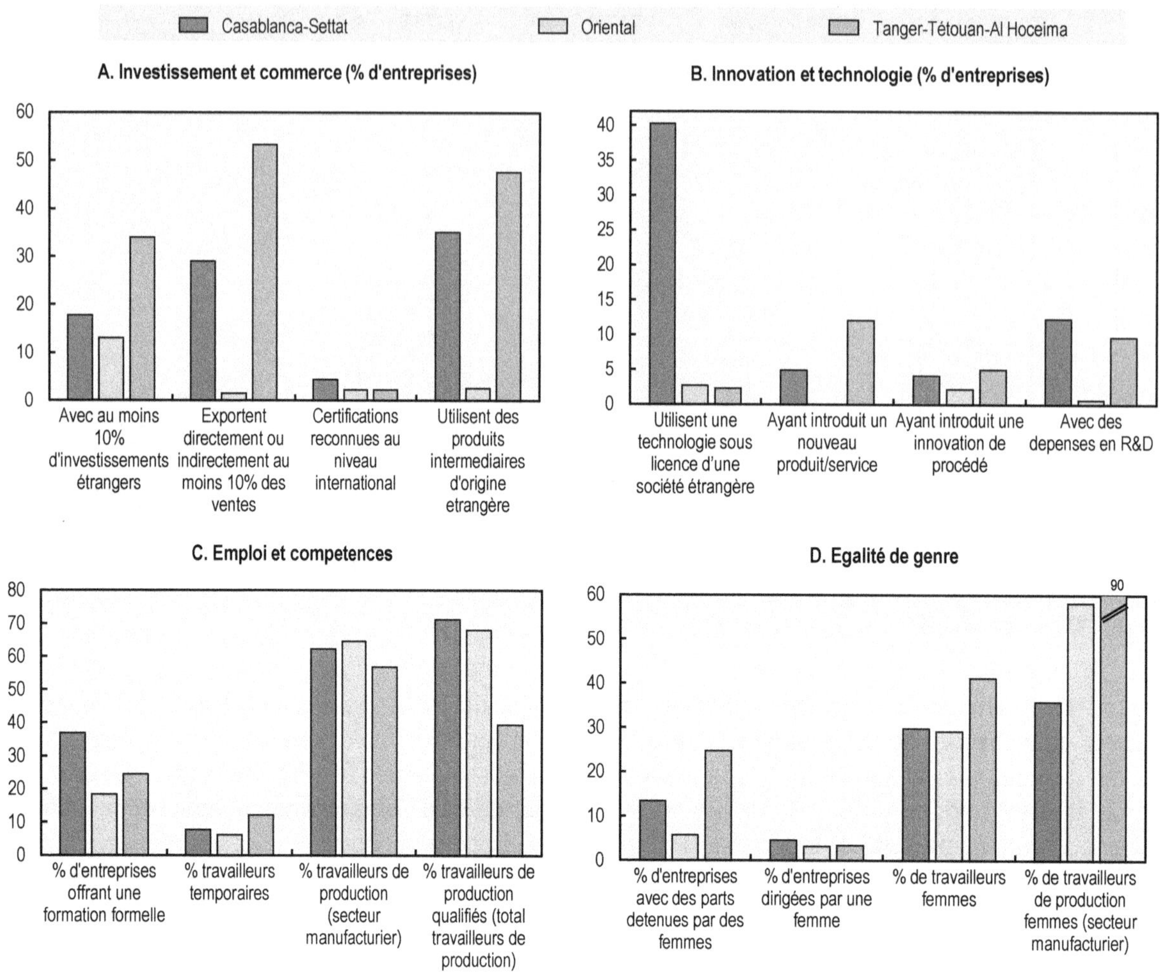

Source : élaboré par l'OCDE d'après l'enquête de la Banque mondiale sur les entreprises (2019[13]).

Il est plus fréquent que les entreprises soient détenues en partie par des femmes dans les régions CS et TTA que dans celle de l'Oriental, mais la gestion par des femmes est inférieure à 5 % dans les trois régions (Graphique 6.9, panel D). La région TTA affiche un pourcentage plus élevé de travailleurs temporaires, en raison d'une plus grande exposition aux fluctuations du commerce mondial, et de travailleuses : les femmes ont tendance à être plus nombreuses dans les activités manufacturières peu qualifiées au Maroc. Les zones côtières, y compris la région TTA, sont plus favorables à l'emploi des femmes, en raison de l'importance des secteurs de services, en particulier le tourisme (AFD, 2017[26]). En revanche, les zones intérieures, comme la région de l'Oriental, sont caractérisées par des activités plus masculines, telles que l'exploitation minière.

6.3. Stratégies et politiques de promotion des investissements en faveur de l'attractivité territoriale

L'efficacité de l'investissement comme vecteur du développement régional au Maroc dépend de la pertinence et de la cohérence des stratégies de promotion de l'investissement et des cadres institutionnels (OCDE, 2022[21]). Cette section analyse l'éventail existant de stratégies et de politiques de promotion des investissements au Maroc qui accompagnent le processus de régionalisation et les objectifs de développement territorial, y compris l'amélioration de l'attractivité régionale. Elle complète l'analyse du cadre national de promotion et de facilitation de l'investissement du Chapitre 4. Cette section s'appuie sur les résultats de l'enquête de l'OCDE sur la promotion de l'investissement et le développement régional complétée par l'AMDIE en 2023 et s'inspire des bonnes pratiques des pays de l'OCDE (Encadré 6.4).

Encadré 6.4. Enquête de l'OCDE sur la promotion de l'investissement et le développement régional

Le réseau API de l'OCDE étudie comment les gouvernements peuvent promouvoir, faciliter et retenir l'IDE à l'appui du développement régional et quel est le rôle des API. L'OCDE a conçu une enquête pour recueillir des informations sur la promotion de l'investissement et le développement régional. Elle met l'accent sur le rôle des API nationales, leurs relations avec les organismes infranationaux et leurs objectifs et priorités en ce qui concerne l'attraction de l'IDE en faveur du développement régional. L'enquête a été communiquée à l'API des pays de l'OCDE sous la forme d'un questionnaire en ligne qui a été rempli en 2022 par 36 pays de l'OCDE. L'enquête a été complétée par l'AMDIE en 2023 dans le cadre des Examens de la politique d'investissement du Maroc par l'OCDE.

L'enquête définit les organismes infranationaux de promotion et de facilitation de l'investissement comme suit :

- **Les API infranationales** sont des organisations entièrement ou principalement vouées à la promotion et à la facilitation de l'IDE dans leur région, état, province, municipalité ou ville, indépendantes de l'API nationale ou du gouvernement central, et rendent généralement compte aux autorités infranationales.
- **Les organisations infranationales de développement économique (EDO)**, qui sont également des entités indépendantes de l'API centrale et du gouvernement, rendent compte aux gouvernements infranationaux, mais disposent d'un portefeuille plus large qui inclut souvent la promotion et la facilitation de l'investissement.
- **Les autorités infranationales**, dont bon nombre sont directement impliquées dans les questions de développement économique qui comportent parfois un volet de promotion ou de facilitation de l'investissement.
- **Les bureaux infranationaux des API nationales** qui sont établis dans certaines régions ou dans l'ensemble des régions de leur juridiction.

Note : pour en savoir plus, consultez www.oecd.org/investment/investment-promotion-and-facilitation.htm.

Source : OCDE (2022[21]), « La géographie de l'investissement étranger dans les pays membres de l'OCDE : Comment les agences de promotion de l'investissement soutiennent le développement régional », documents de politique économique et financière de l'OCDE, N° 20, Éditions OCDE, Paris, https://doi.org/10.1787/1f293a25-en.

6.3.1. Renforcer le cadre stratégique pour la promotion des investissements en faveur de l'attractivité territoriale

Stratégies nationales et infranationales de promotion des investissements

Le gouvernement marocain a clairement démontré, à travers de récentes réformes stratégiques, que la mobilisation des investissements privés pour le développement régional était une priorité nationale. Les priorités stratégiques visant à encourager l'investissement sont de plus en plus souvent définies par diverses entités gouvernementales aux niveaux national et infranational, notamment grâce aux CRI, comme c'est également le cas dans la zone de l'OCDE. La Charte de l'investissement récemment présentée considère la réduction des disparités territoriales comme une priorité absolue. Cette décision est moins souvent mentionnée dans les lois d'investissement d'autres pays et établit, avec d'autres lois, un cadre formel reliant l'investissement au développement régional. Cette approche intégrée vise à faire avancer des objectifs stratégiques correspondant au NMD du Maroc, tout en tirant parti des caractéristiques territoriales distinctes et des facteurs d'attractivité.

Doter la stratégie nationale de promotion de l'investissement d'un pilier territorial pourrait contribuer à rendre opérationnelles les priorités stratégiques du Maroc en matière d'investissement et de développement régional. Le développement d'un pilier territorial au sein d'une stratégie nationale offre l'occasion de clarifier les spécificités infranationales au Maroc tout en conservant une vision nationale globale. Un pilier infranational traduirait les priorités stratégiques en objectifs réalisables et clarifierait les responsabilités des différentes institutions, notamment le MICEPP, l'AMDIE et les CRI, dans la réalisation de ces objectifs, ainsi que les mécanismes de coordination impliqués. Ce pilier pourrait apporter des précisions sur les sous-secteurs, les activités ou les chaînes de valeur à rendre prioritaires au niveau infranational.

Le pilier régional serait conforme aux PDR et engloberait le rôle de l'investissement dans la facilitation de la transformation productive des régions, en mettant l'accent sur la modernisation de l'environnement économique, la diversification des industries, la modernisation des technologies et la promotion de l'internationalisation. Pour les pôles urbains, l'objectif principal est de libérer la productivité et les retombées de l'IDE en matière d'innovation sur les zones adjacentes et les PME. Le MICEPP, l'AMDIE et chaque pôle « Impulsion économique et offre territoriale » au sein des CRI pourraient superviser ensemble le développement de ce pilier. Cette approche collaborative permettrait aux CRI de mieux développer leurs offres territoriales intégrées pour les investisseurs, comme indiqué dans leurs mandats.

Dans les pays de l'OCDE, 94 % des stratégies de promotion de l'investissement intègrent une dimension régionale, certains plaçant le développement régional au cœur de leur stratégie (OCDE, 2022[21]). En outre, plus des deux tiers des API infranationales contribuent activement à l'élaboration de la stratégie nationale de promotion de l'investissement (OCDE, 2022[21]). En Irlande par exemple, la dimension régionale est un pilier fondamental de la stratégie nationale 2021-2024 de promotion des investissements. Le pilier est conforme à la stratégie nationale de développement régional, aux plans de développement régional et aux stratégies sectorielles. Il comprend des sections pour chaque région, avec des indicateurs basés sur des facteurs tels que la densité de population, la disponibilité des talents, la qualité de vie, les écosystèmes propres à chaque secteur, la disponibilité foncière et l'infrastructure et la connectivité locales.

L'intégration d'un pilier territorial dans une stratégie nationale de promotion des investissements est essentielle, mais insuffisante. L'efficacité de l'État central pour attirer les IDE dépend des mesures régionales visant à renforcer leur attractivité, par exemple par l'aménagement stratégique du territoire et le développement économique. Une approche possible consisterait à élaborer des stratégies régionales de promotion de l'investissement qui soient conformes à un pilier territorial de la stratégie nationale de promotion de l'investissement et le complètent. Cela impliquerait la participation active de diverses parties prenantes locales, notamment les CRI, les autorités locales, le secteur privé et la société civile, pour façonner la stratégie et optimiser l'attractivité de chaque région.

Une autre approche, non mutuellement exclusive, adoptée par le Maroc consiste à intégrer les considérations relatives à l'investissement dans les PDR. Cela permet d'avoir une approche intégrée qui tient compte des améliorations locales dans des domaines tels que le foncier, les infrastructures et les compétences qui sont nécessaires pour attirer les IDE, parallèlement à des réformes plus larges du climat des affaires au niveau national. Le guide 2022 pour l'élaboration des PDR fait référence au mandat de l'attractivité des investissements dans les régions et fournit des étapes détaillées pour la création de programmes. Les CRI sont fortement impliqués dans les discussions sur l'élaboration du PDR, le diagnostic des défis et des possibilités, et dans le suivi de la mise en œuvre (Ministère de l'interieur, 2022[27]). Le CRI de l'Oriental, dans le cadre de son travail de co-construction, a mis en place un Fonds Régional d'Appui à l'Investissement dont les principes ont été intégrés dans le PDR 2015 - 2021, puis 2022 - 2026. Il s'agit de la première expérience d'un fonds régional dédié à la promotion de l'investissement à l'échelle territoriale. D'autres actions ont été concrétisées à partir de la planification d'actions dans le cadre du PDR comme l'accompagnement des porteurs de projets, le développement des écosystèmes de formation - insertion ou encore le marketing territorial.

Dans les pays de l'OCDE, 74 % d'entre eux disposent de stratégies régionales de promotion de l'investissement et 67 % de ces stratégies sont intégrées dans des plans de développement régionaux (OCDE, 2022[21]). La Nouvelle-Galles du Sud en Australie illustre cette approche, où la stratégie met l'accent sur les facilitateurs locaux de l'IDE, en se concentrant particulièrement sur les compétences. Un autre exemple est celui de la région de Poméranie, en Pologne. La stratégie régionale de promotion des investissements de l'API y a eu des effets considérables en matière d'attraction des IDE (Encadré 6.5). Les deux stratégies sont influencées par les cadres institutionnels distincts de chaque pays, différents de celui du Maroc, mais elles constituent des exemples de ce que les stratégies régionales de promotion des investissements pourraient couvrir.

Encadré 6.5. La stratégie régionale de promotion des investissements de la Nouvelle-Galles du Sud en Australie

Le gouvernement de la Nouvelle-Galles du Sud (NSW) en Australie a défini les priorités et les plans visant à assurer la réussite sociale, économique et environnementale à long terme des communautés régionales de l'État. Pour appuyer ce vaste plan économique, le Bureau du développement économique régional a conçu la « Regional NSW Investment Attraction Strategy 2022-2027 » (Stratégie régionale d'attraction des investissements de la Nouvelle-Galles du Sud). Elle définit la vision, les objectifs et les priorités clés pour attirer les investissements du secteur privé, soutenir les talents et favoriser un environnement propice à l'établissement et la prospérité des futures industries.

La stratégie identifie les tendances de fond qui influencent l'investissement international et décrit comment la région peut les exploiter pour obtenir des opportunités d'investissement dans un environnement postpandémique. Ce faisant, elle fait correspondre les forces et les avantages comparatifs de chaque localité (qui varient grandement d'un lieu à l'autre) aux opportunités d'investissement afin de créer des emplois de qualité et un développement durable. Les actions sont axées sur le soutien des principaux catalyseurs du développement économique (voir tableau ci-dessous).

Tableau 6.2. Facilitateurs régionaux de la stratégie d'attraction des investissements de la Nouvelle-Galles du Sud

Catalyseurs	Priorités
Renforcement d'une main-d'œuvre qualifiée	• Connecter les entreprises aux programmes de soutien aux travailleurs qualifiés et aider à cibler l'acquisition de talents clés. • Mettre en place des mesures politiques afin d'accroître le nombre de travailleurs qualifiés dans les régions. • Collaborer avec l'industrie pour mettre davantage en adéquation l'offre et la demande régionales de compétences. • Accroître la participation des peuples autochtones aux grands projets d'investissement.
Promotion de la recherche, du développement et de l'innovation à l'initiative de l'industrie	• Positionner la région de la Nouvelle-Galles du Sud en tant que leader mondial de la recherche et du développement. • Transformer les idées en emplois en convertissant la recherche en opportunités commerciales. • Renforcer la capacité de recherche dans la région de la Nouvelle-Galles du Sud en favorisant des liens solides avec l'industrie.
Soutenir les communautés locales pour qu'elles trouvent et fidélisent les investisseurs	• Améliorer la couverture mobile et la connectivité Internet pour soutenir les personnes et les entreprises locales. • Renforcer les réseaux de transport, de logistique et de fret pour accroître la compétitivité des principales industries régionales. • Instaurer des mesures politiques pour fournir des logements abordables dans les régions. • Rechercher et garantir un accès à l'énergie et à l'eau fiable. • Améliorer l'expérience client des processus de planification pour l'investissement, l'implantation et l'expansion de l'entreprise.

Source : Gouvernement de Nouvelle-Galles du Sud (2022[28]), « Regional NSW Investment attraction Strategy 2022-2027 », https://www.nsw.gov.au/sites/default/files/2022-10/20221024 Investment attraction book accessible.pdf.

Stratégies nationales liées à l'attraction des investissements et au développement régional

Au-delà d'une stratégie de promotion des investissements, d'autres plans peuvent contribuer à rendre opérationnelles les priorités de haut niveau du Maroc sur l'investissement en faveur d'un développement régional équilibré. Le Maroc compte de nombreuses stratégies qui mentionnent l'attraction des investissements, la promotion du développement régional ou les deux. À des fins de convergence des politiques, le MICEPP pourrait continuer à veiller à ce que les objectifs, les secteurs ciblés, le cas échéant, et les résultats escomptés de ces plans soient alignés sur les objectifs d'investissement et de développement régional (Tableau 6.3).

Tableau 6.3 Stratégies récentes et en cours liés à l'investissement et au développement régional

Stratégie	Description	Secteurs cibles	Objectifs	Impact
Le Plan d'émergence 2005 et le Pacte National pour l'émergence Industrielle 2009-2015	Stratégie industrielle ciblée, axée sur les professions mondiales, la valorisation des PME et l'amélioration du climat des affaires. **Pouvoir de supervision** Le PM préside le comité directeur avec des représentants du secteur privé.	Accent mis sur les moteurs de croissance orientés vers l'exportation : • Automobile • Aéronautique • Offshoring • Électronique • Textiles • Industries agroalimentaires	• Moderniser le secteur industriel et améliorer sa compétitivité et le climat des affaires. • Accroître l'investissement privé, les exportations, l'emploi et le PIB. • Stimuler l'industrie marocaine en attirant les IDE dans des secteurs stratégiquement avantageux.	Impact positif sur l'attractivité du Maroc pour les IDE mais impact territorial différencié à travers le pays. **Attraction des investissements** • Les IDE ont augmenté dans la plupart des secteurs ciblés. **Développement régional** • Les disparités régionales en matière d'IDE se sont accrues. • Sophistication de la structure économique de la région TTA.
Plan d'Accélération Industrielle 2014-2020	En adéquation avec le plan Émergence, privilégie l'industrie comme moteur de croissance. Ouvert aux IDE, avec un accent particulier mis sur la consolidation de la base industrielle et de la position extérieure. **Objectif géographique** National **Pouvoir de supervision** Comité interministériel	• Automobile et poids lourd • Textiles et cuir • Aéronautique • Matériaux de construction • Mécanique et métal • Produits chimiques et pharmaceutiques • Offshoring • Agroalimentaire	• Développer des écosystèmes industriels bien intégrés, en incluant les PME. • Créer un demi-million d'emplois, dont 50 % grâce aux IDE. • Accroître le recrutement de jeunes travailleurs • Accroître la productivité grâce à un soutien ciblé à la base industrielle (financement, formation, etc). • Renforcer les capacités d'exportation. • Améliorer la capacité d'accueil des investisseurs.	Création de 54 systèmes industriels en partenariat avec 32 associations professionnelles et universités dans différents secteurs. **Attraction des investissements** • Les IDE ont augmenté, créant plus d'emplois. **Développement régional** • L'impact sur le développement régional est incertain.
Génération Green 2020-2030	Cette stratégie pour le secteur agricole est basée sur les réalisations du 'Plan Maroc Vert' lancé en 2008, qui visait à augmenter la production agricole et les revenus des exploitations, et de garantir le développement durable des territoires ruraux. **Objectif géographique** National, priorité régionale **Pouvoir de supervision** Ministère de l'agriculture, de la pêche maritime, du développement rural et des eaux et forêts	Secteur agricole	• Faire émerger une nouvelle classe moyenne agricole, des jeunes entrepreneurs et des mécanismes d'accompagnement. • Renforcer les filières en ciblant l'amont et réorienter les efforts sur l'aval. • Moderniser les circuits de distribution pour maximiser la valeur et améliorer la qualité des produits. • Adapter la production aux nouvelles tendances agricoles et de consommation. • Investir dans l'efficacité hydrique et énergétique pour préserver les ressources et créer des opportunités économiques.	**Attraction des investissements** • Pas encore mesurable. **Développement régional** • On estime 350 000 emplois, 400 000 ménages dans la classe moyenne, et 690 000 ménages stabilisés, surtout en zones rurales. • Prioriser la formation des agriculteurs en intégrant l'agriculture dans les nouveaux centres de formation modernes

Stratégie	Description	Secteurs cibles	Objectifs	Impact
Plan de Relance Industrielle 2021-2023	Réponse du gouvernement aux effets de la pandémie de Covid-19, en particulier les petites entreprises dans les régions les moins développées du pays.	Secteur industriel, en mettant l'accent sur les efforts visant à favoriser la transition vers une économie plus verte.	• Positionner le Maroc comme une base industrielle circulaire et à faibles émissions de carbone, en augmentant les emplois et la valeur ajoutée dans le secteur manufacturier.	**Pas encore mesurable.**
	Objectif géographique National, priorité régionale		• Développer l'entrepreneuriat industriel et promouvoir une nouvelle génération d'industriels.	
	Pouvoir de supervision Ministre de l'Industrie, du Commerce, de l'économie verte et numérique		• Mettre l'accent sur les PME des régions les moins développées.	
Transformation numérique des pouvoirs locaux 2021-2023	Création d'une plateforme digitale pour chaque région avec une politique de données ouvertes pour catalyser l'émergence de services urbains innovants.	Aucun.	• Mettre en œuvre un cadre de gouvernance pour la transformation numérique locale.	**Attraction des investissements** • Amélioration de l'environnement des entreprises. **Développement régional** • Plus de 70 des 148 services et procédures administratifs ont été numérisés. • Certaines autorités locales sont en retard.
	Objectif géographique Autorités locales		• Créer une harmonisation entre les administrations et améliorer la qualité des services.	
	Pouvoir de supervision DGCT, ANRT, ADD		• Identifier et dématérialiser les services aux citoyens et aux entreprises.	
			• Offrir une connexion à l'ensemble des autorités locales et améliorer leur vitesse d'accès à Interne'	

Note : Les cases colorées en vert sont liées à l'investissement, les cases colorées en bleu sont liées au développement régional et les cases colorées en gris ne sont liées à aucun.

Source : Banque africaine de développement (2006) ; Royaume du Maroc 2007-2011 document de stratégie par pays ; 2007-2011-Maroc-document de stratégie par pays (afdb.org) ; MCINET (2020). Plan d'accélération industrielle 2014-2020. Plan d'accélération industrielle 2014-2020, ministère de l'Industrie et du Commerce (mcinet.gov.ma) ; CCISRMS. Chambre de Commerce, d'Industrie et des Services de Marrakech. Plan de Relance Industrielle 2021-2023 M. Elalamy annonce 3 projets – CCIS (ccisrms.ma) ; autorités locales : Voici la première évaluation de la stratégie de numérisation - Le Matin.ma ; (Amraoui et al., 2019[29]). Ministère de l'investissement :L'industrie automobile est désormais « un moteur » de l'économie marocaine (moroccoworldnews.com).

Les stratégies industrielles nationales mises en œuvre dans les années 2000 ont joué un rôle central dans la mobilisation des IDE en tant que catalyseur de la croissance économique à l'échelle nationale, mais leur impact n'a pas été le même d'une région à l'autre. Les stratégies ont contribué à transformer le Maroc en un pôle industriel mondial compétitif. Le plan Émergence a eu un impact considérable sur l'attractivité des IDE dans les secteurs promus par le plan, à savoir l'automobile, l'aéronautique, l'offshoring, l'électronique et le textile (Farouk, 2023[30]). Bon nombre de ces investissements ont été réalisés dans la région TTA et dans d'autres grands pôles, contrairement au reste du pays où les IDE étaient principalement axés sur l'agroalimentaire, secteur promu par le plan mais qui a enregistré une croissance plus faible des IDE. Par conséquent, la structure économique de la région TTA a évolué beaucoup plus rapidement qu'ailleurs, soulignant la nécessité d'intégrer une perspective locale dans les stratégies nationales afin de garantir un développement territorial équilibré. Les retombées de l'IDE dans la région TTA, mais aussi dans d'autres régions, ont néanmoins été limitées. Le Plan d'Accélération Industrielle 2014-2020 visait à remédier à cette limitation en améliorant les capacités des PME et en les aidant à devenir des fournisseurs d'entreprises étrangères et à s'intégrer dans les chaînes de valeur mondiales.

Au cours des dernières années, de nouvelles stratégies et de nouveaux plans nationaux ont intégré progressivement l'investissement durable et le développement territorial. Les stratégies précédentes positionnaient le Maroc comme un contributeur clé aux chaînes de valeur mondiales, en donnant la priorité aux secteurs mondiaux à croissance rapide. Cette approche a récemment évolué afin de prendre en compte l'innovation, la durabilité et un développement territorial équilibré. La deuxième phase du Plan d'Accélération Industrielle, couvrant la période 2021-2025, comprend une dimension de développement régional tandis que le Plan de Relance Industrielle 2021-2023 souligne l'engagement du pays en faveur de pratiques à faible émission de carbone et de l'intégration des principes de l'économie circulaire dans la production. La stratégie de transformation numérique des collectivités locales 2021-2023 visait à mieux connecter les collectivités locales et à améliorer la connectivité numérique.

Aligner les objectifs stratégiques des derniers plans nationaux avec la mission de l'AMDIE visant à promouvoir les IDE à l'appui du développement territorial est essentiel pour assurer une mise en œuvre réussie. Les principaux objectifs de l'AMDIE en matière de promotion des IDE au niveau infranational sont de soutenir les transitions numérique et verte (Graphique 6.10). Favoriser l'innovation, la productivité, les exportations et la création d'emplois de qualité sont des objectifs moins cruciaux, contrairement à ceux des API nationales de l'OCDE. Si les objectifs de l'AMDIE sont conformes aux ambitions du Maroc en matière de climat et de transformation numérique, d'autres pistes sont moins explicitement abordées, comme le soutien à l'intégration économique des femmes. Le renforcement de la productivité (un défi structurel pour le développement territorial) et la création d'emplois de qualité restent des objectifs de développement clés dans les régions moins développées.

Graphique 6.10. Objectifs nationaux des API en matière de promotion de l'IDE en faveur du développement territorial

Les six objectifs sont classés de 0 à 5 (5 = objectif le plus important)

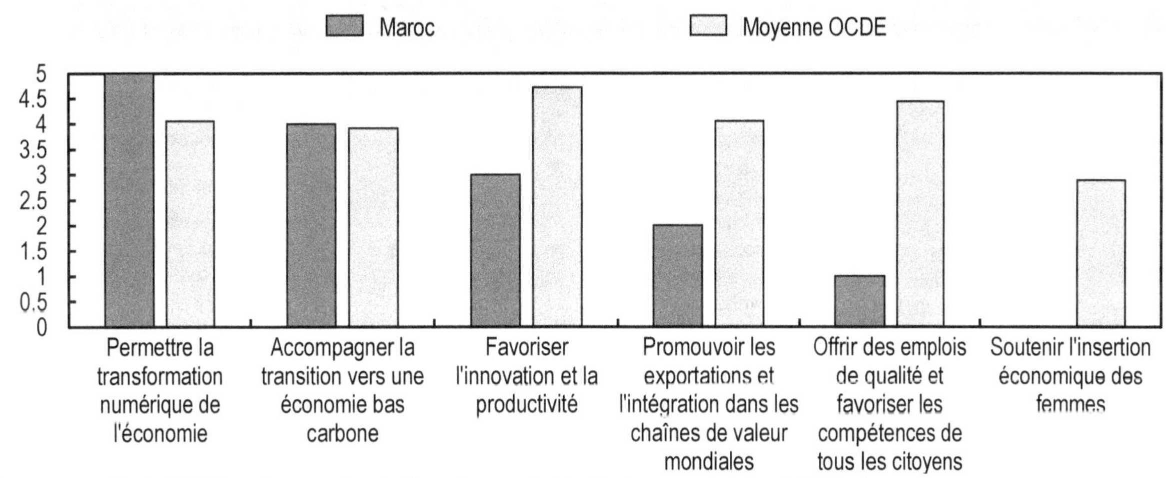

Source : enquête de l'OCDE sur la promotion de l'investissement et le développement régional (2022[21]).

6.3.2. Politiques et institutions visant à renforcer l'attractivité territoriale

Le Maroc a progressivement intégré des considérations régionales dans l'élaboration de politiques nationales d'investissement. Si le caractère non différencié des politiques nationales, y compris des politiques d'investissement, est souvent inévitable et même souhaitable, il peut s'avérer difficile de les utiliser pour relever les défis dans des régions spécifiques (OCDE, 2019[31]). Les régions ne sont pas affectées de la même manière par les politiques nationales telles que les accords internationaux d'investissement, la libéralisation du commerce et de l'investissement ou les incitations fiscales sectorielles. La mise en œuvre des récentes stratégies marocaines en matière d'investissement et de développement régional a conduit à l'élaboration de nouvelles politiques adaptées au lieu et à la mise en place, ou à la transformation d'organismes chargés de mettre en œuvre ces politiques, comme le prévoit la Charte de l'investissement (Encadré 6.6). Le suivi et l'évaluation des politiques et de la capacité des institutions à les mettre en œuvre efficacement sont essentiels.

Encadré 6.6. La Charte de l'investissement : renforcer l'attractivité régionale

La Charte de l'investissement récemment promulguée, connue sous le nom de cadre juridique n° 03-22, vise à renforcer les initiatives d'investissement ciblées, à atténuer les disparités régionales en matière d'attraction des investissements et à donner la priorité aux secteurs clés pour le développement (AMDIE, 2022[32]). Son objectif est d'optimiser l'impact des investissements, tant étrangers que nationaux. Dans ce cadre, les investisseurs bénéficient de directives claires, d'un climat des affaires amélioré, d'un processus d'investissement harmonisé et d'une gouvernance unifiée de l'investissement.

Le cadre établit également des mécanismes de soutien, y compris des subventions ou autres aides, pour les projets d'investissement entrepris dans diverses régions ou secteurs prioritaires. Il étend des incitations spéciales aux projets stratégiquement importants, ainsi qu'aux très petites entreprises et aux PME, dans le but d'inciter les entreprises marocaines à se lancer dans des projets internationaux.

Les effets escomptés sur les IDE comprennent notamment le positionnement du Maroc en tant que pôle privilégié pour les investissements étrangers, la réduction des écarts régionaux en matière d'investissement, l'acheminement des investissements vers des secteurs stratégiques, la promotion des exportations et de l'internationalisation des entreprises marocaines et la promotion de la substitution des importations (UNCTAD, 2022[33]).

Politique	Description	Secteurs cibles	Objectifs	Impact
Charte de l'investissement	**Objectif géographique** National, priorité régionale **Pouvoir de supervision** AMDIE, CRI et Commission Nationale des Investissements	**Projets qui :** • Privilégient les investissements durables. • Sont organisés dans les régions les moins développées. • Renforcent l'intégration locale dans les chaînes de valeur. • Améliorent la sécurité de l'eau, de l'énergie, de la nourriture ou de la santé. • Industrie de la défense.	• Créer des emplois stables. • Réduire les disparités territoriales. • Orienter les investissements vers les secteurs prioritaires et les professions de demain. • Renforcer l'attractivité du Royaume, en le positionnant en tant que pôle continental et international pour les IDE. • Encourager les exportations et le développement des entreprises marocaines internationales. • Encourager la substitution des importations par la production locale. • Assurer un développement durable. • Améliorer le climat des affaires et faciliter l'action d'investir. • Accroître la part de l'investissement privé.	**Attraction des investissements** • Feu vert donné à 115 projets d'investissement, totalisant 173 milliards MAD (17.5 millions USD) d'investissements et ouvrant la voie à la création de plus de 96 000 emplois. • Ces investissements devraient avoir un impact positif considérable, en accord avec les objectifs de la charte, à savoir favoriser la croissance de l'emploi, promouvoir l'égalité des sexes et faire progresser le développement durable. **Développement régional** • 70 % des incitations allouées aux projets en question bénéficieront à des initiatives en dehors de l'axe TTA et CS. • Ces projets couvrent toutes les régions, provinces et préfectures, favorisant l'équité territoriale.

Source : AMDIE (2022[32]), « La charte de l'investissement en bref », https://www.morocconow.com/ ; Royaume du Maroc (2022[34]), « Loi-cadre n° 03-22 établissant la Charte de l'investissement », http://www.sgg.gov.ma/BO/FR/2873/2022/BO_7152_Fr.pdf ; CNUCED (2022[33]), « Charte de l'investissement dans le Recueil des lois de l'investissement de la CNUCED », Investment Policy Monitor, https://investmentpolicy.unctad.org/investment-policy-monitor.

Les politiques adaptées au lieu qui peuvent influencer directement le choix de l'emplacement des entreprises comprennent des incitations fiscales et non fiscales, la création de parcs industriels ou de zones économiques spéciales et la création d'organismes infranationaux spécialisés pour promouvoir et faciliter les investissements. D'autres politiques englobent des mesures régionales plus larges relatives au climat des affaires, telles que l'investissement public dans les compétences et les infrastructures, ainsi que le soutien aux entreprises locales, y compris des conseils sur la façon d'entrer sur les marchés étrangers, le financement des activités de R&D et la facilitation de la mobilité de la main-d'œuvre. En améliorant l'écosystème local, une région devient non seulement plus attrayante, mais bénéficie également davantage des IDE, notamment grâce à une meilleure création d'emplois, à une productivité accrue et à une diffusion des connaissances (OCDE, 2022[21]).

Le Maroc utilise des politiques similaires à celles des pays de l'OCDE pour promouvoir l'IDE en faveur du développement régional, mais leur importance perçue par les professionnels de l'investissement varie (Tableau 6.4). Les services fournis par l'API nationale constituent l'outil le plus important dans les pays de l'OCDE, tandis qu'au Maroc, il s'agit de l'octroi d'incitations fiscales. Cette différence illustre le défi que de nombreux pays émergents ont à relever pour attirer les IDE vers les régions moins développées où le climat des affaires locales pâtit encore de faiblesses structurelles. Les incitations fiscales adaptées au lieu, en particulier les exonérations fiscales, peuvent orienter le type d'investissement vers des projets à forte intensité de capital et peu contraignants, dont les retombées sur l'économie locale sont limitées. Les incitations non fiscales telles que les subventions et les prêts peuvent avoir moins d'effets de distorsion sur l'économie et mieux répondre aux défaillances spécifiques du marché. Elles sont également perçues comme un outil important par l'AMDIE marocaine et les pays de l'OCDE.

Tableau 6.4 Outils et mesures de promotion de l'IDE dans les régions moins développées au Maroc et dans l'OCDE

Classement des mesures de la plus importante (1) à la moins importante (8)

	Maroc	Moyenne OCDE
Incitations fiscales	1	3
Incitations non fiscales (dons, subventions, garanties de prêt, etc.)	2	2
Parcs industriels	3	4
Services nationaux de l'API	4	1
Amélioration de l'environnement commercial local/régional	5	6
Zones économiques spéciales/zones franches	6	7
Infrastructures mises à disposition	7	5
Foires locales/régionales	8	8

Source : enquête de l'OCDE sur la promotion de l'investissement et le développement régional (2022[21]).

Les activités de promotion et de facilitation de l'investissement sont très répandues mais pourraient être mieux ciblées

Parmi les différents services nationaux de l'API, l'AMDIE accorde la plus haute importance à toutes les fonctions de promotion et de facilitation de l'investissement visant à attirer l'IDE dans les régions moins développées (Graphique 6.11, panel A). Cette situation diffère de celle de l'OCDE, de l'UE et d'un groupe sélectionné de pays similaires où la création d'investissements et leur facilitation et suivi sont davantage utilisés que le renforcement de l'image et la promotion des politiques pour inciter les IDE en faveur du développement régional. Les pays accordent souvent la priorité à des fonctions spécifiques selon leur situation particulière et des ressources disponibles, et il peut être utile que l'AMDIE envisage également d'orienter ses activités vers les fonctions les plus pertinentes. Au-delà de la promotion et de la facilitation des investissements essentiels, l'AMDIE fournit aux investisseurs et aux partenaires infranationaux une gamme plus large de services que de nombreux organismes de l'OCDE. Ces services englobent des activités telles que les services de jumelage avec les fournisseurs locaux et une aide pour trouver des travailleurs locaux (Graphique 6.11, panel B). L'AMDIE fournit également des renseignements sur l'IDE aux organismes infranationaux, soulignant la collaboration nationale-infranationale pour identifier les marchés pertinents de l'IDE qui sont spécifiques aux régions. Le Chapitre 4 fournit une évaluation détaillée des fonctions et des outils utilisés par l'AMDIE pour promouvoir et faciliter l'investissement.

Graphique 6.11. Fonctions et activités visant à promouvoir et à faciliter l'IDE dans les régions

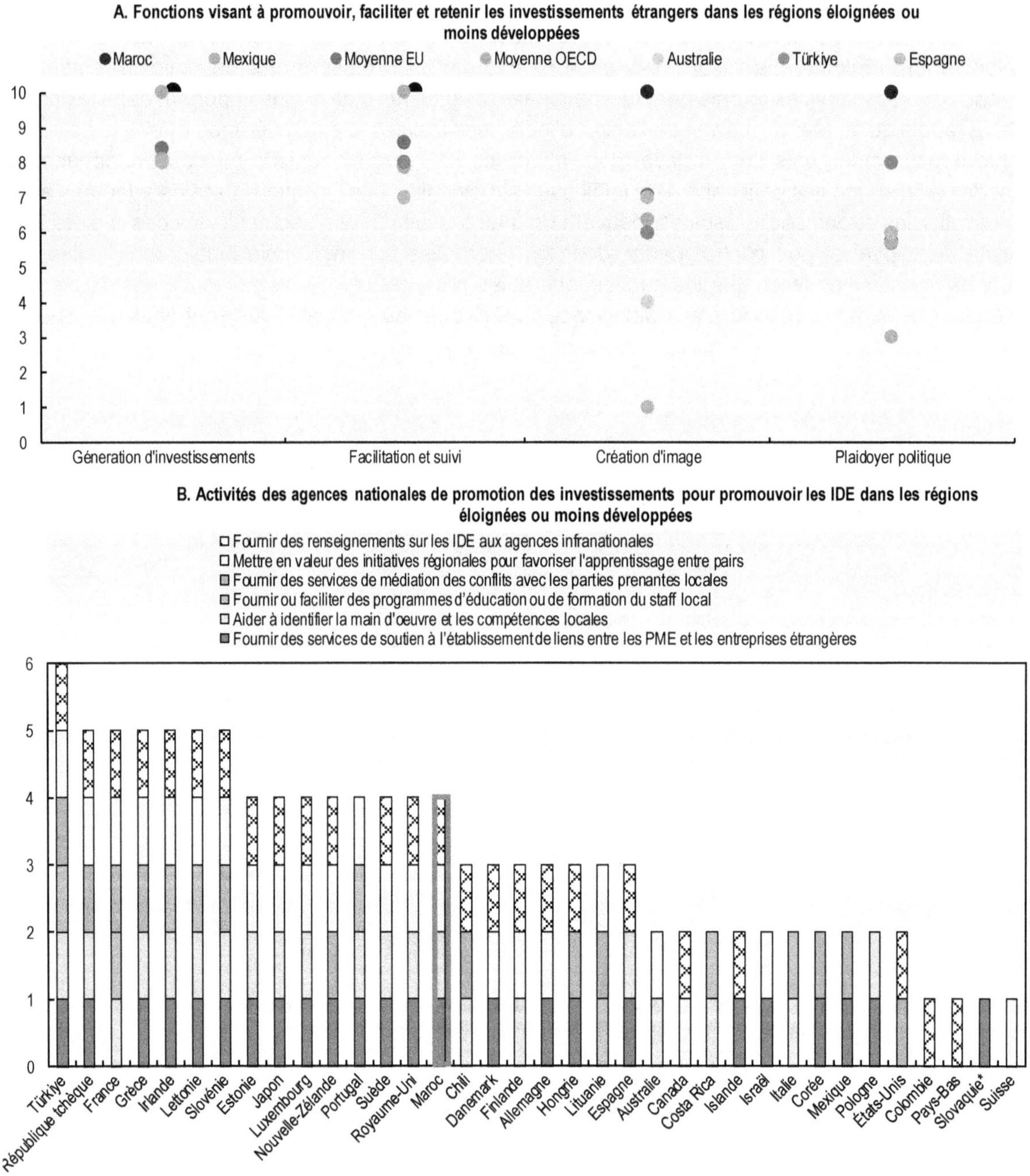

Source : enquête de l'OCDE sur la promotion de l'investissement et le développement régional (2022[21]).

Des politiques ont été mises en œuvre au niveau infranational pour assurer la prestation efficace de ces services. La loi n° 47-18 de 2019, relative à la réforme des CRI et à la création des CRUI, vise à soutenir de façon continue les investisseurs et les entreprises afin de faciliter le processus d'investissement et d'améliorer l'offre d'investissement territoriale. Depuis mai 2023, les CRI sont rattachés au Chef du Gouvernement, qui a délégué certaines de ses prérogatives au MICEPP. Ces centres sont organisés en deux branches : la *Maison de l'investisseur* et l'*Impulsion économique et offre territoriale*. Leurs missions sont regroupées en services pour faciliter l'investissement, améliorer l'offre territoriale d'investissement et régler les litiges.

Encadré 6.7. Loi n° 47-18 portant réforme des centres régionaux d'investissement et création des commissions régionales unifiées d'investissement

Les CRI jouent un rôle central dans l'approche décentralisée de la facilitation des investissements dans les douze régions du Maroc. Leur création en 2002 s'inscrivait dans le cadre des efforts de décentralisation plus larges du pays visant à améliorer de manière significative l'efficacité de la facilitation des investissements et le développement économique et social du pays. Les CRI ont eu des performances inégales et parfois inefficaces à travers le pays, entravant l'efficacité globale de la stratégie de facilitation des investissements à l'échelle nationale. Le décret 1-19-18 du 13 février 2019 promulguant la loi 47-18 a été adopté, entre autres, dans le but d'harmoniser les mandats des CRI à travers les régions, et donc d'améliorer leur efficacité.

Diagnostic initial	Objectifs de la réforme	Les 3 principaux apports de la réforme
• Insuffisance des services proposés aux investisseurs et aux territoires • Multiplicité des procédures réglementaires liées à l'autorisation des dossiers d'investissement • Manque de moyens humains et financiers • Insuffisance des interconnexions entre les CRI et les parties prenantes de l'investissement	• Opérationnalisation de la vision Royale en matière de régionalisation • Correction des dysfonctionnements en matière de soutien et d'accompagnement des investisseurs • Harmonisation de la qualité de service des CRI du Royaume • Simplification du parcours de l'investisseur • Renforcement de l'offre «investissement » de chaque région • Amélioration de l'attractivité de l'investissement de la destination «Maroc»	• Réorganisation des CRI : o Nouveau statut d'établissement public pour les CRI o Nouvelles missions des CRI • Mise en place de la CRUI : o Nouvelle commission représentant toutes les administrations concernées par l'investissement • Simplification des procédures : o Simplification des procédures au niveau régional o Simplification des procédures au niveau central

Les CRI aident et guident les investisseurs dans les formalités d'établissement et d'exploitation liées à l'investissement. Ces procédures sont facilitées par les CRI eux-mêmes et par l'intermédiaire de la plateforme CRI-Invest, la plateforme exclusive partagée par les CRI pour rationaliser les formalités et les demandes liées à l'investissement, par laquelle la plupart des services des CRI sont fournis.

La loi 47-18 a également créé une nouvelle entité, les CRUI, qui sont chargées d'aider les investisseurs à obtenir un certain nombre d'autorisations d'établissement et d'exploitation et de formalités requises pour la mise en œuvre de projets d'investissement. Ces exigences et formalités sont explicitement énoncées dans la loi 47-18.

Elles remplacent les anciennes commissions régionales qui traitaient des procédures et formalités administratives liées à l'investissement en parallèle mais sans coordination. Leur composition et leur organisation sont conçues pour centraliser et améliorer l'efficacité de ces processus, et leurs décisions sont contraignantes pour les membres de la CRUI et les administrations qu'ils représentent.

Contrairement aux CRI, dont le rôle vise à assister, guider et soutenir les investisseurs, les CRUI sont dotés de pouvoirs réglementaires et décident directement ou donnent leur avis formel ou leur assentiment sur les actes administratifs liés à l'investissement, en ce qui concerne les exigences et les formalités d'établissement et d'exploitation. Les mandats clairement définis et harmonisés des CRUI et le cadre de traitement et de prise de décision pour les questions liées à l'investissement établi par la loi 47-18 contribuent à améliorer la prévisibilité du cadre juridique et réglementaire pour les investisseurs.

Source : MICEPP.

En tant que facilitateurs, les CRI fonctionnent comme un guichet unique aidant les investisseurs à comprendre les procédures et les exigences administratives pour la création d'entreprise et à obtenir les autorisations nécessaires. Les CRI ont élaboré des manuels standardisés décrivant les procédures et formalités, ainsi que des guides énumérant les programmes d'incitation à l'investissement disponibles. Ces documents sont uniformes d'une région à l'autre afin de garantir une qualité constante à tous les investisseurs. Les CRI fournissent des renseignements sur l'IDE aux investisseurs pour les aider à prendre des décisions. Des centres de renseignement dotés de plateformes électroniques ont été mis en place au sein des CRI pour permettre aux investisseurs d'accéder aux données relatives aux environnements régionaux d'investissement, aux opportunités, aux activités potentielles, aux cadres juridiques, aux ressources humaines, aux options de financement et aux possibilités de partenariat. Ils tiennent à jour des cartes des terrains publics, des zones industrielles et des activités économiques pour aider à identifier les emplacements appropriés correspondant aux exigences spécifiques du projet. Ce processus de recherche est guidé par des critères précis et facilité par des outils à la disposition de chaque directeur de CRI. En outre, les CRI organisent des réunions, des séances d'information et des ateliers à destination des investisseurs.

Visant à améliorer les possibilités d'investissement au niveau territorial, les centres contribuent à l'élaboration et à la mise en œuvre de stratégies de promotion et d'incitation des investissements au niveau régional, ainsi qu'à la réalisation d'études préliminaires pour le développement de zones industrielles. Ces centres offrent des informations précieuses sur les caractéristiques spécifiques de chaque région, ce qui permet d'élaborer des stratégies de promotion des investissements adaptées. Ils recueillent également des données macroéconomiques régionales, fournissent une base de données sur les possibilités d'investissement et agissent en tant que mécanisme de règlement des différends entre les entités gouvernementales et les entreprises.

La plupart des efforts de promotion des investissements se concentrent sur l'attraction de nouveaux investissements, mais le soutien des investissements existants peut être aussi, voire plus, rentable et efficace pour le développement territorial du Maroc. Les *pôles Impulsion économique et offre territoriale* des CRI, par leur connaissance des opportunités et des institutions locales et leurs liens avec les investisseurs établis, sont bien placés pour superviser les activités visant à promouvoir l'expansion des projets existants vers des activités à plus forte valeur ajoutée telles que la R&D dans les régions avancées et les expansions créatrices d'emplois dans les régions à fort taux de chômage. Dans la région CS, les expansions n'ont représenté que 10 % de tous les projets d'IDE « greenfield » de 2003 à 2022, contribuant à 16 % du montant total des investissements, tout en constituant un quart des emplois créés (Graphique 6.12, panel A). Dans le même temps, les expansions dans la région TTA ont entraîné relativement moins d'investissements et de possibilités d'emploi. À CS, les expansions requièrent souvent plus de capital et de main-d'œuvre en moyenne que les projets initiaux d'IDE, alors qu'à TTA, elles présentent des caractéristiques similaires (Graphique 6.12, panels B et C). Ces différences peuvent s'expliquer par des caractéristiques sectorielles spécifiques ou par la maturité des investissements initiaux, mais aussi par des politiques de rétention des investissements. L'utilisation des expansions comme stratégie promotionnelle nécessite une perspective à long terme de la part des CRI, ce qui implique d'identifier à la fois les défis et les opportunités associés à l'expansion.

Graphique 6.12. Nouveaux projets d'investissement étranger greenfield et d'expansion dans les régions TTA et CS

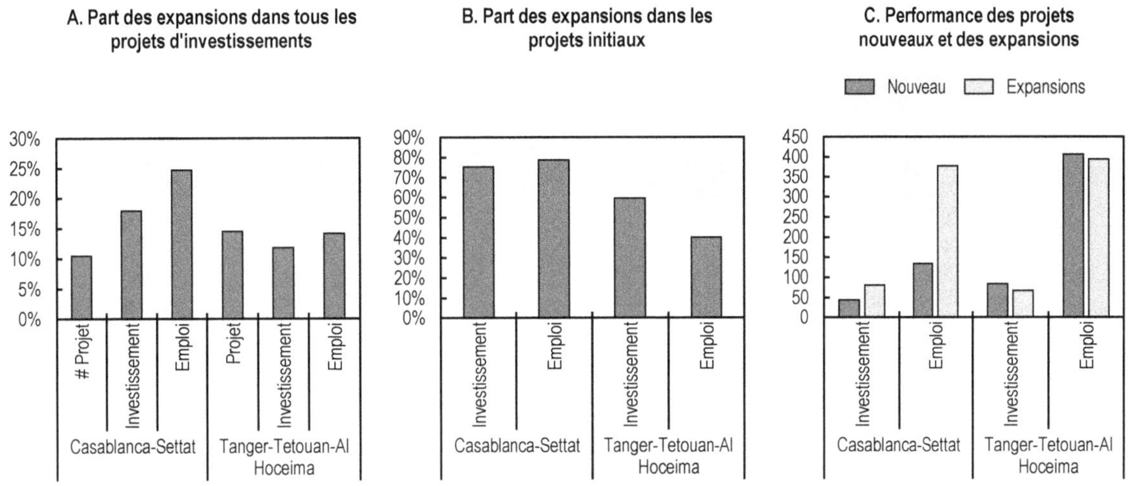

Source : OCDE, d'après la base de données des Marchés des IDE du Financial Times.

Un nouveau système d'incitation à l'investissement basé sur le lieu dans la Charte de l'investissement

Le Maroc, comme la plupart des pays, y compris ceux de l'OCDE, accorde des incitations à l'investissement local pour promouvoir l'investissement privé dans les régions moins développées et, par conséquent, réduire les déséquilibres territoriaux (OCDE, 2022[21]). Au Maroc, les incitations basées sur le lieu comprennent, conformément à la Charte, des subventions financières allant jusqu'à 15 % du montant investi, selon la province ou la ville. Les incitations les plus élevées sont accordées dans les régions du sud ou éloignées de la côte (Tableau 6.5). Les zones côtières de l'axe Casablanca-Rabat-Tanger ne sont pas couvertes par le programme. Les projets doivent satisfaire aux critères généraux de la Charte, à savoir soit la création de 150 emplois, soit des investissements à hauteur de 50 millions de MAD et générant 50 emplois stables.

La Charte comprend également d'autres mesures incitatives visant à accroître l'impact de l'investissement sur la création d'emplois, à encourager l'investissement dans les secteurs à fort potentiel de croissance et à promouvoir le développement durable de manière plus générale. L'une d'entre elles concerne l'intégration locale : les investisseurs obtiennent une prime de 3 % si le niveau de participation des fournisseurs basés au Maroc dans leur production atteint 20 % pour l'agroalimentaire, les produits pharmaceutiques ou les dispositifs médicaux, et 40 % pour les autres activités manufacturières. L'objectif est de stimuler la substitution des importations par la production locale, réduisant ainsi la dépendance à l'égard des importations en soutenant la production nationale. L'impact de ces mesures incitatives sur la stimulation de l'investissement dans les différentes régions peut varier en fonction des spécificités locales.

Tableau 6.5 Incitations financières prévues par la Charte de l'investissement 2022

Définition		Critères	Contributions aux coûts
Montant du programme d'investissement	Le coût total, hors taxes, de toute opération de création ou d'extension d'activité, y compris les frais d'études, de recherche et développement, de transfert de technologie et de mise au point des procédés, le prix du foncier privé et/ou le prix du foncier public, le coût d'acquisition, de location ou de location avec option d'achat des bâtiments, le coût des infrastructures internes et externes, le génie civil, le coût des travaux d'aménagement, les biens d'équipement, le matériel et outillage et, le cas échéant, toute opération d'acquisition ou de renouvellement de biens d'équipement nécessaires à la réalisation du projet d'investissement	• Investir 50 millions de MAD et créer 50 emplois stables ou plus ou créer 150 emplois stables.	• Jusqu'à 10 % de prime pour la création d'emplois stables. • Prime territoriale : prime de 10 % pour les emplacements de catégorie A et de 15 % pour la catégorie B sur les montants d'investissement éligibles. • Prime sectorielle de 5 % • Prime ratio genre de 3 % (30 % de masse salariale féminine) • Prime intégration locale de 3 % (Taux d'intégration locale de 20 % à 40 % dépendamment du secteur d'activité) • Prime développement durable de 3 % • Prime métiers d'avenir ou montée en gamme de 3 %
Stabilité de l'emploi	18 mois minimum et nationalité marocaine		
Conditions	Les mesures incitatives sont octroyées aux projets qui donnent la priorité à l'investissement durable, s'implantent dans les régions les moins développées, renforcent l'intégration locale dans les chaînes de valeur, créent un grand nombre d'emplois stables, s'inscrivent dans les secteurs prioritaires, etc.		

Remarque : les avantages prévus peuvent être cumulés jusqu'à 30 %.
Source : Décret n° 2-23-1 du 25 rejeb 1444 (16 février 2023) relatif à la mise en œuvre du système principal de soutien à l'investissement et du système de soutien spécifique applicable aux projets d'investissement à caractère stratégique. Décret n° 1-22-76 du 14 joumada I 1444 (9 décembre 2022) promulguant la loi-cadre n° 03-22 formant la Charte de l'investissement. Décret n° 1-95-213 du 14 joumada II 1416 (8 novembre 1995) promulguant la loi-cadre n° 18-95 formant la Charte de l'investissement.

La Charte précédente prévoyait également des incitations financières basées sur la localisation, qui étaient accordées exclusivement à des régions sélectionnées selon des critères similaires (Tableau 6.7). Toutefois, un changement notable de priorité est constaté : il n'est plus question de favoriser le transfert de connaissances, mais d'intégrer la production locale dans les CVM. En outre, des changements importants ont été apportés au montant minimum des investissements et au nombre d'emplois créés requis, tandis que l'accent mis sur la protection de l'environnement s'est élargi pour englober des objectifs de développement durable plus larges. Des entretiens d'enquête ont révélé que ces incitations étaient rarement utilisées par les investisseurs. Par conséquent, il est impératif de suivre et d'évaluer de près l'impact de ce nouveau régime et de procéder aux ajustements nécessaires le cas échéant.

Tableau 6.6 Incitations financières prévues par la précédente Charte de l'investissement et ses textes d'application

<table>
<tr><th colspan="2">Définition</th><th>Critères</th><th>Contributions aux coûts</th></tr>
<tr><td>Montant du programme d'investissement</td><td>Coût total de toute opération de création ou d'expansion d'une activité (coût du terrain et des infrastructures externes et internes, frais d'études et de recherche, biens d'équipement, etc.)</td><td rowspan="6">• Compter un programme d'investissement d'un montant égal ou supérieur à 100 millions MAD (9.3 millions EUR)*
• Créer 250 emplois stables ou plus
• Être effectués dans l'une des provinces ou préfectures prévues par Décret n°2-98-520 du 30 juin 1998.
• Assurer le transfert de technologie
• Contribuer à la protection de l'environnement</td><td rowspan="6">• Jusqu'à 20 % du coût du terrain nécessaire à la réalisation du programme d'investissement
• Jusqu'à 5 % du montant global du programme d'investissement pour les dépenses externes d'infrastructure
• Jusqu'à 20 % du coût de la formation professionnelle prévue dans le programme d'investissement</td></tr>
<tr><td>Emploi stable</td><td>2 ans minimum</td></tr>
<tr><td>Transfert de technologie</td><td>Toute opération d'acquisition ou de location de brevets d'invention, de licences ou de procédés techniques récemment établis permettant de participer au renforcement de la compétitivité et de la recherche scientifique et technique</td></tr>
<tr><td>Protection de l'environnement</td><td>Toute opération visant à améliorer les conditions de protection de l'environnement indépendamment des actions visant à éliminer ou à réduire les nuisances liées à la nature de l'activité</td></tr>
<tr><td>Infrastructure externe</td><td>Tous les équipements, hors site, du terrain supportant le projet en matière de voirie, d'assainissement, d'approvisionnement en eau, de réseaux électriques ou téléphoniques, de stations d'épuration et de travaux de terrassement</td></tr>
<tr><td>Formation professionnelle</td><td>Toute opération de formation du personnel aux fins de la mise en œuvre de son programme d'investissement</td></tr>
</table>

Note : les avantages prévus peuvent être cumulés sans que la participation totale de l'État ne dépasse 5 % du montant total du programme d'investissement. Dans le cas où le projet est planifié dans une zone suburbaine ou rurale, cette participation peut atteindre 10 %. * Le critère du montant d'investissement fixé initialement en 2001 à 200 millions MAD a connu une baisse graduelle : 150 millions MAD en 2007 et 100 millions MAD en 2015.
Source : Décret n° 2-00-895 du 6kaada1421 (31 janvier 2001) nécessaire pour l'application des articles 17 et 19 de la loi-cadre n° 18-95 formant la Charte de l'investissement, tel que complété et modifié par le décret n° 2-04-847 du 8 ramadan 1425 (22 octobre 2004) et le décret n° 2.15.625 du2 moharem1437 (16 octobre 2015).

La régionalisation avancée a permis à certaines régions de mettre en place leurs propres instruments pour promouvoir l'investissement. À titre d'exemple, en 2022, la région TTA a créé un fonds pour accompagner les entreprises, attirer les investisseurs et intégrer les citoyens sur le marché du travail, en partenariat avec le CRI et l'Agence pour la Promotion et le Développement du Nord (APDN). Cet instrument tient compte des recommandations du NMD et d'autres plans nationaux et régionaux. Le fonds a pour objectif d'apporter le soutien nécessaire, par le biais d'une aide financière ou institutionnelle, aux porteurs de projets visant à créer ou à développer des activités économiques, et à promouvoir les possibilités d'emploi dans la région. Deux mécanismes d'aide à l'investissement et à la gestion sont créés au profit de projets et d'activités générateurs de revenus et d'emplois. Les entreprises bénéficiaires ne doivent pas avoir bénéficié ou encore bénéficier du soutien offert par d'autres établissements publics, et leurs activités doivent être implantées sur le territoire de la région et générer au moins entre 3 et 100 emplois directs (selon la taille de l'entreprise) au cours de leur première année d'activité, tout en assurant la pérennité de ces emplois pendant deux ans. Les grandes entreprises doivent investir au moins 10 millions de MAD et la contribution de toute entreprise doit être d'au moins 70 %.

Zones économiques spéciales, zones industrielles, parcs industriels

Les zones économiques spéciales, les zones industrielles et les parcs industriels au Maroc jouent un rôle central dans la promotion des investissements et la création d'emplois durables. Le gouvernement marocain s'efforce de créer un réseau de terrains industriels dans les différentes régions du pays. Selon le ministère de l'Industrie et du Commerce, il existe 149 zones industrielles, 10 zones d'accélération industrielle et 7 zones économiques spéciales.

Le gouvernement a su innover en matière de zones industrielles, offrant des propositions sur mesure aux investisseurs. En général, ces zones se concentrent sur des secteurs spécifiques stratégiquement positionnés dans le pays afin de générer des avantages en matière de développement. Par exemple, les parcs industriels « P2I » offrent aux investisseurs un ensemble d'éléments d'intégration, notamment des prix immobiliers compétitifs, des services complets, une administration simplifiée et un centre de formation public. En outre, sur le plan logistique, ils offrent une connectivité optimale aux réseaux de transport nationaux (Amraoui et al., 2019[29]). La Technopole d'Oujda, premier projet P2I, a été planifiée initialement pour abriter l'industrie liée aux énergies renouvelables, mais a été élargie par la suite à toute activité industrielle d'exportation. Aujourd'hui, elle accueille des projets dans l'industrie automobile et textile, contribuant ainsi à l'expertise du Maroc en matière d'efficacité solaire, éolienne et énergétique. MEDZ, leader national de l'administration des parcs industriels et partenaire privé pour le développement territorial, collabore avec différents acteurs pour réaliser cette initiative. De même, Atlantic Free Zone, P2I sectoriel destiné à l'industrie automobile, est stratégiquement positionnée entre Casablanca et Tanger sur un site de 345 hectares jouissant d'une excellente connectivité.

Politiques visant à favoriser les relations interentreprises

Les politiques de clusters pourraient améliorer la densité des entreprises et la productivité locale dans les régions moins développées en favorisant la spécialisation, en impliquant les fournisseurs et en tirant parti de la proximité pour la diffusion des connaissances (OCDE, 2022[21]). La nouvelle Charte de l'investissement met l'accent sur l'octroi d'incitations pour les projets qui contribuent fortement au développement et à l'adoption de technologies de pointe, ainsi que pour ceux qui renforcent la participation des fournisseurs établis au Maroc aux activités des investisseurs. En outre, le Maroc se concentre sur la création d'écosystèmes industriels dans lesquels les PME sont intégrées. À l'avenir, le Maroc pourra exploiter les opportunités existantes pour favoriser les liens entre les entreprises. Par exemple, les ports de la région de l'Oriental sont principalement axés sur la pêche et le transport de passagers. La mise en service du port de Nador West Med en 2025 pourrait contribuer de manière importante à la croissance économique de la région, du moins des territoires voisins. Situé à 30 km de la ville de Nador, il occupera une position privilégiée sur les routes maritimes. La réduction des coûts de transport pourrait stimuler les exportations des PME. Pour que les provinces et les territoires ruraux en bénéficient, il est important de tenir compte de la multimodalité du réseau de transport dans toute la région.

6.4. Le cadre institutionnel à plusieurs niveaux pour l'investissement et l'attractivité territoriale

La régionalisation a considérablement remanié le cadre institutionnel à plusieurs niveaux du Maroc pour la promotion et la facilitation des investissements. L'organisation de ce cadre, tant au Maroc qu'à l'échelle mondiale, reflète les priorités stratégiques et les objectifs politiques des gouvernements. Ces choix ont un impact significatif sur le succès de l'attraction des IDE au niveau infranational et sur la réalisation d'un développement régional équilibré. L'analyse s'appuie sur les conclusions de l'enquête de l'OCDE sur la promotion de l'investissement et le développement régional. Le degré croissant de décentralisation et le rôle grandissant que jouent les autorités infranationales dans le développement économique ont remodelé le cadre dans lequel les agences nationales et infranationales opèrent et interagissent en matière de promotion des investissements. Les organisations infranationales qui se disputent activement les investissements étrangers sont nombreuses dans les pays de l'OCDE, les API (mandatées pour promouvoir et faciliter l'IDE) et les EDO (avec un portefeuille de responsabilités plus large) opérant respectivement dans 55 % et 92 % d'entre elles (OCDE, 2023[35]).

6.4.1. Gouvernance et mandats en matière d'investissement et de développement régional

La nouvelle Charte de l'investissement met l'accent sur une gouvernance unifiée, renforcée et déconcentrée afin d'améliorer les mesures de la politique d'investissement. La charte reconnaît la nécessité absolue d'impliquer et de responsabiliser l'ensemble des parties prenantes (secteurs public et privé, autorités locales et régionales et institutions financières) pour atteindre l'objectif d'augmenter l'investissement privé à 65 % d'ici 2035 (Encadré 6.6). En outre, dans la perspective de la décentralisation, le processus de préparation et d'approbation des accords a été décentralisé, les décisions étant prises au niveau central pour les investissements dépassant 250 millions de MAD et au niveau régional pour ceux en dessous de ce seuil.

Plusieurs organismes nationaux et infranationaux partagent le mandat de promouvoir l'investissement

Le cadre institutionnel à plusieurs niveaux sur la promotion et la facilitation de l'investissement prévoit une meilleure séparation des responsabilités afin de favoriser l'attraction des investissements. Cette nouvelle classification suit la Charte Nationale de la Déconcentration Administrative, conformément au décret n° 2-17-618 de 2018, qui définit la répartition des responsabilités entre l'administration centrale et les gouverneurs, ainsi que les règles et principes des services décentralisés de l'État. La tendance au partage des responsabilités s'est accrue au cours des dernières décennies dans d'autres pays également (OCDE, 2019[36]). La nécessité de partager les responsabilités s'explique par des raisons pratiques, comme cela est courant entre les différents niveaux de gouvernement en ce qui concerne les questions de transport, d'infrastructure et d'environnement. D'autre part, la promotion décentralisée de l'investissement exige que les priorités d'investissement définies au niveau infranational soient véritablement en adéquation avec les stratégies et politiques nationales.

Au niveau national, un ministère dédié à l'investissement (MICEPP) a été créé en 2022, rattaché au Chef du Gouvernement. En outre, une Commission Nationale des Investissements, présidée par le Chef du Gouvernement, approuve les accords d'investissement pour les projets supérieurs à 250 millions de MAD. Cet organe est composé de ministres des secteurs clés. Assurer la représentation des organismes régionaux dans le processus décisionnel permet une meilleure adhésion au niveau local. À ce titre, d'après les autorités, cinq Commissions Nationales des Investissements (CNI) ont été tenues depuis la mise en application de la nouvelle charte de l'investissement, au cours desquelles 115 projets d'investissement ont été approuvés pour un montant de 173 milliards MAD, permettant la création prévisionnelle de 96 000 emplois directs et indirects. En moyenne, près de 70 % de ces investissements sont à capitaux marocains.

L'AMDIE a pour mission de promouvoir les investissements nationaux et internationaux, ainsi que de faciliter l'exportation de biens et de services. Opérant tel un outil de soutien pour l'ensemble des secteurs économiques, l'AMDIE s'engage à être un organe opérationnel efficace de promotion des investissements. Elle dispose de plusieurs leviers pour orienter l'IDE en faveur du développement régional qui sont comparables à ceux dont disposent les API nationales des pays de l'OCDE (Tableau 6.7).

Tableau 6.7 Mandats de promotion de l'investissement liés au développement régional au Maroc et dans l'OCDE

Mandats	Maroc (AMDIE)	OCDE
Promouvoir et faciliter l'IDE en faveur du développement régional	Oui	92 %
Promouvoir et faciliter l'IDE dans des régions spécifiques	Oui	50 %
Promouvoir le développement des PME ou l'investissement intérieur	Oui	47 %
Promouvoir le développement régional	Non	28 %
Gérer des zones économiques spéciales ou des parcs industriels	Oui	14 %

Source : enquête de l'OCDE sur la promotion de l'investissement et le développement régional (2022[21]).

Au niveau régional, la transformation des CRI en établissements publics a permis de les doter d'une personnalité juridique et d'une autonomie financière (Tableau 6.8). La juridiction territoriale de chaque centre correspond à celle de chaque région et est soumise au contrôle de l'État. Ces centres sont chargés de contribuer à l'élaboration et à la mise en œuvre de stratégies de promotion et d'incitation à l'investissement au niveau régional, ainsi qu'au soutien global des entreprises. Ces CRI, qui agissent en tant que guichets uniques, offrent des services tels que l'assistance dans les procédures administratives de création d'entreprises, le soutien aux PME dans la mise en œuvre des projets, la réception des dossiers d'investissement et l'apport d'informations publiques pertinentes.

Les CRUI, créés en 2019, opèrent au niveau régional et sont chargés d'approuver des projets inférieurs à 250 millions de MAD, en particulier ceux relevant de leur juridiction territoriale. Toutefois, les procédures détaillées et les responsabilités de surveillance de ces commissions ne sont pas précisées. La CRUI regroupe et remplace toutes les commissions territoriales existantes liées à l'investissement, servant de cadre unique pour l'évaluation, l'estimation et le traitement des dossiers d'investissement. Ses fonctions incluent notamment de statuer et de rendre des avis sur les demandes d'actes administratifs, les autorisations nécessaires à la mise en œuvre des projets et les incitations à l'investissement. Présidée par le Wali de la région, la CRUI, également connue sous le nom de Commission Régionale, comprend les gouverneurs provinciaux, les secrétaires généraux des affaires régionales et d'autres dirigeants régionaux.

Tableau 6.8 La réforme des CRI : mandats et gouvernance des principales institutions concernées

	Comité directeur ministériel	Commission Régionale Unifiée d'Investissement (CRUI)	Centres Régionaux d'Investissement (CRI)
Mandats	• Piloter la réforme des CRI et surveiller son exécution • Examiner les propositions des CRI pour relever les défis dans l'accomplissement de leurs missions • Évaluer les propositions des CRI visant à harmoniser les procédures administratives liées aux investissements • Étudier les propositions des CRI pour une offre d'investissement régionale unifiée et attrayante • Déterminer les ressources des investisseurs • Examiner les rapports d'évaluation des performances.	• Évaluer les projets d'investissement en fonction des facteurs économiques, sociaux, environnementaux, d'urbanisme et de création d'emplois, et déterminer leur éligibilité aux mesures incitatives et avantages accordés par l'État • Déterminer l'ensemble des mesures administratives nécessaires à l'exécution des projets d'investissement • Examiner et statuer sur les recours des investisseurs concernant des décisions défavorables • Avoir l'autorité dans tous les domaines liés à l'investissement	• Fournir des services à guichet unique : assistance et conseils aux investisseurs et soutien aux entreprises, en particulier aux PME • Contribuer à la croissance économique de la région et valoriser l'offre d'investissement territorial • Fournir des services de résolution des litiges entre les autorités et les investisseurs. • Assurer les tâches de secrétariat du CRUI (préparation des dossiers d'investissement, organisation des réunions, suivi des décisions avec les administrations et les investisseurs).

	Comité directeur ministériel	Commission Régionale Unifiée d'Investissement (CRUI)	Centres Régionaux d'Investissement (CRI)
Ministère en charge		Ministère de l'Intérieur	Ministère de l'Investissement, de la Convergence et de l'Évaluation des Politiques Publiques
	Chef du Gouvernement	Wali	Wali (conseil d'administration du CRI)
Fréquence des réunions	Au moins une fois par an	Au moins une fois par semaine	Au moins trois fois par an (conseil d'administration du CRI)
Membres	• Ministère de l'Intérieur • Secrétaire général du gouvernement • Ministre de l'Économie et des Finances • Ministre de l'Investissement	• Gouverneurs de préfectures ou de provinces accueillant des projets d'investissement • Présidents de conseils municipaux accueillant des projets d'investissement • Directeur du CRI • Directeur général des services régionaux • Représentant du Wali de la région concernée • Directeur de l'agence urbaine concernée. • Chefs régionaux des services décentralisés et représentants régionaux des établissements publics et de toutes les autres organisations concernées.	• Président du Conseil Régional • Administrations régionales concernées par l'investissement • AMDIE • Agence nationale de promotion des PME • Agence Nationale de Promotion de l'Emploi et des Compétences • Office de la formation professionnelle et de la promotion du travail • Agence de développement agricole • Agence nationale de développement de l'aquaculture • Fonds central de garantie • Agence d'urbanisme de la capitale de la région en question • Présidents des Chambres de Commerce, d'industrie et de services, d'agriculture, de pêche maritime et d'artisanat de la région concernée • Représentant régional de l'organisation professionnelle d'employeurs la plus représentative • Trois personnalités indépendantes

Source : OCDE, d'après la loi n° 47.18 de 2019 relative aux réformes des CRI et à la création de la CRUI.

Les responsabilités sont partagées entre les conseils, qui représentent les autorités locales élues, et les agences locales. Le Conseil Régional, régi par la loi organique n° 111-14 relative aux régions, possède des compétences de développement régional, notamment concernant le développement économique, l'attraction des investissements, le soutien aux entreprises et la création de zones d'activité économique. Les Agences Régionales d'Exécution des Projets (AREP) mettent en œuvre les projets approuvés, offrant une assistance technique et financière sur demande des Conseils Régionaux au cours des différentes étapes du projet.

La clarté de la répartition des mandats entre les différentes institutions pourrait être encore améliorée

Le Maroc dispose d'un système d'attribution des mandats pour l'investissement et l'attractivité territoriale, en distinguant les mandats nationaux, régionaux et partagés. Le tableau 5.8 classe ces mandats en quatre catégories clés : élaboration et mise en œuvre de stratégies, réglementation du climat des affaires, promotion de l'investissement et facilitation de l'investissement. Malgré la déconcentration de la gouvernance et le partage des responsabilités en matière de développement régional par le biais de l'IDE entre les différents ministères et niveaux de gouvernement, il reste encore beaucoup à faire en ce qui concerne la promotion et la facilitation des investissements.

Tableau 6.9 Attribution des investissements et mandats d'attractivité territoriale

	Mandats nationaux spécifiques	Mandats régionaux spécifiques	Mandats partagés	Institutions impliquées	Mécanismes de coordination
Élaboration et mise en œuvre de stratégies	• Mise en œuvre de stratégies sectorielles et de politiques publiques (industrie, tourisme, agriculture, etc.)	• Co-construction de stratégies • Élaboration et suivi de la mise en œuvre des stratégies régionales • Contribuer à l'application territoriale des stratégies nationales d'investissement sectoriel • Assistance et ingénierie technique et financière lors de l'étude et de l'élaboration de projets et programmes de développement • Exécuter les projets et programmes de développement adoptés par le Conseil Régional ; • Exploiter ou gérer certains projets au nom de la région	• Participation à la mise en œuvre régionale des stratégies nationales en consultation avec les administrations concernées • Participation à l'élaboration de la Stratégie de Développement Régional (SRAT/RDP) • Participation à l'élaboration de mesures d'incitation relatives aux secteurs d'investissement	Conseil Régional CRI AMDIE Commission Nationale des Investissements Directions régionales Acteurs locaux Organismes étatiques AREP	Contrat État – région Programmes Accords
Réglementations liées au climat des affaires	• Mise en place du cadre juridique	• Proposition de mesures visant à renforcer le climat des affaires, à simplifier les procédures et à renforcer l'offre territoriale intégrée	• Participation à la mise en œuvre régionale de mesures visant à améliorer le climat des affaires	CNEA Wali CRI CGEM Directions régionales Acteurs locaux Organismes étatiques	CNEA
Promotion des investissements	• Mise en œuvre de la stratégie nationale pour les régions marocaines	• Mise en œuvre de la stratégie régionale de marketing territorial	• Participation à des événements de promotion de l'offre marocaine	AMDIE CRI	Absence de mécanismes de coordination

	Mandats nationaux spécifiques	Mandats régionaux spécifiques	Mandats partagés	Institutions impliquées	Mécanismes de coordination
Facilitation des investissements	• Mise en place du cadre juridique (par exemple, Charte de l'investissement)	• Commission Régionale Unifiée d'Investissement présidée par le Wali • Traitement des demandes d'actes administratifs et d'autorisations • Suivi de l'exécution des accords d'investissement et des décisions de la CRUI • Mise en place des guichets uniques pour harmoniser la facilitation des investisseurs	• Participation à l'opérationnalisation du cadre juridique (loi 47-18)	CRI CRUI	Commission interministérielle de pilotage de la réforme des Centres Régionaux d'Investissement présidée par le Premier ministre

Source : élaboré par l'OCDE d'après un questionnaire partagé dans le cadre de cet examen.

L'élaboration et la mise en œuvre de stratégies et de réglementations sur le climat des affaires montrent une répartition claire des rôles, impliquant de nombreuses parties prenantes dans la prise de décision. Au niveau national, la Commission Nationale des Investissements, le MICEPP et l'AMDIE jouent un rôle central dans la formulation de stratégies et la mise en place de cadres juridiques. Au niveau régional, la participation des Conseils Régionaux et des CRI est essentielle, car ils contribuent à l'élaboration des stratégies et à la mise en œuvre de stratégies sectorielles au niveau régional. De même, dans le domaine de la réglementation du climat des affaires, le Comité National de l'Environnement des Affaires (CNEA) est une plateforme de dialogue public-privé qui informe sur les difficultés potentielles et les réformes dans le cadre juridique au niveau national, tout en tenant compte des contributions des institutions régionales. La collaboration garantit une mise en œuvre adéquate au niveau régional, avec une responsabilité partagée entre les parties prenantes. Les mécanismes de coordination tels que les contrats État-région, les commissions interministérielles et les Commissions Régionales Unifiées d'Investissement facilitent une collaboration efficace entre les entités nationales et régionales en matière d'élaboration de stratégies et de facilitation des investissements.

La répartition des mandats en matière de promotion des investissements se caractérise par un partage minimal des responsabilités, le seul mandat partagé étant la participation à des événements. La structure existante repose principalement sur l'AMDIE en tant qu'entité nationale, et sur les CRI au niveau régional. Des progrès sont encore possibles en matière de renforcement de la collaboration et de partage des responsabilités avec les organismes infranationaux.

6.4.2. Les mécanismes de coordination pourraient contribuer à la mise en œuvre des réformes de l'attractivité territoriale

Le Maroc a défini des mandats spécifiques pour l'investissement aux niveaux national et régional, mais il est possible d'améliorer les mécanismes de coordination. Par exemple, la CRUI joue un rôle essentiel dans la coordination régionale en supervisant les services publics décentralisés et en assurant le bon fonctionnement des établissements publics régionaux. Les CRI collaborent avec les autorités régionales compétentes pour élaborer et mettre en œuvre des stratégies de promotion des investissements et d'incitation alignées sur les directives gouvernementales par l'intermédiaire du conseil d'administration. Leur coordination est essentielle pour garantir que les investissements potentiels et existants contribuent positivement au développement régional. Un moyen de renforcer cet effet est de disposer d'institutions qui surveillent l'emploi afin de remédier à d'éventuelles pénuries de main-d'œuvre. Il est également indispensable de séparer les fonctions de promotion et de facilitation des CRI des responsabilités décisionnelles des CRUI, même lorsque les deux organismes sont présidés par le Wali. Le non-respect de cette obligation peut semer la confusion et compromettre la capacité des CRI à représenter les préoccupations des investisseurs tout en réglementant leurs activités. Trouver un équilibre entre la prise de décision stratégique centralisée et l'autonomie des agences infranationales est essentiel pour promouvoir efficacement les investissements dans les régions.

Les gouvernements peuvent habiliter les organismes infranationaux à collaborer avec les API nationales. Cette collaboration devient difficile en l'absence de mandats officiels de coordination. Définir des mandats de coordination et faciliter la mise en place de mécanismes à tous les niveaux de gouvernement, tout en impliquant d'autres parties prenantes, pourrait permettre de relever efficacement ce défi. Au Maroc, il existe une gouvernance et des mandats sur la promotion des investissements en faveur du développement régional, mais des mandats de coordination plus clairs avec les CRI et des ressources adéquates pour la coopération constituent un défi (Tableau 6.10). Le fait que le MICEPP joue désormais un rôle de premier plan dans les initiatives de politique d'investissement et de promotion contribuera progressivement à clarifier les mandats et à mettre en œuvre des mécanismes de coordination efficaces entre l'AMDIE et les CRI.

Tableau 6.10 Principaux défis rencontrés par l'AMDIE dans sa relation avec les CRI

	Moyenne des API infranationales de l'OCDE	Maroc
1	Manque de connaissance des stratégies et activités des API infranationales	Pas de mandat officiel de l'API nationale pour coordonner les initiatives infranationales de promotion et de facilitation de l'investissement
2	Manque de ressources pour coopérer convenablement	Manque de connaissance des stratégies et activités des API infranationales
3	Manque de communication ou canaux de communication inefficaces	Manque de ressources pour coopérer convenablement
4	Manque de clarté des mandats	Manque de clarté des mandats (p. ex. doublons ou similitude des mandats)
5	Pas de mandat officiel de l'API nationale pour coordonner les initiatives infranationales de promotion et de facilitation de l'investissement	Manque de volonté de coopérer (au niveau politique)
6	Manque de volonté de coopérer (au niveau politique)	Manque de volonté de coopérer (au niveau technique)
7	Objectifs de développement politique ou économique contradictoires entre les API nationales et infranationales	Objectifs de développement politique ou économique contradictoires entre les API nationales et infranationales
8	Manque de volonté de coopérer (au niveau technique)	Manque de communication ou canaux de communication inefficaces

Source : enquête de l'OCDE sur la promotion de l'investissement et le développement régional (2022[21]).

Selon l'AMDIE, les relations avec les CRI sont solides en matière de complémentarité et de collaboration (Graphique 6.13). Dans les pays de l'OCDE, le niveau de complémentarité des activités est généralement plus élevé que celui de la collaboration, ce qui reflète le rôle plus clair que jouent les API nationales et les organismes infranationaux vis-à-vis des investisseurs (OCDE, 2022[21]). Au Maroc, bien que le niveau de complémentarité soit élevé, il existe encore des doublons ou des similitudes entre les mandats (Conseil Économique, Social et Environnemental, 2023[4]) et c'est l'un des principaux défis auxquels l'AMDIE est confrontée (Tableau 6.10). Les institutions régionales ont souvent une bonne compréhension des dynamiques locales et peuvent contribuer à l'élaboration de mandats adaptés. Tirer parti des rôles distincts de chaque entité infranationale pourrait s'avérer bénéfique pour étendre les responsabilités partagées et améliorer les résultats pour les régions les moins développées du Maroc.

Graphique 6.13. Relations entre les API nationales et infranationales dans les pays de l'OCDE et au Maroc

Les histogrammes illustrent la répartition des réponses parmi les membres de l'OCDE

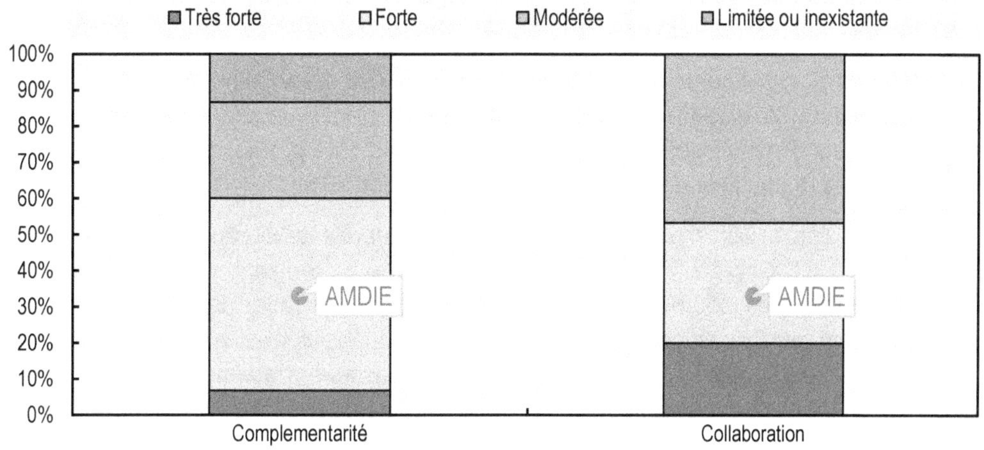

Complémentarité : l'API nationale et les organismes infranationaux présentent des qualités différentes qui sont améliorées ou accentuées par la relation (par exemple, exploiter les synergies, veiller à ce que les mandats et les activités se renforcent mutuellement). Collaboration : l'API nationale et les organismes infranationaux décident de travailler ensemble pour parvenir à un résultat ou produire quelque chose conjointement (par exemple, le partage d'informations, des activités coordonnées).
Source : enquête de l'OCDE sur la promotion de l'investissement et le développement régional (2022[21]).

L'AMDIE et les CRI disposent de plusieurs moyens pour renforcer la coordination en matière d'investissement infranational. Le renforcement du partage de l'information et l'intensification des activités conjointes pourraient consolider les liens entre ces entités. Par exemple, la mise en place d'une plateforme numérique interne contenant des informations en temps réel pourrait contribuer à stimuler les efforts de coordination. Les CRI pourraient fournir à l'AMDIE des informations précieuses concernant les offres aux investisseurs et le positionnement régional, tandis que l'AMDIE pourrait rendre la pareille en partageant les manifestations d'intérêt des investisseurs étrangers. S'appuyer sur l'expertise des CRI en matière de développement de plateformes numériques, comme le montre le baromètre des investissements dans la région de l'Oriental, pourrait être une mesure rentable et rapide pour améliorer la compréhension par les autorités des tendances en matière d'investissement et leur capacité à attirer les IDE dans leurs régions. Cette approche à double sens permettrait non seulement d'accroître l'efficacité de l'attraction des IDE, mais aussi d'éviter une concurrence malsaine entre les régions en favorisant une vision nationale qui contribue à la compétitivité régionale (Heilbron et Kronfol, 2020[37]).

La mise en œuvre de mécanismes de coordination tels que le modèle adopté avec succès par Invest in Spain pourrait renforcer davantage la collaboration entre les différents CRI et l'AMDIE (Encadré 6.8). Grâce à ces mécanismes, les parties prenantes peuvent échanger les bonnes pratiques, partager leurs expériences et concevoir des stratégies visant à accroître la visibilité et l'attractivité des investissements au niveau territorial. Cette plateforme de collaboration favoriserait la confiance et la concurrence loyale entre les organismes infranationaux, ce qui, à terme, renforcerait la transparence des propositions de valeur et favoriserait de meilleurs résultats en matière d'investissement.

Encadré 6.8. Outils numériques pour soutenir la promotion des investissements nationaux et infranationaux en France et en Espagne

Interactua, l'outil de coordination des TIC pour la promotion des investissements au niveau infranational

ICEX-Invest in Spain, en collaboration avec les API infranationales des communautés autonomes, a développé la plateforme TIC Interactua, un logiciel innovant de type CRM qui est devenu un outil fondamental pour structurer la relation entre ces entités. L'outil permet la gestion conjointe de nombreuses activités liées aux projets d'investissement, la gestion des activités de promotion des investissements et l'échange d'informations (actualités, documentation, bases de données).

L'un de ses éléments clés est un mécanisme par lequel les manifestations d'intérêt des investisseurs étrangers reçues par ICEX-Invest in Spain sont annoncées et ensuite partagées avec les API infranationales. Ces dernières soumettent ensuite des propositions avec la valeur ajoutée de leur emplacement pour le projet d'investissement. L'outil de coordination permet aux API infranationales de communiquer et de se coordonner directement avec les investisseurs potentiels, rendant l'annonce du projet d'investissement potentiel confidentielle pour le client et transparente pour les API infranationales.

Interactua est un exemple de plateforme réussie pour les investisseurs étrangers, qui ne sont pas toujours conscients des différences entre les lieux. Parallèlement, elle renforce la concurrence loyale entre les API infranationales en veillant à ce qu'elles soient informées de manière égale des possibilités offertes et en leur permettant de présenter des propositions de valeur solides et claires. Cette transparence peut également contribuer à maintenir un niveau élevé de confiance entre les diverses parties prenantes.

Team France Invest, une nouvelle approche de la coopération

Développé par Business France et ses partenaires infranationaux, Team France Invest est un cadre de coordination régionale qui vise à accroître l'efficacité de la collaboration entre les API nationales et infranationales, à aider à identifier des domaines d'action commune et à garantir l'impartialité et la neutralité vis-à-vis de toutes les régions.

Dans ce cadre, le processus de sélection d'un lieu d'investissement a été simplifié et est mené conjointement par Business France et les API infranationales. Ce processus commence lorsque Business France identifie un nouveau lead, qui est ensuite téléchargé dans le CRM de l'agence. Les informations relatives au projet sont ensuite transmises à la plateforme en ligne SINPA, à laquelle ont accès tous les prospecteurs Business France et les partenaires régionaux. Pour procéder à la sélection finale de la région, le COSPE, un comité composé de Business France et de représentants de toutes les API régionales, examine d'abord les projets en cours. Sur la base de critères de localisation, le comité présélectionne un certain nombre de régions, qui doivent ensuite envoyer leur offre par l'intermédiaire de la plateforme SINPA. Enfin, Business France assure un suivi auprès de l'investisseur et informe les partenaires régionaux de la décision.

Grâce à cette approche de coordination infranationale, Business France a été en mesure de réduire sa charge administrative, tout en soutenant le développement de compétences locales orientées vers l'attraction et la facilitation des IDE et en améliorant la perception que les partenaires locaux ont de ses travaux.

Source : Fernandez, Blanco & Aranda (2021[38]), Coordination Nationale et Infranationale pour l'Attraction des Investissements : Le cas de l'Espagne, Washington, DC: Banque mondiale, https://openknowledge.worldbank.org/handle/10986/35235 ; OCDE (2022[21]), « La géographie de l'investissement étranger dans les pays membres de l'OCDE : Comment les agences de promotion de l'investissement soutiennent le développement régional », documents de politique économique et financière de l'OCDE, N° 20, Éditions OCDE, Paris, https://do'.org/10.1787/1f293a25-en ;OCDE (2023[39]), Examen des qualités de l'IDE de la Croatie : Promotion du cadre stratégique pour la promotion et la facilitation de l'investissement, Éditions OCDE, Paris, https://doi.org/10.1787/79b2345b-en/.

En outre, les API infranationales ont souvent montré une grande capacité à travailler en tant que coordinatrices (Encadré 6.9). Dans le cas de la région de Poméranie en Pologne, l'attribution du rôle de coordinateur a contribué à améliorer la coordination et la coopération entre les différentes institutions publiques et paraétatiques de la région, fonctionnant comme un intégrateur et un maillon central d'un vaste réseau de différentes institutions publiques et paraétatiques.

Encadré 6.9. Invest in Pomerania : une API régionale dont la force réside dans son rôle de coordination

En 2011, la région de Poméranie en Pologne, en collaboration avec plusieurs institutions locales, a créé « Invest in Pomerania » en tant qu'agence régionale de promotion des investissements. L'objectif était de créer une entité unique qui attirerait et faciliterait efficacement l'IDE dans la région et servirait également d'interface entre les investisseurs, les autorités locales et les autres parties prenantes. L'agence a commencé à petite échelle et a considérablement augmenté en taille et en fonctions. Actuellement, elle coordonne différentes actions, notamment l'attraction des investissements, la mise en relation des services, la création d'innovations, le développement des fournisseurs locaux, la mise en place d'un guichet unique et la promotion de l'investissement intérieur.

L'une des principales réussites de l'agence est l'augmentation du nombre de projets d'IDE et d'investissements. En particulier, les secteurs prioritaires d'Invest in Pomerania ont connu une croissance plus importante dans la région que les secteurs non prioritaires. Entre 2011 et 2018, la valeur ajoutée brute dans les secteurs prioritaires a enregistré un taux de croissance annuel composite de 7.4 %, tandis que les autres secteurs n'ont progressé que de 4.1 %. Les secteurs prioritaires semblent également avoir connu une augmentation plus importante du nombre d'entreprises et de personnes employées depuis la création de l'agence.

Ce succès s'explique en partie par son rôle de coordination entre les différentes parties prenantes de la région et par son souci de ne fournir qu'un certain nombre de services et d'activités essentiels afin d'éviter de disperser les efforts dans un trop grand nombre de tâches différentes. Par exemple, en concentrant ses efforts de promotion sur le cluster IT-BPO, Invest in Pomerania alloue suffisamment de ressources et d'attention pour soutenir sa croissance de manière ciblée. L'une de ces activités ciblées prend la forme de l'initiative « Live More. Pomerania », qui attire de nouveaux talents dans l'industrie en mettant en relation les établissements d'enseignement supérieur avec marché du travail grâce à une plateforme de recrutement numérique.

Source : Steenbergen, Eltgen & Mincu (2023[40]), « Évaluation de l'impact de l'investissement en Poméranie 2011-2020 : Pologne - Évaluation et Stratégie des IDE en Poméranie », http://documents.worldbank.org/curated/en/099300012242224175/P17571007530920f40bb180c6efc40ff408.

Une autre approche complémentaire consiste à créer un réseau interministériel informel pour réunir tous les acteurs concernés par la promotion et la facilitation des investissements au niveau infranational ou d'élaborer un accord conjoint qui clarifie le rôle et les fonctions de chaque organisme. Le Costa Rica, le Portugal et la Türkiye, entre autres pays, ont tous mis en place des réseaux formels ou informels ou des organes de coordination qui rassemblent les acteurs nationaux et infranationaux impliqués dans la promotion et la facilitation des investissements (Encadré 6.10). Ces organismes réunissent souvent des API infranationales ou des organismes de la même subdivision territoriale jugés les plus appropriés. Dans l'ensemble, les mécanismes de coordination sont plus répandus et sophistiqués entre les API nationales et infranationales qu'avec d'autres entités locales (OCDE, 2022[21]).

Encadré 6.10. Mécanismes de coordination nationaux et infranationaux dans certains pays de l'OCDE

Pour améliorer la coopération avec les agences et les autorités locales, certaines API nationales de l'OCDE ont créé des départements ou des réseaux spécifiques. En **Türkiye**, l'API disposait à l'origine d'un département spécialisé dont le mandat principal était de développer des mécanismes de coopération avec les API infranationales. Le département n'a fait qu'organiser des « réunions de coopération » et n'a pas été en mesure de présenter de résultat concret. Il a donc été dissous et la responsabilité a été confiée à un département opérationnel de l'agence qui est désormais en mesure de mener des activités concrètes en coopération avec les API infranationales. L'ancienne API du **Costa Rica** a adopté l'approche inverse et a créé une division spécialisée pour la promotion des investissements en dehors de la grande région métropolitaine. Cette unité travaille avec plusieurs groupes de la communauté, y compris les municipalités et les organismes de développement privé-public ainsi que les universités et les établissements de formation. Le **Portugal** a lancé en 2021 le Programme national d'internationalisation économique, qui vise à renforcer la promotion des territoires et les compétences des agents territoriaux dans leurs processus de promotion et de suivi des investissements. Le programme encourage l'action interinstitutionnelle pour accroître les flux d'IDE et parvenir à une répartition équilibrée des investissements dans l'ensemble du pays. AICEP Portugal Global travaille en étroite collaboration avec les autorités locales pour promouvoir différents sites dans les régions auprès des investisseurs étrangers.

Source : OCDE (2023[39]), « Examen des qualités de l'IDE de la Croatie : Promotion du cadre stratégique pour la promotion et la facilitation de l'investissement, Éditions OCDE, Paris, https://doi.org/10.1787/79b2345b-en.

En conclusion, favoriser une collaboration efficace entre l'AMDIE et les CRI, en particulier dans le domaine de la promotion et de la facilitation des investissements, reste un défi majeur pour le Maroc. Remédier aux disparités dans les niveaux de collaboration avec les CRI, améliorer les mécanismes de coordination et tirer parti des rôles distincts de chaque entité sont des étapes essentielles pour atteindre les objectifs de développement régional. En favorisant la transparence, la confiance et la concurrence loyale entre les parties prenantes, le Maroc peut renforcer son attractivité aux yeux des investisseurs et stimuler une croissance durable dans ses régions. Pour consolider les progrès du Maroc dans ce domaine, il sera essentiel de tirer les enseignements des modèles de coordination réussis dans d'autres pays et d'explorer des approches novatrices, telles que la création d'organes de coordination interinstitutionnels. Enfin, une action concertée visant à renforcer la collaboration et la coordination à tous les niveaux de gouvernance sera essentielle pour exploiter le plein potentiel économique du Maroc et favoriser un développement inclusif.

Références

AEOLON (2023), *Aeolon builds the first overseas MW wind turbine blade production base in Morocco*, https://aeolon.com.cn/en/article-36635-111250.html. [19]

AFD (2017), *L'accès et le maintien des femmes à l'emploi de qualité au Maroc, en Tunisie, et en Turquie*, Agence Française de Développement. [26]

Agence de l'Orientale (2014), *L'Initiative Royale pour le Développement de la region de l'Orientale*, https://www.oriental.ma/_files/ugd/c23816_b3545a541da6454ea3ac99f72259b5ca.pdf. [17]

Ait Soussane, J. et M. El Halaissi (2020), « Le rôle de la disparité régionale dans l'impact de l'aménagement du territoire sur l'attractivité des IDE dans les régions du Maroc », *Repères et Perspectives Economiques*, vol. Vol. 4, N.1, pp. 65-94, https://revues.imist.ma/index.php?journal=rpe&page=article&op=view&path%5B%5D=18963. [25]

AMDIE (2022), *The Investment Charter*, http://www.morocconow.com. [32]

Amraoui, B. et al. (2019), « Performance of clusters in Morocco in the shifting economic and industrial reforms », *Insights into Regional Development*, vol. 1/3, pp. 227-243, https://hal.science/hal-02188850v1/file/Amraoui_Performance_of_clusters_in_Morocco_in_the_shifting_economic_and_industrial_reforms.pdf. [29]

Banque mondiale (2019), « Morocco: Recent developments », https://thedocs.worldbank.org/en/doc/919381570664049212-0280022019/original/ENMPOOCT19Morocco.pdf (consulté le 29 février 2024). [1]

Banque mondiale (2019), *World Bank Enterprise Survey*, https://www.enterprisesurveys.org/en/enterprisesurveys. [13]

Benkada, A. et al. (2018), « Regional financial governance: a lever for change for advanced regionalisation in Morocco », *International Journal of Scientific & Engineering Research*, https://hal.science/hal-01863723. [3]

Bird & Bird (2017), *Regionalisation in Morocco: Progress to be consolidated*, https://www.twobirds.com/en/insights/2017/global/africa-newsletter-feb/regionalization-in-morocco. [7]

China Development Institute et Z/Yen (2023), *The Global Financial Centres Index 34*, http://www.zyen.com. [23]

Conseil Économique, Social et Environnemental (2023), *Pour un développement harmonieux et inclusif des territoires : les inflexions majeures*, https://www.cese.ma/media/2024/01/2avis-les-inflexions-majeures-VF.pdf. [4]

CSMD (2021), *Morocco's New Development Model*, https://www.csmd.ma/documents/CSMD_Report_EN.pdf. [10]

Farouk, N. (2023), *Three essays in structural change economics*, https://pastel.hal.science/tel-03947264. [30]

Fernandez, M., A. Blanco et Y. Aranda Larrey (2021), *National-Subnational Coordination for Investment Attraction: The Case of Spain*, Banque mondiale, Washington DC, https://hdl.handle.net/10986/35235. [38]

FT fDi Markets (2023), *Database of crossborder greenfield investments*, https://www.fdimarkets.com/. [22]

García, R. et Á. Collado (2015), « The project of advanced regionalisation in morocco: Analysis of a lampedusian reform », *British Journal of Middle Eastern Studies*, vol. 42/1, pp. 46-58, https://doi.org/10.1080/13530194.2015.973187. [6]

Government of New South Wales (2022), *Regional NSW Investment Attraction Strategy 2022-2027*, https://www.nsw.gov.au/sites/default/files/2022-10/20221024%20Investment%20Attraction%20booklet%20accessible.pdf. [28]

Haute-Commissariat au Plan (2021), *Monographie de la région de l'Oriental*, https://www.hcp.ma/region-oriental/docs/Monographies/Monographie%20de%20la%20region%20-%20Janvier%202021.pdf. [18]

Heilbron, A. et H. Kronfol (2020), « Increasing the Development Impact of Investment Promotion Agencies », dans *Global Investment Competitiveness Report 2019/2020 : Rebuilding Investor Confidence in Times of Uncertainty*, Banque mondiale, https://doi.org/10.1596/978-1-4648-1536-2_ch5. [37]

IMF (2023), *Morocco: Request for an Arrangement Under the Resilience and Sustainability Facility-Press Release; Staff Report; Supplement; Staff Statement; and Statement by the Executive Director for Morocco*, https://www.imf.org/en/Publications/CR/Issues/2023/10/26/Morocco-Request-for-an-Arrangement-Under-the-Resilience-and-Sustainability-Facility-Press-540896 (consulté le 29 février 2024). [2]

Ministère de l'Equipement, du Transport, de la Logistique et de l'Eau (2019), *Données relatives à la Region de l'Oriental*, https://www.equipement.gov.ma/Carte-Region/RegionOujda/Presentation-de-la-region/Monographie/Documents/monographie242.pdf. [14]

Ministère de l'Interieur (2021), *Schéma regional d'amenagement du territoire de la région Tanger-Tétouan-Al-Hoceima*, Conseil de la région Tanger-Tétouan-Al-Hoceima. [12]

Ministère de l'interieur (2022), *Programme de développement régional: guide méthodologique*, Ministère de l'interieur, https://www.collectivites-territoriales.gov.ma/sites/default/files/pnct/2022-09/Guide%20PDR%20VF%20%281%29.pdf. [27]

Ministry of Youth, C. (2023), « Reducing 45% of Documents Required in Investment Field Will Contribute to Improving Business Climate », https://www.maroc.ma/en/news/reduction-45-documents-required-investors-following-simplification-and-digitization-22. [11]

OCDE (2023), *FDI Qualities Review of Croatia: Advancing the Strategic Framework for Investment Promotion and Facilitation*, Éditions OCDE, Paris, https://doi.org/10.1787/79b2345b-en. [39]

OCDE (2023), « Subnational investment promotion and decentralisation in the OECD: Strategies and institutions », *OECD Business and Finance Policy Papers*, n° 40, Éditions OCDE, Paris, https://doi.org/10.1787/ffd0927d-en. [35]

OCDE (2022), « The geography of foreign investment in OECD member countries: How investment promotion agencies support regional development », *OECD Business and Finance Policy Papers*, n° 20, Éditions OCDE, Paris, https://doi.org/10.1787/1f293a25-en. [21]

OCDE (2020), *OECD Investment Policy Reviews: Indonesia 2020*, OECD Investment Policy Reviews, Éditions OCDE, Paris, https://doi.org/10.1787/b56512da-en. [20]

OCDE (2019), *OECD Regional Outlook 2019: Leveraging Megatrends for Cities and Rural Areas*, Éditions OCDE, Paris, https://doi.org/10.1787/9789264312838-en. [31]

OCDE (2019), *Réussir la décentralisation : Manuel à l'intention des décideurs*, Éditions OCDE, Paris, https://doi.org/10.1787/551847c0-fr. [36]

OCDE (2018), *Dialogue Maroc-OCDE sur les politiques de développement territorial: Enjeux et Recommandations pour une action publique coordonnée*, Éditions OCDE, Paris, https://doi.org/10.1787/9789264302884-fr. [5]

Oxford Business Group (2020), *The Report Morocco 2020*, http://www.theoxfordbusinessgroup.com. [8]

Rodriguez-Pose, A. et M. Vidal-Bover (2022), « Unfunded mandates and the economic impact of decentralisation. When finance does not follow function », *Papers in Evolutionary Economic Geography (PEEG)*, https://ideas.repec.org/p/egu/wpaper/2221.html (consulté le 9 novembre 2022). [9]

Royaume du Maroc (2022), *Framework Law No. 03-22 establishing the Investment Charter*, http://www.sgg.gov.ma/BO/FR/2873/2022/BO_7152_Fr.pdf. [34]

Royaume du Maroc (2003), *discours de Sa Majesté le Roi Mohammed VI à l'occasion de la visite officielle du Souverain dans la région de l'Oriental*, https://www.firo.ma/Discours_Initiative_Royale.pdf. [16]

Steenbergen, V., M. Eltgen et A. Mincu (2023), *Impact Evaluation of Invest in Pomerania 2011-2020 : Poland - FDI Evaluation and Strategy for Pomerania (English)*, Banque mondiale, Washington, D.C., http://documents.worldbank.org/curated/en/099300012242224175/P17571007530920f40bb180c6efc40ff408. [40]

UNCTAD (2022), « Morocco Adopts a new Investment Charter », *Investment Policy Monitor*, https://investmentpolicy.unctad.org/investment-policy-monitor/measures/4186/morocco-adopts-a-new-investment-charter. [33]

UNCTAD (2011), *Guide de l 'investissement dans la région de l'Oriental du Maroc*, https://unctad.org/fr/system/files/official-document/diaepcb2010d10_fr.pdf. [15]

UNCTAD et International Chamber of Commerce (2012), « An investment guide to the Oriental Region of Morocco : opportunities and conditions 2012 », http://digitallibrary.un.org/record/740332. [24]

7 Promouvoir et favoriser la conduite responsable des entreprises

Ce chapitre examine l'approche des autorités marocaines en matière de conduite responsable des entreprises, notamment eu égard à sa portée et son importance, notamment dans le contexte du Maroc. Les initiatives instiguées par les pouvoirs publics ainsi que par le secteur privé y sont évoquées et étudiées à la lumière des pratiques et mesures mises en œuvre dans d'autres juridictions. Ce chapitre procède également à un état des lieux du cadre politique, juridique et institutionnelle dans les domaines principaux de la conduite responsable des entreprises. Il examine par ailleurs les pratiques de l'État en tant qu'acteur économique. Enfin, le rôle du Point de Contact marocain, dont l'activité et l'effectivité font figure d'exception dans la région, est également examiné dans le présent chapitre.

7.1. Introduction et orientations générales

La Conduite Responsable des Entreprises (CRE) est un atout considérable pour attirer de nouveaux investissements de qualité ainsi que pour les préserver au sein du territoire. Elle permet également aux entreprises de participer de manière plus large à la chaine de valeur, peu importe leur taille, la forme ou le secteur d'activité de l'entreprise. Les normes en matière de CRE impliquent que toute entreprise applique son devoir de diligence pour atténuer les impacts négatifs, potentiels ou réels, de toutes leurs activités, produits et services, tout en contribuant au développement durable dans les pays où elles opèrent.

Depuis son adhésion à la Déclaration de l'OCDE sur l'investissement international et les entreprises multinationales (la Déclaration) en novembre 2009, le Maroc n'a cessé d'œuvrer afin de mettre en place un cadre propice au développement de pratiques relevant de la CRE. Les cadre juridiques, politiques et institutionnels du Maroc démontrent l'engagement ferme du Maroc à promouvoir l'utilisation des instruments de l'OCDE et à faciliter l'intégration des entreprises marocaines dans les chaines d'approvisionnement mondiales. Les stratégies nationales mises en place dans les domaines couverts par la Déclaration, notamment en matière de protection de l'environnement, des droits humains, du droit du travail ou encore en matière de lutte contre la corruption, en sont une preuve supplémentaire. Dans un contexte où les politiques CRE deviennent de plus en plus importantes, la capacité du Maroc à se conformer aux normes internationales sera un facteur déterminant pour sa réputation sur le marché mondial. L'alignement entre les engagements réglementaires et la mise en œuvre pratique de ces principes sera essentiel pour attirer les investisseurs responsables à la recherche de marchés dotés d'une solide gouvernance d'entreprise.

La sensibilisation aux principes et normes relevant de la CRE est elle aussi grandissante, grâce à de nouvelles initiatives du gouvernement, de la société civile et des associations d'entreprises, notamment au profit des petites et moyennes entreprises ou dans les secteurs identifiés comme étant haut risque, telles que le secteur de l'habillement et de la chaussure, qui représente un secteur important pour le Maroc.

Le gouvernement est par ailleurs de plus en plus attentif au rôle de modèle qu'il peut jouer en tant qu'acteur économique à part entière et prend conscience de l'opportunité que peuvent constituer les marchés et les entreprises publics pour poursuivre des objectifs politiques plus larges tel que la promotion de la CRE.

À cet égard, le Maroc a mis en place à partir de 2010 un point de contact national (PCN), dont l'activité et l'effectivité font figure d'exception dans la région. Depuis le 19 janvier 2023, le PCN marocain a une nouvelle organisation tripartite, qui inclue désormais des représentants de la Confédération Générales des Entreprises au Maroc et des syndicats les plus représentatifs du pays. Son organisation lui permet de traiter d'un large éventail de questions couvertes par les Principes directeurs de l'OCDE à l'intention des entreprises multinationales (les Principes directeurs), notamment en impliquant les différents membres dans les activités de promotion des Principes directeurs du PCN ainsi que dans le cadre du traitement des circonstances spécifiques selon les dispositions de son règlement intérieur. Le PCN a fait également de gros efforts de promotion et multiplie les activités d'information et de promotion. Le PCN marocain contribue également à la résolution des problèmes qui surviennent dans la mise en œuvre des Principes directeurs dans des circonstances spécifiques, comme le démontrent les multiples saisines enregistrées à ce jour.

Le Maroc ayant adhéré à la Déclaration en novembre 2009, le présent chapitre examine la convergence du Maroc avec les normes de l'OCDE en matière de CRE telles qu'énoncées par ladite Déclaration, notamment les Principes directeurs à l'intention des entreprises multinationales sur la conduite responsable des entreprises, et d'autres instruments qui font partie de l'adhésion.

Recommandations d'action

- **Veiller à ce que les lois et politiques adoptées en matière d'environnement et de développement durable soient mises en œuvre et respectées.** Les retombées positives de l'adoption de la Charte Nationale de l'Environnement et du Développement Durable suivie de la Stratégie nationale de développement durable peuvent être accrue davantage en assurant l'application effective de ces dernières par l'adoption de réglementations complémentaires et de mesures d'application nécessaires, notamment pour clarifier les sanctions applicables en cas de non-respect des obligations prévues par la Charte Nationale de l'Environnement et du Développement Durable.
- **Renforcer les garanties en matière de droits humains et accélérer la mise en œuvre des lois et politiques existantes en la matière**. Malgré un cadre juridique relativement propice à la protection des droits humains, il convient de renforcer les mesures visant à relever les défis auxquels fait face la population marocaine matière de droits humains, notamment par l'accélération de la mise en œuvre de l'égalité homme-femmes dans tous les domaines. Le plan d'action national pour la démocratie et les droits de l'homme 2018-2021 ne semble pas avoir été renouvelé post 2021 et le Maroc pourrait envisager de concevoir un nouveau plan d'action en la matière.
- **Renforcer les protections accordées en matière de du droit de travail**. Ceci est notamment le cas en matière de droit de réunion et de grève, qui sont en pratique parfois restreintes sur le fondement de l'article 288 du Code pénal marocain.
- **Poursuivre les réformes prometteuses en cours pour lutter contre la corruption dans le secteur public et privé**. La corruption reste une problématique préoccupante malgré les réformes entreprises par ce dernier. Il est donc recommandé de poursuivre la restructuration de la stratégie nationale pour la lutte contre la corruption. Il convient également d'aider les entreprises à lutter contre la corruption, notamment en élaborant et en mettant en œuvre des mesures préventives.
- **Élaborer un plan d'action national (PAN) sur la CRE, conformément aux meilleures pratiques internationales**. Le processus d'élaboration d'un PAN serait l'occasion d'obtenir le soutien de plusieurs parties prenantes dans des domaines clés pour la trajectoire de développement du Maroc, tel que le secteur du textile. Un processus de PAN consultatif et inclusif est également l'occasion de renforcer la connaissance sur les liens entre les différents domaines politiques qui touchent à la CRE dans le pays et de contribuer au renforcement des capacités de l'industrie locale à participer aux chaines d'approvisionnement mondiales.
- **Continuer à communiquer clairement les attentes en matière de CRE, en collaboration avec le secteur privé et à faciliter l'engagement significatif des parties prenantes dans la conception et la mise en œuvre des politiques et processus**. Il convient notamment de poursuivre les activités de sensibilisation et de renforcement des capacités des employeurs et des travailleurs, en particulier dans petites et moyennes entreprises et les secteurs identifiés comme à haut risque, notamment dans le secteur du textile. La mise en œuvre des instruments internationaux en matière de CRE, dont le Guide OCDE sur le devoir de diligence applicable aux chaînes d'approvisionnement responsables dans le secteur de l'habillement et de la chaussure, peuvent jouer un rôle important dans l'atteinte d'un tel objectif.
- **Continuer à encourager et promouvoir la CRE dans ses relations en tant qu'acteur économique à part entière**. Le gouvernement pourrait s'appuyer sur les orientations de l'OCDE en matière de diligence raisonnable pour mettre en pratique la CRE lors de la passation des marchés publics ou dans les établissements et entreprises publiques. Le gouvernement

devrait continuer de prendre des mesures pour établir des attentes et des exigences claires pour les établissements et entreprises publiques en ce qui concerne la performance et la diligence raisonnable en matière de CRE.

- **Mettre en œuvre les recommandations formulées dans le Rapport sur la revue par les pairs du point de contact national Maroc et mettre à jour les procédures de traitement des affaires par le PCN Marocain.** Le Maroc doit poursuivre la mise en œuvre des recommandations formulées lors de la revue par les pairs du PCN marocain, qui restent d'actualité, notamment eu égard aux ressources humaines et financières allouées à ce dernier. La procédure de traitement des affaires doit par ailleurs être mise à jour afin de se conformer à l'édition 2023 des Principes directeurs. Il convient également d'octroyer au PCN les moyens nécessaires pour soutenir les efforts du gouvernement en matière de promotion de la CRE.

7.2. La portée et l'importance de la CRE

La notion de CRE fait partie intégrante d'un climat d'investissement de qualité ; elle est donc au cœur du Cadre d'action pour l'investissement de l'OCDE, qui sous-tend le présent examen. Ainsi, la CRE est devenue un domaine d'action prioritaire dans l'agenda économique international depuis quelques années (OCDE, 2015[1]).

À travers la notion de CRE, les entreprises sont encouragées à contribuer de manière positive au progrès économique, environnemental et social, à réduire au minimum les impacts négatifs auxquels leurs activités, leurs produits et leurs services peuvent être associés. Cette notion peut permettre l'instauration de règles du jeu équitables sur les marchés mondiaux, favoriser le dynamisme et le bon fonctionnement des entreprises et accroitre la contribution des entreprises aux objectifs de développement durable, y compris au déploiement de solutions pour faire face au changement climatique (OCDE, 2023[2]).

La CRE est donc l'intégration des préoccupations environnementales et sociales dans les activités commerciales, notamment tout au long des chaines d'approvisionnement et des relations d'affaires. Un élément clé de la CRE est la diligence raisonnable fondée sur le risque, un processus par lequel les entreprises identifient, préviennent et atténuent leurs impacts négatifs dans les domaines visés par les Principes directeurs, réels ou potentiels, et rendent compte de la manière dont ces impacts sont traités.

Le terme CRE est parfois utilisé de manière interchangeable avec le terme responsabilité sociale des entreprises (RSE) ou encore avec le terme entreprises et droit de l'homme (EDH) afin de décrire les activités des entreprises visant à contribuer positivement au développement durable. Ces trois notions traduisent l'idée que les entreprises doivent placer l'impact de leurs opérations et de leurs chaines d'approvisionnement sur les populations, la planète et la société, au cœur de leur réflexion stratégique plutôt que de les considérer comme une question périphérique (OCDE, BIT et HCR, 2019[3]). Cela implique de prévenir et traiter les impacts négatifs sur le plan environnemental et social. Une des caractéristiques essentielles des concepts de RSE, CRE et EDH est que la conduite attendue des entreprises ne se réduit pas au simple respect de la législation nationale en vigueur, mais les incite à apporter une contribution positive au développement durable, tout en gérant les risques et impacts qui peuvent résulter de leurs opérations. Ces concepts ne doivent pas être considérés comme étant équivalent à la philanthropie (OCDE, BIT et HCR, 2019[3]).

Le consensus établi dans le cadre de la mise à jour de 2011 des Principes directeurs de l'OCDE à l'intention des entreprises multinationales sur la conduite responsable des entreprises, tels qu'actualisés en 2023 (Encadré 7.1), l'approbation unanime des Principes directeurs des Nations Unies relatifs aux entreprises et aux droits de l'homme, ainsi que l'adoption de la Déclaration de principes tripartite de l'Organisation internationale du Travail (OIT) sur les entreprises multinationales et la politique sociale , ont permis une convergence et une cohérence internationale sur ce qu'implique la CRE (OCDE, 2023[2] ; ONU, 2011[4] ; OCDE et al., 2019[5]).

Encadré 7.1. Les principes directeurs de l'OCDE à l'intention des entreprises multinationales sur la conduite responsable des entreprises

Élaborés par les adhérents à la Déclaration de l'OCDE sur l'investissement international et les entreprises multinationales, les Principes directeurs de l'OCDE à l'intention des entreprises multinationales sur la conduite responsable des entreprises (Principes directeurs de l'OCDE) établissent des principes et des normes dans tous les principaux domaines liés à la CRE, y compris la publication d'informations, les droits humains, l'emploi et les relations professionnelles, l'environnement, la lutte contre la corruption sous toutes ses formes, les intérêts des consommateurs, la science, la technologie et l'innovation ainsi que la concurrence et la fiscalité.

Leur objectif est de veiller à ce que les opérations des entreprises soient en harmonie avec les politiques gouvernementales, de renforcer la confiance mutuelle entres les entreprises et les sociétés dans lesquelles elles opèrent et de renforcer la contribution du secteur privé au développement durable. Les Principes directeurs de l'OCDE, avec les Principes directeurs des Nations Unies relatifs aux entreprises et aux droits de l'homme, ainsi que la Déclaration de principes tripartite de l'OIT sur les entreprises multinationales et la politique sociale, sont les principaux instruments internationaux en matière de CRE.

Les Principes directeurs de l'OCDE reflètent les bonnes pratiques en matière de CRE et encouragent les entreprises opérant sur, ou à partir de leur territoire, à respecter les Principes directeurs partout où elles exercent leurs activités, en tenant compte de la situation particulière de chaque pays d'accueil.

Les Principes directeurs de l'OCDE sont soutenus par un mécanisme unique de mise en œuvre : les Points de Contact Nationaux pour la Conduite Responsable des Entreprises, qui sont des agences crées par les gouvernements adhérents afin de promouvoir et mettre en œuvre les Principes directeurs de l'OCDE. Les PCN aident les entreprises et les parties prenantes à prendre les mesures appropriées pour favoriser la mise en œuvre des Principes directeurs. Ils contribuent également à la résolution des problèmes qui surviennent à propos de la mise en œuvre des Principes directeurs dans des circonstances spécifiques.

Par ailleurs, afin de soutenir la mise en œuvre des Principes directeurs, l'OCDE a élaboré une série de guides sur le devoir de diligence pour une conduite responsable des entreprises, qui fournissent des recommandations pratiques aux entreprises sur la manière d'identifier et de répondre aux risques d'impacts négatifs associés à des produits, régions, secteurs ou industries particuliers. Les instruments de l'OCDE relatifs au devoir de diligence en matière de CRE sont : le Guide sur le devoir de diligence pour des chaines d'approvisionnement responsables en minerais provenant de zones de conflit ou à haut risque, le Guide OCDE-FAO pour des filières agricoles responsables, le Guide sur le devoir de diligence pour un engagement constructif des parties prenantes dans le secteur extractif, le Guide de l'OCDE sur le devoir de diligence applicable aux chaînes d'approvisionnement responsables dans le secteur de l'habillement et de la chaussure, et le Guide de l'OCDE sur le devoir de diligence pour une conduite responsable des entreprises.

Pour plus d'informations, voir : https://mneguidelines.oecd.org/duediligence/.

La promotion de la CRE dans le secteur financier étant également essentielle à la construction d'une économie mondiale durable, l'OCDE a également mis en place des instruments afin de rendre la CRE accessible dans le secteur financier. Pour plus d'informations, voir Guidelines for MNEs - Organisation for Economic Co-operation and Development (oecd.org).

Source : (OCDE, 2023[2]).

Au Maroc, la volonté de promouvoir la CRE auprès des entreprises marocaines est non seulement une question sociale et environnementale mais également un enjeu économique. En effet, afin de faire part des chaines d'approvisionnement internationales, les entreprises doivent aujourd'hui prendre en compte les attentes mondiales en matière de CRE. À titre d'exemple, la France a adopté en 2017 la loi relative au devoir de vigilance des sociétés mères et des entreprises donneuses d'ordre[1]. Or, la France est un investisseur direct étranger majeur au Maroc (voir Chapitre 2 sur les tendances et impacts de l'IDE au Maroc) et les entreprises françaises sujettes à cette loi pourront exiger le respect des normes CRE de la part des entreprises dont une partie de la chaine d'approvisionnement est au Maroc.

Au-delà de l'exemple de la France, la mondialisation et la concurrence internationale exigent des entreprises marocaines qu'elles soient impliquées dans le domaine de la CRE afin d'exister en tant qu'acteur économique sur le marché international (Encadré 7.2).

Encadré 7.2. Renforcer les attentes internationales en matière d'IDE

Compte tenu des besoins nécessaires à la réalisation des objectifs de développement durable (ODD) et du rôle essentiel du secteur privé dans la croissance économique et la création d'emploi, les entreprises figurent au centre du programme de développement international. Les engagements de haut niveau pris par les États membres des Nations Unis, ainsi que les États du G20 et du G7 montrent clairement que la CRE est désormais une priorité internationale.

Les ministres du Travail et de l'Emploi des pays du G20 se sont engagés en 2018 à promouvoir le devoir de diligence et la transparence dans les chaines d'approvisionnement mondiales et ont encouragé les entreprises à tenir compte du Guide 2018 de l'OCDE du devoir de diligence pour une conduite responsable des entreprises. Les dirigeants des pays du G20 se sont engagés en 2017 à favoriser l'application de normes du travail, les normes sociales et environnementales et les droits humains, conformément aux cadres reconnus à l'échelle internationale, tels que les Principes directeurs.

Les attentes en matière de CRE sont aussi reflétées dans des législations nationales. Plusieurs pays, dont le Royaume-Uni, la France et les États-Unis ont adoptés des lois visant à renforcer les obligations de devoir de diligence pour traiter les risques présents dans les chaînes d'approvisionnement et les risques liés au développement durable. La CRE est également fréquemment mentionnée dans les accords commerciaux, d'investissement et de coopération. Les entreprises qui souhaitent participer à l'économie mondiale par le biais du commerce et de l'investissement doivent savoir que leurs acheteurs, clients et partenaires peuvent être soumis à différentes obligations en matière de CRE. Celle-ci représente un point d'entrée pour toutes les entreprises qui veulent contribuer aux ODD ou obtenir des résultats précis dans le domaine économique ou du développement durable.

Source : (OCDE, 2019[6]).

Ainsi, bien que la notion de CRE a fait son introduction en 2005 lors des « *Intégrales de l'investissement* » autour du thème de l'investissement socialement responsable, l'adhésion du Maroc à la Déclaration en novembre 2009 a été l'occasion d'intégrer les normes en matière de CRE dans la culture entrepreneuriale marocaine et de pousser les entreprises au Maroc à répondre aux attentes en la matière garantissant ainsi leur participation aux chaines d'approvisionnement internationales, et ce faisant, permettant une croissance économique durable. En tant qu'adhérent à la Déclaration, le Maroc s'est engagé à promouvoir l'utilisation des instruments susvisés et à faciliter l'intégration des entreprises marocaines dans les chaines d'approvisionnement mondiales. Le Maroc a également mis en place un PCN en 2010, dont l'activité et l'effectivité font figure d'exception dans la région (voir section 7.8).

7.3. Les engagements internationaux liés à la CRE souscrits par le Maroc

Le Maroc a souscrit à un nombre important de conventions internationales pertinentes pour la CRE, notamment à plus d'une centaine d'accords environnementaux multilatéraux relatifs à la protection de l'environnement et au développement durable et plus d'une quinzaine de conventions internationales dans le domaine du travail et de l'insertion professionnelle.

Outre son adhésion à la Déclaration en 2009, le Maroc a adhéré en 2011 à la recommandation du Conseil relative au Guide de l'OCDE sur le devoir de diligence pour les chaines d'approvisionnement responsables de minerais provenant de zones de conflit ou à haut risque. En 2017, le Maroc a également adhéré à recommandation du Conseil relative au Guide de l'OCDE sur le devoir de diligence pour les chaines d'approvisionnement dans le secteur de l'habillement et de la chaussure. En 2018, le Maroc a adhéré à la recommandation du Conseil relative au Guide de l'OCDE sur le devoir de diligence pour une conduite responsable des entreprises. Cette adhérence implique une prise en compte des principes de la CRE dans le cadre des politiques et des systèmes de gestion de l'entreprise, l'identification et l'évaluation des impacts négatifs réels et potentiels liés aux activités produits et services de l'entreprises ou encore la cessation, la prévention et l'atténuation des impacts négatifs des activités des entreprises. Par ailleurs, le Maroc s'est engagé à appliquer les Principes directeurs des Nations Unis relatifs aux entreprises et aux droits de l'homme ainsi que la Déclaration de principes tripartite sur les entreprises multinationales et le politique sociale de l'OIT.

En matière d'environnement et de développement durable, le Maroc est signataire d'un grand nombre de conventions internationales, notamment la Convention cadre des Nations Unies sur le changement climatique, la Convention de Vienne pour la protection de la couche d'ozone, la Convention des Nations Unis sur la diversité biologique, la Convention de Stockholm sur les polluants organiques persistants ou encore la Convention de Bâle sur le contrôle des mouvements transfrontaliers des déchets dangereux et de leur élimination[2].

En matière de droits humain, le Maroc a ratifié plusieurs traités internationaux, notamment le Pacte international relatif aux droits civils et politiques, le Pacte international relatif aux droits économiques, sociaux et culturels ou encore la Convention contre la torture et autres peines ou traitements cruels, inhumains ou dégradants. Par ailleurs, le Maroc a été élu en janvier 2024 à la présidence du Conseil des Droits de l'Homme des Nations Unis[3]. Il s'agit du 3ème mandat, qui avait déjà siégé entre 2006-2008 en tant que membre fondateur occupant le poste de vice-Président et ensuite en tant que membre du Conseil entre 2014 et 2016. Par ailleurs, dans son programme gouvernemental 2016-2021, notamment dans l'axe dédié à soutenir l'option démocratique et les principes de l'État de droit, le Maroc s'est engagé à préserver les droits et la dignité du citoyen et à parachever sa participation aux systèmes internationaux et régionaux des droits de l'Homme, notamment à travers la ratification et l'adhésion au protocole facultatif au Pacte international relatif aux droits économiques, sociaux et culturels, à la Charte arabe des droits de l'homme, ainsi qu'à la Charte africaine des droits de l'Homme, et le renforcement de son interaction avec les mécanismes mis en place conformément aux traités du Conseil de l'Europe auxquels le Maroc a adhéré.

En matière de travail et d'insertion professionnelle, le Maroc a adhéré à plusieurs instruments internationaux, notamment la Déclaration de l'OIT relative aux principes et droits fondamentaux du travail, la Déclaration de l'OIT sur la justice sociale pour une mondialisation équitable, la Convention de l'OIT sur le cadre promotionnel pour la sécurité et la santé au travail et la Convention de l'OIT sur les travailleurs migrants[4], ou encore la Convention internationale sur la protection des droits de tous les travailleurs migrants et des membres de leur famille.

7.4. Les cadres juridiques, politiques et institutionnels mis en place par le Maroc dans les principaux domaines des Principes Directeurs

Le devoir d'assurer une protection contre les atteintes aux droits de l'homme incombant à l'État, ce dernier doit prendre les mesures appropriées pour empêcher ces atteintes, et lorsqu'elles se produisent d'enquêter à leur sujet, d'en punir les auteurs et de réparer les violations commises. Pour cela, l'État doit mettre en place un cadre juridique protecteur de ces droits ainsi que les règles de procédures judiciaires à suivre en cas de violation. En effet, les États sont encouragés à élaborer un cadre législatif et réglementaire pour sous-tendre la CRE et soutenir la mise en œuvre continue et l'application effective desdits cadres (OCDE, 2023[7]) (Encadré 7.3).

Encadré 7.3. Le rôle des gouvernements dans la promotion et la facilitation de l'entreprise responsable

Bien que les normes en matière de CRE portent sur le comportement des entreprises, les gouvernements ont un rôle important à jouer pour favoriser leur bonne mise en œuvre, y compris en créant un environnement propose à soutenir, favorise et promouvoir les pratiques responsables des entreprises, y compris en tant qu'acteurs économique. Ainsi, l'OCDE a émis en 2022 des Recommandation sur le rôle de l'État dans la promotion de la conduite responsable des entreprises (OCDE, 2023[7]). Ces recommandations encouragent les État à élaborer des cadres législatifs et réglementaires pour faciliter la CRE, les réexaminent, et soutiennent la mise en œuvre continue et l'application effective desdits cadres en :

- Mettant en place ou conservant un cadre législatif et réglementaire approprié qui soit mis en œuvre de façon continue et qui soit effectivement appliqué dans les domaines couverts par les Principes directeurs de l'OCDE et par d'autres normes de CRE applicables, y compris en ce qui concerne la gouvernance d'entreprise, les droits de l'homme, l'emploi et les relations professionnelles, l'environnement, la lutte contre la corruption, les intérêts des consommateurs, la science et la technologie, la concurrence et la fiscalité.
- Identifiant et traitant les obstacles inutiles qui entravent la mise en œuvre des normes de CRE par les entreprises en vue de promouvoir la cohérence, notamment en s'efforçant de résoudre toute incohérence réelle ou perçue dans le cadre législatif ou dans les politiques publiques, en fournissant des orientations supplémentaires lorsqu'il existe un conflit légitime, et en envisageant d'adopter une législation ou une réglementation qui permette de combler les éventuelles lacunes dans la mise en œuvre.
- Évaluant périodiquement l'adéquation des dispositions institutionnelles qui régissent leurs PCN ainsi que les ressources humaines et financières qui leur sont allouées, afin de permettre à leurs PCN de jouer un rôle important dans la promotion de l'effectivité des normes de CRE et de la cohérence des politiques publiques relatives à la CRE.

- Alignant sur les normes de CRE et en particulier sur le Guide de l'OCDE sur le devoir de diligence pour élaborer de nouvelles politiques publiques, législations ou réglementations, y compris pour élaborer des textes d'application, des directives législatives ou des politiques sectorielles. Ceci revêt une importance particulière pour les politiques publiques, législations ou réglementations qui visent à promouvoir les chaînes d'approvisionnement globales responsables, la finance durable et la publication d'informations sur leurs risques extra-financiers par les entreprises.

Les États sont appelés à encourager la CRE dans tous les domaines pertinents de l'action publique, y compris en Promouvant la CRE au moyen des politiques commerciales et d'investissement, ainsi qu'au travers d'accords bilatéraux ou multilatéraux ou encore en promouvant la CRE dans le domaine de la coopération pour le développement, et notamment dans les instruments de financement du développement au niveau national et international, afin de mettre à profit et de promouvoir les contributions du secteur privé au développement durable.

Les gouvernements peuvent également favoriser la CRE de plusieurs manières :

- Par la facilitation : les gouvernements doivent faire clairement connaitre leurs attentes sur ce qu'est la CRE, en dispensant des conseils relatifs à telle ou telle pratique et en donnant aux entreprises les moyens d'être à la hauteur de ces attentes ;
- Par la coopération : les gouvernements doivent travailler avec les parties prenantes des milieux d'affaires, les organisations syndicales, la société civile, le grand public et promouvoir la coopération au sein de l'appareil de l'État, ainsi qu'avec les pouvoirs publics des autres pays, créant ainsi des synergies et établissant une cohérence en matière de CRE ; et enfin
- Par la promotion : les gouvernements doivent montrer leur soutien aux meilleurs pratiques en matière de CRE, notamment en donnant l'exemple eux même en tant qu'acteurs économiques.

Source : (OCDE, 2023[7]).

À ce titre, au-delà de souscrire à un nombre important de conventions internationales pertinentes pour la CRE, le Maroc a développé son arsenal juridique, politique et institutionnel afin de mettre en œuvre ses engagements internationaux en la matière. Le Maroc a également mis en place des mécanismes de recours judiciaires et extra-judiciaires afin d'assurer le respect et le contrôle des normes de la CRE. Ainsi, au cours des vingt dernières années, le Maroc a revu ses textes juridiques dans les domaines pertinents pour la CRE, afin d'y intégrer des obligations et devoirs en la matière, dans différents domaines, notamment en matière de développement durable, de droits humains ou encore de lutte contre la corruption.

7.4.1. Le droit de l'environnement et le développement durable

Le cadre politique et légal en matière de droit de l'environnement et de développement durable

La Constitution de 2011 consacre le développement durable comme droit pour tous les citoyens en instaurant de nouveaux instruments de gouvernance démocratique. Une Charte Nationale de l'Environnement et du Développement Durable (CNEDD) a ainsi été mis en place en vertu de la loi-cadre n° 99-12 promulguée le 6 mars 2014. Cette loi-cadre fixe les objectifs fondamentaux de l'action de l'État en matière de protection de l'environnement et de développement durable[5] et met en place « *des éléments de cadrage à respecter lors de l'élaboration et de mise en œuvre des politiques, des stratégies, des programmes et des plans d'actions par l'État, les collectivités territoriales, les établissements publics et sociétés d'État et par les autres parties intervenant dans les domaines de l'environnement et du développement durable* » (article 2). Parmi ces derniers figurent le principe d'intégration, le principe de territorialité ou encore le principe de précaution. La CNEDD prend par ailleurs en compte les stratégies sectorielles mises en place par le Maroc, notamment la Stratégie nationale de l'eau et la stratégie d'énergie.

En application de l'article 14 de la CNEDD, le Maroc a adopté en 2020 la loi n° 49-17 relative à l'évaluation environnementale, visant à soumettre les politiques publiques, les programmes et les plans de développement à une évaluation stratégique environnementale. L'adoption de cette loi a permis de renforcer le principe de prévention découlant du droit international de l'environnement et contribue à la mise en œuvre des engagements du Maroc au titre des conventions internationales ratifiées par ce dernier. Elle apporte un ensemble de réformes telle que la simplification de la procédure de l'étude d'impact sur l'environnement (soumis dès lors à une « notice d'impact sur l'environnement ») pour les projets ayant de faibles impacts négatifs sur l'environnement (articles 12 et suivants).

L'arsenal juridique en matière de protection de l'environnement comprend d'autres lois plus spécifiques, notamment la loi n° 13-03 du 12 mai 2003 relative à la lutte contre la pollution de l'air, la loi n° 28-00 du 22 novembre 2006 relative à la gestion des déchets et à leurs élimination, la loi n° 13-09 du 11 février 2010 relative aux énergies renouvelables, la loi n° 36-15 du 10 août 2016 relative à l'eau ou encore la loi n° 77-15 du interdisant la fabrication, l'importation, l'exportation, la commercialisation et l'utilisation des sacs en plastique telle que modifiée et complétée par la loi n° 57-18 du 13 décembre 2019.

Conformément aux dispositions de la Charte, le Maroc a également élaboré la Stratégie nationale de développement durable (SNDD) à la suite d'une large concertation avec l'ensemble des parties prenantes, notamment le secteur public, les opérateurs privés et la société civile, et a été adoptée par le Conseil des Ministres le 25 juin 2017. La SNDD vise à consolider l'ensemble des politiques publiques en matière de développement durable et à corriger les dysfonctionnements d'ordre institutionnel et réglementaire ; elle fixe ainsi le cap de l'ensemble des politiques publiques et révise la gouvernance du développement durable à travers l'amélioration des capacités des acteurs, du cadre législatif, du contrôle et de l'application effective des lois (Maroc, 2017[8]).

La SNDD s'articule autour de 7 enjeux, déclinés en 31 axes stratégiques et 137 objectifs. À titre d'exemple, le premier axe stratégique vise à inciter l'administration publique à être exemplaire en matière de développement durable ; pour ce faire, un Pacte d'Exemplarité de l'Administration, a été adopté par le CNDD afin de refléter l'engagement formel de l'administration marocaine dans le domaine du développement durable[6]. D'autres objectifs sont mis en place à destination du secteur privé, telle que la mise en œuvre de démarches de responsabilité sociale et environnementale et œuvrer au développement de l'investissement socialement responsable et l'étude de l'opportunité que représente une transition vers une économie verte (Maroc, 2017[8]).

Les réformes structurelles entreprises par le Maroc ont largement contribué à la croissance socioéconomique sans précèdent qu'a connu le pays depuis les années comme l'atteste le score du Maroc de 70.9 sur 100 dans le rapport publié par une initiative des Nations Unies, permettant de mesurer l'ensemble des progrès accomplis dans la réalisation des ODD (Sustainable Development Solutions Network, 2023[9]).

Néanmoins, des progrès supplémentaires demeurent nécessaires en matière de développement durable, notamment s'agissant de la mise en œuvre effective des politiques adoptées par le Maroc ou encore du respect des lois adoptées dans ce domaine. À ce titre, le rapport sur le développement durable susmentionné classe la Maroc 70ème sur un total de 166 pays, démontrant que des progrès restent à faire dans le domaine (Sustainable Development Solutions Network, 2023[9]). De même, l'indice de performance environnemental mondial établi par les universités de Yale et Columbia pour évaluer la mesure dans laquelle les pays se rapprochent des objectifs fixés en matière de politique environnementale classe le Maroc 160ème sur un total de 180 pays analysés en 2022 (Wolf et al., 2022[10]). Bien que les autorités marocaines réfutent les conclusions de cette étude, ces dernières sont en ligne avec les remarques émises par la Commission Nationale de Développement Durable mandaté en 2021 pour évaluer la SNDD adoptée en 2017, selon laquelle le suivi de la SNDD est focalisé sur les actions réalisées plutôt que sur l'atteinte des objectifs escomptés (Ministère de la Transition Énergétique et du Développement Durable du Maroc, 2022[11]).

Bien que la loi-cadre n° 69-19 du 26 juillet 2021 portant réforme fiscale a prévu en son article 7 l'introduction dans le futur de mesures fiscales pour la protection de l'environnement à travers notamment l'instauration d'une nouvelle taxe carbone, aucune réglementation complémentaire ne semble avoir été adoptée par le Maroc pour la mise en place du système de fiscalité environnementale mentionné à l'article 30 de la CNEDD ou encore pour l'institution d'un écolabel tel que prévu à l'article 31 de la Charte. Plus important encore, à ce jour, le Maroc n'a toujours pas adopté un régime juridique de responsabilité environnementale censé offrir un niveau élevé de protection de l'environnement, et ceci en dépit de l'article 34 de la CNEDD. En outre, il n'est pas clair si une police de l'environnement a été mise en place (et maintenue) conformément à l'article 35 de la Charte. En l'absence de mesures d'application de la CNEDD, cette dernière ne peut avoir que des effets limités, freinant ainsi l'élan de progrès généré par cette réforme.

Par ailleurs, entre 2020 et 2023, aucun décret d'application de la loi n° 49-17 relative à l'évaluation environnementale n'a été promulgué et cette dernière n'a pu donc être pleinement appliquée, notamment eu égard au grand nombre de dispositions nécessitant des clarifications par voie réglementaire (par exemple, les articles 4, 9, 12, 15, 19 et 20). En mai 2023, trois avant-projets de décret ont été publié sur site internet du Secrétariat général du gouvernement pour commentaires, à savoir (i) l'avant-projet de décret portant sur les conditions et les modalités d'octroi de l'agrément des bureaux d'études pour la réalisation des études relatives à l'évaluation environnementale (ii) l'avant-projet de décret portant sur les modalités de déroulement de l'enquête publique relative aux projets soumis à l'étude d'impact sur l'environnement et (iii) l'avant-projet de loi portant application de certaines dispositions de la loi n° 49-17 relative à l'évaluation environnementale[7].

Le cadre institutionnel en matière de droit de l'environnement et de développement durable

La nouvelle Constitution de 2011, a élargi les prérogatives du Conseil Économique, Social et Environnemental (CESE)[8], dont relève désormais le volet environnemental. En pratique, le CESE assure des missions consultatives auprès du Gouvernement et des deux Chambres du Parlement, notamment en matière développement durable[9]. Le CESE peut également s'auto-saisir afin d'émettre des avis, formuler des propositions ou réaliser des études ou des recherches dans les domaines relavant de ses attributions.

En 2015, le CESE s'est auto-saisi sur la question de la responsabilité sociétale des organisations (RSO) afin de définir le concept de la responsabilité sociétale et de mettre en avant les mécanismes de son application et les bénéfices qui en découlent pour l'ensemble des parties prenantes (CESE Auto saisine n° 26/2016, 2016[12]). La RSO a alors été définie comme étant une « *démarche volontaire qui traduit la façon dont les organisations prennent en considération les impacts présents et futurs de leurs activités sur la société comme sur l'environnement, dans le but d'atteindre une triple performance économique, sociale et environnementale* » (CESE Auto saisine n° 26/2016, 2016, p. 10[12]). La RSO devient donc un levier fondamental, incitant les organisations à s'inscrire dans une démarche de développement inclusive et durable. En 2017, la Bourse de Casablanca a publié conjointement avec l'Autorité Marocaine du marché des capitaux, avec la contribution de la Confédération Générale des Entreprises du Maroc (CGEM) et du CESE, un Guide sur la Responsabilité Sociétale des Entreprises et le Reporting ESG (AMMC, CGEM et CESE, 2017[13]), dans l'objectif de promouvoir la culture RSE au niveau des sociétés faisant appel public à l'épargne au Maroc, et de préparer ces dernières aux obligations de reporting ESG, en vigueur depuis 2019.

Le Département de l'Environnement auprès du Ministère de la Transition Énergétique et du Développement Durable assure également la promotion de la CRE à travers plusieurs volets, notamment par l'intégration de la CGEM en tant que membre du Comité National de Développement Durable ou encore par le renforcement du contrôle environnemental permettant de vérifier l'application et le respect des réglementations en matière de protection de l'environnement, entre autre à travers la mise en place de la police de l'environnement et l'élaboration d'un Plan National Annuel du Contrôle Environnemental.

Les mécanismes de recours en matière de droit de l'environnement et de développement durable

L'accès aux voies de recours est un élément essentiel de l'obligation de l'État de protéger contre les effets néfastes des acteurs privés tels que les entreprises. Les États sont censés prendre les mesures appropriées pour garantir, par des moyens judiciaires, administratifs, législatifs et autres, que lorsque de tels abus se produisent sur leur territoire ou dans leur juridiction, les personnes affectées ont accès à un recours effectif. Dans le même temps, l'indépendance du pouvoir judiciaire est un fondement essentiel de l'application de la loi qui affecte l'investissement car les entreprises et le public ont besoin d'un mécanisme fiable et impartial pour résoudre les litiges, qu'ils soient liés au travail, au commerce, à l'environnement ou autres, ainsi que pour lutter contre la corruption.

Au Maroc, bien que des efforts substantiels aient été déployés afin d'améliorer l'accès à la justice et le traitement des affaires judiciaires, notamment commerciales, les autorités judiciaires ainsi que les justiciables continuent de faire état de certaines difficultés persistantes, dont l'amélioration pourrait avoir un impact significatif sur l'efficacité du système judiciaire dans le contexte des réformes en cours. Selon le World Justice Programme Rule of Law Index 2023, le Maroc a un score global de 0.48 en matière de respect des principes universels d'un État de droit, soit un score inférieur non seulement à la moyenne régionale (0.49) mais aussi à la moyenne globale (0.55)[10]. En matière d'absence de corruption, le Maroc obtient un score de 0.42 inférieur aux moyennes régionale (0.50) et globale (0.51)[11]. L'accès à la justice et les efforts de réforme entrepris par le Maroc sont détaillés davantage dans le Chapitre 3 sur le cadre juridique régissant les IDE.

S'agissant particulièrement de la protection de l'environnement et de développement durable, les recours prévus en cas de non-respect des dispositions applicables sont souvent de nature judiciaire, à l'exception de la loi n° 36-15 10 août 2016 relative à l'eau, qui permet à l'administration de transiger sur les infractions environnementales et les sanctions prévues dans ladite loi (article 154). À titre d'exemple, conformément à la loi n° 49-17 relative à l'évaluation environnementale, le défaut de décision d'acceptabilité environnementale ou encore le manquement à l'obligation d'effectuer un audit environnemental sont passibles d'une amende de 20 000 à 200 000 MAD (articles 26 et 28).

Bien que la CNEDD mette à la charge des citoyens, de l'État, des collectivités territoriales et autres acteurs publics des obligations et devoirs en matière de protection de l'environnement, cette dernière ne définit pas le régime juridique applicable en cas de non-respect de ces obligations.

Différentes sanctions sont néanmoins prévues en cas de non-respect des textes spécifiques à la protection de l'environnement ; à titre d'exemple lorsqu'un une activité ou une exploitation donnée cause une pollution de l'air constituant un danger pour l'homme, la loi n° 13-03 du 12 mai 2003 adjoint l'administration à mettre en demeure la personne responsable de la source de la pollution de prendre les mesures nécessaires afin de limiter ou faire cesser les émissions de pollution sous peine d'amende, d'emprisonnement, d'arrêt de l'activité ou encore de réquisition des moyens nécessaires pour faire cesser les émissions. Des amendes sont également prévues en cas de négligence volontaire d'information, de non-respect des conditions imposées par l'administration ou encore de violation d'une mesure d'interdiction.

Au-delà des dispositions spécifiques au droit de l'environnement et le développement durable, le Maroc a mis en place l'institution du Médiateur du Royaume, une institution nationale, indépendante et spécialisée qui contribue au renforcement de la primauté du droit et à la propagation des principes de justice et d'équité, fournit des services de médiation pour les doléances des usagers de l'administration, notamment les collectivités territoriales, les établissements publics et les organismes dotés de prérogatives de puissance publique. À ce titre, tout litige qui nait entre une entreprise publique, à capital totalement ou partiellement souscrit par l'État et soumise au contrôle financier de ce dernier d'une part, et un usager de l'administration d'autre part peut être soumis au Médiateur du Royaume. De manière similaire, un litige impliquant une entreprise privée (nationale ou étrangère) chargée de la gestion d'un service public au titre d'un contrat de gestion déléguée peut également faire l'objet d'une procédure de médiation auprès du Médiateur du Royaume.

Surtout, à la suite de son adhésion à la Déclaration, le Maroc a institué, par la circulaire n° 2014/9 du 5 septembre 2014, le PCN marocain, qui a pour mission de régler les différents susceptibles de surgir à cause de manquements aux Principes directeurs de l'OCDE, imputés à des entreprises multinationales, et ce par voie de conciliation et de médiation sous réserve du consentement des parties. Issu d'engagements internationaux et dont le référentiel d'action est essentiellement celui issu des Principes directeurs de l'OCDE, l'intervention du PCN est conditionnée par le consentement des parties et son domaine de compétence concerne les différends impliquant des entreprises nationales et étrangères ; son référentiel étant axé sur les Principes directeurs de l'OCDE, les solutions qu'il préconise doivent faire l'objet d'adhésion des parties au différend, sans pouvoir les contraindre à les adopter (voir section 7.8).

7.4.2. Les droits humains

Le cadre juridique et politique en matière des droits humains

La Constitution de 2011 consacre l'ensemble des droits de l'Homme reconnus dans la Déclaration Universelle des Droits de l'Homme et édicte la protection de ces derniers. Le législateur Marocain lutte également pour la protection des droits de l'Homme à travers certains textes législatifs plus spécialisés.

Le principe d'égalité entre femmes et hommes est consacré par l'article 19 de la Constitution, qui dispose que ces derniers jouissent à égalité, des droits et liberté à caractère civil, politique, économique, social, culturel et environnemental. Ainsi, le Maroc a entamé en juillet 2021 une réforme législative importante du droit des société visant à réduire l'écart entre les genres par l'adoption de la loi n° 19-20 modifiant et complétant la loi n° 17-95 relative aux sociétés anonymes et la loi n° 5-96 sur la société en nom collectif, la société en commandite simple, la société en commandite par actions, la société à responsabilité limitée et la société en participation. Cette loi vise à établir des quotas de parité entre les deux sexes dans les organes de gouvernances des sociétés faisant appel public à l'épargne, l'objectif étant d'atteindre une représentation féminine d'au moins 30 % en 2024 et de 40 % d'ici 2027.

Malgré un cadre juridique relativement propice à la représentation égalitaire des genres dans la population active marocaine[12], des inégalités de genres importantes persistent encore en matière d'accès à l'emploi des femmes selon un rapport récent du Haut-Commissariat au Plan (HCP) (HCP, 2023[14]). Le HCP fait par ailleurs état d'une forte inégalité de salaire entre les hommes et les femmes en milieu urbain, notant ainsi un écart de 20 % entre les salaires médians des hommes (évalué à 3 400 MAD) et des femmes (évalué à 2 800 MAD) (HCP, 2024[15]). À ce titre, le dernier rapport mondial 2023 sur l'écart entre les sexes du Forum Économique Mondial classe la Maroc 136ème sur un total de 146 pays analysés et attribue le score de 0.41 sur 1 en matière de participation économique et d'opportunité (World Economic Forum, 2023[16]). Il convient de noter que les rapports du HCP ainsi que ceux du Forum Économique Mondial font unanimement état d'un niveau d'éducation élevé chez les femmes marocaines.

Les libertés d'association et de réunion sont également reconnues comme principe constitutionnel par le Maroc, aux articles 12 et 29 de la Constitution de 2011. Elles sont garanties en vertu de la loi n° 1-58-376 du 15 novembre 1958 tel que modifié et amendé au fil des années. Dans un rapport de 2015, le Conseil National des Droits de l'Homme du Maroc (CNDH) estimait néanmoins que le renforcement des garanties de la liberté d'association de l'indépendance du tissu associatif est essentiel afin de permette à la société civile de jouer son rôle pleinement et devrait être l'objectif central d'une réforme éventuelle du régime juridique des associations (CNDH, 2015[17]). À ce titre, l'une des circonstances spécifiques soumise au PCN marocain concernait une violation alléguée de la liberté d'association (OCDE, 2023, p. 38[18]). Dans son rapport pour l'année 2023, le CNDH note que plusieurs défis à la liberté d'association continuent d'exister, telle que la difficulté d'obtenir le dossier légal pour la création d'une association ou le renouvellement de sa structure ou encore le refus de délivrer un récépissé de dépôt légal provisoire ou définitif sans fondement juridique aucun (CNDH, 2024[19]). Selon le même rapport annuel du CNDH, les mouvements de protestations se sont généralisés au cours de l'année 2023 et une évolution considérable en matière d'exercice des manifestations pacifiques a été enregistré ; néanmoins un déphasage continue d'exister entre ces évolutions et les dispositions juridiques en vigueur selon le CNDH (CNDH, 2024[19]). Par ailleurs, selon le rapport d'Amnesty International sur la situation des droits humains dans le monde de 2024, le droit à la liberté de réunion n'est pas toujours respecté au Maroc (Amnesty International, 2024[20]).

Au-delà des législations adoptées par le Maroc pour la protection des droits humains, des politiques spécifiques aux droits humains ont également été mises en place par le Maroc. Ainsi, en 2017, un plan d'action national pour la démocratie et les droits de l'homme 2018-2021 (PANDDH) a été adopté et contient un chapitre sur les entreprises et les droits de l'homme[13]. Le PANDDH, a fait l'objet de consultations de la part du PCN marocain en coordination avec le CNDH sur le chapitre thématique sur les entreprises et le droit des hommes (OCDE, 2023[18]). La sous-section VII du PANDDH est consacrée aux entreprises et aux droits de l'homme et la première mesure prévue dans le cadre du PANDDH est l'élaboration et l'adoption d'un PAN sur les entreprises et les droits de l'homme, par le biais d'un engagement avec toutes les parties prenantes (OCDE, 2023[18]). D'autres mesures inscrites au titre du PANDDH comprennent l'incitation des entreprises à mettre en place une charte interne en matière des droits de l'homme ou encore l'encouragement de l'enseignement et de la recherche scientifique dans le domaine de l'entreprise et des droits de l'Homme dans les universités et les instituts de formation. En partenariat avec Délégation Interministérielle aux droits de l'Homme et le Programme des Nations Unies pour le développement, le Maroc a réalisé plusieurs avancées significatives, notamment le renforcement du réseau de points focaux en droit de l'Homme et la mise en place d'un programme visant à promouvoir une culture démocratique et des droits humains au sein des établissement éducatifs[14]. Néanmoins, au mois de juin 2024, le Maroc n'a toujours pas adopté un plan d'action national sur les entreprises et les droits de l'homme[15].

Le cadre institutionnel en matière de protection des droits humains

Successeur du Conseil Consultatif des Droits de l'Homme, le CNDH, crée en 2011, est une « *institution nationale pluraliste et indépendante* » qui a pour mission de traiter toutes les questions relatives à la défense et à la protection des droits de l'homme et des libertés, à la garantie de leur plein exercice et à leur promotion ainsi qu'à la préservation de la dignité, des droits et des libertés individuelles et collectives des citoyens. Selon la loi n° 76-15 relative à la réorganisation du Conseil national des droits de l'Homme, le CNDH contribue également au renforcement du système des droits de l'Homme et œuvre à sa protection, sa promotion et son développement dans le respect de l'universalité et de l'indivisibilité desdits droits. L'observation du respect des droits de l'Homme est assurée au niveau régional par des commissions régionales des droits de l'Homme (CRDH) qui reportent au CNDH.

Le CNDH encourage la conformité à la CRE auprès des entreprises à travers des actions de promotion et d'éducation ainsi qu'à travers ses rapports annuels qui formulent des recommandations en matière de respect des droits de l'Homme (OCDE, 2023[18]). Ainsi, après avoir noté dans son rapport annuel sur la situation des droits de l'Homme au Maroc 2022 que le recours au conseil des travailleurs pour le non-respect de leurs droits par l'entreprise est une question émergente au Maroc, le CNDH a recommandé l'élaboration et l'adoption, en collaboration avec les différentes parties prenantes, d'un plan national dans le domaine des entreprises et droits de l'homme, conformément aux standards internationaux, notamment aux principes relatifs à la CRE, au devoir de diligence et à la compétence extraterritoriale. La nécessité de mettre en place un tel plan avait d'ores et déjà été identifié dans le PANDDH (CNDH, 2022[21]). À ce titre, selon une liste dressée par le Groupe de travail sur la question des droits de l'homme et des sociétés transnationales et autres entreprises des Nations Unies, le Maroc figure parmi les États qui sont en cours d'élaboration d'un plan d'action national ou qui se sont engagés à en élaborer[16].

Les mécanismes de recours en matière de droits humains

Plusieurs mécanismes de recours sont mis en place par le Maroc en matière de protection de droits humains. À ce titre, en vertu du Dahir n° 1-18-17 du 22 février 2018 portant promulgation de la loi n° 76-15 relative à la réorganisation du Conseil national des droits de l'Homme, le CNDH peut procéder aux enquêtes et investigations nécessaires au sujet des violations des droits de l'Homme (article 5) et examine tous les cas de violation des droits de l'Homme, soit de sa propre initiative soit sur plaintes des parties concernées (article 6). Ainsi, le CNDH « *peut émettre des recommandations relatives aux plaintes dont il est saisi qu'il transmet à l'autorité concernée par l'objet de la plainte puis procède au suivi de ces recommandations* » (article 8). Le CNDH peut également intervenir d'urgence « *chaque fois qu'il s'agit d'un cas de tension qui pourrait aboutir à une violation individuelle ou collective d'un des droits de l'Homme et ce, en déployant tous les moyens nécessaires de médiation et de conciliation qu'il juge appropriés en coordination avec les autorités publiques concernées* » (article 10).

En tant que membre du PCN marocain, le CNDH contribue également au renforcement des recours en adoptant les plaintes et en contribuant au traitement des dossiers reçus par le PCN dans le cadre de ses engagements.

Les investisseurs ont également accès aux recours de nature générale décrits ci-dessus[17], tel que l'institution du Médiateur du Royaume et le PCN marocain.

7.4.3. Droit du travail

Le cadre juridique et politique en matière de droit du travail

Le Maroc s'efforce à faire respecter les droits fondamentaux dans le milieu du travail. La loi n° 65-99 relative au Code du travail, promulguée le 11 septembre 2003, garantit expressément la protection des droits contenus dans les conventions internationales du travail ratifiés par le Maroc ainsi que les droits prévus par les « *Conventions Fondamentales* » de l'OIT, à savoir celles relatives à la liberté syndicale, au travail forcé, à la discrimination, au travail des enfants ou encore à la sécurité et la santé au travail (préambule). Cette loi met également en place des obligations et garanties relatives au travail décent et à l'équilibre économique et social des opérateurs de production, instaure une justice sociale dans les relations de travail, institutionnalise le dialogue social à plusieurs niveaux et encourage les relations collectives du travail. Ce faisant, le Code du travail consacre plusieurs des principes directeurs de l'OCDE, notamment la liberté syndicale et la protection des droits sociaux, l'égalité des chances et de traitement, l'abolition du travail forcé, l'hygiène et la sécurité dans le milieu de travail ainsi que les la mise en place de conventions collectives.

Le législateur marocain a également promulgué des lois visant à combattre le travail domestique et le travail des enfants par l'adoption (loi n°19-12 fixant les conditions de travail et d'emploi des travailleuses et travailleurs domestiques du 5 octobre 2017) ou encore contre le travail forcé en vertu de l'article 10 du code du travail.

Des efforts restent néanmoins à faire au Maroc, où selon une étude de la Confédération Syndicale Internationale (CSI), des violations régulières des droits des travailleurs continuent d'être signalés (CSI, 2023[22]). En dépit des textes juridiques reconnaissant le droit de réunion (e.g. la loi n° 1-58-376 du 15 novembre 1958 telle que modifiée), la CSI rapporte qu'il arrive que des manifestations soient dispersées de force ou que la négociation collective et les grèves fassent l'objet de restrictions imposées par les employeurs (CSI, 2023[22]). L'article 288 du Code pénal marocain permet par ailleurs à l'État de sanctionner « *quiconque, à l'aide de violences, voies de fait, menaces ou manœuvres frauduleuses* [qui] *a amené ou maintenu, tenté d'amener ou de maintenir, une cessation concertée du travail, dans le but de forcer la hausse ou la baisse des salaires ou de porter atteinte au libre exercice de l'industrie ou du travail* ». En pratique, cet article est susceptible d'être interprété comme restrictif du droit de grève reconnu en droit marocain créant un risque d'usage abusive. Selon la CSI, la liberté syndicale est parfois réprimandée (ITUC CSI IGB, 2021[23]).

Le cadre institutionnel en matière de droit du travail

Le Code de travail met en place plusieurs organes de contrôle, notamment des agents chargés de l'inspection du travail qui ont pour rôle d'assurer l'application des dispositions législatives et réglementaires relatives au travail, de fournir des informations et des conseils techniques aux employeurs et aux salariés sur les moyens les plus efficaces en conformité avec les dispositions légales, ainsi que de porter à la connaissance de l'autorité gouvernementale chargée du travail des lacunes ou des dépassements de certaines dispositions législatives et réglementaires en vigueur. Les agents chargés de l'inspection du travail exercent en sus de leur mission de contrôle de l'inspection de travail, un rôle important dans le domaine de la gestion des relations professionnelles, notamment la résolution des conflits individuels et collectifs de travail, et ce dans le cadre de la gestion et du suivi du climat social au sein des différentes unités de production.

Les mécanismes de recours en matière de droit du travail

En vertu du code de travail marocain, les agents chargés de l'inspection du travail veillent à l'application des textes législatifs et réglementaires dans les établissements assujettis au Code du travail et peuvent mettre en demeure ces derniers de se conformer aux dispositions en vigueur en cas d'infractions, sous peine d'amendes, de fermeture d'établissements ou encore de peines privatives de liberté.

En outre, le Maroc a mis en place plusieurs mécanismes extrajudiciaires de règlement des différends pour les personnes ayant subi des effets préjudiciables des actions menées par une entreprise. À titre d'exemple, le Code du travail prévoit la possibilité d'avoir recours à la conciliation et à l'arbitrage pour les conflits collectifs du travail (article 549 et suivants). En effet, tout différend susceptible d'entrainer un conflit collectif doit obligatoirement faire l'objet d'une tentative de conciliation ; à défaut de règlement amiable, le recours à l'arbitrage est possible d'un commun accord des parties.

Les parties peuvent également avoir recours au mécanisme de médiation mis en place par la Confédération Générale des Entreprises du Maroc (CGEM) en partenariat avec un nombre d'organisations syndicales, dédié à la prévention et à la résolution des conflits sociaux. Ce dispositif a permis la mise en place d'un cadre structuré où des solutions mutuellement bénéfiques sont coconstruites par les parties du conflit, avec l'aide d'un médiateur. Le recours à cette médiation peu coûteuse pour l'entreprise, volontaire, rapide et confidentielle a permis depuis son lancement d'éviter bon nombre de conflits sociaux et de maintenir des liens cordiaux entre les parties du conflit[18].

7.4.4. Lutte contre la corruption

Le cadre juridique et politique en matière de lutte contre la corruption

En vertu du Code pénal marocain, la corruption et le trafic d'influence de toute personne dépositaire de l'autorité publique sont sanctionnées par des peines privatives de liberté. La plupart des infractions énumérées dans la Convention des Nations unies contre la corruption (CNUCC) sont incriminées dans le Code pénal marocain et dans d'autres textes juridiques, tels que la loi n° 43-05 relative à la lutte contre le blanchiment de capitaux telle que modifiée et complétée par la loi n° 12-18 publiée du 2 septembre 2021 (OCDE, 2018[24]). Ainsi, le code pénal marocain (articles 248 à 251) incrimine la corruption passive et active. La rédaction du code pénal met l'accent sur l'incrimination de la corruption passive (articles 248 et 249), l'infraction de corruption active étant rédigée en référence à l'incrimination de corruption passive (OCDE, 2018[24]).

Encadré 7.4. La Convention de l'OCDE sur la lutte contre la corruption

La Convention de l'OCDE sur la lutte contre la corruption établit des normes juridiquement contraignantes tendant à faire de la corruption d'agents publics étrangers dans les transactions commerciales internationales une infraction pénale. Elle prévoit également un certain nombre de mesures permettant une mise en œuvre efficace de ses provisions. La Convention de l'OCDE sur la lutte contre la corruption est le premier et seul instrument international de lutte contre la corruption qui se concentre sur « l'offre », c'est-à-dire la personne ou l'entité qui offre, promet ou octroie un pot-de-vin.

En 2021, les pays Parties à la Convention ont convenu d'adopter de nouvelles mesures afin d'accentuer leurs efforts de prévention, de détection et d'enquête en matière de corruption transnationale en adoptant une Recommandation visant à renforcer la lutte contre la corruption d'agents publics étrangers dans les transactions commerciales internationales.

Le Maroc n'est pas parti à la Convention.

Source : (OCDE, 2011[25]).

À l'arsenal juridique s'ajoutent les stratégies nationales en matière de lutte contre la corruption, telle que la Stratégie nationale de lutte contre la corruption 2016-2025 lancée en 2015 par le Maroc. Cette dernière s'articule autour de cinq piliers principaux, à savoir la gouvernance, la prévention, la répression, la communication et la formation[19]. Elle comprend plusieurs programmes, notamment un programme spécifiquement dédié à l'intégrité du monde des affaires. Deux objectifs ont été définis à l'horizon 2025 : i) inverser la tendance de manière irréversible et visible et renforcer la confiance des citoyens dans l'État ; et ii) améliorer l'intégrité des affaires et le positionnement du Maroc à l'international (OCDE, 2023[26]).

Selon les autorités marocaines, cette stratégie a eu des retombées positives, telles que l'amélioration des structures d'accueil au sein des administrations publiques, le lancement du portail dédié à la réception des plaintes ou encore la numérisation des services fournis par l'administration et l'accès à l'information[20].

En accord avec les standards internationaux et la Constitution de 2011, une Instance nationale de probité, de prévention et de lutte contre la corruption (INPPLC) a été également créée en tant qu'instance de gouvernance indépendante en 2015 (loi n° 46-19) en remplacement de l'Instance centrale de prévention mise en place en 2007 (OCDE, 2023[26]). L'adoption de la loi n° 46-19 portant sur les nouvelles missions de l'INPPLC vise à mieux répondre aux normes de lutte contre la corruption et octroi à cette dernière des pouvoirs élargis, notamment afin de pouvoir investiguer efficacement les actes de corruption tels que définis dans les législations générales comme spéciales.

Pour opérationnaliser les efforts réglementaires engagés et dans un souci de transparence accrue, le Maroc développe actuellement un portail national de l'intégrité. Ce portail est conçu pour recueillir et partager des informations sur l'intégrité, la prévention et la lutte contre la corruption, à destination des citoyens et des parties prenantes concernées (OCDE, 2023[26]).

Le Programme gouvernemental pour la période 2021-2026 confirme l'engagement du Maroc à lutter contre la corruption, dans la mesure où ce dernier contient un axe dédié à une « gouvernance au service du citoyen et une administration efficace ». La lutte contre la corruption en est donc une composante essentielle (Maroc, 2021[27]).

Il est néanmoins essentiel que le Maroc double ses efforts en matière de lutte contre la corruption, dans la mesure où la corruption reste une problématique préoccupante et fait perdre au Maroc 3 % à 6 % de son PIB national selon les dernières déclarations du président de l'INPPCL[21]. Elle constitue le principal obstacle aux affaires dans la mesure où elle fausse les marchés, sape la concurrence et décourage ainsi les investissements (OCDE, 2023, p. 194[26]). Au titre de l'année 2023, le Maroc enregistre 38 points sur 100 selon l'indice de perception de la corruption publié chaque année par Transparency International et occupe la 97ème place sur 180 pays (Transparency International, 2023[28]). Ces résultats sont confirmés dans le dernier rapport annuel de l'INPPCL qui révèle une prévalence significative de la corruption au titre de l'année 2022 (INPPCL, 2023[29]). Chargée de superviser la mise en œuvre de la Stratégie nationale de la lutte contre la corruption, l'INPPCL a également relevé plusieurs lacunes dans la conception et la mise en œuvre de cette dernière, telles que des actions trop orientées vers la production de textes ou encore vers des actions internes à l'administration, un manque d'articulation entre différents acteurs de la stratégie ou encore un manque de supervision Pour pallier ces lacunes, il apparait nécessaire de poursuivre la restructuration de la stratégie nationale pour la lutte contre la corruption. Pour cela, les recommandations de l'INPPLC, qui joue un rôle central dans le suivi de la mise en œuvre de la stratégie, doivent être suivies et appliquées de façon diligente afin de renforcer l'effectivité du nouveau cadre national de lutte contre la corruption (OCDE, 2023[26]).

Le cadre institutionnel pour la lutte contre la corruption

En vertu de la loi n° 46-19, l'INPPLC est dotée de pouvoirs élargis en matière de lutte contre la corruption. Ainsi, l'INPPLC a pour mission d'initier, de coordonner, de superviser et d'assurer le suivi de la mise en œuvre des politiques de prévention et de lutte contre la corruption, de recueillir et de diffuser les informations dans ce domaine et de contribuer à la moralisation de la vie publique. L'INPPLC peut également recevoir des plaintes et des dénonciations. Pour atteindre ses objectifs, cette instance exerce ses missions en collaboration avec les autorités, les institutions et autres instances concernées afin de promouvoir les valeurs de probité et de prévenir et combattre la corruption.

Au côté de l'INPPLC, la Commission nationale anti-corruption (CNAC) est l'organe de pilotage stratégique de haut niveau de la Stratégie nationale sur la lutte contre la corruption. Instituée par l'article 2 du décret n° 2.17.582 du 6 novembre 2017 et présidée par le Chef du Gouvernement, elle est chargée de la supervision et du suivi de la mise en œuvre de cette stratégie.

D'autres institutions participent au système d'intégrité national du Maroc, tel que le ministère de la Transition Numérique et de la Réforme de l'Administration, mais la CNAC et l'INPLCC sont les points de contacts centraux dans le domaine de la prévention de la corruption pour toutes les autorités et tous les niveaux de l'administration publique. Leur rôle requiert un certain degré d'influence et d'autorité ainsi que des relations claires avec les autres organes individuels. Bien que les textes ne l'exigent pas, la CNAC travaille de façon coordonnée avec l'INPPLC (OCDE, 2023[26]).

Les recours disponibles en matière de lutte contre la corruption

Les procédures d'infractions de corruption, de détournement et de trafic d'influence ainsi que la protection des dénonciateurs sont régies par la loi n° 37-10 du 20 octobre 2011. À ce titre, la divulgation interne est d'abord encouragée pour renforcer la culture institutionnelle transparente. Par ailleurs, dans le cadre de sa participation à la mise en œuvre de la Stratégie nationale de lutte contre la corruption, la Présidence du Ministère public du Maroc a installé, en mai 2018, une ligne téléphonique directe pour la dénonciation de faits de corruption. Les appels sont traités par un centre spécial auquel sont affectés deux fonctionnaires du ministère en lien avec des juges. Depuis l'installation de cette ligne téléphonique, le Ministère Public reçoit quotidiennement une dizaine de dénonciations anonymes de faits de corruption et les transmet au parquet général compétent (OCDE, 2023[26]). Le Président de l'INPPLC peut également recevoir des plaintes concernant toute forme de corruption (effective ou potentielle) ainsi que des dénonciations dans la mesure où il existe des données ou informations fiables démontrant la survenance d'un acte de corruption (INPPLC, s.d.[30]).

La loi est néanmoins silencieuse quant à la procédure à suivre pour révéler une infraction de corruption. En pratique, les citoyens sont dirigés vers la ligne directe ou invités à faire une divulgation directement à l'INPPLC. Il est donc difficile de savoir si les fonctionnaires peuvent signaler des actes répréhensibles à leur supérieur et passer par un processus formel après avoir fait des allégations. Le manque de clarté entourant les procédures de divulgation peut empêcher les lanceurs d'alerte potentiels de se manifester.

Les sanctions aux infractions de corruption sont en partie érigé en principe constitutionnel. À titre d'exemple, l'article 36 de la Constitution prévoit que les infractions relatives aux conflits d'intérêts, aux délits d'initié et toute infraction d'ordre financier sont sanctionnées par la loi. Selon ce même article, les pouvoirs publics sont tenus de prévenir et réprimer toute forme de délinquance liée à l'activité des administrations et des organismes publics, à l'usage des fonds dont ils disposent, à la passation et à la gestion des marchés publics.

7.5. Un plan national sur les entreprises et les droits de l'homme : la prochaine étape pour le Maroc

Reconnaissant l'importance de la cohérence des politiques publiques, le Cadre d'Action pour l'Investissement de l'OCDE encourage les gouvernements à coopérer en interne et en externe avec les gouvernements étrangers et les parties prenantes pour assurer la cohérence et le soutien des politiques pertinentes pour la CRE. Cette coopération doit impliquer toutes les parties prenantes concernées, y compris les agences gouvernementales, les entreprises, les syndicats de travailleurs, les associations professionnelles, la société civile et les communités locales.

En particulier, les plans d'actions nationaux constituent un processus important afin d'aider les États à mettre en œuvre les Principes directeurs des Nations Unis relatifs aux entreprises et aux droits de l'homme. Ainsi, les États sont encouragés à élaborer, promulguer et mettre régulièrement à jour un plan d'action national sur les entreprises et les droits de l'homme dans le cadre de la responsabilité qui leur incombe de diffuser et de mettre en œuvre les Principes directeurs des Nations Unies relatifs aux entreprises et aux droits de l'homme. L'une des principales fonctions des PAN est de permettre aux États de renforcer la coordination et la cohérence au sein du gouvernement sur l'ensemble des politiques liées aux entreprises et aux droits de l'homme. L'élaboration d'un PAN est également un moyen efficace afin de hiérarchiser les actions de mise en œuvre des normes CRE.

Malgré les engagements importants en matière de CRE, le Maroc ne dispose toujours pas d'un PAN distinct sur les entreprises et les droits de l'homme. Bien que l'élaboration d'un tel plan figurât déjà comme l'un des objectifs fixés dans le PANDDH, le PAN marocain n'a toujours pas vu le jour. À ce titre, il est crucial que le Maroc honore ses engagements et mettent en place son PAN le plus rapidement possible.

7.6. La mise en œuvre de la CRE au Maroc

Au-delà du cadre politique, juridique et institutionnel mis en place par le Maroc, des initiatives spécifiques ont été prises en matière de CRE, non seulement par le gouvernement mais également par le secteur privé et les parties prenantes. Ces initiatives ainsi que le degré de sensibilisation des entreprises et des autres parties prenantes à la CRE peuvent constituer des opportunités ou des défis pour l'adoption et mise en œuvre de pratiques commerciales responsables. Leur analyse est donc fondamentale pour comprendre les moteurs et les obstacles qu'un contexte national peut présenter pour la construction favorable à la CRE.

7.6.1. Les initiatives prises par le Maroc pour promouvoir la CRE

L'adoption du Code de bonnes pratiques de gouvernance des entreprises

À partir de 2008, le Maroc s'est doté d'un Code de bonnes pratiques de gouvernance d'entreprise, qui fut ultérieurement complété par des codes annexes spécifiques à certaines catégories d'entreprises. Ce texte a récemment fait l'objet d'une mise à jour aboutissant ainsi en l'adoption et la publication d'un nouveau Code général de bonnes pratiques de gouvernance d'entreprise (Maroc, 2022[31]).

Le Code de bonnes pratiques de gouvernance d'entreprises édicte des recommandations et des pratiques complémentaires aux lois et règlements, qui sont soit plus détaillées, soit établissent des normes plus élevées que les dispositions légales qui règlementent le domaine. Ce Code s'applique sur la base du système « *Comply or explain* », en vertu duquel chaque entreprise doit appliquer les recommandations édictées dans ledit Code ou bien expliquer les raisons pour lesquelles elle y déroge (Maroc, 2008[32]).

Le Code de bonnes pratiques de gouvernance d'entreprise est inspiré des Principes de Gouvernance d'Entreprise de l'OCDE, et comporte des chapitres relatifs notamment à la transparence et la diffusion de l'information financière et aux rôles des parties prenantes et leur traitement équitable. Il recommande par ailleurs aux entreprises « *d'adopter des standards supérieurs à la loi et à la réglementation et les meilleurs pratiques en termes de responsabilité sociale, sociétale et environnementale pour consolider sa réputation et son image et ainsi améliorer la qualité de ses relations avec les parties prenantes* » (Maroc, 2008[32])

Selon les autorités marocaines, la promulgation du Code de bonnes pratiques de gouvernance d'entreprises en 2008 a eu des retombées positives aussi bien en matière de fonctionnement des organes de gouvernance qu'en matière d'actions mise en œuvre par l'État. Selon une enquête de l'institut Marocaine des Administrateurs[22], en 2015, 62 % des sociétés cotées en bourse interrogées font référence au code marocain des bonnes pratiques de gouvernance contre 57 % en 2010 (IMA, 2015[33]). Néanmoins, il a été noté que les recommandations du code sont plus souvent appliquées chaque fois que les régulateurs les ont traduites en règles (Ahdadou, Ajly et Tahrouch, 2021[34]).

Les Très Petites, Petites et Moyennes entreprises et les principes CRE

En règle générale, les très petites, petites et moyennes entreprises (TPME) ont un accès plus limité aux ressources et sont en conséquence, particulièrement exposées aux imperfections des conditions et du fonctionnement des marchés. Or, les TPME jouent généralement un rôle crucial dans l'adaptation des économies et des sociétés face aux grandes transitions, notamment la transition vers des pratiques et des modèles plus durables.

Au Maroc, selon le dernier rapport annuel de l'Observatoire Marocain de la Très Petite, Petite et Moyenne Entreprise pour les années 2021-2022[23], l'entreprise marocaine est à 88 % de structure micro, à 6.6 % de structure très petite et à 4.1 % de structure petite (Observatoire marocain des TPME, 2023[35]). Ainsi, l'État doit pouvoir s'investir auprès de ces dernières et les soutenir afin qu'elles puissent améliorer leurs pratiques en matière de CRE (OCDE, 2015[1]).

Dans cette optique, le Maroc a mis en place en 2002 l'Agence Nationale pour la Promotion de la PME (Maroc PME), qui assiste les TPME dans le développement de leur compétitivité et de leur croissance, moyennant des actions d'accompagnement, de conseil, d'assistance technique et de soutien à l'investissement ciblé, notamment en lien avec la CRE.[24] À titre d'exemple, Maroc PME a lancé en 2021 le programme « Tatwir croissance verte » visant à accompagner les TPME industrielles dans leurs démarches de développement de process et de produits décarbonés et à appuyer l'émergence de nouvelles filières industrielles vertes et la réduction de la pollution industrielle[25]. Dans le cadre son programme d'accompagnement des entreprises, Maroc PME finance également les PME désirant obtenir le Label RSE de la CGEM décrit plus bas[26]; ce financement pouvant aller jusqu'à 80 % du coût de la prestation. Il convient de noter que 31 % des entreprises ayant obtenu le Label RSE de la CGEM sont des PME dont le chiffre d'affaires est inférieur à 2 millions MAD.

7.6.2. La sensibilisation des parties prenantes et les initiatives prises par ces dernières

L'engament de la Confédération Générale des Entreprises du Maroc dans la mise en œuvre de pratiques CRE

À partir de 2006, la CGEM a mis en place un label RSE, qui sert à reconnaitre, encourager, renforcer et pérenniser l'engagement RSE des entreprises établies au Maroc (Label CGEM). Une Commission Label RSE a ultérieurement été instituée en 2006, afin de poursuivre la sensibilisation des entreprises sur tout le territoire national et vulgariser le concept de RSE, tout en assurant la promotion du label RSE de la CGEM[27].

Le Label RSE est décerné aux entreprises intégrant les neuf domaines de la Charte RSE de la CGEM et atteste que les structures et les actes de gestion de l'entreprise bénéficiaire présentent une assurance suffisante de conformité avec les objectifs définissant la Charte RSE de la CGEM, à la suite d'une évaluation des pratiques en conformité avec les objectifs de responsabilité sociale et de développement durable (CGEM, s.d.[36]). Cette évaluation est réalisée par l'un des tiers experts indépendants accrédités par la CGEM et le Label est délivré par le Comité d'attribution du CGEM pour une période de trois ans (CGEM, s.d.[36]).

Depuis 2006, plus de 108 entreprises ont obtenu le Label RSE dont 31 % sont des PME, 30 % sont des filiales de multinationales, 40 % opèrent dans l'industrie, 60 % opèrent dans les services et 24 sont des entreprises cotées à la Bourse de Casablanca. Il convient de noter que l'agence Maroc PME a mis en place un programme de financement pour les PME désirant obtenir le Label RSE de la CGEM ; ce financement peut être de 70 % à 80 % du coût de la prestation.

Outre la labélisation, la CGEM a entrepris plusieurs initiatives pour promouvoir les standards CRE. À titre d'exemple, elle a mis en place la Commission Entreprise Responsable et Citoyenne dont la mission est de promouvoir un comportement responsable des entreprises permettant d'améliorer leur performance globale et leur résilience, notamment par l'organisation de formations sur la RSE[28], et d'actions ciblées pour favoriser l'intégration professionnelle des femmes[29].

La CGEM a également mené plusieurs actions dans le but de sensibiliser les entreprises du secteur privé à l'importance de l'intégration des principes RSE dans leur stratégie globale, notamment par la mise en place en 2005 du réseau local du Pacte Mondial, une initiative qui soutient les entreprises pour agir de manière responsable et faire avancer les objectifs sociaux, impulsée par les Nations Unies. Cette initiative appelle les entreprises à aligner leurs stratégies et leurs opérations sur les principes universels relatifs aux droits de l'Homme, au travail, à l'environnement et à la lutte contre la corruption et à prendre des mesures qui font avancer des objectifs sociétaux, notamment à travers la réalisation des ODD. En 2018, la CGEM a conclu une convention avec le siège du Pacte Mondial et le Programme des Nations Unies pour le Développement officialisant ainsi la création du Réseau Maroc du Pacte Mondial. En 2020-2021, ce dernier a organisé 26 ateliers pour les entreprises marocaines et leurs parties prenantes, ainsi que 4 événements de haut niveau à portée régionale et internationale, rassemblant au total 1750 participants (CGEM, 2022[37]).

D'autres acteurs privés sont également impliqués dans la sensibilisation des entreprises en matière de CRE. À titre d'exemple, en partenariat avec l'Observatoire de la Responsabilité Sociétale des Entreprises[30], la compagnie d'assurance AtlantaSanad a publié un guide de RSE axé sur les conditions de travail au Maroc afin de renforcer la RSE au sein des entreprises et de la communauté académique et de recherche (ORSEM/AtlantaSanad Assurance, 2021[38]).

La forte implication du secteur privé dans la promotion de la CRE dans le secteur de l'habillement et de la chaussure au Maroc

Le secteur de l'habillement constitue un moteur de croissance essentiel dans plusieurs des pays MENA et illustre la manière dont les acteurs sectoriels peuvent s'organiser et collaborer entre eux pour promouvoir la CRE (OCDE, 2021[39]). Ce secteur emploie des millions de travailleurs peu qualifiés et sert de point d'entrée sur le marché pour l'économie informelle dans de nombreux pays. Ces activités ont souvent plus d'incidences négatives que positives sur les droits de l'homme, les conditions de travail et l'environnement, tout au long de la chaîne d'approvisionnement. Bien que les entreprises soient conscientes des impacts négatifs de leurs propres activités, elles manquent de visibilité sur les chaînes d'approvisionnement internationales. Il est donc nécessaire de gérer, tout au long de la chaine d'approvisionnement, les risques de violation des droits de l'homme et du droit du travail, ainsi que les risques de dommages environnementaux et de corruption. La promotion des normes de CRE dans le secteur de l'habillement et de la chaussure au Maroc, où les femmes représentent souvent une large majorité de la main-d'œuvre, peut fortement contribuer à encourager l'égalité femmes-hommes.

Afin d'atténuer les risques d'effets néfaste liés aux chaines d'approvisionnement, il est primordial pour les entreprises de mettre en place des mesures de diligence leur permettant d'identifier, de prévenir et d'atténuer les incidences négatives, réelles ou potentielles, de leurs activités, ainsi que de rendre compte de la manière dont elles abordent cette question. Une mise en œuvre des instruments internationaux en matière de CRE, dont le Guide OCDE sur le devoir de diligence applicable aux chaînes d'approvisionnement responsables dans le secteur de l'habillement et de la chaussure peut également contribuer à atténuer les risques susmentionnés (OCDE, 2018[40])(Encadré 7.5).

Encadré 7.5. Guide OCDE sur le devoir de diligence applicable aux chaînes d'approvisionnement responsables dans le secteur de l'habillement et de la chaussure

Le Guide OCDE sur le devoir de diligence applicable aux chaines d'approvisionnement responsables dans le secteur de l'habillement et de la chaussure vise à proposer une définition du devoir de diligence qui soit conforme aux Principes directeurs de l'OCDE, à laquelle les acteurs du secteur de l'habillement et de la chaussure pourront se référer. Il adresse des recommandations aux entreprises pour les aider à appliquer les Principes directeurs de l'OCDE et à respecter leur devoir de diligence dans le cadre de leurs activités et de leur chaîne d'approvisionnement.

Il s'adresse à toutes les entreprises exerçant leurs activités dans la chaîne d'approvisionnement du secteur de l'habillement et de la chaussure, et qui souhaitent mettre en œuvre les Principes directeurs de l'OCDE.

Source : (OCDE, 2018[40]).

Au Maroc, le secteur du textile est un secteur stratégique de l'activité industrielle nationale par sa contribution aux agrégats du secteur : selon le ministère de l'Industrie et du Commerce du Maroc, le secteur du textile compte au moins 1.075 entreprises employant 156.648 salariés, soit 27 % des emplois industriels[31].

Compte tenu du rôle important que joue l'industrie du textile et de l'habillement au Maroc, l'Association marocaine des Industries de Textile et de l'Habillement (AMITH) est un acteur important qui veille à la valorisation et à la défense des intérêts de l'industrie, à la promotion de ses activités et intègre les normes de gouvernance environnementales et sociales à l'ensemble des procédures[32]. La composante CRE étant un facteur de développement du secteur, l'AMITH s'est associée à différents programmes priorisant la durabilité dans toutes les actions déployées par cette dernière auprès des entreprises. Ainsi, en novembre 2021, l'AMITH a présenté sa vision « Dayem Morocco », une feuille de route dont le but est de rassembler l'ensemble des acteurs autour d'objectifs commun pour remettre le textile marocain sur le devant de la scène internationale. La mise en œuvre de Dayem Morocco vise notamment à pérenniser les emplois dans le secteur du textile et de l'habillement, voire d'en créer davantage, assurer des conditions de travail optimales aux collaborateurs du secteur et de devenir une référence en matière de production durable.

En complément des actions menées par les associations, les entreprises du secteur de l'habillement prennent elles aussi des initiatives visant à promouvoir la CRE. Par exemple, la société de textile Reciclados Tanger a investi 68.5 millions USD et a signé un protocole d'accord avec le Ministère de l'industrie et du commerce et la Société financière internationale, portant sur la création d'une unité de recyclage de déchets textiles. La nouvelle usine est conçue pour traiter les déchets textiles de pré et post-consommation, contribuant ainsi à la promotion de l'économie circulaire, de même qu'à la création d'emplois.

En outre, dans le cadre du programme SwitchMed financé par l'UE, l'Organisation des Nations Unis pour le développement industriel a mis à la disposition des entreprises marocaines des auditeurs spécialisés dans l'implémentation des bonnes pratiques liées au traitement des déchets textiles, à l'utilisation des produits chimiques toxiques et au traitement des eaux usées. Ce soutien permet aux entreprises marocaines de minimiser l'impact environnemental de leurs activités industrielles, d'améliorer leurs pratiques de sécurité et de santé, et de renforcer leur engagement envers la responsabilité environnementale et sociale, des éléments importants de la CRE.

7.7. L'État en tant qu'acteur économique : montrer l'exemple en matière de CRE

De plus en plus de normes, notamment de l'OCDE, dans différents domaines de politiques publiques abordent le rôle des États pour encourager la CRE. Ainsi le Projet de Recommandations de l'OCDE sur le rôle de l'État dans la promotion de la conduite responsable des entreprises met en exergue l'importance du rôle que peuvent jouer les États en la matière, notamment en créant un cadre de politiques publiques propre à encourager, soutenir et promouvoir les pratiques responsables des entreprises, y compris au travers de leur rôle d'acteurs économique (OCDE, s.d.[41]). La promotion et la mise en œuvre des normes CRE par l'État ne servent pas uniquement l'intérêt public, mais renforcent également la légitimité du gouvernement pour émettre des recommandations aux entreprises privées en la matière. Aujourd'hui au Maroc, les marchés publics, les entreprises publiques et la promotion des investissements présentent des opportunités particulièrement prometteuses pour promouvoir la CRE.

7.7.1. Les marchés publics et la CRE

Les marchés publics sont un outil stratégique pour promouvoir la CRE dans la mesure où ils offrent au gouvernement un moyen de montrer l'exemple, en intégrant des normes d'entreprise responsable dans leurs politiques et pratiques d'achat, permettant ainsi de préserver l'intérêt public et d'assurer la responsabilité des dépenses publiques. Une telle pratique peut inciter les entreprises à intégrer, à leur tour, des pratiques commerciales responsables et une diligence raisonnable fondée sur le risque dans leurs chaînes d'approvisionnement mondiales (OCDE, 2020[42]). Ceci est d'autant plus le cas au Maroc, où les marchés publics représentent entre 15 % et 17 % au Maroc (OCDE et ICPC, 2019[43]). Qui plus est, les marchés publics sont considérés comme un domaine à haut risque en raison des montants en jeu, de la complexité des procédures et de l'interaction étroite entre le secteur public et le secteur privé (OCDE et ICPC, 2019[43]). Eu égard au rôle stratégique que jouent les marchés publics, plusieurs instruments internationaux ont été mis en place afin de réguler ces derniers (Encadré 7.6).

Encadré 7.6. Recommandation su Conseil de l'OCDE sur les marchés publics

Le Conseil

V. RECOMMANDE que les Adhérents tiennent compte du fait que tout recours au système de passation de marchés publics en faveur d'objectifs secondaires devrait être mis en balance avec l'objectif principal de la passation du marché.

À cet effet, les Adhérents devraient :

i) Évaluer l'intérêt d'un recours aux marchés publics en tant que méthode pour contribuer à la réalisation d'objectifs secondaires conformément aux priorités nationales claires, en mettant en balance les avantages potentiels et la nécessité d'optimiser les ressources. Il devrait être pris en compte l'aptitude du personnel chargé de la passation de marchés publics à œuvrer en faveur d'objectifs secondaires et la charge que représente le suivi des progrès accomplis sur la voie de la réalisation de ces objectifs.

ii) Développer une stratégie adaptée pour l'intégration des objectifs secondaires au système de passation de marchés publics. Au cas où des marchés publics seraient mis au service d'objectifs secondaires, il faudrait dûment procéder à des travaux de planification, d'analyse de la situation de départ, d'évaluation des risques et de définition des résultats attendus qui serviraient ensuite de point de départ à l'élaboration de plans d'action ou de directives d'application.

iii) Employer une méthode d'analyse d'impact adaptée afin d'évaluer dans quelle mesure la passation de marchés publics permet de contribuer à la réalisation des objectifs secondaires. Les retombées de tout recours au système de passation de marchés publics au service d'objectifs secondaires devraient être évaluées en fonction de critères adaptés, afin d'offrir aux responsables publics les renseignements dont ils ont besoin quant aux avantages et aux coûts du dispositif. Il faudrait mesurer l'efficacité tant au niveau de chaque marché qu'au niveau des résultats visés sur le terrain de l'action publique. De plus, l'effet global du recours à la passation de marchés publics au service d'objectifs secondaires devrait être évalué périodiquement, pour répondre à une potentielle surcharge d'objectifs.

Source : (OCDE, 2015[44]).

Compte tenu du rôle majeur joué par les marchés publics dans l'économie nationale marocaine et du risque qu'ils présentent, il est crucial que ces derniers soient régis par des normes de conduite strictes. Ainsi, la Constitution de 2011 consacre un titre spécifique à la bonne gouvernance dans le secteur public. En particulier, l'article 154 de la Constitution édicte expressément que les services publics « *sont soumis aux normes de qualité, de transparence, de reddition des comptes et de responsabilité, et sont régis par les principes et valeurs démocratiques consacrés par la Constitution* ». Les principes clés de la Constitution de 2011 en matière de bonne gouvernance dans le secteur public ont été intégrés dans le décret n° 2-12-349 du 20 mars 2013 relatif aux marchés publics, et plus récemment dans le décret n° 2-22-431 du 8 mars 2023 relatif aux marchés publics. À ce titre, la réforme récente de la législation relative aux marchés publics vise à promouvoir l'intégration des dimensions économique, sociale environnementale et de développement durable dans les marchés publics (Maroc, 2023[45]).

Plusieurs principes généraux, tels que la liberté d'accès à la commande publique, l'égalité de traitement des concurrents ou encore la transparence dans les choix du maître d'ouvrage, sont intégrés au cœur de la législation marocaine en matière de passation de marchés publics. L'article 1er du le décret n° 2-22-431 du 8 mars 2023 dispose que la passation des marchés publics obéit notamment aux règles de bonne gouvernance et édicte que la passation des marchés publics doit désormais prendre en considération non seulement le respect de l'environnement et les objectifs du développement durable, précédemment prévu dans le décret n° 2-12-349 du 20 mars 2013, mais également des considérations écologiques, la préservation des ressources en eau, l'efficacité énergétique ou encore les exigences liées à l'encouragement de l'innovation, la recherche et le développement.

Les critères d'évaluation des offres techniques des soumissionnaires prévus dans le décret n° 2-22-431 du 9 mars 2023 intègrent également des considérations de protection de l'environnement et de durabilité, bien au-delà des critères qui étaient prévus par le décret n° 2-12-349 du 20 mars 2013. Ainsi, lorsque la soumission d'une offre technique est requise, cette dernière peut prévoir que le marché doit être exécuter de manière efficace eu égard aux considérations de protection de l'environnement, de préservation des ressources hydrauliques, de développement des énergies renouvelables ou encore au transfert de connaissances qu'implique l'exécution du marché (article 31). Par ailleurs, s'agissant des offres avec pré-sélection, ces dernières peuvent être soumises, en fonction de la nature des marchés, à des critères relevant de la notion de la CRE. Ainsi les critères d'évaluation en matière de marché de travaux, de fournitures et de services, comprennent notamment l'efficacité liée à la protection de l'environnement et au développement durable, le développement des énergies renouvelables ou encore la préservation des ressources hydrauliques (article 51). Ces critères d'évaluation sont également applicables en cas de concours (article 69) et de prestations architecturales (article 101). En outre, la déclaration sur l'honneur requise pour l'établissement d'un dossier doit comprendre l'engagement de ne pas recourir à des pratiques de fraude ou de corruption des personnes qui interviennent dans les différentes procédures de passation, de gestion et d'exécution des marchés (article 100). Le décret n° 2-22-431 du 9 mars 2023 favorise en outre l'accès au marché de certaines catégories de soumissionnaires, notamment les citoyens marocains (article 147), les TPME (article 148) ou encore les groupements d'entreprises (article 150).

Il convient de noter que la passation de marchés publics se fait par voie électronique au Maroc, permettant ainsi de diminuer de manière significative les interactions entres agents publics et fournisseurs potentiels, ce qui à terme, contribue à améliorer l'intégrité du système des marchés publics (OCDE, 2018[24]).

L'analyse des cadres juridiques et réglementaire du Maroc en matière de marchés publics montre que le gouvernement est de plus en plus attentif à l'élaboration de stratégies visant à utiliser les marchés publics comme méthode pour poursuivre des objectifs politiques plus larges, tels que la promotion de l'emploi, la création de la valeur ajoutée, le renforcement de la transparence ou encore l'amélioration du climat des affaires (Maroc, 2023[45]). En 2019, le Guide sur l'intégrité dans les marchés publics au Maroc conçu par l'OCDE afin d'aider les acheteurs publics marocains à préserver et améliorer l'intégrité dans les marchés publics, avait noté que système réglementaire marocain de passation des marchés publics reste relativement complexe au Maroc, puisqu'il était réglementé par plus de 40 décrets, lois, ordonnances et arrêtés (OCDE et ICPC, 2019[43]). La nouvelle législation en matière de passation de marché public tend à unifier le régime juridique applicable à la commande publique (qui couvre désormais les prestations architecturales, les marchés passés par les collectivités territoriales et une liste d'établissements publics et autres) (Maroc, 2023[45]), facilitant ainsi l'accès à cette dernière.

Pour aller plus loin, le Maroc pourrait intégrer des exigences concernant plus directement la CRE, comme le devoir de diligence ou l'obligation de divulguer des informations non-financières par les concurrents, parmi les critères d'évaluation et l'admission d'un marché public.

Au niveau institutionnel, la Trésorerie Générale du Royaume, une autorité centrale au sein du Ministère de l'Économie et des Finances, joue un rôle clé dans le système de passation des marchés publics ; cette dernière a été activement impliqué dans la rédaction du décret n° 2-22-431 du 9 mars 2023 relatif aux marchés publics, gère le système de passation électronique de marchés publics et le portail des marchés publics et est chargé du contrôle des dépenses publiques et des marchés publics (OCDE et ICPC, 2019[43]).La Commission Nationale de la Commande Publique, organe administratif placé auprès du Secrétariat Général du gouvernement, assure également l'intégrité du système par le biais de son rôle d'organe consultatif/politique pour les questions de marchés publics, les formations qu'elle organise et le traitement des recours qui lui sont soumis (OCDE, 2018[24]).

7.7.2. Les établissements et entreprises publiques (EEP)

Les entreprises publiques jouent un rôle important dans un grand nombre d'économie et sont souvent les principaux fournisseurs de services d'intérêt général essentiels ; de ce fait, leur bonne gouvernance est un paramètre essentiel pour l'efficacité et l'ouverture des marchés tant sur le plan national qu'international (OCDE, 2015[46]). Plusieurs instruments de l'OCDE abordent donc la notion d'entreprise publique et prescrivent des recommandations à leur égard (Encadré 7.7).

Encadré 7.7. Les instruments OCDE applicables aux entreprises publiques

Les Lignes directrices de l'OCDE sur la gouvernance des entreprises publiques

Les Lignes directrices de l'OCDE sur la gouvernance des entreprises publiques, adoptées pour la première fois en 2005 et mis à jour en 2015, ont été élaborées à l'intention de l'État en charge de l'actionnariat public et contiennent des conseils à l'intention des conseils d'administration et des dirigeants d'entreprises publiques. Elles contiennent un ensemble de bonnes pratiques concernant le cadre juridique et réglementaire régissant les entreprises publiques, la professionnalisation de la fonction d'actionnaire de l'État et les régimes de gouvernance des entreprises publiques. Ces dernières édictent que l'État doit conduire une politique actionnariale prenant pleinement en compte les responsabilités des entreprises publiques vis-à-vis des parties prenantes et obliger les entreprises publiques à rendre compte des relations qu'elles entretiennent avec les parties prenantes.

Elles contiennent un chapitre dédié aux relations avec les parties prenantes et à la responsabilité des entreprises, définissant les attentes de l'État vis-à-vis des entreprises publiques en ce qui concerne la CRE. Ainsi, les entreprises publiques sont tenues d'observer des normes strictes en matière de CRE, y compris à l'égard de l'environnement, des salariés ou de la santé, et leurs agissements doivent obéir aux normes internationales applicables. Les conseils d'administration et les dirigeants des entreprises publiques doivent également veiller à ce qu'elles prennent corps dans la gouvernance de ces dernières. Les attentes de l'État en matière de CRE doivent être communiquées de façon claire et transparente.

Les Principes directeurs de l'OCDE à l'intention des entreprises multinationales

Les Principes directeurs de l'OCDE sont applicables à toutes les entreprises, nonobstant leur propriété ou leur statut juridique. Les adhérents sont donc tenus d'appliquer les Principes directeurs de l'OCDE aux entreprises publiques qu'ils contrôlent.

Le Projet de Recommandation sur le rôle de l'État dans la conduite responsable des entreprises

Le projet de Recommandation sur le rôle de l'État dans la conduite responsable des entreprises recommande que les Adhérents donnent l'exemple et prennent des mesures pour promouvoir la CRE et en être l'exemple lorsqu'ils agissent en tant qu'acteurs économiques et dans leurs activités commerciales, notamment en définissant et divulguant publiquement des attentes claires concernant le respect par les entreprises publiques des normes CRE, ainsi que des mécanismes efficaces de mise en œuvre.

Source : (OCDE, 2015[46] ; OCDE, 2023[2] ; OCDE, s.d.[41]).

Les entreprises publiques, ou établissements et entreprises publiques au Maroc (EEP), jouent un rôle primordial dans l'économie marocaine, compte tenu de leurs interventions multiples notamment dans l'offre de services publics, dans la réalisation de projets structurants pour le développement économique et social, ou encore dans l'aménagement du territoire. En chiffres, les EEP représentent 7.4 % du PIB et leur volume d'investissement représente 19.2 % de la formation brute de capital fixe et près de 45 % de l'investissement public (Lekhal et Khaji, 2021[47]).

C'est pour cette raison qu'en 2021, le Maroc s'est doté d'une annexe au Code de bonnes pratiques de gouvernance d'entreprises spécifique à la gouvernance des EEP (Maroc, 2012[48]). L'État, du fait de son rôle d'actionnaire et de contrôleur, s'assure du degré de prise en compte par les EEP des recommandations formulées dans ce dernier, y compris celles relatives à la CRE, par le biais de différents mécanismes de suivi. La Direction des Entreprises Publiques et de la Privatisation au sein du ministère de l'Économie et des Finances est chargée de piloter et d'accompagner les réformes et restructuration du secteur des EEP, notamment la modernisation de la gouvernance des EEP et la gestion et l'exécution des stratégies et projets des EEP[33]. L'Organe de Gouvernance veille à ce que l'EEP agisse dans le sens des missions qui lui ont été assignées en conformité avec la politique générale du Gouvernement, notamment celle en matière de RSE (à titre d'exemple, les standards contenu dans le code de bonnes pratiques de gouvernance, l'intégration des objectifs RSE dans les programmes d'investissement et de développement en orientant les projets vers des solutions durable permettant la protection des ressources et de l'environnement ou encore en prioritisant le recours aux énergies renouvelables).

La Direction des Entreprises Publiques et de le Privatisation a également mis en place un modèle type de la charte du comité de gouvernance ; ce dernier a été diffusé auprès des EEP et prévoit que les membres dudit comité peuvent proposer régulièrement des programmes de formation destinés aux membres du conseil d'administration, notamment en matière de RSE des EEP.

Selon les autorités marocaines, les représentants de l'État au sein des EEP contribuent aussi à l'adoption et au suivi des différents Plans d'Action Environnemental et Social permettant de faire face aux différents risques environnementaux et sociaux liés aux activités des EEP.

La prise en compte par les EEP des différentes recommandations de l'État en matière de RSE, à savoir celles édictées dans les codes de bonnes pratiques de gouvernance, celles découlant des stratégies nationales en matière environnementale et sociale ou encore les engagement pris par les EEP dans leurs Plans d'Action Environnemental et Social font l'objet d'un contrôle par le biais de rapports annuels par les contrôleurs de l'État et les commissaires du gouvernement[34].

En 2021, le Maroc a adopté une nouvelle loi-cadre n° 50-21 relative à la réforme des EEP, tendant à restructurer et repositionner ces dernières sur le marché afin qu'elles contribuent plus efficacement dans le plan de relance économique du Maroc. L'un des principaux objectifs de cette réforme consiste à améliorer la gouvernance des EEP et à rehausser leur efficience économique et sociale. Cette loi consacre un chapitre dédié exclusivement à la gouvernance des EEP et dispose que l'État a l'obligation d'œuvrer à l'instauration des pratiques de bonne gouvernance des EEP[35].

7.7.3. L'inclusion de considérations de CRE dans les traités d'investissement

La politique des investissements est un moyen important pour les gouvernements de promouvoir des pratiques responsables de la part des entreprises. En intégrant des considérations relatives à la CRE, telles que la protection de l'environnement, la mise en œuvre des normes du travail, la lutte contre la corruption ou encore le respect des droits de l'homme dans leurs accords d'investissement, les gouvernements peuvent promouvoir un comportement responsable dans les chaines d'approvisionnements mondiales et encourager leurs partenaires d'investissement à observer des considérations environnementales et sociales et à contribuer au développement durable (OCDE, 2015[1]). Au-delà des dispositions directement relatives à la CRE, les traités d'investissement peuvent contenir des clauses par le biais desquels les signataires s'engagent à encourager les entreprises à respecter les principes et les normes de la CRE reconnus internationalement.

Dans le cas du Maroc, certains traités d'investissement marocains contiennent des dispositions relatives aux objectifs CRE et aux responsabilités des investisseurs ; ces dispositions varient en termes de portée et de précision. Au moins trois TBI conclus par le Maroc contiennent des références expresses à ces objectifs[36]. À titre d'exemple, le TBI Nigeria-Maroc dispose que les parties aux traités sont tenues de respecter la « *responsabilité sociale* » due à l'autre partie (article 13), que ces dernières s'engagent à ne pas encourager l'investissement en réduisant les garanties octroyées en vertu du droit du travail, de la santé publique et de la sécurité (article 15) et à prendre les mesures nécessaires afin de prévenir et combattre la corruption (article 17). Le TBI Nigéria-Maroc met également à la charge des investisseurs et de leurs investissements des obligations en matière de CRE : les investissements doivent répondre aux obligations minimums en matière de RSE (article 19) et s'efforcer, dans la mesure du possible, à contribuer au développement durable de l'État hôte à travers des pratiques relevant de la CRE (article 24).

Le nouveau modèle marocain de TBI, quant à lui, intègre désormais pleinement les considérations liées à la CRE et souligne dans son préambule « *l'importance de la conduite responsable des entreprises, de la promotion des principes de transparence et de la lutte contre la corruption* ». Il met expressément à la charge des parties contractantes et des investisseurs des obligations relatives à la CRE.

Ainsi, le nouveau modèle de TBI marocain met à la charge des parties contractantes une obligation de transparence et d'information (article 16) et une obligation de maintien des normes en matière de santé publique, de travail, d'environnement et de sécurité. À ce titre, les parties s'engagent à ne pas « *renoncer ou déroger de quelque autre manière, ni offrir des assouplissements pour renoncer ou déroger de quelque autre manière* » au mesures nationales liées aux thématiques susvisés dans le but d'encourager et de promouvoir l'investissement (article 17).

Le nouveau modèle marocain de TBI consacre également un chapitre exclusivement dédié aux obligations des investisseurs, qui couvre notamment la lutte contre la corruption, le blanchiment des capitaux et le financement du terrorisme (article 19) ou encore la responsabilité sociale et environnementale des investisseurs (article 20). À titre d'exemple, les investisseurs ainsi que leurs investissements doivent s'efforcer « *de contribuer au développement durable de la Partie Hôte et de la collectivité locale au moyen de pratiques responsables* » ainsi qu'à la formation du capital humain, à la création d'emplois et au transfert de technologie (articles 20.1 et 20.2).

Le nouveau modèle de TBI marocain prévoit également que les investisseurs étrangers « *s'efforceront d'appliquer la Déclaration de principes tripartite sur les entreprises multinationales et la politique sociale de l'Organisation Internationale du Travail et les Principes directeurs de l'OCDE à l'intention des entreprises multinationales ainsi que les normes particulières ou sectorielles de conduite responsable qu'encouragent les Parties* » (article 20.3).

Les investisseurs sont tenus de gérer ou exploiter leurs investissements « *en conformité avec les obligations internationales en matière de droits humains et de travail, de conduite responsable des entreprises, de protection de la santé et de l'environnement, en accord avec les objectifs d'atténuation et d'adaptation au changement climatique* » (article 20.4). En cas de litige devant une instance judiciaire, toute violation par l'investisseur des engagements susvisés sera prise en compte dans la fixation du montant de l'indemnité (article 20.5).

Depuis la publication de son nouveau modèle de TBI en 2019, le Maroc a conclu des TBI respectivement avec le Japon et le Cap-Vert. Seul le TBI conclu avec le Cap-Vert intègre les dispositions citées ci-dessus. Le TBI conclu avec le Japon n'intègre pas de considérations liées à la CRE.

7.8. Le Point de Contact National Marocain

Les adhérents à la Déclaration de l'OCDE sur l'investissement international sont tenus de mettre en place un PCN, mécanisme de mise en œuvre des Principes directeurs de l'OCDE, qui a pour mandat de promouvoir la connaissance et l'utilisation de ces derniers et de contribuer à la résolution des problèmes qui surviennent à propos de la mise en œuvre des Principes directeurs dans des circonstances spécifiques. Le PCN peut également appuyer les efforts déployés par le gouvernement pour élaborer, mettre en œuvre et renforcer la cohérence des politiques visant à promouvoir la conduite responsable des entreprises (OCDE, 2023[2]).

À la suite de son adhésion à la Déclaration en novembre 2009, le Maroc s'est engagé à mettre en œuvre les Principes directeurs de l'OCDE. Le rôle de PCN était assuré par l'Agence Marocaine de Développement des Investissements et des Exportations (AMDIE) entre 2010 et 2014, et ce jusqu'à la publication de la circulaire du chef de gouvernement en date du 5 septembre 2014 mettant formellement en place le PCN marocain. Depuis sa création, le PCN marocain déploie ses meilleurs efforts pour atteindre l'équivalence fonctionnelle que prône les Principes directeurs, à savoir la visibilité, l'accessibilité, la transparence et la responsabilité.

7.8.1. Les modalités institutionnelles du PCN marocain

Afin de permettre aux PCN de s'acquitter pleinement de leurs responsabilité d'un manière qui remplisse les critères d'efficacité en place, les adhérents sont tenus de mettre à la disposition du PCN les ressources humaines et financières nécessaires, tout en tenant compte de leurs capacités et pratiques budgétaires internes (OCDE, 2023[2]).La composition, l'organisation et les ressources mises à disposition du PCN doivent permettre à ce dernier d'avoir une structure efficace pour le traitement des questions très diverses soulevées par les Principes directeurs, d'avoir accès à des sources d'expertise sur tous les aspects liés au mandat du PCN, de pouvoir fonctionner en toute impartialité et de respecter le niveau approprié de responsabilité vis-à-vis des gouvernements adhérents (OCDE, 2023[2]).

Ainsi, les PCN doivent répondre à des principes de fonctionnement et peuvent revêtir des structures différentes selon les besoins de chaque pays (Encadré 7.8).

Encadré 7.8. Les principes de fonctionnement des PCN et leurs différentes structures

Le rôle des PCN est de contribuer à une mise en œuvre effective des Principes directeurs. Ainsi, les PCN sont soumis à un nombre de principes qui constitue un ensemble de critères essentiels d'efficacité. Ces principes sont : la visibilité, l'accessibilité, la transparence, la responsabilité, l'impartialité et l'équité, la prévisibilité et la conformité aux Principes directeurs. En fonction de sa situation particulière, chaque PCN doit rechercher l'équivalence fonctionnelle, ce qui signifie que tous les PCN doivent fonctionner avec un degré d'efficacité équivalent, tiré du respect des critères essentiels d'efficacité.

En pratique, les adhérents aux Principes directeurs ont mis en place cinq types de structures de PCN :

- Le PCN à agence unique : Le PCN est composé d'un seul fonctionnaire appartenant à un seul ministère ou d'un groupe de fonctionnaires appartenant à un même service d'un même ministère. En 2022, 22 PCN fonctionnaient en forme d'agence unique (e.g. Argentine, Mexique, Pologne, Ukraine).
- Le PCN inter-agences : Le PCN est composé de représentants de plusieurs ministères ou agences gouvernementales, le secrétariat étant généralement situé dans l'un de ces ministères et composé d'un ou de plusieurs fonctionnaires. En 2022, au moins 16 PCN fonctionnaient en forme inter-agences (e.g. Costa Rica, Japon, Espagne, Uruguay, Brésil, Hongrie).
- Le PCN multipartite : Le PCN est composé d'un groupe de fonctionnaires et de représentants des parties prenantes, généralement avec un secrétariat situé dans l'une des agences gouvernementales représentées. En 2022, 13 PCN fonctionnaient en forme multipartite.
- Le PCN basé sur des experts : Le PCN est composé d'experts nommés par le gouvernement mais extérieurs à ce dernier. Ces PCN sont généralement constitués en tant qu'entités indépendantes du gouvernement, bien qu'ils dépendent de ce dernier pour leur financement et leur secrétariat, basé dans une agence gouvernementale. Les experts peuvent être requis d'agir à titre personnel et de ne pas représenter des intérêts particuliers ou, au contraire, de représenter les points de vue des agences qui les ont nommées. En 2022, quatre PCN fonctionnaient en forme basée sur des experts (e.g. Danemark, Lituanie).

- Le PCN à forme hybride : Les PCN australien et coréen ont été créés selon une structure hybride composée d'éléments dérivés des différents modèles susmentionnées, à savoir un organisme unique et basé sur des experts (Australie) ou une structure multipartite et basée sur des experts (Corée).

Source : (OCDE, 2023[2] ; OCDE, 2022[49]).

La structure du PCN marocain

Entre 2010 et 2014, l'AMDIE assurait la totalité des fonctions du PCN marocain. Par circulaire du Chef du Gouvernement marocain en date du 5 septembre 2014[37], le Maroc a officiellement mis en place le PCN marocain, qui s'est vu doté d'une nouvelle structure interministérielle au sein de laquelle l'AMDIE conserve la présidence. Le secrétariat du PCN marocain est également assuré par l'AMDIE.

En vertu de la circulaire du Chef du Gouvernement du 5 septembre 2014, le PCN marocain est composé de représentants de départements ministériels et instances étatiques ou organismes publics en charge d'un des domaines ayant un lien avec les Principes directeurs, à savoir le ministère chargé des affaires étrangères et de la coopération, le ministère chargé de l'économie et des finances, le ministère chargé de la recherche scientifique, le ministère chargé de l'environnement, le ministère chargé de l'industrie et du commerce, le ministère chargé de l'emploi et des affaires sociales, le ministère chargée des affaires générales, le CNDH, le conseil de la concurrence, l'instance nationale de la probité, de la prévention et de la lutte contre la corruption ainsi que l'AMDIE.

Par ailleurs, en cas de besoin et en fonction de la nature du dossier, le PCN marocain peut s'adjoindre tout autre organisme, institution, autorité locale ou toute autre partie prenantes dont le concours est jugé nécessaire.

L'organisation interministérielle du PCN marocain lui permet de traiter d'un large éventail de questions couvertes par les Principes directeurs, notamment en impliquant les départements ministériels et institutions constitutionnelles dans les activités de promotion des Principes directeurs du PCN ainsi que dans le cadre du traitement des circonstances spécifiques selon les dispositions de son règlement intérieur. Cette composition permet au PCN marocain d'avoir des membres experts dans chacun des chapitres des Principes directeurs.

Depuis le 19 janvier 2023, le PCN marocain s'est doté d'une nouvelle organisation tripartite : son comité consultatif comprend outre les représentants de ministères susmentionnés, un représentant de la CGEM et un représentant des trois syndicats les plus représentatifs (l'Union Marocaine du Travail, la Confédération Démocratique du Travail et l'Union Générale des Travailleurs du Maroc). Le Comité consultatif contribue au bon fonctionnement du PCN dans la cadre de la promotion des principes directeurs et permet d'asseoir une plateforme où les entreprises multinationales, les entreprises marocaines (PME et TPE), de même que les organisations syndicales les plus représentatives peuvent mettre en commun leurs bonnes pratiques, et contribuer à la diffusion et à la promotion des Principes directeurs. La présidence et le secrétariat du PCN restent sous l'égide de l'AMDIE. Cependant, cette structure n'inclut pas les organisations non gouvernementales, ce qui pourrait entraîner des répercussions négatives sur le plan de la confiance des parties prenantes et l'équité avec lesquelles elles sont traitées.

Conformément aux critères essentiels énoncés dans les Lignes directrices de procédure de l'OCDE, le PCN marocain établit et adopte son règlement intérieur fixant les règles de fonctionnement par référence à ces Lignes directrices. Pour toute question du ressort du PCN, les ministères, organismes publics et toute autre partie prenante sont tenus de collaborer avec le PCN et de fournir les informations nécessaires afin de permette à ce dernier de réaliser ses missions dans les meilleures conditions. Les membres du PCN sont quant à eux tenus par une obligation de confidentialité pour tout fait, acte et information dont ils ont pu avoir connaissance à l'occasion de l'accomplissement de leurs fonctions, et ce, même après la fin de leur mandat. Conformément au règlement intérieur du PCN, ce dernier se réunit sur convocation de son président, au moins une fois par an et à chaque fois que les circonstances l'exigent.

Le règlement intérieur du PCN, qui définit le rôle et le fonctionnement du PCN marocain, est en cours de modification.

Les ressources allouées au PCN marocain

Bien que les pays adhérents aux Principes directeurs aient toute latitude pour structurer leur PCN selon leurs besoins, ces derniers sont tenus de fournir les ressources nécessaires à leur PCN afin que ce dernier puisse fonctionner conformément aux critères fondamentaux d'efficacité (OCDE, 2023[2]).

Le personnel actuel du PCN marocain assure le secrétariat depuis 2012, ce qui garantit une solide mémoire institutionnelle. Dans cette même optique, le PCN conserve des archives annuelles et rédige actuellement un document formalisant le travail du secrétariat du PCN (OCDE, 2023[18]).

En termes d'effectif, le personnel du secrétariat du PCN a considérablement diminué au cours des cinq dernières années (OCDE, 2023[18]). En 2023, le PCN marocain comprenait uniquement un membre du personnel, et ce, à temps partiel. Le pourcentage alloué aux travaux liés au PCN pour le membre du personnel actuel a également diminué, passant de 50 % en 2019 à 40 % en 2020 puis à 30 % en 2023 ; pourtant la charge de travail du secrétariat a augmenté (OCDE, 2023[18]). Pour répondre à cette situation, le PCN a fait appel à un cabinet de conseil spécialisé dans les questions de CRE pour les activités en cours de préparation et la participation du PCN à des activités promotionnelles. Il est donc essentiel d'allouer rapidement des ressources humaines supplémentaires au secrétariat du PCN, notamment afin d'accroitre la visibilité du PCN et de renforcer son expertise en matière de médiation (OCDE, 2023[18]).

Depuis 2018, le PCN marocain dispose d'un budget annuel qui lui est propre. Entre 2018 et 2022, ce budget lui a permis de mener à bien toutes ses activités, notamment en termes d'organisation et de calendrier (OCDE, 2023[18]). Néanmoins, en 2023, le budget alloué au PCN n'a pas été suffisant pour permettre à ce dernier d'exercer toutes ses activités ; le budget en place n'a pas suffi pour assurer la gestion efficace et rapide des circonstances spécifiques ou encore pour organiser des évènements promotionnels. Plus généralement, le budget alloué au PCN a diminué de 30 % depuis sa création : en 2020 et 2021 il a été ramené à 20 % de son budget précédent en raison de la situation sanitaire et des restrictions budgétaires qui en découlent. En clair, le PCN ne dispose pas de ressources humaines suffisantes au regard de son mandat et de ses activités (OCDE, 2023[18]).

L'engagement des parties prenantes

Les Procédures de mise en œuvre des Principes directeurs relatifs aux PCN prévoient que les milieux d'affaires, les organisations syndicales et les autres parties prenantes doivent être informés de la mise en place du PCN et de ses activités de promotion, des demandes de renseignements et des discussions sur toutes les questions couvertes par les Principes directeurs.

À cette fin, le PCN marocain a créé un nouveau site web actif au 1er mai 2019, qui répond aux critères essentiels d'équivalence fonctionnelle[38]. L'objectif de ce site est d'accompagner l'essor du PCN marocain, de faciliter l'accès à ce dernier et de garantir une meilleure visibilité auprès de l'ensemble des parties prenantes. Le site web du PCN marocain est disponible en trois langues (français, arabe, anglais. Depuis le lancement du site web, trois grandes campagnes de communication ont été lancées auprès de plus de 26 000 contacts, notamment auprès d'entreprises, de syndicats, d'associations, de chambres professionnelles ou encore du secteur public.

Le site web contient une rubrique « Circonstances spécifiques », qui donne accès à l'onglet « Saisir le PCN », permettant aux utilisateurs de soumettre facilement une plainte. Cet onglet s'affiche dès la première connexion au site web et tout au long de cette dernière. La rubrique « Circonstances spécifiques » affiche également les communiqués du PCN sur les circonstances spécifiques dont il a été saisi et l'issue de la procédure. En outre, tous les mois, le PCN marocain publie sur son site web la « Lettre des Pratiques Responsables des Entreprises », dans laquelle il identifie l'actualité pertinente en matière de CRE au Maroc, en Afrique et dans le monde. Le site web contient des traductions en langue arabe des guides sectoriels de l'OCDE, accessibles à tous les utilisateurs.

Le PCN assure également la promotion de son travail et des Principes directeurs grâce à un compte LinkedIn actif depuis 2021[39].

En conformité avec les Principes directeurs, le PCN marocain prépare chaque année un rapport annuel sur les activités menées l'année précédente, y compris les événements organisés ou auxquels le PCN a pris part pour la promotion des Principes directeurs, ceux visant l'amélioration de la performance des PCN ainsi que l'état d'avancement des circonstances spécifiques reçues par le PCN, les politiques adoptées par le gouvernement en matière de CRE et les initiatives prises en matière de devoir de diligence notamment dans les secteurs spécifiques. Les rapports annuels des années 2012 à 2021 du PCN marocain sont disponibles sur son site web et sont adressés au Comité d'investissement de l'OCDE ; les rapports annuels pour les années 2022 et 2023 n'ont pas été rendus publics[40].

7.8.2. Les activités d'information et de promotion du PCN marocain

Le PCN a pour mission de faire connaitre les Principes directeurs et de les diffuser par les moyens appropriés, y compris par des supports en ligne et dans les langues nationales. Le PCN est également encouragé à promouvoir les guides de l'OCDE sur le devoir de diligence pour une conduite responsable des entreprises et informer au besoin les parties prenantes, y compris les investisseurs potentiels, des Principes directeurs. Au-delà de faire connaitre les Principes directeurs et leurs procédures de mise en œuvre, le PCN doit faire connaitre sa propre existence au sein du pays, notamment en coopérant avec les organismes publics compétents, les milieux d'affaires, les organisations représentant les travailleurs, d'autres organisations non gouvernementales et le public intéressé. Dans le contexte de sa mission de promotion et d'information, le PCN doit répondre aux demandes de renseignement sur les Principes directeurs et les guides OCDE sur le devoir de diligence, ainsi que sur le PCN lui-même (OCDE, 2023[2]).

Encadré 7.9. La Promotion des Principes directeurs par le PCN – Revue par les pairs des Points de contact nationaux pour la conduite responsable des entreprises : MAROC

Les revues par les pairs sont menées par des représentants de deux à quatre autres PCN qui évaluent le PCN examiné et formulent des recommandations. Les revues dressent une cartographie des points forts et des accomplissements des PCN, tout en identifiant les possibilités d'amélioration. Le rapport de revue par les pairs du PCN Marocain publié en 2023 a été préparé par une équipe composée des PCN de la France, de la Pologne et de la Türkiye, ainsi que de représentants du Secrétariat de l'OCDE.

En matière d'activité de promotion, le Rapport sur la revue par les pairs du PCN marocain note que PCN marocain adopte un plan de promotion chaque année depuis 2012. Les plans de promotion consistent en une liste d'actions relevant du plan d'action annuel, de groupes et de représentants de parties prenantes à impliquer, et d'une période indicative pour chaque action. Les plans ne sont pas mis à la disposition du public. Pour 2022, les actions incluent: un bulletin d'information ('newsletter') mensuel contenant des mises à jour sur le CRE et le devoir de diligence; l'établissement d'un partenariat avec une organisation non-gouvernementale visant à inciter les entreprises à la CRE; l'engagement avec deux représentants universitaires par le biais d'activités promotionnelles; de coorganiser des activités promotionnelles thématiques en personne et en ligne avec un partenaire commercial; et de coopérer avec les représentants syndicaux dans le cadre d'activités promotionnelles.

Dans l'ensemble, le PCN et les parties prenantes reconnaissent la nécessité de renforcer la visibilité du PCN. Le PCN ne réalise pas d'études pour mesurer la connaissance des Principes directeurs par les entreprises et les parties prenantes au Maroc. Les parties prenantes ont globalement convenu que le niveau de sensibilisation aux Principes directeurs et aux normes de diligence raisonnable parmi les entreprises au Maroc est élevé, en particulier parmi les grandes entreprises multinationales basées à l'étranger et leurs filiales locales situées dans les pays adhérents. Cependant, les entreprises ont besoin de ressources et de connaissances supplémentaires sur la mise en œuvre des normes CRE. D'autre part, il est également nécessaire de sensibiliser les petites et moyennes entreprises, en particulier dans les domaines clés au niveau régional, notamment lorsque ces entreprises font partie de chaînes de valeur mondiales dans les secteurs agricoles, manufacturiers ou minier.

Source : (OCDE, 2023[18]).

Depuis sa mise en place, le PCN marocain a été très actif en matière de promotion et d'information. Il a organisé plusieurs évènements, ateliers de formations, ainsi que des ateliers de sensibilisation sur la CRE au profit de toutes les parties prenantes aussi bien au niveau national qu'au niveau régional. Les événements ciblés concernent souvent des secteurs clés, notamment le secteur de l'habillement et la chaussure.

En 2021, le PCN marocain a organisé et participé à au moins 6 activités de promotion et d'information (PCN Maroc, 2021[50]). Il a également lancé en 2021 un bulletin d'information axé sur les mises à jour du CRE au Maroc et à l'étranger. Le bulletin fournit aux parties prenantes des mises à jour mensuelles, notamment sur les guides sectoriels sur le devoir de diligence (OCDE, 2023[18]).

En 2022, le PCN a intensifié ses activités de promotion. En septembre 2022, le PCN avait organisé (i) une session au Maroc en parallèle du Forum de l'OCDE sur le devoir de diligence dans le secteur de l'habillement et de la chaussure, (ii) une formation pour les syndicats sur les Principes directeurs et (iii) un webinaire sur les secteurs agro-industriels durables et responsables (OCDE, 2023[18]).

En 2023, le PCN Marocain a organisé ou coorganisé plus de 9 évènements de promotion et d'informations et a participé à plus de 6 évènements pour présenter les Principes directeurs et le travail du PCN. À titre d'exemple, une campagne de communication sur les réseaux sociaux a été lancée pour permettre aux entreprises de témoigner de leur engagement à l'équité entre les genres. Cette initiative a connu la participation de plus de 70 entreprises qui se sont engagées formellement via la plateforme Linkedin, sur des actions en faveur de l'équité professionnelle.

7.8.3. L'examen des circonstances spécifiques par le PCN marocain

En tant que mécanisme de réclamation non judiciaire, le PCN contribue à la résolution des problèmes qui surviennent dans la mise en œuvre des Principes directeurs dans des circonstances spécifiques d'une manière compatible avec les critères essentiels d'efficacité. Il est tenu de publier sa procédure de traitement des affaires et doit offrir un espace de discussion et son expertise sur les Principes directeurs pour assister toutes les parties intéressées.

Au Maroc, le PCN se positionne comme une alternative aux différents mécanismes de règlement des différends. Il est le seul mécanisme non judiciaire de règlement des différends établi par l'État qui prend en compte la CRE et qui joue un rôle sur la chaine d'approvisionnement. Il peut être saisi par toute personne ou organisme qui estime que les Principes directeurs n'ont pas été respectés par une entreprise qui exerce ses activités sur le territoire marocain ou par une entreprise multinationale marocaine sans distinction du lieu d'activité.

La procédure de traitement des affaires par le PCN Marocain est disponible sur le site web de ce dernier et se déroule en trois étapes :

- L'examen de la recevabilité : Le PCN marocain examine la recevabilité de la requête dans un délai de trois mois à compter de la saisine du PCN. Si le ce dernier juge que la requête n'est pas recevable, il publie un communiqué dans lequel sont présentées les questions soulevées ainsi que les motifs de sa décision. *A contrario*, si la requête est jugée recevable, le PCN clôt l'évaluation initiale et rend public un communiqué qui relate le résumé des faits et des procédures et les motifs de sa décision.
- Proposition des bons offices : Lorsque la requête est jugée recevable par le PCN, ce dernier dispose d'un délai de 6 mois pour exercer ses bons offices afin d'aider les parties à résoudre les questions soulevées. Le PCN propose aux parties, à titre gratuit, la médiation ou la conciliation comme mode amiable de règlement des différends et essaye de rapprocher les parties pour qu'elles puissent trouver une solution qui pourrait convenir à tous.
- Rédaction du communiqué ou du rapport : A l'issue du délai de 6 mois relatif à la proposition des bons d'office, le PCN procède à la rédaction d'un communiqué ou d'un rapport dans un délai de 3 mois après consultation des parties impliquées. Si les parties ne sont pas parvenues à un accord, le PCN rend public un communiqué dans lequel il peut formuler un ensemble de recommandations à l'intention de l'entreprise, et en concertation avec les parties, réalise un suivi de ces recommandations. Au contraire, si les parties sont parvenues à un accord, le PCN rédige un rapport, suite auquel il peut, en concertation avec les parties, assurer le suivi.

L'édition 2023 des Principes directeurs ayant supprimé la différence entre le communiqué et le rapport, il serait opportun pour le PCN marocain de mettre à jour sa procédure de traitement des affaires le plus rapidement possible, en consultation avec ses parties prenantes. (OCDE, 2023[2])

Entre 2016 et 2022, le PCN marocain a été saisi à cinq reprises ; les plaintes concernent le plus souvent la publication d'informations, l'emploi et les relations professionnelles, et les droits de l'Homme. En 2023, le PCN marocain a reçu quatre nouvelles plaintes à travers son site web, toutes relatives à l'emploi et les relations professionnelles ; ces saisines sont toujours en cours.

Encadré 7.10. Les circonstances spécifiques – Revue par les pairs des Points de contact nationaux pour la conduite responsable des entreprises : MAROC

Les revues par les pairs sont menées par des représentants de deux à quatre autres PCN qui évaluent le PCN examiné et formulent des recommandations. Les revues dressent une cartographie des points forts et des accomplissements des PCN, tout en identifiant les possibilités d'amélioration. Le rapport de revue par les pairs du PCN Marocain publié en 2023 a été préparé par une équipe composée des PCN de la France, de la Pologne et de la Türkiye, ainsi que de représentants du Secrétariat de l'OCDE.

Selon le Rapport sur la revue par les pairs du PCN marocain, les parties prenantes et les parties aux circonstances spécifiques conclues ont salué la clarté des communications, la proactivité du secrétariat du PCN et les efforts déployés pour s'aligner sur les délais indicatifs, même si elles ont également demandé plus de clarté concernant les règles de procédure applicables. Les parties ont exprimé leur grande confiance dans le secrétariat du PCN et ont salué l'accessibilité, la transparence et l'impartialité du processus.

Pour renforcer la confiance des plaignants potentiels, le PCN marocain pourrait fournir des détails supplémentaires dans ses communiqués sur les questions soulevées et la justification des décisions dans des circonstances spécifiques. Le PCN devrait également assurer le suivi de ses recommandations et préciser les délais pertinents dans la documentation officielle et dans la pratique. Cela permettrait de renforcer la prévisibilité du processus et la visibilité du PCN.

Source : (OCDE, 2023[18]).

Il convient de noter qu'aucun chevauchement de compétence n'existe entre les services de médiation assurés par le PCN marocain et l'institution marocaine du Médiateur du Royaume dans la mesure où la compétence de l'un et de l'autre n'est pas la même. En effet, l'institution du Médiateur du Royaume fournit des services de médiation dans les litiges qui opposent l'Administration et les usagers de cette dernière. Le PCN marocain, quant à lui, fournit des services de médiation à toute personne physique ou morale ou tout organisme qui estime que les Principes directeurs n'ont pas été respectés dans ses relations avec une entreprise.

7.9. Le soutien aux efforts des gouvernements en matière de promotion de la CRE

L'édition 2023 des Principes directeurs permet aux PCN, le cas échéant et en coordination avec les organismes publics compétents, de soutenir les efforts de leur gouvernement en vue d'élaborer, de mettre en œuvre et de favoriser la cohérence des politiques en matière de promotion de la CRE. La fourniture ou la demande d'un tel soutien devrait prendre en compte les ressources du PCN et sa capacité à s'acquitter de ses responsabilités (OCDE, 2023[2]).

Les dispositions actuelles du PCN ne lui permettent pas de soutenir les efforts du gouvernement pour favoriser la cohérence des politiques liées à la CRE. Bien que la structure du PCN implique différents ministères, il n'a pas diffusé d'informations parmi les autorités gouvernementales concernées dans le cadre de sa structure actuelle.

Un plan national sur les entreprises et les droits de l'homme n'a toujours pas vu le jour au Maroc.

Références

Ahdadou, M., A. Ajly et M. Tahrouch (2021), « La gouvernance des entreprises au Maroc: Evolutions et défis », *Revue des Etudes Multidisciplinaire en Sciences Economiques et Sociales*, https://hal.science/hal-03562815/document. [34]

AMMC, CGEM et CESE (2017), *Guide sur la Responsabilité Sociétale des Entreprises et le reporting ESG*, http://presentation_des_rapports_basse_def (ammc.ma). [13]

Amnesty International (2024), *La situation des droits humains dans le monde*, https://www.amnesty.org/fr/documents/pol10/7200/2024/fr/. [20]

CESE Auto saisine n° 26/2016 (2016), *Responsabilité Sociétale des Organisations: Mécanismes de transition vers un développement durable*, https://www.cese.ma/media/2020/10/Avis-Responsabilit%C3%A9-Soci%C3%A9tale-des-Organisations.pdf. [12]

CGEM (2022), *Pacte National des Nations Unis - Communication sur le progrès Janvier 2020 à Janvier 2022*, https://cgem.ma/wp-content/uploads/2024/02/CGEM-Pacte-Mondial-COE-2020-2021.pdf. [37]

CGEM (s.d.), *Règles d'attribution du Label RSE de la CGEM*, https://cgem.ma/wp-content/uploads/2024/02/Regles-dattribution.pdf. [36]

CNDH (2024), *Rapport annuel sur la situation des droits de l'Homme 2023*. [19]

CNDH (2022), *Redéfinir les priorités pour consolider l'effectivité des droits, Rapport annuel sur la situation des droits de l'homme au Maroc*, https://www.google.com/url?sa=t&rct=j&q=&esrc=s&source=web&cd=&ved=2ahUKEwiiu_uv0KGGAxVKVKQEHUQdB94QFnoECBIQAQ&url=https%3A%2F%2Fwww.cndh.ma%2Ffr%2Frubriques%2Fdocumentation%2Fpublications%2Frapports-annuels&usg=AOvVaw1rNP4hsEZBdmveV7CUG1bG&opi=89978449. [21]

CNDH (2015), *La liberté associative au Maroc*, https://www.cndh.ma/sites/default/files/la_liberte_associative_au_maroc_memo_fr.pdf. [17]

CSI (2023), *Indice CSI des droits le monde 2023*, https://files.mutualcdn.com/ituc/files/2023_ituc_global_rights_index_fr.pdf. [22]

HCP (2024), *Inégalités des salaires hommes-femmes en milieur ubrain et Rôle de la discrimination sexiste*, https://www.hcp.ma/Inegalites-des-salaires-hommes-femmes-en-milieu-urbain-Role-de-la-discrimination-sexiste_a3834.html. [15]

HCP (2023), *La Femme Marocaine en Chiffres*, https://www.hcp.ma/downloads/?tag=Femme+marocaine+en+chiffres. [14]

IMA (2015), *Enquête sur les pratiques de gouvernance des sociétés cotées*, https://www.institut-administrateurs.ma/images/Rapportsocits%20cotes%20VF2016.pdf. [33]

INPPCL (2023), *Rapport annuel au titre de l'année 2022*, https://inpplc.ma/fr/publications. [29]

INPPLC (s.d.), *Guide de dénonciation*, https://inpplc.ma/fr/guide-de-denonciation. [30]

ITUC CSI IGB (2021), *Rapport des violations des Droits synidcaux*, https://survey.ituc-csi.org/Morocco.html?lang=fr#tabs-3. [23]

Lekhal, M. et Y. Khaji (2021), « La réforme de la gouvernance des entreprises publiques au Maroc: vers la centralisation de la fonction d'actionnaire de l'Etat », *Revue Française d'Economie et de Gestion*, vol. 2/10, https://www.google.com/url?sa=t&rct=j&q=&esrc=s&source=web&cd=&ved=2ahUKEwjV7KP9lbOGAxW9XaQEHSkNB64QFnoECBAQAQ&url=https%3A%2F%2Fwww.revuefreg.fr%2Findex.php%2Fhome%2Farticle%2Fdownload%2F393%2F281%2F1185&usg=AOvVaw1Nc9EqNWj_CBJChsVRQzmF&opi=89978449. [47]

Maroc (2023), *Note de service de la Trésorerie Générale du Royaume sur les principaux apports de la réforme des marchés publics*, https://medias24.com/2023/06/19/la-reforme-des-marches-publics-resumee-par-la-tgr-document/. [45]

Maroc (2022), *Code de bonne gouvernance d'entreprises 2022 - Code spécifique aux entreprises faisant appel public à l'épargne*, https://www.ammc.ma/sites/default/files/Code_APE_2021_0.pdf. [31]

Maroc (2021), *Programme gouvernemental 2021-2026*, https://social.gov.ma/programme-gouvernemental/. [27]

Maroc (2017), *Stratégie Nationale de Développement Durable 2030, Rapport Final*, https://mtedd.gov.ma/images/Rapport_Strategie_Nationale_DD_juin2017_Mai_2017_Web.pdf. [8]

Maroc (2012), *Code marocain de bonnes pratiques de gouvernance des entreprises et établissements publics - Annexe au Code marocain de bonnes pratiques de gouvernance d'entreprise*, https://www.finances.gov.ma/Publication/depp/2013/Codegouvernance_fran%C3%A7ais.pdf. [48]

Maroc (2008), *Code Marocain de bonnes pratiques de gouvernance d'entreprises*, https://www.ammc.ma/sites/default/files/CODE_MAROCAIN.pdf. [32]

Ministère de la Transition Énergétique et du Développement Durable du Maroc (2022), *Principales conclusions de l'évaluation de la Stratégie Nationale de Développement Durable et feuille de route pour sa refonte*, https://www.environnement.gov.ma/images/SNDD/fr/PCE_SNDD.pdf. [11]

Observatoire marocain des TPME (2023), *Rapport annuel 2021-2022*, https://omtpme.ma/wp-content/uploads/2023/11/Rapport-consolide-25.10.-VF.pdf. [35]

OCDE (2023), *Examens de l'OCDE sur la gouvernance publique : Maroc: Pour une administration résiliente au service des citoyens*, Examens de l'OCDE sur la gouvernance publique, Éditions OCDE, Paris, https://doi.org/10.1787/1a0272c0-fr. [26]

OCDE (2023), *OCDE Principes Directeurs de l'OCDE à l'intention des Entreprises multinationales, Rapport sur la revue par les pairs du point de contact national, Maroc*, OCDE, Paris, https://mneguidelines.oecd.org/ncps/national-contact-point-peer-reviews-maroc.pdf. [18]

OCDE (2023), *Principes directeurs de l'OCDE à l'intention des entreprises multinationales sur la conduite responsable des entreprises*, Éditions OCDE, Paris, https://doi.org/10.1787/0e8d35b5-fr. [2]

OCDE (2023), *Recommandation sur le rôle de l'État dans la promotion de la conduite responsable des entreprises*, OCDE, Paris, https://legalinstruments.oecd.org/fr/instruments/OECD-LEGAL-0486?_ga=2.59669353.555665762.1707466412-627857389.1696261480. [7]

OCDE (2022), *Rapport Annuel sur les Points de Contact Nationaux pour la Conduite Responsable des Entreprises*, OCDE, Paris, https://mneguidelines.oecd.org/annual-report-of-NCPs-for-RBC-2022.pdf. [49]

OCDE (2021), *Perspectives des politiques d'investissement au Moyen-Orient et en Afrique du Nord*, Éditions OCDE, Paris, https://doi.org/10.1787/efcc255a-fr. [39]

OCDE (2019), *Rapport annuel sur les Principes directeurs de l'OCDE à l'intention des entreprises multinationales 2018*, OCDE, Paris, http://mneguidelines.oecd.org/2018-Annual-Report-MNE-Guidelines-FR.pdf?_ga=2.122215563.1417115804.1714381095-627857389.1696261480. [6]

OCDE (2018), *Diagnostic d'intégrité au Maroc: Mettre en œuvre des politiques d'intégrité pour renforcer la confiance*, Examens de l'OCDE sur la gouvernance publique, Éditions OCDE, Paris, https://doi.org/10.1787/9789264302693-fr. [24]

OCDE (2018), *Guide OCDE sur le devoir de diligence applicable aux chaînes d'approvisionnement responsables dans le secteur de l'habillement et de la chaussure*, Éditions OCDE, Paris, https://doi.org/10.1787/9789264290648-fr. [40]

OCDE (2015), *Cadre d'action pour l'investissement, édition 2015*, Éditions OCDE, Paris, https://doi.org/10.1787/9789264235441-fr. [1]

OCDE (2015), *Lignes directrices de l'OCDE sur la gouvernance des entreprises publiques, Édition 2015*, Éditions OCDE, Paris, https://doi.org/10.1787/9789264244221-fr. [46]

OCDE (2015), *Recommandation du Conseil de l'OCDE sur les marchés publics*, OCDE, Paris, https://www.oecd.org/fr/gov/commande-publique/Recommandation-OCDE-sur-les-marches-publics.pdf. [44]

OCDE (2011), *Convention sur la lutte contre la corruption d'agents publics étrangers dans les transactions commerciales internationales*, Éditions OCDE, Paris, https://doi.org/10.1787/216f8fdb-fr. [25]

OCDE (s.d.), *Projet de Recommandation de l'OCDE sur le rôle de l'Etat dans la promotion de la CRE*, OCDE, Paris, https://mneguidelines.oecd.org/Projet-de-recommandation-sur-le-role-de-l-Etat-dans-la-promotion-de-la-conduite-responsable-des-entreprises.pdf. [41]

OCDE, BIT et HCR (2019), *Entreprises responsables: les messages clés des instruments internationaux*, OCDE, Paris, https://mneguidelines.oecd.org/entreprises-responsables-les-messages-cles-des-instruments-internationaux.pdf. [3]

OCDE et ICPC (2019), *Guide sur l'intégrité dans les marchés publics au Maroc*, OCDE, Paris, https://www.oecd.org/gov/public-procurement/publications/Guide-integrite-dans-marches-publics-Maroc.pdf. [43]

OECD (2020), *Integrating Responsible Business Conduct in Public Procurement*, Éditions OCDE, Paris, https://doi.org/10.1787/02682b01-en. [42]

OCDE et al. (2019), *Responsible Business: Key Messages from International Instruments*, OCDE, Paris, https://mneguidelines.oecd.org/Brochure-responsible-business-key-messages-from-international-instruments.pdf?_ga=2.38303591.555665762.1707466412-627857389.1696261480. [5]

ONU (2011), *Principes directeurs relatifs aux entreprises et aux droits de l'homme*, https://digitallibrary.un.org/record/720245?ln=fr. [4]

ORSEM/AtlantaSanad Assurance (2021), *Guide RSE Les conditions du travail au Maroc*, https://www.atlantasanad.ma/sites/default/files/Guide-RSE-ORSEM-AtlantaSanad.pdf. [38]

PCN Maroc (2021), *Rapport Annuel PCN Marocain*, https://pcnmaroc.ma/wp-content/uploads/2022/09/NATIONAL%20CONTACT%20POINT%202021%20REPORT%20TO%20THE%20OECD%20MOROCCO.pdf. [50]

Sustainable Development Solutions Network (2023), *Sustainable Development Report 2023, Implementing the SDG Stimulus*, https://s3.amazonaws.com/sustainabledevelopment.report/2023/sustainable-development-report-2023.pdf. [9]

Transparency International (2023), *Corruption Perceptions Index - Morocco*, https://www.transparency.org/en/countries/morocco. [28]

Wolf, M. et al. (2022), *2022 Environmental Performance Index*, CT: Yale Center for Environmental Law & Policy, https://epi.yale.edu/downloads/epi2022report06062022.pdf. [10]

World Economic Forum (2023), *Global Gender Gap Report 2023*, https://www3.weforum.org/docs/WEF_GGGR_2023.pdf. [16]

Notes

[1] LOI n° 2017-399 du 27 mars 2017 relative au devoir de vigilance des sociétés mères et des entreprises donneuses d'ordre, https://www.legifrance.gouv.fr/jorf/id/JORFTEXT000034290626/.

[2] Pour plus d'informations sur les conventions internationales conclues par le Maroc en matière d'environnement et développement durable, voir le site du Ministère de la Transition Énergétique et du Développement Durable accessible au lien suivant https://www.environnement.gov.ma/fr/lois-et-reglementations/conventions-et-accords.

[3] Pour plus d'informations sur l'élection du Maroc à la présidence du CDH, voir le lien suivant https://news.un.org/fr/story/2024/01/1142222.

[4] Pour plus d'informations sur les conventions internationales conclues par le Maroc en matière de droit du travail, voir le site de l'OIT, accessible au lien suivant https://www.ilo.org/dyn/normlex/fr/f?p=NORMLEXPUB:11200:0::NO::P11200_COUNTRY_ID:102993.

[5] La CNEDD défini le développement durable comme étant « *une démarche de développement qui s'appuie dans sa mise en œuvre sur le caractère indissociable des dimensions économique, sociale, culturelle et environnementale des activités de développement et qui vise à répondre aux besoins du présent sans compromettre la capacité des générations futures dans ce domaines* » (article 9).

[6] Communiqué de Presse, Ministère de l'Énergie, des Mines et de l'Environnement, Département de l'Environnement, Le Pacte de l'Exemplarité de l'Administration (PEA), un engagement formel de l'Administration Marocaine en matière de développement durable, accessible au lien suivant https://www.environnement.gov.ma/images/actualites/communique_Pdfs/CP-PEA-19012021-FR.pdf.

[7] Pour plus d'information, voir le site du SGG accessible au lien suivant http://www.sgg.gov.ma/Legislation.aspx.

[8] Il convient de noter que le CESE vient remplacer le Conseil Économique et Social, dont les missions sont désormais élargies aux questions environnementales et de développement durable.

[9] En 2011, le CESE a mis en place un Référentiel de normes et d'objectifs « *pour impulser des contrats partenariaux au service d'une nouvelles charte sociale marocaine tournée vers l'avenir* », qui vise à identifier principes et les droits fondamentaux économiques, sociaux, culturels et environnementaux reconnus par le Maroc, à recommander les processus indispensables à l'effectivité de ces droits et de ces principes, à définir les indicateurs pertinents pour leur suivi et l'évaluation de leurs progrès ainsi qu'à promouvoir la gouvernance responsable, le développement et la sécurité économique et la démocratie sociale. Pour plus d'information, voir « Pour nouvelle charte sociale, Des normes à respecter et des objectifs à contractualiser », Rapport du CESE, Auto-Saisine n° 1/2011, accessible au lien suivant https://www.cese.ma/media/2020/07/Rapport-du-Conseil-Economique-et-Social-Pour-une-Nouvelle-Charte-Sociale.pdf.

[10] Le *World Justice Project Rule of Law Index* repose sur une analyse comparative de l'étendue du respect par les pays des principes universels d'un État de droit. L'indexe évalue et classe les pays en fonction d'indicateurs clés de l'État de droit, notamment le contrôle des pouvoirs publics, la corruption et la transparence, les droits fondamentaux et l'égalité des droits, l'ouverture du gouvernement, l'engagement civique, la sécurité, la réglementations des entreprises et le fonctionnement des systèmes de justice réglementaire, pénale et civile. Le profil du Maroc est accessible au lien suivant https://worldjusticeproject.org/rule-of-law-index/country/2023/Morocco/.

[11] Le *World Justice Project Rule of Law Index* repose sur une analyse comparative de l'étendue du respect par les pays des principes universels d'un État de droit. L'indexe évalue et classe les pays en fonction d'indicateurs clés de l'État de droit, notamment le contrôle des pouvoirs publics, la corruption et la transparence, les droits fondamentaux et l'égalité des droits, l'ouverture du gouvernement, l'engagement civique, la sécurité, la réglementations des entreprises et le fonctionnement des systèmes de justice réglementaire, pénale et civile. Le profil du Maroc est accessible au lien suivant https://worldjusticeproject.org/rule-of-law-index/country/2023/Morocco/.

[12] Le Code de travail de 2003 contient à ce jour un chapitre relatif au travaux interdits aux femmes (et aux mineurs) excluant ainsi ces dernières de certaines activités tels que les travaux souterrains effectués au fond des mine

[13] Pour plus d'informations, voir https://cndh.ma/fr/processus-delaboration-du-panddh/presentation-du-plan-daction-national-en-matiere-de-democratie-et.

[14] Pour plus d'informations, voir https://www.undp.org/fr/morocco/blog/droits-humains-et-developpement-durable-quel-chemin-parcouru-par-le-maroc.

[15] Le CNDH indique qu'il continue de réitérer sa recommandation auprès du gouvernement pour la mise en place d'un plan d'action sur les entreprises et les droits de l'Homme dans le cadre de la politique publique, qui définit les priorités et les actions que le gouvernement adoptera pour soutenir la mise en œuvre des engagements internationaux dans ce domaine, en particulier les Principes directeurs des Nations unies relatifs aux entreprises et aux droits de l'Homme.

[16] Pour plus d'informations, voir https://www.ohchr.org/fr/business/state-national-action-plans-business-and-human-rights.

[17] *Voir section* Les mécanismes de recours en matière de droit de l'environnement et de développement durable.

[18] Pour plus d'informations, voir le lien suivant https://cgem.ma/actualites/la-cgem-promeut-son-dispositif-de-mediation-sociale/.

[19] Pour plus d'informations sur la Stratégie Nationale de Lutte Contre la Corruption, voir le livret accessible au lien suivant https://www.mmsp.gov.ma/sites/default/files/publications/Livretstrategie_LCC_fr.pdf.

[20] Discours du Chef du Gouvernement en date du 21 janvier 2020 au sujet de la stratégie nationale de lutte contre la corruption, voir le résumé du discours au lien suivant https://www.cg.gov.ma/fr/interventions-au-parlement/le-chef-du-gouvernement-la-bataille-de-lutte-contre-la-corruption-ne.

[21] Discours du Président de l'INPPLC du 6 décembre 2023 – pour plus d'informations, voir le lien suivant https://medias24.com/2023/12/06/linstance-anticorruption-devoile-sa-premiere-enquete-de-terrain-et-constate-une-deterioration/.

[22] L'Institut Marocain des Administrateurs (IMA) a été créé en juin 2009 sous forme d'une association à but non lucratif ayant pour mission principale de fournir la formation, l'information et l'expertise nécessaires aux administrateurs de sociétés, en vue de promouvoir les bonnes pratiques de gouvernance d'entreprise au sein des conseils d'administration et de professionnaliser la fonction d'administrateur.

[23] L'Observatoire de la TPME est une association à but non-lucrative créée suite à une initiative prise par Bank Al-Maghrib. Son rôle est de mettre à la disposition des secteurs public et privé des statistiques sur la TPME, de réaliser des études généralistes et thématiques en relation avec la TPME, ou encore de coopérer avec les institutions et organisations nationales et internationales actives en matière de TPME. Pour plus d'information sur l'Observatoire de la TPME, voir le lien suivant https://omtpme.ma/qui-sommes-nous/.

[24] Pour plus d'informations, voir https://marocpme.gov.ma/.

[25] Pour plus d'informations, voir https://marocpme.gov.ma/programme-tatwir-croissance-verte/.

[26] *Voir* la section sur L'engament de la Confédération Générale des Entreprises du Maroc dans la mise en œuvre de pratiques CRE.

[27] Pour plus d'informations sur le Label CGEM voir https://cgem.ma/actualites/le-label-cgem-pour-la-responsabilite-sociale-de-lentreprise/. Pour plus d'informations sur les travaux de la Commission RSE de la CGEM, voir https://cgem.ma/structures/commissions-permanentes/commission-rse-et-diversite-2/.

[28] *« Le patronat marocain lance un cycle de formation RSE au profit des entreprises »*, InforMédiaire, 16 novembre 2021, accessible au lien suivant https://www.infomediaire.net/le-patronat-marocain-lance-un-cycle-de-formation-rse-au-profit-des-entreprises/.

[29] Entretien avec Saadia Slaoui Bennani, Présidente de la Commission Entreprise Responsable et Citoyenne, 24 février 2021, accessible au lien suivant https://www.valyans.com/en/2021/02/24/saadia-slaoui-bennani-dresse-le-bilan-des-strategies-pour-legalite-professionnelle-interview/.

[30] L'Observatoire de la RSE, créé en 2017, est une plateforme d'information et d'échanges sur la RSE au Maroc. Il a pour objectif la mise en avant des pratiques exemplaires des entreprises en matière de RSE, la promotion des pratiques responsables au sein du pays et la stimulation de la recherche scientifique sur la RSE au Maroc. Pour plus d'information, voir le lien suivant https://maroc-diplomatique.net/creation-de-lobservatoire-de-responsabilite-societale-entreprises-maroc/.

[31] Pour plus d'informations, voir le site du Ministère de l'Industrie et du Commerce, accessible au lien suivant https://www.mcinet.gov.ma/fr/content/industrie/secteurs-industriels/textile.

[32] Pour plus d'informations, voir Présentation — AMITH.

[33] Pour plus d'informations, voir https://www.finances.gov.ma/fr/Ministere/Pages/depp.aspx.

[34] Pour plus d'informations, voir https://www.finances.gov.ma/fr/Pages/publications.aspx.

[35] Loi-cadre n° 50-21 relative à la réforme des établissement et entreprises publics, Chapitre V, https://www.ilo.org/dyn/natlex/docs/ELECTRONIC/113116/141637/F-900292188/MAR-113116.pdf.

[36] *Voir*, TBI Nigéria-Maroc, TBI Brésil-Maroc, TBI Cap-Vert-Maroc.

[37] La circulaire n° 9/2014 du Chef du Gouvernement du 5 septembre 2014 est accessible au lien suivant https://pcnmaroc.ma/wp-content/uploads/2020/10/CIRCULAIRE-V-FR.pdf.

[38] Le site web du PCN marocain est accessible au lien suivant https://pcnmaroc.ma/fr/.

[39] Revue par les pairs des Points de Contact Nationaux pour la conduite responsable des entreprises : Maroc, OCDE 2023.

[40] Les rapports annuels du PCN marocain sont accessibles au lien suivant https://pcnmaroc.ma/fr/rapports/.

8 L'investissement au service de la transformation numérique

Ce chapitre analyse la manière dont l'investissement peut faciliter la transformation numérique au Maroc. Il examine les tendances de l'investissement en matière d'économie numérique ainsi que les objectifs que le Maroc s'est fixé pour attirer l'investissement dans le numérique et les stratégies qu'il a élaborées pour y parvenir. Ce chapitre analyse ensuite les facteurs qui influent sur l'investissement dans l'économie numérique et identifie les domaines dans lesquels le Maroc a accompli des progrès notables, ainsi que ceux où de nouvelles réformes pourraient être envisagées. En outre, ce chapitre se concentre sur les aspects les plus importants pour le Maroc et pour les investisseurs, à savoir l'amélioration de l'accès au numérique et de la confiance dans les opérations numériques, la promotion de l'usage du numérique, la promotion des investissements dans les secteurs de haute technologie et les incitations faites aux entreprises d'adopter de nouveaux outils numériques.

8.1. Introduction et orientations générales

La transformation numérique n'est plus une affaire de choix stratégique ; la technologie, les infrastructures, les services et les données numériques sont aujourd'hui indispensables à l'économie mondiale, et affectent profondément la manière dont les individus, les entreprises et les pouvoirs publics opèrent et interagissent (Encadré 8.1). La transformation numérique de l'économie et de la société crée de nouvelles opportunités de croissance économique et de bien-être, à commencer par des gains en matière d'innovation, de productivité et d'inclusion économique et sociale. Elle s'accompagne aussi d'importants défis en modifiant, parfois en profondeur, nos méthodes de travail et nos modes de vie. La pandémie de COVID-19 a accéléré ces changements : les emplois, les services publics et les interactions sociales sont aujourd'hui plus que jamais dépendants des technologies numériques. La pandémie a mis en exergue les avantages procurés par les outils numériques, mais aussi les lacunes importantes – sur le plan de l'accès au numérique et des politiques publiques – qui persistent pour soutenir les changements numériques et exploiter les gains positives de la transformation numérique (OCDE, 2020[1]).

La transformation numérique est alimentée, dans une large mesure, par l'investissement. Ceci est notamment le cas dans de nouvelles entreprises, de nouveaux services, de nouveaux processus et de nouvelles compétences, ainsi que dans les infrastructures qui sous-tendent les technologies numériques. Au-delà des financements, l'investissement privé -- et l'investissement direct étranger (IDE) en particulier -- peut faire progresser la numérisation à la fois par l'activité directe des entreprises, et indirectement dans leurs interactions avec l'économie d'accueil. Les entreprises étrangères ont tendance à être plus productives et plus avancées sur le plan numérique que leurs homologues nationales ; en apportant de nouvelles technologies, pratiques et compétences, elles peuvent rehausser la productivité et la numérisation d'un secteur. En effet, en comparaison aux entreprises nationales, les entreprises étrangères présentes au Maroc sont plus productives, mènent plus d'activités de recherche et développement (R&D), et utilisent en moyenne davantage de technologies étrangères (Chapitre 2). De par leurs interactions avec les entreprises nationales, notamment dans les interactions avec des fournisseurs nationaux, les entreprises étrangères peuvent en outre faciliter les transferts de technologie et de compétences numériques vers d'autres segments de l'économie (OCDE, 2021[2]). Comme pour les autres avantages potentiels de l'IDE, des politiques et des stratégies ciblées sont nécessaires pour encourager ces retombées positives (Chapitre 2).

L'investissement dans l'économie numérique peut par ailleurs contribuer à de nombreux objectifs de développement du Maroc, notamment la création d'emplois et d'emplois de meilleure qualité, le développement de l'entrepreneuriat, de la compétitivité et des opportunités économiques dans les régions (voir Chapitre 6 sur l'investissement pour le développement territorial), et l'amélioration des services publics. Le Maroc a mis en œuvre plusieurs réformes importantes à cet égard, mais il est important qu'il continue sur cette voie afin de soutenir la transformation numérique globale du Royaume. De plus, le gouvernement pourrait envisager des nouvelles initiatives, en complément des réformes déjà entreprises, pour améliorer le climat de l'investissement dans les secteurs à forte intensité numérique et encourager les investisseurs à contribuer positivement au développement numérique.

Encadré 8.1. Développement numérique, transformation numérique et économie numérique

La numérisation correspond à la conversion de données et de processus analogiques dans un format lisible par la machine. Le développement du numérique désigne quant à lui l'utilisation des technologies et données numériques, ainsi que les interconnexions qui donnent lieu à la naissance d'activités nouvelles ou à l'évolution d'activités existantes. On entend par « transformation numérique » les effets économiques et sociétaux de la numérisation et du développement du numérique.

L'économie numérique englobe l'ensemble des activités économiques qui dépendent de l'utilisation d'intrants numériques ou qui sont considérablement améliorées par cette utilisation, notamment les technologies numériques, l'infrastructure numérique, les services numériques et les données. Elle désigne tous les producteurs et consommateurs, y compris les pouvoirs publics, qui utilisent ces intrants numériques dans leurs activités économiques.

Source : (OCDE, 2019[3] ; OCDE, 2020[4]).

Une large gamme de politiques influencent l'investissement dans l'économie numérique. Celles-ci comprennent des facteurs qui affectent le développement numérique global d'un pays, y compris l'accès, l'utilisation et la confiance dans les technologies et les données numériques. La couverture et l'efficacité des infrastructures numériques, les compétences numériques des salariés et des consommateurs, ainsi que les politiques relatives à la protection des données, à la cybersécurité et à la protection des consommateurs en ligne sont également essentielles au développement du numérique. Tout aussi important est l'écosystème de l'innovation, qui inclut les possibilités offertes aux entrepreneurs et l'état de la recherche et du développement au niveau national, ainsi que le fait que les politiques du marché du travail soient adaptées aux nouvelles méthodes de travail (OCDE, 2020[5]) Ces facteurs, combinés aux éléments qui influent sur le climat général de l'investissement (notamment la politique dans le domaine des échanges, de la fiscalité et de la concurrence), constituent ensemble une économie numérique susceptible d'attirer les investisseurs. Les pouvoirs publics peuvent également adopter des politiques spécifiques visant à améliorer le climat de l'investissement pour les startups de haute technologie et à encourager les retombées positives de cet investissement.

Le Maroc a engagé de nombreuses réformes importantes pour soutenir la transformation numérique du pays et attirer les investissements dans l'économie numérique. Il s'agit entre autres de développer les infrastructures, d'adapter le cadre juridique et réglementaire, de promouvoir les investissements dans l'industrie manufacturière de haute technologie et les services de technologies de l'information et de la communication (TIC) (offshore), et de dématérialiser les services publics et renforcer les compétences digitales du citoyen marocain.

Ce faisant, l'enjeu est désormais de mettre pleinement en œuvre ces politiques et d'en assurer l'adoption par les entreprises et la société dans son ensemble. La priorité est d'accompagner les investisseurs et les consommateurs et de les sensibiliser aux nouvelles politiques et technologies. Malgré la célérité de ces évolutions et de ces initiatives, d'autres réformes sont à envisager pour lever les dernières contraintes à la croissance de l'économie numérique ; à ce titre, il convient notamment d'améliorer l'accès aux infrastructures numériques et leur qualité sur l'ensemble du territoire, de continuer d'adapter le cadre réglementaire et de soutenir l'entrepreneuriat dans les secteurs à forte intensité numérique. Les réformes pourraient également renforcer davantage l'appui aux startups innovantes et aux services numériques essentiels (comme le cybercommerce), en plus des initiatives explorées dans ce chapitre, encourageant ainsi une adoption plus large du numérique par les entreprises et les consommateurs. Enfin, la réalisation des ambitions numériques affichées par le gouvernement nécessitera l'octroi de ressources suffisantes allouées à cet effet, étayé par une stratégie au plus haut niveau de l'État, et une pleine capacité institutionnelle de mettre en œuvre les réformes. Il est positif que le gouvernement soit en train de développer une telle stratégie, avec un nouveau budget à cet effet.

Ce chapitre analyse la manière dont l'investissement peut soutenir une transformation numérique inclusive au Maroc. Il examine d'abord les objectifs, la stratégie et le cadre institutionnel mis en place par le Maroc à l'appui du développement du numérique et de l'investissement, et offre un panorama des tendances de l'investissement dans l'économie numérique. Il examine ensuite les facteurs qui influent sur l'investissement dans l'économie numérique et met en lumière les avancées significatives accomplies par le Maroc et les domaines où de nouvelles réformes devraient être envisagées. Si de nombreux facteurs méritent d'être ici analysés, ce chapitre se concentre sur les questions et domaines les plus pertinents et cruciaux pour les investisseurs opérant au Maroc. Il s'agit d'enjeux fondamentaux pour la croissance de l'économie numérique, notamment : faciliter l'accès au numérique, soutenir la confiance dans les opérations numériques, constituer un pool de talents marocains dans les filières numériques et promouvoir l'usage d'outils numériques. Pour tirer parti des avantages de l'investissement pour la transformation numérique, des réformes spécifiques sont nécessaires pour soutenir la croissance des secteurs de haute technologie et encourager le recours généralisé à des outils numériques nouveaux dans l'ensemble de l'économie.

Recommandations d'action

- **Continuer d'adapter le cadre juridique et réglementaire pour mieux servir les investisseurs dans les secteurs à forte intensité numérique, stimuler l'entrepreneuriat et améliorer l'accès aux capitaux.** L'amélioration du climat de l'investissement pour les startups de haute technologie peut soutenir une transformation numérique plus large de l'économie, car les startups, généralement pionnières dans le numérique, peuvent promouvoir une culture de l'entrepreneuriat et de l'innovation. Le Maroc pourrait aussi examiner les freins au développement des services numériques tels que le commerce électronique, qui peuvent servir de catalyseurs de la transformation numérique d'autres secteurs. Soutenir leur essor nécessite d'avancer l'inclusion financière.
- **Considérer des exceptions à la réglementation des changes pour améliorer l'accès national aux services TIC étrangers, y compris les services de cloud et de marketing**. Sans pour autant modifier la politique monétaire, le gouvernement pourrait réfléchir à des exceptions spécifiques pour des entreprises nationales afin d'acheter plus de services TIC innovants à l'étranger. L'Office des Changes a pris certaines mesures innovantes dans ce sens et pourrait envisager d'en élargir le champ.
- **Veiller à ce que les institutions soient dotées d'un mandat et de financements adéquats pour pouvoir atteindre leurs objectifs**. Le Maroc est notamment en train d'élaborer une stratégie nationale de haut niveau pour le développement numérique. Les stratégies nationales sont des outils clés pour la coordination des politiques, et une approche à l'échelle de l'ensemble de l'administration est particulièrement pertinente pour avancer la transformation numérique. Cette stratégie pourrait être mieux intégrée dans la stratégie de promotion de l'investissement du Maroc, afin que les investisseurs aient connaissance des opportunités d'investissement dans l'économie numérique et d'encourager la mise à niveau numérique ou l'amélioration des compétences.
- **Concrétiser les initiatives récentes en faveur du développement de l'économie numérique, et accompagner les entreprises et les citoyens dans la nécessaire adaptation aux changements induits par cette transformation**. Grâce à une récente vague de réformes, le Maroc dispose déjà d'un cadre juridique propre à soutenir le développement du numérique ; des réformes supplémentaires pourraient permettre d'adapter davantage la législation en vigueur aux spécificités des secteurs numériques. Des politiques complémentaires sont aujourd'hui en cours de conception afin d'accroître la confiance dans les outils numériques et leur usage, notamment les initiatives en faveur de l'administration électronique. Cela nécessite des ressources adéquates pour former les administrations et pourrait inclure de nouvelles mesures pour encourager les entreprises à adopter les technologies numériques et à développer leurs compétences numériques.

8.2. Investissement dans l'économie numérique : objectifs et tendances

8.2.1. Définir l'économie numérique

L'économie numérique peut avoir de nombreuses significations. Réduire ce concept à quelques secteurs de haute technologie reviendrait à omettre les transformations profondes des moyens de production et des processus dans de nombreux secteurs induites par les technologies et les données numériques, et la façon dont les intrants numériques sont utilisés par les individus et la société. Au sens le plus large du terme, et au regard de l'éventail des activités qui ont recours à des données numérisées, l'ensemble de l'économie peut être considérée comme « numérique ». Ainsi, la définition large retenue par l'OCDE – et adoptée dans le présent chapitre – englobe toutes les activités économiques qui dépendent de l'utilisation d'intrants numériques ou qui sont sensiblement améliorées par cette utilisation (Encadré 8.1). Selon cette acceptation, l'économie numérique inclut :

- Les producteurs de biens et de services numériques dans le domaine des TIC ;
- Les entreprises qui dépendent entièrement de la technologie numérique (y compris les nouveaux modèles économiques tels que les plateformes numériques d'intermédiation comme les plateformes de cybercommerce et les médias sociaux) ; et
- Les entreprises dont les activités sont sensiblement améliorées par les intrants numériques (y compris tous les secteurs d'activité « traditionnels » qui ont profondément modifié leurs pratiques sous l'effet de la transformation numérique) (OCDE, 2020[4]).

Cette définition large appréhende la façon dont la transformation numérique touche différents segments de l'économie ainsi que les possibilités de numérisation dans l'ensemble des secteurs. Tous les secteurs n'abordent pas la transformation numérique de la même manière : certains investissent davantage dans les services TIC, d'autres dans l'automatisation, d'autres encore dans la vente en ligne. Ce chapitre suit la taxonomie de l'intensité numérique établie par l'OCDE pour définir les secteurs en fonction de leur intensité numérique élevée, moyenne à élevée, faible à moyenne ou faible (Encadré 8.2) (Calvino et al., 2018[6]).

Encadré 8.2. Taxonomie OCDE de l'intensité numérique des secteurs

La taxonomie OCDE de l'intensité numérique met en lumière la manière et la mesure dans laquelle les différents secteurs ont adopté la transformation numérique. Chaque secteur varie selon le développement et l'adoption des technologies numériques, le capital humain nécessaire pour les intégrer dans la production, et la mesure dans laquelle il utilise les outils numériques pour interagir avec les clients et les fournisseurs. La taxonomie s'emploie à rendre compte de ces disparités, en examinant les performances moyennes de 36 secteurs dans les pays de l'OCDE* selon cinq indicateurs de la transformation numérique sur deux périodes temporelles (2001-03 et 2013-15). Les indicateurs du développement numérique sont les suivants :

- Part de l'investissement dans les technologies de l'information et des communications (TIC)
- Part des achats de biens et de services TIC intermédiaires
- Utilisation de robots (stock de robots pour 100 salariés)
- Part des salariés spécialistes des TIC
- Part du chiffre d'affaires généré par les ventes en ligne

La taxonomie révèle d'importantes variantes dans la façon dont différents secteurs abordent la transformation numérique. Certains secteurs obtiennent un score élevé pour l'ensemble des indicateurs, notamment les télécommunications, les services TIC et la finance. D'autres ont tendance à afficher des performances médiocres pour tous les indicateurs, comme l'immobilier, la construction, l'agriculture et les industries extractives. Au milieu de l'échelle de distribution, de nombreux secteurs ont adopté certains éléments de la transformation numérique, comme les achats de services TIC intermédiaires (par exemple, le stockage de données), mais pas d'autres (comme la vente en ligne). Pour les secteurs de l'industrie manufacturière et des services situés au milieu de l'échelle de distribution, les performances peuvent varier considérablement d'un pays à l'autre, reflétant les différences de développement numérique et de sophistication du secteur dans chaque pays. Par exemple, on constate d'importantes différences concernant les ventes en ligne et l'utilisation de robots d'un pays à l'autre.

En utilisant la performance moyenne de chaque secteur pour tous les indicateurs, la taxonomie propose un classement de l'intensité numérique globale d'un secteur. Les secteurs à forte intensité de numérique se classent généralement dans le quartile supérieur des indicateurs de la transformation numérique ; il s'agit des télécommunications, des services TIC, de la finance et de la fabrication de matériels de transport. Les secteurs à intensité moyenne (qui se situent dans le troisième quartile supérieur) comprennent les secteurs de fabrication comme les équipements informatiques et électriques, ainsi que certains services (commerce de gros et de détail). Les secteurs à intensité faible à moyenne incluent la plupart des autres secteurs manufacturiers, tandis que les secteurs à faible intensité de numérique (dans le quartile inférieur pour tous les indicateurs) englobent les secteurs primaires et les services à faible contenu technologique comme l'immobilier et le tourisme.

Cette taxonomie souffre de quelques limites notables. En s'appuyant sur des données au niveau des secteurs et non des entreprises, elle ne rend pas compte des différences de développement numérique au sein d'un même secteur. Certaines entreprises actives dans des secteurs à forte intensité de numérique peuvent ne pas avoir adopté des outils et pratiques numériques. La taxonomie reflète uniquement la performance de secteurs dans un échantillon de pays de l'OCDE ayant un PIB par habitant similaire. Les secteurs d'économies émergentes et en développement peuvent afficher des performances différentes en fonction des indicateurs. Néanmoins, cette taxonomie révèle des tendances de la numérisation dans les différents secteurs, suggérant quels secteurs deviennent plus « numériques » et selon quelles modalités.

Note : Les données relatives à certains indicateurs ne sont pas disponibles dans tous les pays. La taxonomie se fonde sur le plus grand « dénominateur commun » des pays pour lesquels tous les indicateurs sectoriels peuvent être élaborés : Australie, Autriche, Danemark, États-Unis, Finlande, France, Italie, Japon, Norvège, Pays-Bas, Royaume-Uni et Suède. Secteurs basés sur la classification CITI rév. 4.
Source : (Calvino et al., 2018[6]).

8.2.2. Stratégie de développement numérique du Maroc

Le Maroc voit dans la transformation numérique un axe fondamental de son modèle de développement, essentiel pour soutenir la productivité, l'innovation et la diversification économique, au service de la croissance économique. Le développement numérique peut aussi transformer la mise en œuvre des politiques publiques, améliorer la confiance des citoyens et des entreprises dans les pouvoirs publics et résorber les inégalités sociales dans le Royaume.

Les objectifs du Maroc en matière de développement du numérique sont détaillés dans différentes notes d'orientation stratégiques, au nombre desquelles la Note d'Orientations Générales pour le Développement du Digital au Maroc à Horizon 2025, préparée par l'agence gouvernementale qui se consacre à la mise en œuvre de la stratégie de l'état en matière de développement du digital, l'Agence de Développement du

Digital (ADD) (Encadré 8.3). Les principaux objectifs sont également définis dans la stratégie 2023 de l'Agence Nationale de Réglementation des Télécommunications (ANRT) (voir la section 8.3.1 ci-dessous). Le développement du numérique figure parmi les principaux leviers du changement dans le Nouveau Modèle de Développement (NMD) ; ces recommandations, mises au point par une commission nommée par le Roi, sont actuellement étudiées par l'ensemble des administrations. Il n'existe actuellement aucune stratégie nationale pour le développement du numérique au niveau du chef du gouvernement ou des ministères, néanmoins le Ministère de la Transformation Numérique et de la Réforme de l'Administration (MTNRA) est en train d'en élaborer une. Une stratégie nationale à haut niveau est tout particulièrement importante en matière de développement du numérique, car ce domaine exige des efforts coordonnés dans divers domaines. Par le passé, le ministère alors chargé de l'économie numérique avait élaboré des stratégies nationales, notamment Maroc Numeric 2013 (mis au point en 2008) et Plan Maroc Numérique 2020 (lancé en 2016).

Ces notes d'orientation, ainsi que la dernière stratégie nationale du Maroc (Maroc 2020) soulignent plusieurs priorités communes en matière de développement numérique, parmi lesquelles :

- Améliorer l'accès au numérique et l'inclusion numérique dans le Royaume ;
- Mettre à profit la transformation numérique pour offrir de meilleurs services publics, y compris la numérisation de l'administration publique ;
- Soutenir la croissance des secteurs à forte intensité de numérique et les avantages résultant de la transformation numérique de l'économie dans son ensemble ;
- Promouvoir le développement des compétences numériques au sein de l'administration, de la société et des entreprises.

Les orientations stratégiques de l'ADD (Note d'Orientations Générales pour le Développement du Digital au Maroc à Horizon 2025, résumées dans l'Encadré 8.3) définissent plusieurs objectifs spécifiques se rattachant à ces priorités, et formulent des recommandations d'action pour les atteindre. Les orientations préconisent le développement d'une architecture digitale intégrée et définissent les prérequis en termes de mise en œuvre de cette dernière, à savoir un modèle de gouvernance clair, doté d'outils de pilotage performants, avec des choix d'infrastructure structurants effectués de façon coordonnée. Les orientations préconisent également d'intégrer une perspective sectorielle et régionale, en mettant en place une perspective participative et centrée sur l'usager. En dépit du fait que cette note présente une vision cohérente du développement numérique, elle ne constitue pas un plan d'action spécifique et ne propose pas de budget dédié à sa mise en œuvre. Formuler une nouvelle stratégie nationale, conjuguée à une feuille de route claire pour atteindre des objectifs, permettrait de rehausser l'importance stratégique des recommandations de l'ADD. Le NMD mentionne également que l'absence de stratégie nationale à haut niveau limite la capacité de l'ADD et d'autres acteurs de poursuivre des objectifs d'action.

Au cours des deux dernières décennies, le Maroc a accompli des progrès notables dans la mise en œuvre de ses stratégies nationales antérieures pour le développement du numérique, notamment en améliorant l'accès de la société aux technologies numériques, en adaptant le cadre juridique et réglementaire et en dématérialisant certaines démarches administratives. Ce chapitre souligne l'importance de ces progrès pour attirer l'investissement dans l'économie numérique. Néanmoins, un certain nombre d'objectifs liés à ces stratégies n'ont pas été pleinement réalisés. Cela a probablement entraîné des conséquences sur l'investissement, comme en témoigne le niveau actuellement modéré d'IDE dans les secteurs à forte intensité de numérique (voir Potentiel de croissance de l'IDE dans les secteurs à forte intensité de numérique).

Encadré 8.3. Les objectifs stratégiques du Maroc en matière de développement du numérique

Les orientations stratégiques actuelles du gouvernement pour le développement du numérique sont détaillées dans la « Note d'Orientations Générales pour le Développement du Digital au Maroc à Horizon 2025 » (Horizon 2025). Cette note identifie les obstacles rencontrés lors de la mise en œuvre des stratégies précédentes, prend en compte les tendances et évolutions internationales dans le domaine, ainsi que les exigences de développement du digital et souligne que la transformation numérique peut être un puissant levier pour relever les défis socioéconomiques du pays.

La note définit une vision de développement à mettre en place au Maroc à l'horizon 2025 :

- Une administration digitale au service des citoyens et des entreprises.
- Une économie compétitive grâce aux gains de performances amenés par le digital et au développement des secteurs technologiques.
- Une société inclusive grâce au digital.

Ces priorités générales se déclinent en objectifs stratégiques spécifiques :

- Transformer les interactions avec l'administration publique, via la digitalisation de bout en bout des parcours citoyen/entreprise prioritaires, permettant d'améliorer la satisfaction des citoyens et des entreprises vis-à-vis des services rendus par l'administration dans ce cadre, avec comme objectif un taux de satisfaction de plus de 85 %.
- Ériger le Maroc en tant que Hub Digital & Technologique de référence au niveau Africain, avec notamment une évolution significative dans le classement Online Service Index des Nations Unies (objectif de faire partie du top 3 en Afrique et d'être parmi les 40 premiers au niveau global) ; et l'installation de plus de 2 500 startups au cours des cinq prochaines années.
- Mettre le digital au service d'une société plus inclusive et égalitaire avec la réduction de la fracture numérique, la formation d'une nouvelle génération de 50 000 jeunes talents employables et le développement d'initiatives spécifiques dans les secteurs tels que l'Éducation, la Santé, l'Agriculture et l'Artisanat.

En vue d'assurer une transformation digitale réussie, les orientations proposées s'articulent autour de trois axes stratégiques :

- Modifier en profondeur les services publics pour les rendre plus efficaces à travers la mise en place d'un cadre global d'interopérabilité et des prérequis fondamentaux, la création d'un laboratoire d'innovations à même de développer des initiatives digitales structurantes et la digitalisation de bout en bout des parcours citoyens et entreprises.
- Mettre en place une politique de développement des secteurs de la technologie et d'un cadre attractif pour les acteurs internationaux dans l'écosystème digital et inciter et accompagner l'ensemble des secteurs économiques et le tissu d'entreprises dans leur transformation digitale.
- Mettre en place des services plus simples et mieux adaptés aux besoins des bénéficiaires et faciliter aux citoyens l'accès à l'information, notamment pour les populations fragiles (rurales ou défavorisées), afin d'offrir à tous les mêmes opportunités.

Le Maroc doit poursuivre ses efforts pour construire un environnement favorable au développement du numérique. La note recense quatre piliers horizontaux à cette fin :

- *Chantier génération numérique* : adopter un plan national de formation afin de renforcer le capital humain et de promouvoir la formation des jeunes et ainsi répondre aux besoins des nouveaux secteurs du numérique.

- *Infrastructure numérique* : mettre à niveau les infrastructures technologiques existantes et en déployer de nouvelles dans tout le Royaume (y compris pour le développement de la 5G, la technologie du cloud et des centres de données régionaux).
- *Cadre réglementaire* : adapter la législation afin de faciliter les transactions numériques, mieux protéger les libertés individuelles et combattre la cybercriminalité.
- *Culture et confiance dans le numérique* : amplifier la confiance numérique et accompagner les citoyens et les entreprises dans leur transformation numérique.

Source : (Gouvernement du Maroc, 2020[7]) et consultations avec les autorités.

Stratégie de promotion des investissements dans le numérique

La promotion des investissements dans le numérique s'inscrit dans les grands objectifs stratégiques du Maroc pour la transformation numérique de l'économie et de la société. Ainsi le Maroc s'est fixé comme objectif d'attirer plus de 1 milliards d'USD d'IDE dans les secteurs numériques et à créer 120 000 emplois directs et indirects en développant les compétences et les métiers dans ce domaine[1]. Le Maroc a par ailleurs pour ambition de devenir un pôle numérique et technologique de premier rang en Afrique, et de stimuler le développement de 2 500 startups à l'horizon 2025 et d'atteindre le top trois continental du classement Online Index des Nations Unies (Gouvernement du Maroc, 2020[7]). Dans le droit fil de ces priorités, l'Agence marocaine de développement des investissements et des exportations (AMDIE) place la transformation numérique de l'économie et l'innovation parmi les principaux objectifs de son action de promotion de l'IDE.

La nouvelle Charte de l'investissement (adoptée en décembre 2022) pose les nouvelles orientations stratégiques du Maroc en matière d'investissements. Elle met l'accent sur la nécessité d'orienter les investissements vers les métiers d'avenir et sur la volonté de l'État d'œuvrer, en partenariat avec le secteur privé, à promouvoir les activités de recherche et développement et à faciliter l'accès aux nouvelles technologies de l'information et de la communication. Les entreprises à forte intensité de technologie pourront bénéficier de subventions, au titre des primes communes, à la condition de créer des emplois stables et de faire de la transformation numérique l'une des hautes priorités d'investissement, aux côtés de l'égalité femmes-hommes, de l'intégration régionale et du développement durable. Les grands projets d'investissement qui contribuent fortement au développement technologique pourront aussi bénéficier d'aides d'État supplémentaires (les mesures incitatives sont abordées plus en détail dans la section Définir des incitations propres à favoriser la numérisation et le renforcement des compétences). Le règlement d'application de la charte énumère également un certain nombre de secteurs numériques spécifiques promus, notamment la fintech, l'agri-tech et l'intelligence artificielle.

Cadre institutionnel du développement du numérique et de l'investissement dans l'économie numérique

Pour favoriser le développement du numérique et attirer des investissements dans l'économie numérique, une approche interministérielle est indispensable, couplée avec l'intervention de nombreuses institutions gouvernementales. En 2017, par la création de l'ADD l'exécutif a fait un pas décisif vers la centralisation de la politique nationale de transformation numérique. L'ADD, en vertu de sa loi de création n° 61-16, est chargée de mettre en œuvre la stratégie de l'État en matière de développement du digital que le Ministère de la Transition numérique et de la Réforme de l'Administration (nouvellement créé) élabore. D'après les autorités, une nouvelle stratégie dédiée au digital sera annoncée prochainement, fruit d'une approche participative avec l'ensemble des parties prenantes aussi bien du secteur public que privé. L'ADD a également pour mission d'accompagner les projets d'administration électronique, de promouvoir et de faciliter l'utilisation d'outils numériques par les administrations, les entreprises et les citoyens. Son conseil d'administration est présidé par le chef de gouvernement et composé de représentants de divers ministères, organes publics et acteurs du secteur privé. Elle a été créée par le ministère de l'Industrie, de l'Investissement, du Commerce et de l'Économie numérique, lui-même investi d'une mission de développement de l'économie numérique et de promotion de l'investissement dans ce domaine.

A la faveur du remaniement ministériel d'octobre 2021, sous le nouveau gouvernement, la politique de développement du numérique (et l'ADD) a été confiée au MTNRA. Le même remaniement a transféré la responsabilité de l'investissement au nouveau ministre délégué auprès du chef de gouvernement chargé de l'Investissement, de la Convergence et de l'Évaluation des Politique publiques (MICEPP) (voir chapitres précédents). En regroupant le développement du numérique et la réforme des politiques dans le portefeuille du MTNRA, le gouvernement montre l'importance qu'il accorde à la transformation numérique des services fournis par les administrations publiques. Le développement des services d'administration électronique peut stimuler l'adoption d'outils numériques par les citoyens et les entreprises (voir Promouvoir l'utilisation du numérique et les compétences numériques, y compris par le biais de l'administration électronique). L'horizontalité du ministère, chargé d'accompagner les réformes sur l'ensemble de l'administration, devrait aussi aider l'ADD dans sa mission de cohérence interministérielle des politiques numériques.

Le développement du numérique nécessite en effet des initiatives pangouvernementales. Les ministères sectoriels (notamment les ministères de l'Agriculture, de la Santé, de l'Éducation, des Finances, de l'Industrie et du Commerce) mènent leurs propres stratégies de transformation numérique. Plusieurs autres agences de niveau sous-ministériel sont chargées de développer, respectivement, les infrastructures numériques (ANRT), la cybersécurité (Direction Générale de la Sécurité des Systèmes d'Information (DGSSI)) et la protection des données (Commission nationale de contrôle de la protection des données à caractère personnel (CNDP)). La CNDP est la commission nationale de contrôle de la protection des données à caractère personnel. Quant aux chantiers de l'administration électronique, ils sont pilotés par le MTNRA et l'ADD en étroite collaboration avec l'ensemble des administrations publiques, établissements publics et collectivités territoriales.

La mission de promotion des investissements dans l'économie numérique incombe essentiellement à l'AMDIE à l'échelon national, et aux centres régionaux d'investissement (CRI) à l'échelon régional, selon les priorités stratégiques définies par le ministère de l'Investissement, de la Convergence et de l'Évaluation des politiques publiques. L'AMDIE œuvre en étroite coordination avec l'ADD : elle siège au conseil de l'ADD et les représentants des deux agences se consultent sur la mise en œuvre de stratégies d'incitation à l'investissement dans l'économie numérique. Le rattachement du nouveau ministère de tutelle de l'AMDIE (MICEPP) au chef de gouvernement témoigne lui aussi d'une approche plus horizontale de la promotion de l'investissement dans l'économie numérique (Chapitre 5).

Le gouvernement marocain a créé plusieurs agences investies de missions claires, et dans la majorité des cas, spécifiques, pour développer le numérique (ADD, ANRT, DGSSI, CNDP). Il ressort de consultations avec les responsables de ces agences que leurs actions sont coordonnées et qu'elles sont chargées, par les plus hauts échelons de l'administration, de faire progresser les objectifs de transformation numérique. Ce chapitre révèle toutefois que la mise en œuvre de ces missions a parfois rencontré certaines contraintes. Il est important que les institutions soient en mesure de mettre en œuvre ces réformes ambitieuses. La mission de l'ADD est vaste et ses ressources sont peut-être insuffisantes pour la concrétiser. En tant qu'agence sous tutelle d'un ministère, sa visibilité et sa capacité de coordination interministérielle sont également plus restreintes que celle des agences rattachées au chef de gouvernement. Lors de la mission exploratoire de l'OCDE en mars 2022, l'ADD a indiqué que la coordination avait principalement lieu de manière ad hoc. Elle a également fait état de difficultés à recruter et à conserver des agents qualifiés.

Selon la Banque mondiale, le budget affecté à la précédente stratégie de développement du numérique (le Plan Maroc Numérique 2020) était de 200 millions USD (ou 0.8 % du budget public total), à comparer avec 797 millions USD en Égypte et 2 milliards USD en République de Türkiye (Banque mondiale, 2020[8]). Il est important de faire du développement du numérique une priorité nationale, prise en charge à un niveau élevé. Au Portugal, par exemple, la stratégie de transformation numérique est pilotée par un secrétaire d'État à la Transformation numérique et à la Modernisation de l'administration, sous tutelle directe du Premier ministre. Un conseil de haut niveau relevant lui aussi directement du Premier ministre définit la stratégie nationale, tandis que l'organisme d'exécution, lequel relève du secrétaire d'État susmentionné, est à la fois techniquement compétent et doté d'un budget suffisant pour faire progresser les initiatives. Le poids politique de l'organisme d'exécution semble avoir été crucial pour venir à bout de la résistance au changement au sein de l'administration (CAF, 2021[9]).

8.2.3. L'investissement dans le développement du numérique

L'investissement est indispensable au développement du numérique. Il finance les infrastructures, l'équipement, les procédés et les compétences nécessaires, et dans le cas de l'IDE, il peut stimuler la croissance des secteurs à forte intensité de numérique et la modernisation numérique de l'ensemble de l'économie. A ce titre, il ressort de l'analyse des données présentée dans le chapitre 2 que les entreprises manufacturières étrangères implantées au Maroc sont généralement plus productives et plus innovantes que les entreprises marocaines, dans tous les secteur d'activité confondus. Elles ont une plus grande propension à mener des activités de R&D et s'appuient davantage sur des technologies étrangères (Chapitre 2). De ce fait, ces entreprises étrangères au Maroc peuvent contribuer directement à la transformation numérique d'un secteur ; elles sont en outre susceptibles de transférer des compétences et technologies numériques aux entreprises marocaines par le biais de leurs interactions avec les acteurs locaux (OCDE, 2022[10]). Les investisseurs étrangers peuvent aussi aider à propulser un écosystème de startups. Les entreprises de capital-risque étrangères, outre leur plus grande capacité et leur plus grande appétence que les investisseurs locaux pour la prise de risque, apportent une expertise qui fait défaut dans un marché des startups encore relativement peu développé (Briter Bridges, 2021[11]).

Il ressort des données de l'Enquête de la Banque mondiale auprès des entreprises (WBES) au Maroc que les entreprises étrangères devancent invariablement leurs équivalents marocains dans les indicateurs d'innovation et de technologie (Graphique 8.1). Cela peut tenir au fait que les entreprises étrangères sont généralement plus grandes et mieux dotées en ressources pouvant être investies dans des services innovants et des technologies numériques. L'enquête révèle toutefois que, comparé aux grandes entreprises (effectif de plus de 100 salariés) et aux entreprises locales, une plus forte proportion d'entreprises étrangères investissent en R&D et introduisent de nouveaux produits, services et procédés. L'analyse économétrique montre que, à taille égale dans le même secteur, les entreprises étrangères ont une plus grande propension à mener des activités de R&D et s'appuient davantage sur des technologies étrangères que les entreprises marocaines (Chapitre 2)[2].

Graphique 8.1. Les entreprises étrangères au Maroc utilisent plus d'outils numériques et innovent davantage que les entreprises nationales

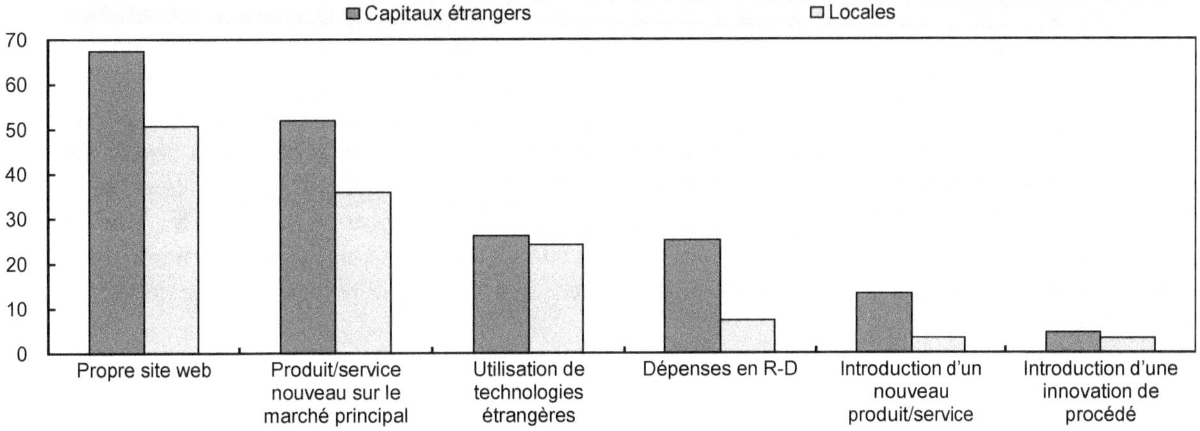

Note : Pourcentage d'entreprises implantées au Maroc ayant participé à l'enquête. « Capitaux étrangers » renvoie aux entreprises dont au moins 10 % des actions sont détenues par des intérêts étrangers.
Source : Enquête de la Banque mondiale auprès des entreprises (2019).

Potentiel de croissance de l'IDE dans les secteurs à forte intensité de numérique

La marge de croissance de l'investissement étranger dans les secteurs à forte intensité de numérique est encore conséquente. L'analyse des flux entrants d'IDE depuis 2014 (pour faire le bilan de l'investissement récent dans le Royaume) révèle que la majorité des flux vers le Maroc (60 % depuis 2014) sont destinés à des secteurs à faible intensité de numérique (selon la taxonomie de l'OCDE, Encadré 8.2), dont l'immobilier, la construction et la restauration (Graphique 8.2). L'IDE à destination des secteurs moteurs de l'économie numérique, dont les télécommunications et les services de technologie de l'information, représente à peine 1 % du total des flux entrants. Cela traduit en partie la taille du secteur dans l'économie (les télécommunications comptent pour 2 % du PIB).

Le Maroc attire néanmoins une proportion importante d'IDE (38 %) vers des secteurs à forte ou moyenne intensité de numérique, du fait d'investissements notables dans la fabrication de matériel de transport (automobile et aéronautique) et dans des services ayant tendance à adopter le numérique, dont la finance et l'assurance ainsi que (dans une moindre mesure) la vente en gros et la vente de détail. Les niveaux d'automatisation, de vente en ligne et d'emploi de spécialistes en TIC sont généralement très élevés dans la fabrication de matériel de transport par rapport aux autres activités manufacturières (Calvino et al., 2018[6]). Cela suggère que ce secteur peut stimuler l'innovation dans l'utilisation de la robotique et l'expertise technologique sur l'ensemble de la chaîne d'approvisionnement manufacturière. Le Maroc est en position d'exploiter plus avant ses industries automobile et aéronautique, aujourd'hui fortes, en délaissant ses activités principalement à forte intensité de main-d'œuvre (dont le montage de véhicules) en faveur d'activités plus technologiquement complexes et à plus forte valeur ajoutée (dont la production de moteurs) (SFI, 2019[12]).

Les secteurs des services, outre les TIC et les télécommunications, peuvent eux aussi favoriser l'adoption d'outils, de compétences et de procédés numériques. Le secteur financier, en particulier, a tendance à s'imposer en champion de l'investissement en matériel de TIC, logiciels et bases de données, mais aussi de l'emploi de spécialistes en TIC (Calvino et al., 2018[6]). Il est donc probable qu'un IDE important à destination des services financiers au Maroc contribue au développement du numérique dans le secteur. Les services comptent pour un quart du PIB marocain (hors transports, tourisme et télécommunications), et l'industrie manufacturière pour 15 % ; deux chiffres indicateurs de l'attractivité de ces secteurs aux yeux des investisseurs (HCP, 2021[13]).

Le Maroc attire depuis longtemps une forte proportion d'IDE destiné aux télécommunications (Chapitre 2). D'après les autorités, les investissements cumulés dans ce secteur représentent près de 6 milliards MAD depuis 2013. L'externalisation de services (offshoring) a lui aussi bénéficié dans le passé d'un investissement important, et a permis de générer en 2022 des recettes de presque 16 milliards MAD. Les plateformes téléphoniques se sont considérablement développées dans les années 2010 et englobent aujourd'hui des activités à plus forte intensité de numérique, dont l'externalisation des métiers liés aux technologies de l'information (développement et maintenance de logiciels, gestion des infrastructures informatiques), l'externalisation portant sur des activités stratégiques ayant un contenu « savoir » (études de marché et analyse de données) et l'externalisation des processus métier (comptabilité, financement) (Royaume du Maroc, 2016[14]). Ces entreprises, ainsi que la fabrication automobile, sont restées regroupées en zones ou pôles autour de Casablanca et de Tanger. Les liens avec les entreprises locales sont souvent limités, ce qui limite en conséquence les possibilités de répercussions sur le développement du numérique.

Malgré la croissance de l'offshoring l'investissement dans les technologies de l'information et les services d'information est généralement faible. L'investissement dans les startups technologiques, souvent moteurs d'innovation numérique, est particulièrement faible. La prise de participation totale (étrangère et locale) dans des startups marocaines est en hausse depuis quelques années et s'établissait à environ 33 millions USD en 2021, par rapport à 7 millions seulement en 2019. Ces chiffres restent néanmoins bien en-deçà des investissements dans les startups enregistrées par les principaux bénéficiaires africains (le Nigéria a attiré le plus de capital-risque destiné au financement d'entreprises technologiques, soit 1.8 milliard USD) et par des pays de taille comparable (le Sénégal a attiré 353 millions et le Ghana 167 million) (Partech, 2022[15] ; Partech, 2020[16]). Entre 2011 et 2020, 13 startups marocaines seulement ont levé plus de 100 000 USD et le pays n'a toujours pas produit de « licorne » (valorisation de plus d'un milliard USD) parmi les startups technologiques (CUA/OCDE, 2021[17]).

Graphique 8.2. Flux entrants d'IDE par intensité de numérique des secteurs

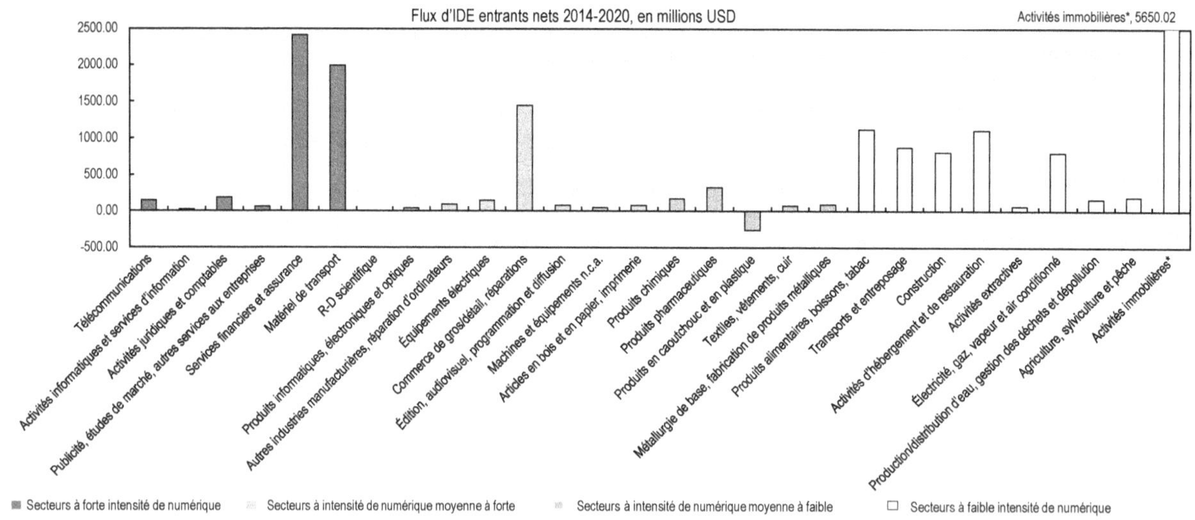

Note : Intensité de numérique des secteurs selon la taxonomie de l'OCDE, en utilisant l'indicateur mondial d'intensité numérique pour les années 2013-2015. Bleu foncé = les secteurs à forte intensité de numérique (appartiennent généralement au quartile supérieur d'intensité de numérique pour tous les indicateurs), bleu clair = les secteurs à moyenne intensité de numérique, gris = moyenne à faible, blanc = faible. Flux d'IDE entrants cumulés pour 2014-2020.

Source : statistiques officielles sur l'IDE (flux d'IDE entrants nets) de l'Office des changes.

8.3. Améliorer le cadre politique gouvernant l'investissement dans l'économie numérique

L'investissement dans l'économie numérique est conditionné par un large éventail de politiques publiques. Il s'agit notamment de soutenir le développement du numérique global du pays et la croissance des secteurs à forte intensité de numérique. Cette section porte sur certains des nombreux domaines d'action qui paraissent les plus pertinents pour le Maroc et ses investisseurs, à l'issue de consultations avec des parties prenantes des pouvoirs publics et du secteur privé (Tableau 8.1)[3]. Ils sont également basés sur les piliers du développement numérique définis dans le Cadre d'action intégré du projet « Vers le numérique » de l'OCDE, à savoir sept domaines d'action des pouvoirs publics qui influent sur les bénéfices de la transformation numérique pour l'économie et la société (Encadré 8.4) (OCDE, 2020[5]).

Tableau 8.1. Atouts et défis pour l'investissement dans l'économie numérique au Maroc

Atouts	Défis
Un secteur public très favorable et attaché au développement numérique	Améliorer l'accès aux infrastructures numériques dans l'ensemble du Royaume ainsi que la vitesse d'accès et la fiabilité dans les centres économiques
Une main-d'œuvre qualifiée à un coût concurrentiel	Améliorer les compétences numériques, la culture numérique et la confiance en soi dans le domaine numérique
Un cadre juridique favorable, dont les garanties sont conformes aux normes internationales relatives à la protection des données, à la cybersécurité, à la protection des consommateurs, à la concurrence et sur le crowdfunding	Mieux adapter les cadres juridique et réglementaire à l'économie numérique
Un contexte économique essentiellement stable	Développer l'entrepreneuriat et l'innovation dans les secteurs à forte intensité de numérique

Note : Synthèse des atouts et défis les plus souvent cités par les fonctionnaires de l'État et les représentants du secteur privé.
Source : Auteur sur la base d'entretiens avec des parties prenantes marocaines.

Pour développer l'économie numérique du Maroc et en accroître l'attrait aux yeux des investisseurs, les pouvoirs publics doivent prendre des mesures de renforcement de l'environnement porteur pour la transformation numérique : améliorer l'accès au numérique, favoriser la confiance dans les opérations dématérialisées et les encourager. Cette section offre un panorama des progrès réalisés par le Maroc et des réformes encore nécessaires. D'autres mesures peuvent aider le Maroc à récolter les fruits de l'investissement dans la transformation numérique, qui seront l'objet de la section suivante. Aucun domaine d'action ne déterminera à lui seul les décisions d'investissement. Une étude complémentaire serait nécessaire pour aborder pleinement certains sujets hors du champ de ce rapport, dont la fiscalité, l'éducation et la politique de concurrence au sens large.

Encadré 8.4. Le Cadre d'action intégré du projet « Vers le numérique » de l'OCDE

Le Cadre d'action intégré du projet « Vers le numérique » de l'OCDE présente sept dimensions – ou piliers – de l'action publique interdépendantes et nécessaires pour mettre la transformation numérique au service de la croissance et du bien-être. Chacune concerne des politiques ou des domaines d'action différents, soulignant la nécessité d'une coordination efficace pour concrétiser les promesses de la transformation numérique. Le Cadre et la Boîte à outils (*Going Digital Toolkit*) qui l'accompagne fournissent des indicateurs et des recommandations pour relever les défis de la transformation numérique et tirer parti de ses possibilités.

L'accès : de l'accès aux infrastructures de communication, aux services et aux données dépendent l'utilisation de toutes les technologies et les interactions. Il est d'autant plus essentiel qu'un nombre sans cesse croissant de personnes et d'appareils se convertissent au numérique. L'accès nécessite un investissement dans les infrastructures et services de communication, des mesures en faveur de la concurrence dans ces marchés et des politiques de développement régional pour renforcer la connectivité dans les zones rurales et isolées.

L'utilisation : le pouvoir et le potentiel des technologies numériques et des données pour les personnes, les entreprises et les administrations dépendent de leur diffusion et de leur bonne utilisation. Entre autres mesures, il faut pour cela développer les compétences nécessaires pour prospérer dans un monde numérique, favoriser la diffusion d'outils numériques dans les entreprises (surtout dans les PME) et les administrations, et renforcer la confiance dans les environnements numériques.

L'innovation : l'innovation, qui donne naissance à de nouveaux biens et services, modèles économiques et marchés, est un moteur fondamental de la transformation numérique. Favoriser l'innovation demande des politiques publiques en faveur de l'entrepreneuriat, des PME et de la concurrence, y compris dans des secteurs spécifiques, mais aussi un investissement en R&D, sciences et technologies.

L'emploi : la transformation numérique a déjà commencé à retentir sur les marchés du travail et soulève d'importantes questions sur les emplois qui risquent de disparaître, sur les secteurs porteurs de nouveaux emplois, sur ce que seront ces emplois et sur les compétences qu'ils demanderont. Pour que la transformation numérique débouche sur des emplois plus nombreux et de meilleure qualité, les politiques publiques afférentes aux marchés du travail, à l'éducation, aux compétences et à la protection sociale, mais aussi les politiques sectorielles et régionales, devront aller dans ce sens.

La société : les technologies numériques entraînent une transformation radicale des interactions entre les individus, les entreprises et les administrations, laquelle s'accompagne d'effets complexes sur la société. Pour que la transformation numérique améliore la croissance et le bien-être, les politiques publiques doivent favoriser une société numérique inclusive, c'est-à-dire prendre en compte les politiques sociales (y compris le logement et la protection sociale) et les politiques de l'éducation, la fiscalité et les prestations, l'environnement, la santé et l'administration numérique.

La confiance : pour pleinement épouser la transformation numérique et en récolter les fruits, les individus, les entreprises et les administrations doivent être convaincus que les avantages l'emporteront sur les inconvénients. Cette confiance nécessite l'adoption de politiques autour de la sécurité numérique et de la gestion des risques, du respect de la vie privée et de la protection du consommateur, en particulier parmi les PME.

Ouverture des marchés : les technologies numériques et les données transforment la manière dont les entreprises se font concurrence, mènent leurs activités et investissent, augmentant ainsi la concurrence sur nombre de marchés, mais aussi la concentration et le pouvoir de marché sur d'autres. Il est indispensable, pour créer et maintenir des conditions favorables à la transformation numérique, d'assurer une concurrence équitable, de réduire les contraintes au commerce et à l'investissement et de veiller à ce que les systèmes de fiscalité soient adaptés à l'ère du numérique.

Source : (OCDE, 2020[5]), (OCDE, 2019[3]).

8.3.1. Développer plus avant l'accès au numérique

Des infrastructures et services de communication rapides et fiables sous-tendent l'utilisation de toutes les technologies numériques et facilitent les interactions entre les individus, les organisations et les machines. La sollicitation croissante des réseaux de communication nécessite un investissement continu pour assurer la rapidité et la fluidité des transferts de données, ainsi que pour développer les technologies de prochaine génération, comme la 5G. Des études font apparaître un lien statistiquement positif entre la pénétration du haut débit et la diffusion des technologies dans les entreprises (Andrews, Nicoletti et Timiliotis, 2018[18]). L'investissement dans les infrastructures matérielles est donc indispensable pour améliorer l'accès aux technologies numériques, lui-même essentiel pour favoriser le développement du numérique au sens large (OCDE, 2021[19]).

Le Maroc a longtemps considéré le développement des infrastructures comme un pilier fondamental de son progrès numérique. Du fait, en partie, des premières réformes en faveur de la libéralisation et de la privatisation du secteur des télécommunications à la fin des années 1990 et au début des années 2000, la connectivité Internet s'est sensiblement développée et est aujourd'hui largement répandue dans tout le Royaume. Environ 87 % des ménages ont accès à Internet, à comparer avec seulement 25 % en 2010 (ANRT, 2023). L'utilisation d'Internet a nettement augmenté, ne serait-ce qu'en deux ans sous l'effet de la pandémie de COVID-19 et des mesures de confinement (Graphique 8.3). Malgré ces réussites, les infrastructures numériques marocaines doivent être améliorées et développées afin de fournir la qualité de réseau nécessaire aux transactions numériques. Selon les consultations et les échanges entrepris par l'OCDE avec l'administration publique et l'environnement professionnel du secteur privé en 2021 et 2022, les lacunes dans les infrastructures numériques constituent des contraintes importantes au développement numérique du pays. L'investissement dans ces infrastructures pourrait donc être un catalyseur crucial de la transformation numérique du Maroc (l'Encadré 8.5 donne un exemple de mesures de désenclavement numérique des zones rurales en Colombie).

Malgré les améliorations, l'accès haut débit varie considérablement d'un territoire à l'autre ; il persiste certaines zones rurales mal connectées et des zones blanches sans réseau mobile persistent. L'accès Internet au Maroc dépend fortement des réseaux mobiles. Moins de 25 % des ménages ont accès au haut débit fixe, lequel peut supporter plus de trafic à plus grande vitesse que les réseaux mobiles (ANRT, 2021[20]). Le Plan national de développement du haut débit (PNHD) (lancé en 2013) a abouti à une forte augmentation du nombre de lignes fixes au cours des dernières années, y compris des lignes très haut débit fibre optique[4] dans les grandes villes. La proportion d'accès haut et très haut débit fixe par rapport au mobile demeure toutefois très faible comparée à d'autres pays de la région et aux économies numériques plus développées (Tableau 8.2). Les vitesses d'accès Internet sont également relativement faibles au Maroc. Plus de la moitié des connexions haut débit fixe au Maroc ont un débit descendant de moins de 10 Mb/s, ce qui restreint le fonctionnement de certains logiciels ou les téléchargements. Le coût du haut débit, tant fixe que mobile, est aussi plus élevé que dans la majorité des marchés numériques plus développés.

Graphique 8.3. Hausse de l'accès Internet et de son utilisation au Maroc

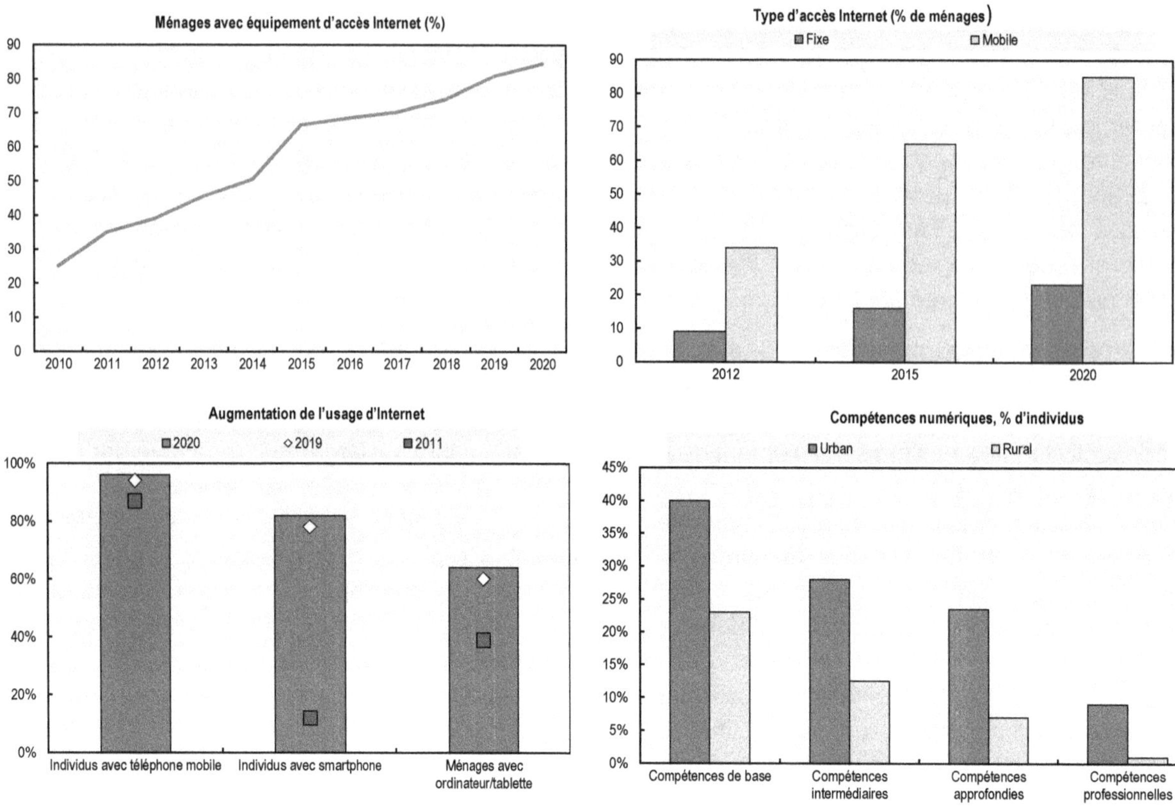

Source : Données d'enquêtes de l'ANRT en 2020, 2015 et 2011 (ANRT, 2021[20]).

Encadré 8.5. Favoriser l'accès Internet dans les zones rurales : l'exemple de la Colombie

Le gouvernement colombien a fait progresser plusieurs initiatives en faveur de l'accès universel au numérique. L'un des premiers programmes consistait à construire des centres Internet dans les villages les plus pauvres du pays afin de fournir un accès Internet public pour le divertissement, la formation et les services publics en ligne. Ces 900 points d'accès *Vive Digital* ont aidé les utilisateurs à améliorer leurs compétences et sont des lieux de formation utiles. Les infrastructures mobiles et les coûts s'étant améliorés, l'État a créé un nouveau programme visant à encourager l'utilisation d'Internet parmi les ménages modestes et isolés en subventionnant les smartphones, les offres de données et l'accès gratuit aux services publics et au contenu éducatif. L'usage d'Internet est encore loin d'être universel, mais ces programmes ont contribué à l'augmenter sensiblement parmi la population peu éduquée et appartenant au quartile inférieur de revenus. On constate par ailleurs une quasi-absence d'écart femmes-hommes dans l'usage d'Internet en Colombie.

Source : (OCDE, 2019[21]).

Tableau 8.2. Accès aux infrastructures numériques, quelques indicateurs

	Maroc	Égypte	Israël	Portugal	Türkiye
Haut débit fixe pour 100 habitants	6	9	30	41	20
Haut débit mobile pour 100 habitants	75	65	121	79	78
Ménages disposant d'un accès Internet à domicile	85 %	73 %	82 %	84 %	88 %
Vitesse de haut débit fixe (% total) >10 Mb/s	41 %	99 %	98 %	99 %	80 %
Vitesse médiane de téléchargement par utilisateur de haut débit fixe (Mb/s) (fév. 2022)	13.7	39.5	90.4	107.3	27.6
Vitesse médiane de téléchargement par utilisateur de haut débit mobile (Mb/s) (fév. 2022)	27.7	19.6	26.3	46.9	31.9
Tarifs du haut débit fixe (% du RNB p. h.) (2021)	4.2 %	3 %	0.8 %	1.6 %	1.5 %
Tarifs du haut débit mobile (% du RNB p. h.) (2021)	1.3 %	1.1 %	0.2 %	0.8 %	0.7 %

Note : Données de 2020 sauf indication contraire.
Source : UIT pour tous les indicateurs sauf les vitesses médianes de téléchargement (Speedtest Global Index).

Nombre de ces contraintes découlent des défis liés à la concurrence dans le secteur des télécommunications. Les principales difficultés à la concurrence dans le domaine du haut débit au Maroc sont hors le champ de cette analyse et ne sont pas abordés dans ce chapitre – pour en savoir plus, voir (Banque mondiale, 2016[22] ; Gelvanovska, Rogy et Rossotto, 2014[23] ; Constant, 2011[24]). Seules trois opérateurs de télécommunications opèrent dans le secteur du haut débit au Maroc. Alors que la législation *de jure* (incluant les lois 24-96, 93-12, 121-12 et 104-12 sur la liberté des prix et de la concurrence) encourage la concurrence, d'autres opérateurs potentiels se heurtent à des obstacles à leur entrée sur le marché, tels que les restrictions au développement des infrastructures, des lacunes dans la législation et une mise en œuvre et une application des réglementations insuffisantes (Banque mondiale, 2016[22]). Cela a entravé les investissements et le développement du haut débit fixe en particulier. Les opérateurs de réseaux ont parfois omis de respecter les exigences de dégroupage, qui permettent à d'autres opérateurs de louer l'accès aux infrastructures câble existantes. Une enquête récente auprès des investisseurs dans le secteur du haut débit indique que cela reste une contrainte majeure à la concurrence (BERD, 2020[25]).

En 2020, l'ANRT réagi en infligeant une amende record de 344 millions à Maroc Telecom (IAM) pour non-respect de l'obligation de dégroupage de la boucle locale, citant un abus de position dominante. La stratégie de l'ANRT pour 2020-2023 (Note d'orientations générales pour le développement du secteur des télécommunications) aborde précisément ce problème. Elle révèle que des questions d'ordre opérationnel, concurrentiel et procédural ont restreint la mise en œuvre des règlements et l'efficacité des mesures de mutualisation des infrastructures en particulier. Une mise en œuvre renforcée y est envisagée, mais sans précisions quant aux modalités.

D'autres défis au développement des infrastructures numériques incluent des procédures administratives parfois laborieuses pour la construction des infrastructures matérielles, notamment les exigences d'autorisation de différentes agences aux niveaux local et national. L'enquête auprès des investisseurs susmentionnée révèle en particulier une application hétérogène des procédures d'une municipalité à l'autre, ralentissant l'investissement dans les câbles traversant les frontières locales. Les avancées dans la numérisation des procédures administratives gouvernementales (loi n° 55.19) via un portail en ligne unique devraient aider à relever ces défis – et plusieurs procédures administratives ont été simplifiées et digitalisées au service des usagers – mais cela n'est pas pleinement mis en œuvre dans tout le pays (voir

8.3.3 Promouvoir l'utilisation du numérique et les compétences numériques, y compris par le biais de l'administration électronique) (BERD, 2020[25]).

Outre l'amélioration du marché actuel du haut débit, la transformation numérique au Maroc nécessitera d'investir dans les infrastructures de données locales et les nouvelles technologies, dont la 5G. La 5G peut jouer un rôle crucial dans la réduction des inégalités numériques entre les territoires et dans l'amélioration de la compétitivité et de l'attractivité des régions pour les investisseurs. À mesure que la consommation de données augmente, le développement d'installations locales pour l'échange, le stockage et le traitement de ces données peut accroître les vitesses et réduire le coût des services Internet. Les points d'échange Internet (IXP) et les centres de stockage et traitement des données locaux en font partie[5]. Le Maroc compte plusieurs centres de stockage de données gérés par des opérateurs privés, mais ils sont de relativement petite taille. La majorité des organismes publics stockent leurs données sur leurs propres infrastructures privées (Banque mondiale, 2020[8]).

Les orientations stratégiques du Maroc concernant le développement des infrastructures numériques vont dans le droit fil de ces objectifs. Les priorités stratégiques susmentionnées définies par l'ANRT visent entre autres à : améliorer la qualité du haut débit mobile et fixe dans l'ensemble du Royaume ; à encourager la concurrence sur le marché ; à accélérer le développement de la fibre optique (y compris par le biais de modèles de mutualisation et de programmes de co-financement) ; à réviser le cadre de réglementation pour préparer l'introduction de nouvelles technologies (dont la 5G) ; et à permettre aux « bacs à sable réglementaires » d'encourager l'innovation[6]. L'accès Internet universel (à au moins 2 Mb/s) à l'horizon 2023 fait partie des cibles spécifiques (ANRT, 2019[26]). De même, la *Note d'orientations générales pour le développement du digital au Maroc à horizon 2025* et le NMD soulignent l'importance de généraliser l'accès à la fibre optique (très haut débit) dans tout le pays. Le NMD encourage plus particulièrement une concurrence accrue sur le marché et la simplification des démarches d'obtention de permis et autorisations pour les nouveaux acteurs (Gouvernement du Maroc, 2020[7] ; CSMD, 2021[27]). Ces recommandations favorisent également l'amélioration des capacités de stockage et calcul des données, bien qu'il n'y ait pas d'initiatives spécifiques pour développer les centres de données/l'infrastructure de cloud.

La mise en œuvre de ces réformes nécessitera une volonté politique et des mécanismes clairs pour faire appliquer la réglementation et encourager la concurrence dans le secteur. Des stratégies spécifiques en faveur de l'investissement dans le stockage des données et les nouvelles technologies pourraient également être élaborées.

8.3.2. Continuer d'encourager la confiance dans les opérations dématérialisées

Le développement des infrastructures, nécessaire pour assurer l'accès aux réseaux numériques et permettre ainsi les interactions en ligne, ne garantit pas pour autant la diffusion à grande échelle des outils numériques et leur bonne utilisation. D'autres facteurs entrent en jeu, notamment la confiance dans les opérations dématérialisées. Pour interagir en ligne, les utilisateurs doivent être convaincus que les avantages sont plus importants que les risques. Cela suppose des mesures de protection des données et de la vie privée, de cybersécurité, et de sécurisation des opérations électroniques (y compris les paiements en ligne et les signatures électroniques), qui sous-tendent l'économie numérique en général et constituent donc des domaines d'action importants pour améliorer l'environnement de l'investissement dans l'économie numérique. Le Maroc a récemment cherché à renforcer son cadre juridique pour encourager la confiance dans les opérations dématérialisées, en adoptant de nouveaux règlements sur la cybersécurité et la confiance dans les transactions numériques en 2020.

L'amélioration de la confiance est indispensable pour encourager la mise à niveau des outils numériques, accompagnée de mesures en faveur des compétences numériques. L'adoption du numérique peut être accrue dans tous les secteurs d'activité marocains. Selon une enquête auprès des entreprises de l'industrie manufacturière, de la construction, du commerce et des services non financiers, menée par le

Haut-Commissariat au Plan en 2019 et 2021, de nombreuses entreprises marocaines n'ont pas recours aux technologies numériques. La plupart utilisent internet principalement pour envoyer/recevoir des courriers électroniques ; près de 40 % ne vont pas consulter et modifier leurs documents en ligne. Plus de la moitié des entreprises sondées font état d'une faible utilisation des TIC dans la gestion de leurs ressources humaines et dans leurs échanges avec leurs fournisseurs, leurs clients et les administrations publiques. Peu d'entre elles semblent faire appel à des services externes de technologies de l'information ; elles ne sont que 20 % à utiliser le stockage externe de données (voir Continuer la libéralisation des marchés des services numériques. Trois entreprises sur dix seulement possèdent un site web (contre 49 % en Türkiye et 70 % en France) et moins de la moitié de ces dernières autorisent les commandes/paiements par ce moyen (HCP, 2022[28]).

Ces retards dans l'utilisation des technologies numériques par les entreprises sont dus en partie à des besoins de renforcement des compétences, à un manque de culture numérique et à des investissements insuffisants, entre autres facteurs. Établir la confiance numérique est une première étape importante pour encourager l'utilisation du numérique.

Protection des données

La confiance dans les opérations numériques dépend en grande partie de l'utilisation qui est faite des données personnelles. Ces opérations supposent pour la plupart la collecte et le traitement de données à caractère personnel, y compris d'éléments individuels comme le nom, les identifiants, le numéro de téléphone et les coordonnées bancaires. La loi 09-08 (adoptée en 2009) fixe les règles concernant la collecte et l'utilisation de données à caractère personnel au Maroc, conformément aux principes de protection de la vie privée ancrés dans la constitution du Maroc. Elle institue la CNDP pour encadrer et faire appliquer la protection de ce type de données.

L'interopérabilité des règlements en matière de protection des données avec les principaux partenaires commerciaux est indispensable pour inspirer la confiance des investisseurs concernant leurs données. Le droit marocain est largement aligné sur la législation européenne relative à la protection des données et qui était en vigueur au moment de l'adoption de la loi marocaine, y compris les définitions, le champ d'application, les restrictions sur le traitement des données à caractère personnel, et le traitement des transactions de données transfrontières. Cependant, le droit marocain s'écarte sous quelques aspects notables du Règlement général sur la protection des données (RGPD) en vigueur en Europe depuis 2018. En effet, le droit marocain établit le consentement de l'individu comme la principale base légale pour le traitement des données, tandis que le RGPD considère le consentement ainsi que d'autres bases légales, laissant une plus grande marge de manœuvre pour le partage et le traitement des données[7]. Ce faisant, la législation marocaine est difficile à respecter dans la pratique ; les informations disponibles laissent penser que la majorité des entreprises ne respectent pas pleinement les obligations législatives en matière d'utilisation des données et de consentement (Oxford Business Group, 2018[29]). Outre sa rigidité sur nombre de points, la loi 09-08 est également en décalage avec le RGPD en raison de certaines exemptions aux restrictions sur la collecte et le traitement de données à caractère personnel pour des motifs de sécurité nationale et autres. Elle n'inclut pas non plus les dispositions du RGPD qui régissent les technologies numériques plus avancées (Banque mondiale, 2020[8]). Par conséquent, l'Union européenne ne reconnaît pas le Maroc comme un pays assurant une protection adéquate des données alignée sur le RGPD.

La CNDP a fait savoir qu'elle travaillait sur une proposition de renforcement de la loi 09-08 pour tenir compte de l'évolution de l'utilisation du numérique et des normes internationales, mais aussi pour améliorer les échanges avec d'autres pays. Elle propose notamment que la loi affermisse les sanctions et les obligations de signaler à la Commission les manquements à la protection des données. La CNDP a mis en avant son objectif de conformité aux normes internationales relatives à la protection des données, dans le but de fournir des garanties suffisantes pour les investisseurs. En 2019, le Maroc a adhéré à la

Convention nº 108 du Conseil de l'Europe pour la protection des personnes à l'égard du traitement des données à caractère personnel et son protocole additionnel sur les autorités de contrôle et les flux transfrontières de données[8]. La CNDP a également porté des initiatives visant à améliorer la compréhension des obligations de conformité dans les secteurs privé et public.

Cybersécurité

Le gouvernement considère la cybersécurité comme faisant partie intégrante des stratégies de transformation numérique. Elle est à leurs yeux indispensable pour instaurer un climat de confiance favorable au développement du numérique et à l'attraction d'investissements dans l'économie numérique. Plusieurs mesures ont été mises en place pour renforcer la cybersécurité et s'adapter aux défis numériques croissants. Les règlements nationaux en matière de cybersécurité sont largement conformes aux normes internationales et ont été améliorés dans le sillage des réformes juridiques de 2020. La loi 05-20 sur la cybersécurité pose les règles et les mesures de sécurité applicables à tous les acteurs de l'écosystème numérique. Elle définit en outre le cadre de la collaboration et des échanges avec les partenaires locaux et étrangers. Le décret d'application (publié en 2021) clarifie les rôles des organes de gouvernance et d'exécution de la cybersécurité ainsi que les critères de qualification des prestataires de services d'audit de la sécurité des systèmes d'information ainsi que les services de cybersécurité. En 2023, le Maroc a dévoilé une nouvelle stratégie de cybersécurité, soulignant son engagement à renforcer la sécurité numérique nationale face aux menaces croissantes dans le cyberespace.

Les orientations de la stratégie nationale de cybersécurité et de résilience des systèmes d'information, y compris des infrastructures critiques, sont fixées par le Comité stratégique de la cybersécurité, qui est présidé par le Ministre délégué auprès du Chef du Gouvernement, chargé de l'Administration de la Défense Nationale. La DGSSI est chargée de la mise en œuvre de cette stratégie, de la rédaction des projets de lois et de règlements relatifs à la cybersécurité ainsi que de l'accompagnement de l'administration publique et du secteur privé dans la mise en application. Le Comité et la DGSSI préparent actuellement une nouvelle stratégie, qui remplacerait le Plan d'action 2013, en s'appuyant sur une évaluation des risques et des capacités du pays en matière de cybersécurité.

La DGSSI intervient également dans la formation et la sensibilisation sur la sécurité des systèmes d'information au profit du personnel relevant des secteurs public et privé. Dans le but d'établir des normes de pratique, elle a par ailleurs mis en place un système de qualification des prestataires de services de cybersécurité et d'audit de la sécurité des systèmes d'information, lequel exige certains niveaux de compétence, d'expertise et de qualité de service. Ce système, en particulier, peut aider les startups à sécuriser leurs systèmes[9].

L'un des axes de la stratégie nationale de cybersécurité 2013 du Maroc consiste à faire siennes les normes internationales et à renforcer la coopération internationale en matière de menaces cybernétiques. Il a ratifié la Convention de Budapest sur la cybercriminalité et adhère à la Convention nº 185 du Conseil de l'Europe sur la cybercriminalité et son protocole additionnel. Il est également membre de la Convention de l'Union africaine sur la cybercriminalité et la protection des données à caractère personnel (CNDP).

Le Maroc a considérablement amélioré son cadre juridique afin de lutter contre la cybercriminalité et vise à adopter les meilleures pratiques internationales en la matière. Sa 50ème place (sur 197) à l'Indice mondial de cybersécurité 2020 de l'Union internationale des télécommunications (UIT) marque une progression de 47 places depuis 2017. Néanmoins, il n'est classé que 7ème de la région MENA. L'indice donne un classement positif aux mesures législatives, coopératives et techniques prises par le Maroc ; le développement organisationnel et le renforcement des capacités font partie des domaines à améliorer (UIT, 2021[30]). La législation a toutefois porté avant tout sur la cybersécurité des organes publics et des organisations vitales ; une action plus poussée en faveur de l'adoption de pratiques de cybersécurité dans le secteur privé serait souhaitable (Pawlak et al., 2021[31]).

Signature et transactions électroniques

Les transactions numériques nécessitent un cadre juridique pouvant valider les échanges en ligne : reconnaissance légale des communications, documents et signatures électroniques, et de leur équivalence avec les échanges papier. En remplaçant les processus métier matériels (y compris les contrats et les factures), les signatures électroniques peuvent réduire le temps et le travail demandés par l'envoi de courriers, les copies, la numérisation et le stockage de documents, et permettre ainsi un gain d'efficience. Accompagnées d'un cadre juridique et d'outils techniques appropriés, les signatures électroniques peuvent sécuriser les contrats et réduire le risque de fraude ou d'erreur humaine (volet numérique du MIE, 2020[32]). En plus de faciliter les processus métier dans l'ensemble de l'économie, elles peuvent aussi valider les transactions en ligne dans les secteurs numériques, dont le commerce électronique et les opérations bancaires en ligne. Les signatures électroniques sont un outil essentiel de l'économie numérique, demandant un cadre juridique robuste qui réglemente l'utilisation des différentes formes de signatures électroniques, renforce la transparence et la sécurité, et développe la confiance dans leur utilisation.

Les pouvoirs publics se sont attachés à améliorer la législation en matière de validation des transactions électroniques en 2020, dans le but d'améliorer la confiance dans le numérique. La loi 43-20 sur les services de confiance pour les transactions électroniques vise à stimuler le marché numérique, à généraliser l'accès aux services numériques et à rassurer les entreprises, les administrateurs, les organes publics et la population. Elle définit plusieurs niveaux pour la signature électronique, le cachet électronique, l'horodatage, le service d'envoi recommandé électronique, ainsi que les certificats d'authentification de site internet. Cette loi s'inspire du règlement européen sur l'identification électronique et les services de confiance pour les transactions électroniques (eIDAS)[10]. Les fonctionnaires de l'État et les représentants du secteur privé consultés sont d'avis qu'elle pourrait faire tomber les précédentes contraintes liées aux signatures électroniques et catalyser les transactions en ligne, ce qui stimulerait, par voie de conséquence, le développement des entreprises à forte intensité de numérique et les pratiques numériques dans l'ensemble de l'économie.

Cette loi établit un cadre juridique moins restrictif et mieux adapté aux transactions numériques modernes. Elle révise les principales restrictions à l'utilisation de certifications numériques prévues par la précédente loi 53-05 sur l'échange électronique de données juridiques. Les signatures électroniques sécurisées étaient la seule forme de certification électronique acceptée et Barid eSign, une branche de La Poste Maroc (Barid Al-Maghrib), était la seule autorité agréée pour les authentifier. L'utilisation des signatures électroniques était ainsi effectivement limitée aux quelques services publics capables d'obtenir la certification nécessaire (impôts, douanes et passation de marchés publics). Inspirée du modèle européen, la nouvelle législation autorise différents niveaux de certification (simple, avancé et qualifié) selon les exigences de la transaction. Quantité de transactions en ligne ne demandent pas les plus hauts niveaux de sécurité, avec cryptographie obligatoire et certificat en ligne qualifié. La loi autorise en outre les opérateurs privés à fournir des services de confiance, dont la validation des signatures et cachets électroniques, en appliquant des critères plus stricts pour les prestataires agréés (DGSSI, 2021[33]). Il est important que la loi suive de près les normes européennes pour permettre l'interopérabilité des deux systèmes. À ce jour, seuls l'Ukraine et le Japon ont des systèmes nationaux d'identification des signatures électroniques proches des exigences européennes (EU4Digital, 2021[34]). L'harmonisation avec la législation européenne accélérerait la reconnaissance des contrats et pourrait favoriser le développement des échanges.

L'ADD, en partenariat avec la Direction Générale de la Sûreté Nationale (DGSN), a lancé un nouveau service d'identification et d'authentification des utilisateurs des services numériques le 25 avril 2022. Ce service utilise la Carte Nationale d'Identité Électronique (CNIE) pour vérifier les identités des personnes souhaitant accéder aux services en ligne, contribuant ainsi à renforcer la sécurité et la confiance dans l'écosystème numérique du Maroc. Ce développement marque une étape importante dans la modernisation des infrastructures numériques et la protection des données personnelles au Maroc.

Selon l'ADD, la nouvelle législation améliore également les protections en cas de contestation de la validité d'une signature électronique. Elle instaure notamment une autorité chargée de vérifier la conformité à la loi. Sa souplesse devrait permettre aux entreprises de dématérialiser plus facilement les contrats et autres procédures, mais aussi d'ouvrir le marché des services de confiance numérique. Les startups du secteur des services de confiance peuvent apporter des solutions numériques innovantes et efficaces à toutes les entreprises. Les opérateurs du secteur privé ont fait état d'un long délai avant l'adoption du règlement d'exécution (approuvé fin 2022) à cause d'incertitude au sujet des procédures à suivre pour valider les signatures électroniques.

Malgré un début d'amélioration du cadre juridique en faveur de la confiance dans les transactions numériques dont il est question plus haut, des représentants du gouvernement relayent la nécessité de développer cette confiance davantage. Selon la CNDP la majorité des éléments nécessaires pour garantir la confiance dans le numérique sont en place, mais ces derniers doivent être spécifiés et renforcés davantage, et leur opérationnalité doit être officialisée. Elle ajoute par ailleurs que, en raison de l'évolution rapide de l'environnement des données, il est difficile pour la législation (au Maroc et à l'échelle internationale) de fournir des garanties suffisantes et mises-à-jour permettant de faire face aux problèmes nouveaux et changeants qui se posent aux utilisateurs du numérique et aux investisseurs. C'est effectivement ici un enjeu pour tous les gouvernements à mesure que l'utilisation et la valeur des données augmentent. La multiplication du nombre d'utilisateurs d'Internet et le développement de l'économie numérique s'accompagneront probablement d'une intensification des exigences de sécurité et les pouvoirs publics devront continuer d'adapter les cadres réglementaires.

8.3.3. Promouvoir l'utilisation du numérique et les compétences numériques, y compris par le biais de l'administration électronique

Même avec l'accès Internet, et la garantie que les avantages des transactions numériques l'emportent sur les risques, la promotion de l'utilisation du numérique passe par le développement des compétences. Le Maroc possède un vivier important de travailleurs qualifiés dans les secteurs à forte intensité de numérique. La croissance rapide du secteur de l'Offshoring au cours des dix dernières années – l'un des principaux objectifs du Plan d'accélération industrielle 2014-2020 du Maroc – a permis d'accroître le nombre et les compétences des professionnels dans ce domaine, y compris pour le développement et la maintenance de logiciels, la gestion des infrastructures et les conseils en technologies de l'information. La démultiplication des offres de diplômes dans les domaines des TIC a également contribué au développement du talent dans les startups innovantes. Or, ces compétences sont fortement concentrées dans certaines zones géographiques (principalement autour de Casablanca, Rabat et Tanger) et un grand nombre de professionnels très qualifiés émigrent (selon une enquête récente, 75 % des étudiants en TIC ont déclaré vouloir quitter le pays dans le court/moyen terme à cause de l'absence de débouchés dans le secteur numérique local (Huawei, 2021[35])).

En dehors de ce vivier de talents, une grande partie de la population manque de compétences de base. Le taux d'alphabétisation (76 %) est également inférieur à ceux de la majeure partie de la région MENA, mais il s'établit tout de même à 98 % chez les jeunes (Banque mondiale, 2021[36]). L'économie informelle compte pour environ 30 % du PIB (Bank Al-Maghrib, 2021[37]). Cette configuration retentit sur l'attractivité du marché numérique, sur les services de commerce électronique qui dépendent des utilisateurs du numérique, mais aussi sur le niveau de compétence des travailleurs dans tous les secteurs. En présence de conditions et de politiques publiques favorables, les investisseurs peuvent contribuer au développement des compétences et au transfert de technologies, mais cela ne semble toutefois efficace qu'à condition qu'un certain niveau de culture numérique soit en place (OCDE, 2022[10]). Il est donc essentiel d'encourager l'acquisition de compétences de base et le développement d'une culture numérique pour développer cette économie et récolter les fruits de l'investissement pour la transformation numérique.

Les actions au service de l'amélioration des compétences numériques et du développement de la culture numérique de la prochaine génération sont au cœur des objectifs stratégiques du Maroc et mises en avant dans ses orientations stratégiques pour le développement du numérique (dont Maroc 2025 et le NMD). Le gouvernement a mis en place de nombreuses initiatives en faveur de l'amélioration des compétences numériques, y compris pour la formation et la reconversion professionnelles. Par exemple, l'Agence nationale de promotion de l'emploi et des compétences (ANAPEC) propose des reconversions pour faciliter l'entrée dans les secteurs des TIC. Pour sa part, l'Office de la formation professionnelle et de la promotion du travail (OFPPT) a récemment introduit des formations pour le développement des compétences en numérique et en IA.

En 2022, l'ADD a lancé la plateforme nationale de e-learning « Academia Raqmya », une initiative pluriannuelle offrant une variété de formations adaptées aux collaborateurs des administrations publiques, des entreprises (PME et Startups) ainsi qu'au grand public. Cette plateforme s'inscrit dans le cadre du déploiement du chantier prioritaire de l'ADD « Génération Digitale » consistant à mettre en place un programme national de formation au digital pour inclure les nouveaux métiers du digital dans l'enseignement supérieur, la formation continue, la formation professionnelle et la recherche scientifique, ainsi qu'à promouvoir la culture digitale auprès des jeunes et des citoyens.

Complémentaires d'une politique harmonisée d'éducation et de formations professionnelles numériques, les services d'administration électronique sont un moyen d'encourager une utilisation plus répandue du numérique. Les pouvoirs publics peuvent servir de catalyseur pour favoriser l'exposition des travailleurs au numérique en permettant, voire en exigeant, certaines transactions en ligne, ce qui peut dans un second temps améliorer les capacités des entreprises (Andrews, Nicoletti et Timiliotis, 2018[18]). La Géorgie, par exemple, a cherché à développer la confiance dans les transactions en ligne en exigeant que les entreprises travaillant avec l'administration signent les documents de manière électronique (OCDE, 2022[38]). Une telle mesure pourrait toutefois être discriminatoire à l'égard des petites entreprises et doit être accompagnée de stratégies plus générales en faveur des compétences numériques. Elle devrait ainsi être adaptée aux compétences et à l'accès au numérique des petites entreprises (par exemple en tirant parti de l'utilisation répandue des téléphones mobiles). Les politiques doivent en outre tenir compte de l'économie informelle. Dans ce contexte, la transformation numérique peut présenter une opportunité (Encadré 8.6).

Le Maroc a fait de l'administration électronique l'un des axes de sa stratégie de développement du numérique, lequel semble avoir gagné en importance depuis que le MTNRA est chargé de la transformation numérique. Les objectifs de l'administration électronique sont la dématérialisation des procédures administratives, la mise en place de plateformes d'interopérabilité pour l'échange efficace de données entre les organisations et la formation des fonctionnaires de l'État à la bonne utilisation des outils numériques. La centralisation et la dématérialisation des procédures métier facilitent également l'investissement, ce qui réduit les coûts d'entrée.

Plusieurs services d'administration électronique ont été mis en place au cours des dix dernières années (OCDE, 2018[39]). Ils ont abouti à la transformation numérique de certaines procédures, dont certaines opérations bancaires en ligne, le paiement des impôts en ligne, les formulaires/procédures de douane, et quantité d'autres démarches auxquelles procèdent les investisseurs. Malgré des progrès notables, les services d'administration électronique sont incomplets. Un permis de construire peut rencontrer des retards lorsqu'une autorisation requise n'est pas encore accessible en ligne dans la pratique. Les services électroniques ne sont pas non plus intégrés entre les diverses agences. Des règlementations sont en place concernant le partage de données entre les agences, mais, en l'absence de technologie de cryptage et de capacités techniques des personnels, elles perdent en efficacité (Banque mondiale, 2020[8]). A ce titre, le gouvernement vise à créer un point d'entrée unique pour tous les services E-Gouvernement et à faciliter les échanges de données entre les administrations.

Le Maroc a pour objectif d'assurer la dématérialisation des procédures administratives et des paiements y afférents dans un horizon de cinq ans (fixé dans la loi 55-19 relative à la simplification des procédures et des formalités administratives). Ce pourrait être une occasion de promouvoir l'utilisation répandue d'outils numériques par les fonctionnaires et la population, mais il faudra des efforts complémentaires importants de la part des pouvoirs publics pour accompagner et former les agents de la fonction publique qui devront adopter les changements, mais aussi pour familiariser les citoyens avec les nouvelles plateformes numériques.

L'aboutissement de cette ambition dépendra en outre du bon fonctionnement des outils numériques en place. Les portails en ligne trop lents ou les pannes fréquentes que subissent les applications peuvent décourager les utilisateurs (y compris les investisseurs). Les sites web non conformes aux normes de sécurité établies par les entreprises internationales, pour leur part, ne recevront que peu de trafic. Dans ce contexte, les investisseurs du secteur privé pourraient soutenir les objectifs d'administration électronique, dans l'hypothèse par exemple où les pouvoirs publics contractent, par la voie d'appels d'offres des entreprises innovantes pour mettre en place des sites web ou d'autres solutions technologiques. De la part des pouvoirs publics, des politiques de passation de marchés publics qui encouragent les investisseurs versés en technologie sont également à envisager (pour en savoir plus sur les marchés publics et la transformation numérique, voir (OCDE, 2022[40]).

Encadré 8.6. Le numérique au service de la réduction de l'économie informelle : l'exemple de la Lettonie

Les technologies numériques peuvent contribuer à formaliser les secteurs et les travailleurs de l'économie informelle, qui représentent 30 % de l'économie marocaine (Bank Al-Maghrib, 2021[37]). L'économie informelle peut elle aussi faire obstacle à la transformation numérique, car les entreprises informelles cherchent délibérément à rester petites pour éviter la fiscalité et les règlements. La Lettonie, où l'économie informelle représente près de 25 % du PIB selon les estimations, a promu plusieurs initiatives en faveur des technologies numériques pour faciliter la formalisation. Elle oblige les entreprises de construction à enregistrer par moyen électronique les heures des travailleurs et toutes les entrées de personnes sur un chantier de construction (par le biais d'une carte ou d'un appareil mobile). Ces données sont transmises à une base de données centrale accessible par les autorités fiscales. En 2017, elle a rendu obligatoire l'enregistrement électronique des caisses et 88 % de ces appareils ont été remplacés depuis septembre 2019.

Source : (OCDE, 2021[19]).

8.4. Mobiliser l'investissement au service du développement numérique

La partie précédente a présenté les domaines que l'action publique marocaine doit privilégier pour stimuler un environnement propice à la numérisation, en mettant l'accent sur ceux qui sont les plus immédiats pour les investisseurs. Pour récolter les fruits de l'investissement au service de la transformation numérique, d'autres réformes concrètes s'imposent, à savoir des mesures visant à améliorer l'accès national aux services TIC étrangers, à promouvoir l'investissement dans les secteurs de haute technologie et les services numériques (comme le commerce électronique, qui peut accélérer l'adoption de ces technologies), et à mettre au point des incitations visant à favoriser la montée en gamme numérique de l'ensemble de l'économie.

8.4.1. Continuer la libéralisation des marchés des services numériques

Le Maroc pourrait déployer davantage d'efforts pour encourager l'ouverture des marchés aux investissements et aux échanges dans le secteur des services numériques. La numérisation est très largement stimulée par l'investissement – dans les infrastructures, les technologies, les compétences, et dans de nouveaux services et procédés. L'investissement domestique des entreprises dans le capital intellectuel (logiciels, nouveaux modèles économiques et processus organisationnels notamment) favorise la croissance et la productivité et, en stimulant l'innovation, appuie également la mutation numérique globale (OCDE, 2020[5]).

Une plus grande ouverture des marchés au commerce et à l'investissement facilitera l'investissement dans les services, les technologies et les procédés numériques. Comme dans tous les secteurs d'échanges commerciaux, la libéralisation des marchés numériques diversifie l'offre de produits et les prix, ce qui dynamise la concurrence. L'intensification de la concurrence incite les entreprises à adopter des technologies et des services de meilleure qualité. Une étude portant sur les entreprises de différents secteurs en Europe a constaté que les obstacles au commerce numérique (dérivant notamment de pressions concurrentielles moindres et d'un accès plus difficile aux intrants essentiels) avaient une incidence négative manifeste sur leur adoption de diverses technologies numériques (Andrews, Nicoletti et Timiliotis, 2018[18]).

Le Maroc n'impose pas de restriction notable spécifique aux investisseurs étrangers ; selon l'indice de restrictivité de la réglementation applicable à l'IDE de l'OCDE, son niveau de restrictivité réglementaire aux IDE est similaire à celui de la moyenne de l'OCDE. Le Royaume applique toutefois certains contrôles des mouvements de capitaux aux résidents marocains, ce qui peut avoir des retombées sur l'investissement des entreprises nationales dans les services numériques. Selon des consultations avec des représentants du secteur privé issus d'entreprises de haute technologie et de capital-risque, ces réglementations seraient l'un des principaux freins au développement de startups technologiques nationales. Les résidents ont la liberté d'effectuer des règlements à l'international au titre des opérations courantes, mais les règlements par anticipation dans des devises étrangères sont limités, ce qui signifie que des entreprises pourraient rencontrer des difficultés à régler certains services dans une autre monnaie. Cela peut constituer une contrainte importante pour les entreprises désireuses d'acquérir des services de TI auprès de startups innovantes à l'étranger ou de faire de la publicité sur des sites web hébergés à l'étranger (qui n'acceptent pas toujours les paiements en dirhams - MAD), notamment pour de nombreux services nécessitant des paiements anticipés (Dosunmu, 2022[41]).

Ces restrictions ont également une incidence sur les entreprises nationales de tous les secteurs qui souhaitent numériser leurs procédures en achetant des services de TIC et de données à l'étranger. Ces entreprises doivent en effet pouvoir importer ces services pour tirer parti du marché numérique mondial, accroître la compétitivité du secteur national et faire progresser la transformation numérique à plus grande échelle. Si les exportations de services de TIC du Maroc sont assez élevées, ce qui tient en grande partie à son secteur dynamique de l'offshoring, ses importations en la matière demeurent faibles (Graphique 8.4), notamment en comparaison aux pays où le secteur de la haute technologie est en expansion, comme l'Estonie, le Portugal et la Colombie. Cette situation s'explique par la taille relativement modeste du secteur de la haute technologie au Maroc, mais peut être aussi par les restrictions sur les achats en devises imposées aux entreprises nationales.

Graphique 8.4. Échanges de services de TIC au Maroc et dans des économies comparables (2020)

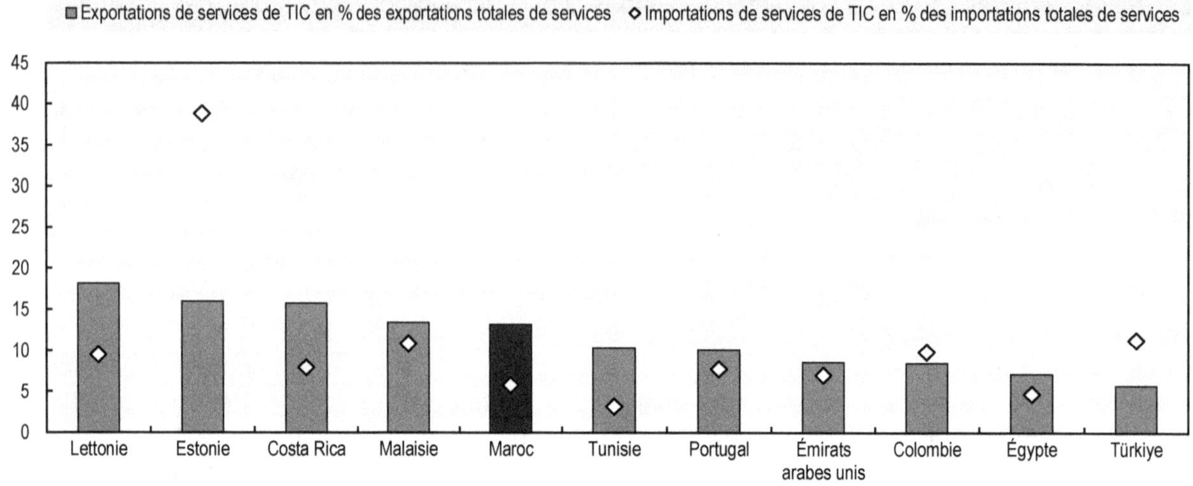

Note : Données de l'année 2020 ; les services informatiques et de télécommunications sont compris dans les services de TIC.
Source : données statistiques de la CNUCED sur le commerce international des services de TIC.

L'application de contrôles sur les mouvements de capitaux (conjuguée à un taux de change fixe) a permis au Maroc de poursuivre une politique monétaire indépendante et contribué à la stabilité macroéconomique globale (Benlamine et al., 2018[42]). S'il ne s'agit pas d'analyser ici les avantages et les coûts d'une telle politique de contrôle des changes, les autorités pourraient toutefois examiner les répercussions de cette politique sur la stratégie nationale de développement numérique. Sans modifier leur politique monétaire, elles pourraient envisager des exemptions permettant aux entreprises technologiques d'accéder aux devises étrangères[11]. L'Office des changes a mis en place des mesures de facilitation dans ce sens. En 2022, il a autorisé les startups innovantes du secteur des nouvelles technologies à payer en devises l'importation de services à concurrence de 1 million MAD par an par carte de paiement international (une augmentation par rapport à 500 000 MAD en 2019). Pour les règlements d'importations de service par virement bancaire, l'Office des Changes a porté le paiement par anticipation à 100 000 MAD et celui d'acomptes à 30 % du montant facturé. Ces plafonds ne s'appliquent pas aux règlements effectués par utilisation de cartes de paiement internationale. Ces mesures sont également importantes pour permettre aux entreprises nationales d'autres secteurs d'acquérir à l'étranger des services numériques qui pourraient favoriser leur propre développement numérique.

8.4.2. Favoriser davantage l'investissement dans les startups de haute technologie et leur expansion

Le Maroc a pour ambition de devenir un pôle numérique et technologique de premier plan en Afrique. L'amélioration du climat de l'investissement pour les jeunes entreprises de haute technologie peut aussi être un levier essentiel pour appuyer la numérisation plus générale de l'économie (Encadré 8.7). Le nombre et le montant des capitaux mobilisés pour les startups marocaines est faible par rapport aux autres pays africains. Outre les domaines d'action déjà évoqués, des politiques et réglementations spécifiques s'imposent pour stimuler l'investissement dans les entreprises de haute technologie et les startups technologiques, ainsi que leur croissance. Sont notamment nécessaires des structures juridiques et réglementaires qui favorisent le développement des start-ups et facilitent leur accès aux financements. Cette partie examine les mesures politiques visant à développer les startups et à y attirer les investissements ; elle évalue brièvement les perspectives et les enjeux que présente le commerce électronique, un service numérique important accessible aux entreprises de nombreux secteurs.

Le Maroc a récemment adopté plusieurs réformes réglementaires pour soutenir les startups technologiques et encourager l'investissement. Une mesure importante a été la révision de la législation relative aux structures des sociétés, notamment la société par actions simplifiée (SAS), basée sur la structure des sociétés françaises (introduite par la loi 19-20). Cette structure offre plus de souplesse que les autres formes de société ; la création d'une SAS au Maroc n'exige pas de capital minimum (de la société ou des fondateurs), peut être le fait d'une seule personne (dans le cadre d'une société par actions simplifiée unipersonnelle (SASU)) et offre une grande latitude en ce qui concerne l'organisation et les règles de gouvernance de l'entreprise (Benzarti, 2021[43]). De nombreuses startups privilégient cette forme juridique, notamment parce qu'elle permet de faire facilement entrer de nouveaux actionnaires au capital et peut en conséquence attirer les investisseurs – point particulièrement intéressant pour les sociétés de capital-risque.

D'autre part, d'après les autorités, la Banque centrale a engagé plusieurs mesures pour promouvoir l'éclosion d'un écosystème de Fintech, dont la création d'un « one stop shop Fintech », la mise en place d'un partenariat avec la Caisse de Dépôt et de Gestion visant à promouvoir le développement des fintechs au Maroc, la réalisation avec la Banque Mondiale d'une étude visant à mieux appréhender le paysage de la Fintech au Maroc et les leviers pour favoriser son développement, la mise en place du cadre réglementaire afférent au financement collaboratif ou crowdfunding, la contribution à la mise en place d'un système d'authentification et d'identification des usagers des services bancaires et à la promotion de l'usage des services de confiance numérique, et le lancement, avec l'appui de la Banque Mondiale, d'un projet visant à encadrer l'Open Banking.

Au Maroc comme ailleurs, l'accès aux financements appropriés est l'un des principaux freins à la croissance des startups. Les banques sont réticentes à financer les entreprises qui n'ont pas de solides antécédents, et celles qui ne disposent que de capital immatériel peinent à fournir des garanties pour les prêts (Dosunmu, 2022[41] ; Abdelkhalek et al., 2021[44]). Des mesures qui facilitent l'accès aux financements appropriés sont indispensables, en particulier les financements par apport de fonds propres, plus attrayant pour les startups à fort potentiel de rendement et de risque (OCDE, 2019[45]). Le capital-risque, notamment, peut pallier le déficit de financement auquel sont confrontées les jeunes entreprises qui ne disposent ni de fonds internes, ni d'antécédents. Les études font aussi apparaître une nette corrélation entre la profondeur des marchés de capital-risque et la vitesse de diffusion des technologies, les jeunes entreprises étant souvent promptes à adopter les nouvelles techniques (Andrews, Nicoletti et Timiliotis, 2018[18]).

Le Maroc a appliqué plusieurs réformes visant à améliorer l'accès au financement et à protéger les investisseurs. Elles consistent notamment à préciser le cadre juridique des fonds de capital-risque (organismes de placement collectif en capital (OPCC)) et à autoriser les petites entreprises à forte croissance à être cotées à la Bourse de Casablanca. Le gouvernement a remanié les dispositions relatives à l'insolvabilité de son code de commerce (loi 73.17 relative aux entreprises en difficulté, modifiant et complétant le livre 5 du code de commerce) en s'inspirant des normes internationales, notamment des principes de la Banque mondiale sur l'insolvabilité et du guide législatif de la CNUDCI sur le droit de l'insolvabilité. La législation sur la faillite est un outil important pour encourager la prise de risque, en particulier pour proposer aux entreprises en difficulté d'autres solutions que la liquidation. La loi marocaine permet aux créanciers de participer à l'élaboration des plans de restructuration, et aux entreprises de mobiliser des ressources financières pendant les procédures judiciaires (CNEA, 2018[46]). La réforme a sensiblement amélioré le classement du Maroc selon les indicateurs *Doing Business* de la Banque mondiale, mais selon le dernier rapport publié en 2020, les procédures demeurent lentes et plus couteuses que dans certains pays comparables (Banque mondiale, 2020[47]). La longueur des procédures constitue une contrainte supplémentaire à l'entrée pour les startups et peut avoir un effet dissuasif sur les investisseurs.

Soucieux de promouvoir d'autres instruments financiers, le gouvernement a également adopté, au début de 2021, une loi visant à soutenir le financement collaboratif (loi n° 15-18 relative au financement collaboratif). Celui-ci permet aux projets de faible envergure de mobiliser des fonds auprès de divers investisseurs et donneurs potentiels par l'intermédiaire de plateformes qui mettent en relation les petits investisseurs intéressés et les nouveaux projets. La loi établit les règles relatives au financement collaboratif et aux entreprises qui les gèrent, ainsi que les modes de financement autorisés (investissement, prêt, don). Trois agréments ont été accordés par Bank Al-Maghrib à des sociétés de financement collaboratifs au titre des opérations de prêts et de dons. D'autres réformes juridiques de première importance seraient en cours, visant notamment à autoriser l'utilisation de biens immobiliers comme garantie et à alléger la réglementation relative aux sociétés de capital-risque[12].

Outre ces réformes juridiques, d'autres mesures ont été prises pour promouvoir l'investissement en capital-risque au travers de fonds publics-privés. Innov Invest et le fonds Maroc Numeric II ont levé plusieurs millions de dollars (USD) de capital-investissement publics-privés pour financer la création d'entreprises. Ces mécanismes, associés aux mesures complémentaires mises en place par les autorités pour soutenir les incubateurs, les accélérateurs et les technopoles, contribuent fortement à la construction de l'écosystème naissant. Néanmoins, pour augmenter la part de l'investissement privé, d'autres réformes du cadre juridique s'imposent afin de stimuler l'esprit d'entreprise et de motiver les investisseurs privés.

À cette fin, le gouvernement et la société civile marocaine ont multiplié les efforts pour faire adopter une loi sur les petites entreprises ou sur les startups. Celle-ci peut servir de cadre juridique général pour centraliser l'ensemble des mesures de soutien à ces entreprises (incitations fiscales et financières, plateformes de renforcement des capacités, accès aux marchés publics, etc.). La Tunisie, les Philippines et le Sénégal ont récemment adopté des lois sur les startups (Startup Acts) qui comprennent des incitations pour les petites entreprises et pour les investisseurs (Facilité ICR, 2021[48]). Outre les avantages fiscaux, la loi relative à la création et à la promotion de la startup du Sénégal prévoit une aide aux entreprises, notamment une plateforme en ligne pour l'enregistrement des entreprises, des régimes douaniers favorables et une plateforme de renforcement des capacités. Elle prévoit également un régime préférentiel pour l'accès des startups à la commande publique, notamment une marge de préférence de 5 % pour celles qui participent à des appels d'offres publics et pour les entrepreneurs qui sous-traitent 30 % des services à des startups (ibid.).

Ces lois ne remplacent cependant pas les réformes juridiques et réglementaires complémentaires évoquées dans ce chapitre qui visent à améliorer le climat économique pour les jeunes entreprises innovantes et leurs investisseurs. Pour autant, en centralisant les avantages consentis aux petites entreprises, elles peuvent donner de la visibilité aux incitations et informer les entreprises et les investisseurs des mesures de soutien en place. Il ressort de consultations avec le secteur privé que les fondateurs d'entreprises technologiques sont généralement peu au fait de bon nombre des mesures mises en place par le gouvernement marocain pour aider les startups. La réglementation des changes au Maroc permet aux fondateurs des jeunes entreprises innovantes en nouvelles technologies, qui détiennent un engagement ferme d'un bailleur de fonds étranger, à créer des entités de droit étranger en y apportant une partie ou la totalité de leurs parts dans ces startups. Cette ouverture en capital pour les startups a été consolidée en 2024 par la possibilité offerte aux investisseurs marocains d'apporter aux entités de droit étranger, créées par les jeunes entreprises innovantes, une partie ou la totalité de leurs parts dans lesdites startups Les autorités auraient tout intérêt à promouvoir activement ces modèles de réussite afin de susciter l'intérêt des Marocains résidant à l'étranger pour ces débouchés nationaux. Ces entrepreneurs peuvent améliorer l'accès aux financements étrangers et inspirer les entrepreneurs nationaux.

Le Maroc a mis en place des incitations fiscales et financières pour les startups technologiques et, de manière plus générale, pour les petites entreprises. Le programme *Tahfiz*, par exemple, clos à la fin de 2022, accordait aux petites entreprises des exonérations sur l'impôt sur les sociétés et les cotisations de sécurité sociale. Les entreprises de haute technologie peuvent par ailleurs bénéficier de subventions financières (prime aux métiers d'avenir et de montée en gamme des filières de 3 % de l'investissement éligible) dans le cadre de la nouvelle Charte de l'investissement, comme le décrivent en détail les premiers décrets d'application, ce qui pourrait faciliter le financement initial de petites entreprises innovantes. Les grands projets d'investissement (supérieurs à 2 milliards MAD) qui contribuent substantiellement au développement des technologies peuvent également bénéficier d'avantages supplémentaires (subventions, soutien aux infrastructures ou terrains), négociés au cas par cas avec la Commission nationale des investissements. Les incitations fiscales et financières peuvent offrir un moyen d'attirer des investissements qui n'auraient pas eu lieu sans ces incitations ; il semblerait toutefois que leur efficacité dépende fondamentalement de la façon dont elles sont conçues (voir Définir des incitations propres à favoriser la numérisation et le renforcement des compétences) (Celani, Dressler et Wermelinger, 2022[49] ; FMI-OCDE-ONU-Banque mondiale, 2015[50]).

Le Maroc pourrait mieux promouvoir les mesures d'appui aux entreprises innovantes et à leurs investisseurs ; nombre d'entre elles couvrent cependant un champ relativement restreint et ont échoué à favoriser la création d'un écosystème technologique (CESE, 2022[51]). Au cours des consultations, les acteurs du secteur privé ont déploré le manque général de fonds de capital-risque nationaux et l'insuffisance des avantages fiscaux et financiers. Pour développer activement le secteur des startups, il serait souhaitable d'associer les mesures visant à faire du Maroc un pôle technologique à la stratégie et aux politiques de promotion des investissements dans le cadre d'une démarche plus harmonisée. Le lancement de la marque « Morocco Tech » en janvier 2022 par le nouveau ministère responsable de la transformation numérique semble devoir remplir cette fonction. Les modalités précises de cette initiative ne sont cependant pas claires à première vue ; il leur a été notamment été reproché de manquer de substance et de nouvelles mesures de fond (Iraqi, 2022[52]).

Promouvoir les services numériques comme le commerce électronique

Au-delà des mesures générales visant à améliorer le climat des affaires pour les startups technologiques, le Maroc pourrait également examiner les contraintes propres à des services numériques comme le commerce électronique ou la technologie financière, qui peuvent favoriser la transformation numérique d'autres secteurs (Encadré 8.7). Le commerce électronique, par exemple, en tant que complément ou substitut à des activités commerciales plus conventionnelles, est pour les entreprises, quel que soit le secteur dans lequel elles évoluent, un moyen de sauter le pas du numérique ; à ce titre, il est considéré comme un facteur important de cette mutation (Calvino et al., 2018[6]). Le commerce électronique a bouleversé la façon dont les entreprises vendent et dont les consommateurs achètent, et créé de nouveaux risques et de nouveaux débouchés. Il appelle donc un cadre juridique et réglementaire spécifique pour protéger les consommateurs et lever les contraintes à sa croissance (OCDE, 2019[53]).

Encadré 8.7. Au Maroc, les petites entreprises innovantes participent de la numérisation globale de l'économie

Les économies qui ont su prendre le virage numérique l'ont fait en partie grâce au développement des pionniers du secteur, le plus souvent de jeunes et petites entreprises innovantes qui mettent au point de nouveaux outils numériques, souvent destinés aux échanges économiques traditionnels. Ces outils peuvent engendrer des gains de productivité, l'inclusion et la croissance. Au Maroc, Chari, une startup florissante (récemment valorisée à 100 millions USD), fait office de guichet unique pour les commerces de proximité en ce qu'elle permet aux détaillants traditionnels de commander leurs biens de consommation en ligne, avec livraison gratuite le lendemain. Les fondateurs ont conçu une application destinée aux commerces peu familiers des technologies ; en un an, 10 000 des 20 000 magasins de proximité de Casablanca l'avaient adoptée. Chari s'est récemment porté acquéreur de Karny, un carnet de crédit mobile qui permet aux commerçants de gérer les microcrédits accordés à leurs clients.

Ce sont là deux exemples d'applications numériques relativement simples conçues pour faciliter les transactions traditionnelles. Ces startups se démarquent aussi par leur objectif d'utiliser les outils numériques pour améliorer les industries traditionnelles et non pour les rendre obsolètes - un risque majeur de la transformation numérique en général. L'essor d'entreprises comme Chari contribue à faire connaître l'écosystème technologique naissant du Maroc aux investisseurs. L'investissement privé est essentiel à l'expansion de cet écosystème. Souvent, ces entreprises préfèrent aussi faire appel à des investisseurs étrangers pour démarrer leur activité - des investisseurs qui sont plus disposés et plus habitués à prendre des risques en faveur de nouvelles entreprises innovantes.

Source : (TechCrunch, 2022[54]).

Le taux d'utilisation du commerce électronique au Maroc pourrait être plus élevé. Selon une enquête réalisée par l'ANRT en 2022, 23 % des individus ont effectué des achats en ligne cette année-là, et la grande majorité les a réglés en espèces (par paiement à la livraison par exemple) (Graphique 8.5). Très peu d'habitants ruraux achètent en ligne (12 %). Un accroissement notable du commerce électronique est toutefois observable chez les résidents urbains entre 2019 et 2022, ce qui atteste l'incidence des mesures de confinement prises face à la pandémie sur les transactions en ligne, une évolution constatée ailleurs. Selon une enquête de 2020, les Marocains qui n'ont pas effectué d'achats en ligne ont pour la plupart (60 %) évoqué leur préférence pour les achats en personne. La moitié environ ont mentionné un manque d'intérêt et de confiance, de connaissances ou de compétences, ce qui permet de penser qu'un changement culturel s'impose pour stimuler le développement du secteur. Quelque 20 % des enquêtés ont mentionné des craintes liées à la sécurité, ce qui montre à quel point il importe de renforcer la confiance dans les transactions numériques (voir section 8.3.2). Plus de 70 % des enquêtés choisissent le fournisseur en fonction de la notoriété de la marque, critère immédiatement suivi de la sécurité des sites électroniques. Les exigences en matière de sécurité semblent s'être accentuées depuis la période pré-COVID, signe d'une prise de conscience des risques liés à Internet (ANRT, 2020[55] ; ANRT, 2021[20] ; ANRT, 2019[26]).

Graphique 8.5. Le commerce électronique présente un potentiel de croissance mais les paiements numériques demeurent limités

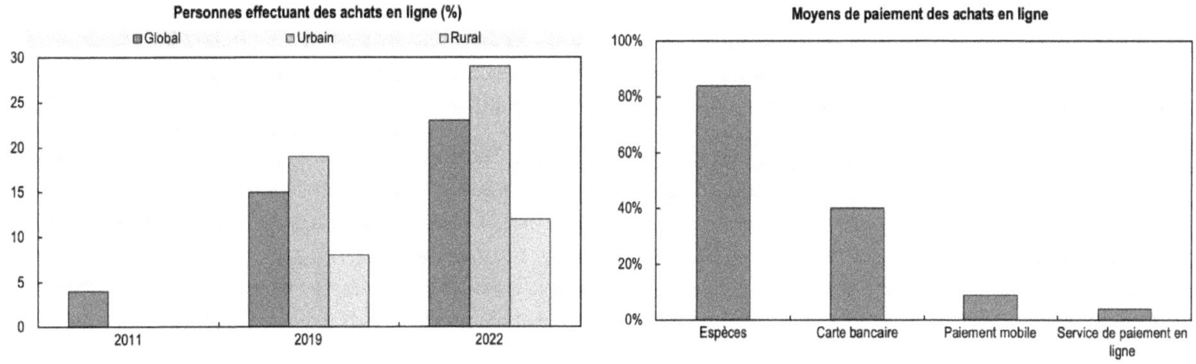

Note : le pourcentage de personnes effectuant des achats en ligne est exprimé en pourcentage des utilisateurs âgés de plus de 5 ans, ce qui peut fausser les résultats. Les moyens de paiement sont exprimés en pourcentage des personnes ayant acheté en ligne en 2022.
Source : ANRT 2022.

Des mesures s'imposent dans de nombreux domaines pour développer le commerce électronique. L'existence du commerçant numérique résulte des règlements régissant la création d'entreprises et d'une présence en ligne. L'achat en ligne d'un produit est fonction de plusieurs facteurs : la possibilité de payer par voie électronique (y compris dans une monnaie étrangère), les frais de livraison et, pour les commandes internationales, les obstacles tarifaires et non tarifaires à l'importation.

Pour réglementer le commerce électronique, le Maroc s'est doté de textes législatifs portant sur quatre domaines stratégiques, à savoir les transactions électroniques (décret relatif à l'échange électronique des données juridiques n° 2-13-881), la protection des consommateurs (31-08), la protection des données à caractère personnel (09-08/2000) et la cybercriminalité (décret n° 2-15-712 et loi 07-03) (CNUCED, 2021[56]). L'existence de ces lois a valu au Maroc une note favorable dans le *Network Readiness Index*. Ses notes les plus basses concernent en revanche le commerce électronique et l'accès en ligne aux comptes financiers (Portulans Institute, 2021[57]). Le Maroc a pris plusieurs mesures importantes pour promouvoir la digitalisation des paiements, ce qui est essentiel à la croissance du commerce électronique. La digitalisation et la modernisation des paiements, favorisée par les nouvelles technologies telles que le QR code, la technologie NFC, la tokenisation des paiements, constitue un axe stratégique au niveau de la Bank Al-Maghrib. C'est ainsi que Bank Al-Maghrib a introduit le paiement mobile (M-wallets) en 2018 et a activement promu son utilisation.

Le commerce électronique présente toutefois des risques spécifiques nécessitant une réglementation adaptée. Pour ne pas brider la croissance du secteur, les mesures de protection des consommateurs et des entreprises doivent être pondérées. Le décret n° 2.22.438 adopté en juin 2022 assujettit tous les produits achetés en ligne sur des plateformes étrangères à des frais de douane et à la TVA. Il supprime l'exemption douanière antérieurement appliquée aux importations inférieures à un montant donné. Ce règlement vise à limiter la hausse observée par l'Administration des Douanes et Impôts Indirects (ADII) du nombre de revendeurs illicites qui importent de gros volumes de marchandises achetées auprès de commerçants en ligne étrangers en faisant appel à des comptes et des transactions multiples pour bénéficier de l'exemption. L'ADII souligne que cette mesure a pour objectif de mettre l'économie et les consommateurs locaux à l'abri des pratiques frauduleuses (ADII, 2022[58]). Par ailleurs, le champ d'application de la taxe sur la valeur ajoutée (TVA) a été élargi au secteur du commerce électronique, notamment à travers deux mesures : la modification des règles locales de TVA prévues à l'article 88 du Code des impôts, et l'obligation d'identifier les prestataires de services sur une plateforme électronique dédiée, avec la présentation de rapports sur les revenus et le paiement de la TVA due au Maroc. D'autres juridictions ont révisé la taxation du commerce électronique pour tenir compte de l'accroissement des ventes en ligne depuis le début de la pandémie en 2020 et du recours abusif aux exonérations fiscales pour les importations de faible montant. L'UE a commencé à appliquer la TVA à tous les achats en ligne en juillet 2021, faisant observer que le recours abusif aux exonérations de TVA coûterait aux Trésors de l'UE quelques sept milliards d'euros par an (Commission européenne (CE), 2021[59]). Les entreprises de commerce en ligne doivent s'adapter aux nouvelles obligations de facturation et de déclaration de la TVA et des droits de douane applicables au commerce transfrontalier. Les investisseurs étrangers qui possèdent une expérience dans ce domaine pourraient apporter un appui utile à cet égard.

Le renforcement de l'inclusion financière sera également déterminant pour l'expansion du commerce électronique. Selon l'enquête Global Findex 2021 intitulée « Inclusion financière, paiements électroniques et résilience à l'ère de la Covid-19 », publiée fin juin 2022, seuls 44 % des adultes marocains disposent d'un compte bancaire officiel (chiffre qui marque toutefois une amélioration notable par rapport aux 29 % enregistrés en 2017)[13]. Un tiers seulement de la population possède une carte de débit (Banque mondiale, 2022[60]). En revanche, près de 80 % des adultes non titulaires d'un compte bancaire ont un téléphone mobile, ce qui laisse supposer un important potentiel de croissance pour les paiements mobiles (Banque mondiale, 2020[8]). Le recours aux paiements numériques progresse. Selon une étude de la Banque mondiale, 30 % des adultes ont effectué ou reçu un paiement numérique en 2021, contre un peu moins de 17 % en 2017. Ce chiffre est nettement inférieur à celui observé dans d'autres pays en développement technologique (66 % au Ghana, 76 % au Kenya, 90 % au Portugal) (Banque mondiale, 2022[60]). Il semblerait donc que la numérisation favorise l'inclusion financière. Une étude plus approfondie des barrières propres à la technologie financière – autre service numérique de première importance – permettrait de réduire les contraintes à la croissance du commerce électronique.

8.4.3. Encourager la montée en gamme numérique des entreprises

L'appui aux entreprises de haute technologie peut certes favoriser l'innovation à plus grande échelle, mais la numérisation ne se limite pas à encourager les startups. Elle offre également une occasion de transformer tous les secteurs. Les outils et les données numériques peuvent aider les entreprises à optimiser leurs procédés, à améliorer leurs produits et leurs contacts avec les clients (grâce à l'analyse de données sur les consommateurs par exemple) et à accéder à de nouveaux marchés par le biais du commerce électronique. Des logiciels comme les progiciels de gestion intégrés (PGI), qui harmonisent les données de l'ensemble de l'entreprise, peuvent aider les exportateurs à mieux gérer les stocks et, partant, à réduire les coûts. Les systèmes de gestion des relations avec la clientèle (GRC) peuvent aider les entreprises à assurer le suivi de leurs clients et fournisseurs et à mieux communiquer avec eux. Certains outils numériques, comme les factures et les paiements électroniques, peuvent renforcer la sécurité des transactions, un facteur de première importance pour la gestion de la chaîne logistique. Ce ne sont là que quelques exemples qui offrent tous la possibilité d'accroître la productivité dans l'ensemble des secteurs (voir au Tableau 8.3 d'autres exemples d'outils numériques) (OCDE, 2022[38]).

La crise du COVID-19 a accentué les pressions exercées sur les entreprises pour qu'elles investissent dans la numérisation des procédures. Selon une enquête récente menée par le HCP auprès des entreprises, les secteurs de services au Maroc (à l'exception du transport et de l'entreposage) prévoyaient d'allouer 40 % en moyenne de leurs investissements à l'innovation et à la numérisation des services internes et externes en 2021. Les fabricants de matériel électronique ont également indiqué qu'ils envisageaient de consacrer pas moins de 21 % des investissements à l'intensification de leur développement numérique. En accord avec la taxonomie de l'OCDE, les secteurs manufacturiers à intensité numérique moyenne-faible ont déclaré de faibles pourcentages d'investissements numériques (3 % à 4 % de l'investissement total prévu en 2021) (HCP, 2022[28]). Comme indiqué dans la section Continuer d'encourager la confiance dans les opérations dématérialisées, le taux d'adoption des technologies numériques est faible dans la plupart des entreprises marocaines, l'utilisation des TIC se limitant pour l'essentiel au courrier électronique. Les politiques publiques peuvent encourager cet investissement et accompagner les entreprises qui ne disposent pas des ressources nécessaires pour améliorer leurs compétences numériques.

Tableau 8.3. Exemples d'outils numériques éprouvés et nouveaux

Technologies	Description	Exemples d'application
Gestion des relations avec la clientèle (GRC)	Ce logiciel administre les relations entre les entreprises et les clients, améliorant ainsi la gestion des services de clientèle.	Plateformes de coordination : les intervenant peuvent être mis directement en contact et sont constamment informés de l'évolution du projet.
Les services du cloud	Accessibilité des services de TIC par internet : services, stockage, composants de réseau et applications logicielles.	Comptabilité en nuage : plusieurs utilisateurs peuvent mettre à jour les informations simultanément, ce qui améliore le processus et l'accessibilité.
Gestion de la chaîne logistique (SCM)	Utilisée pour gérer les flux de biens et de services, elle concerne les procédés qui transforment les matières premières en produits finis.	Gestion d'usine par système de contrôle et d'acquisition de données (SCADA) : plateforme intégrée pour assurer le suivi des équipements et des ressources tout au long de la ligne de production.
Facturation électronique	Appuie les approches de « conformité dès la conception » (*compliance by design*) moyennant des modèles-type, ce qui permet de réduire le travail administratif et les erreurs humaines lors de l'établissement des déclarations fiscales et des factures.	Gestion des factures électroniques : produit des factures par voie électronique, ce qui évite d'utiliser du papier et renforce en conséquence la sécurité et la conformité avec les lois en vigueur.
Progiciels de gestion intégrés (PGI)	Ces logiciels permettent d'intégrer différentes activités par le stockage et la gestion des flux d'informations. Les fonctions de l'entreprise sont ainsi automatisées, ce qui facilite les fonctions de back-office et la planification stratégique.	Gestion des stocks d'actifs : assure le suivi des stocks, limitant ainsi le risque de surproduction et de gaspillage.
5G	Nouvelle technologie sans fil qui fournit une connexité jusqu'à 200 fois plus rapide que le réseau 4G et permet la connexion simultanée de milliards de dispositifs et les communications entre machines.	Simulation par réalité virtuelle : permet de visualiser le produit, d'améliorer la formation et de faciliter les processus de conception. La rapidité de la 5G améliorera l'expérience de l'utilisateur en la rendant plus réaliste et efficace.
Internet des objets	Appareils qui peuvent être contrôlés et manœuvrés via internet, avec ou sans la participation active d'un être humain. Va sans doute accroître la capacité de simulation, de prototypage, de décision et d'automatisation des entreprises.	Taux de rendement global : permet de surveiller en permanence les équipements pour en assurer l'efficacité.
Analytique de mégadonnées	Analyse de très nombreuses données qui peut contribuer de manière déterminante à la prise de décision en adaptant l'offre de produits et de services à la demande.	Plateforme centralisée avec analytique de données : elle identifie les débouchés commerciaux, établit une planification et prend des décisions fondées sur les données et renforce l'efficacité des processus.
IA	La capacité des systèmes de machines à apprendre et à appliquer les connaissances acquises en adoptant un comportement intelligent. Ils peuvent effectuer différentes tâches cognitives avec un large éventail d'applications.	Gestion efficace de l'énergie : capteurs numériques pour suivre la consommation d'énergie, prévoir les besoins, réduire les déchets et les coûts.
Blockchain	Un registre partagé des transactions entre les parties d'un réseau, non contrôlé par une autorité centrale unique, où des mises à jour régulières maintiennent toutes les copies identiques et vérifiables par tous les participants à tout moment.	Blockchain pour la documentation commerciale : échange de documents de bout en bout rendu possible par la blockchain, augmentant la sécurité des transactions et la transparence entre toutes les parties prenantes.

Source : (OCDE, 2022[38]).

Les entreprises multinationales et les réseaux de production mondiaux peuvent contribuer à la montée en gamme numérique. L'arrivée d'entreprises étrangères intensifie la concurrence, ce qui contraint les entreprises nationales à devenir plus innovantes et plus productives. Les normes qu'elles établissent (conception des produits, contrôle de la qualité ou rapidité de livraison par exemple) peuvent également inciter les fournisseurs nationaux à adopter de nouvelles technologies et procédures (OCDE, 2022[10]). Ce constat est toutefois à modérer car les entreprises étrangères très performantes sont souvent isolées du reste de l'économie, a fortiori si elles sont situées dans des zones économiques spéciales. Au Maroc, la forte croissance de l'industrie manufacturière de haute technologie dans le domaine du matériel de transport (automobile et aéronautique) a permis de développer une base de fournisseurs locaux, mais les entreprises nationales ne sont pas bien intégrées dans la chaîne de valeur, ce qui tient en partie à l'insuffisance des normes techniques et de qualité (SFI, 2019[12]).

Les fournisseurs nationaux dotés de capacités techniques élevées entretiennent généralement des liens plus étroits avec les entreprises étrangères et tirent davantage profit des externalités technologiques et de connaissances que celles disposant d'un moindre capital intellectuel. Selon des travaux récents de l'OCDE sur les liens et retombées entre l'IDE et les PME au Portugal et en République slovaque, les écarts de productivité et d'innovation des PME selon les pays pourraient expliquer les différentes stratégies d'approvisionnement des multinationales étrangères. Au Portugal, les investisseurs étrangers s'approvisionnent massivement sur le marché intérieur, ce qui est dû au fait que les PME sont relativement plus innovantes et versées dans les technologies numériques que celles de nombreuses autres économies de l'OCDE. En République slovaque, en revanche, ils font essentiellement appel aux importations d'intrants, ce qui pourrait être lié à la faible productivité et à la faible capacité d'innovation des PME slovaques (OCDE, 2022[61]). Cet exemple montre qu'il est nécessaire de conforter les capacités des entreprises nationales pour récolter les bénéfices des investissements dans la transformation numérique.

Plusieurs facteurs semblent déterminer l'adoption des technologies numériques par les entreprises : des conditions favorables (notamment les infrastructures et un environnement réglementaire propice), l'accès aux technologies numériques sur le marché national et international (plateformes numériques, technologies financières et informatique en nuage par exemple), ainsi que les déclencheurs au niveau de l'entreprise (comme le financement et les compétences) (OCDE, 2019[62]). Il apparaît que l'organisation de formations aux TIC destinées à améliorer les compétences des entreprises a un effet statistiquement significatif sur leur adoption du numérique. On constate notamment que l'avantage marginal lié à la formation du personnel aux outils numériques (comme les services du cloud ou les outils d'intégration entre les services clientèle et les services d'appui - PGI ou GRC par exemple) est deux fois plus important pour les employés peu qualifiés que pour les plus qualifiés. Selon une analyse économétrique de l'adoption des technologies numériques dans différents secteurs en Europe, un accroissement de 11 % de l'offre de formation aux TIC pour les employés peu qualifiés fait progresser l'utilisation de ces outils de 3 points de pourcentage. Cet effet est plus prononcé lorsqu'il se conjugue à d'autres mesures visant à créer un environnement plus favorable au développement numérique. L'investissement dans la formation aux compétences de base en matière de TIC peut alors accroître la productivité, voire les salaires, mais aussi, en accélérant l'adoption des technologies avancées, rehausser la productivité globale (Andrews, Nicoletti et Timiliotis, 2018[18]).

Les autorités peuvent promouvoir la formation aux TIC par divers moyens ; certaines des mesures appliquées par le Maroc à cet égard sont évoquées plus haut. Elles peuvent également prendre des mesures spécifiquement destinées aux investisseurs, pour inciter les entreprises à investir dans la formation aux compétences numériques. De nombreux pays offrent des incitations fiscales à l'investissement dans la formation professionnelle ; un petit nombre d'entre eux réservent des financements au perfectionnement des compétences numériques ou au développement numérique.

Définir des incitations propres à favoriser la numérisation et le renforcement des compétences

De nombreux pays apportent aux entreprises un soutien spécifique pour les accompagner dans leur montée en gamme numérique. Ces dispositifs visent souvent les PME et associent aides fiscales et financières, ainsi que des services de conseil aux entreprises (conseils et assistance technique par exemple). Ils peuvent améliorer les compétences numériques locales et ainsi rehausser l'attrait des PME en tant que fournisseurs nationaux, ce qui favorise leur entrée dans les chaînes de valeur mondiales. Comme indiqué plus haut, les PME dotées de certains outils numériques ont plus de chances de bénéficier de transferts de technologies plus avancées de la part des entreprises internationales (OCDE, 2022[10]). Parfois, ces mesures s'adressent aussi à de plus gros investisseurs (étrangers), ce qui encourage l'investissement dans les mises à niveau numériques ou dans la formation. Le Tableau 8.4 et l'Encadré 8.8 en présentent plusieurs exemples, mis en œuvre dans des pays comparables. De nombreux pays offrent également des incitations à la R&D ; celles-ci peuvent favoriser l'expansion de l'écosystème global de l'innovation, mais des politiques plus ciblées s'imposent pour accompagner le développement du numérique dans les entreprises traditionnelles[14].

Tableau 8.4. Incitations à la montée en gamme numérique des entreprises : exemples de pays comparables

Pays	Dispositif	Description
Colombie	Cofinancement de la mise en œuvre des technologies et du commerce électronique.	Cofinancement d'un montant compris entre 46 000 EUR et 140 000 EUR (de 70 % à 75 % du coût du projet) pour déployer des technologies dématérialisées dans des secteurs stratégiques ou pour développer des technologies avancées (données massives, internet des objets, IA) et apporter une assistance technique à la mise en œuvre. Destiné aux MPME, aux grandes entreprises, aux syndicats, aux secteurs traditionnels.
		Cofinancement et services de conseil pour préparer les entreprises à développer les paiements numériques et le commerce électronique et les accompagner dans cette démarche.
Corée	Aide financière aux PME pour la numérisation des procédés de fabrication	Subvention à hauteur de 50 % du coût total du projet pour aider les PME manufacturières nationales à construire une usine intelligente ou à moderniser le système existant moyennant l'usage de technologies d'usine intelligente (internet des objets, 5G, technologie dématérialisée, capteurs intelligents notamment).
		Aide financière pour des services de conseil et de formation liés à l'exploitation d'une usine intelligente.
		Subventions représentant de 30 % à 50 % du coût total du projet pour les grandes entreprises qui collaborent avec des PME à la mise en place d'usines intelligentes.
Estonie	Formation à la numérisation	Services de conseil pour déterminer en quoi la numérisation peut améliorer les procédés de l'entreprise et les chaînes logistiques. Cette formation de trois mois couvre l'élaboration d'un plan de développement stratégique de l'entreprise et la sélection des outils numériques les plus appropriés. Formateurs issus du secteur privé, expérimentés dans le conseil en procédés aux entreprises. Destiné aux entreprises à vocation exportatrice du secteur industriel ou de celui des services.
		Une subvention de 10 000 EUR est accordée aux participants les plus performants pour favoriser leur développement.
Nouvelle-Zélande	Expérimentation de systèmes robotiques dans le domaine manufacturier	Essai gratuit d'un mois du robot collaboratif UR5 pour les entreprises de fabrication novices en matière de robotique. Robot prêté par l'Agence néozélandaise pour l'innovation. L'agence assure également une journée de formation à l'utilisation du robot dispensée par un ingénieur.
Thaïlande	Subventions aux PME pour l'adoption de TI locales	Subventions aux services de consultants numériques ou aux salaires du personnel temporaire spécialisé pour les PME qui mettent en pratique les technologies et l'innovation numérique.
		Subventions pour couvrir le coût du matériel, des technologies, de la location de logiciels, des droits d'auteur et des brevets.

Source : exemples tirés de (CE-OCDE, 2022[63]) et complétés par des informations émanant de (Gouvernement de la Corée, 2022[64]) pour la Corée, (EY, 2020[65]), pour la Colombie (Colombia Productiva, 2021[66]), pour la Thaïlande (depa, 2018[67]), pour la Nouvelle-Zélande (Callaghan Innovation, 2022[68]), pour l'Estonie (EAS, 2022[69]).

Encadré 8.8. L'investissement dans la montée en gamme et la formation numériques en Australie

L'Australie a instauré un jeu complet d'incitations à l'investissement dans la mise à niveau numérique des entreprises. Dans le cadre du programme de soutien à l'investissement dans la technologie, les petites entreprises dont le chiffre d'affaires annuel est inférieur à 50 millions AUD peuvent prétendre à une déduction fiscale supplémentaire de 20 % sur les dépenses engagées et l'amortissement des actifs dans la limite d'un plafond donné. Les dépenses éligibles concernent les outils numériques comme les dispositifs de paiement portables, les systèmes de cybersécurité et les abonnements à des services Cloud. Le programme a pour particularités de viser spécifiquement les dépenses des investisseurs et d'être limité dans le temps, puisqu'il s'applique uniquement aux dépenses engagées entre mars 2022 et juin 2023. La durée limitée des incitations peut favoriser une évolution des politiques.

Le programme de soutien aux compétences et à la formation offre des avantages fiscaux similaires (déduction de coûts) pour les stages de formation destinés aux employés. Le gouvernement a également ramené le taux de majoration du PIB appliqué à l'impôt sur le revenu prélevé à la source et à l'impôt général sur les ventes de 10 % à 2 %, ce qui se traduit par des acomptes provisionnels moins élevés et donc plus de trésorerie pour les PME.

Source : (Gouvernement de l'Australie, 2022[70]).

Le Maroc a mis en place quelques programmes de la sorte, principalement pour soutenir les MPME. On citera notamment *Moussanada TI*, lancé en 2010, qui apporte des financements à hauteur de 36 000 EUR pour l'achat de technologies de l'information et de certains services de formation. Comme indiqué, la nouvelle Charte de l'investissement prévoit des subventions pour les secteurs de haute technologie, mais pas de soutien ciblé pour le renforcement des compétences numériques ou la formation au numérique dans d'autres secteurs.

À la condition d'être bien conçues et gérées, les incitations fiscales et financières peuvent favoriser la montée en gamme numérique et le développement de secteurs de haute technologie plus risqués ; les gouvernements y ont d'ailleurs largement recours. Elles présentent cependant des inconvénients, notamment une incidence sur les recettes fiscales et l'affectation des ressources, la distorsion de la concurrence, et des coûts administratifs et de mise en conformité. Lorsqu'elles sont mal conçues, elles peuvent être d'une efficacité limitée et donner lieu à des gains exceptionnels pour des projets qui auraient en tout état de cause été réalisés.

La conception et la gestion des incitations semblent être les éléments déterminants de leur efficacité. Il ressort globalement des données que, pour attirer de nouveaux investissements ou encourager certains comportements chez les investisseurs, les incitations fiscales fondées sur le revenu (y compris les exonérations de l'impôt sur les bénéfices des sociétés (IBS) et les réductions de son taux) sont moins efficaces que des mesures plus ciblées, comme les incitations fiscales fondées sur les dépenses, qui diminuent certains coûts par le biais d'abattements fiscaux et de crédits d'impôt (Celani, Dressler et Wermelinger, 2022[49] ; FMI-OCDE-ONU-Banque mondiale, 2015[50]). Il convient de noter que l'efficacité des politiques fiscales les plus génératrices de distorsions, notamment les réductions substantielles de l'IBS, va bientôt encore diminuer sous l'effet du taux effectif d'imposition minimum sur les sociétés (pilier II du cadre inclusif OCDE/G20 sur l'érosion de la base et le transfert de bénéfices) (OCDE, 2022[71]).

Certaines mesures incitatives sont peut-être mieux adaptées aux coûts et aux risques potentiels liés à la promotion du développement numérique. Il semblerait par exemple que les incitations fiscales à la R&D soient plus adaptées à la R&D des entreprises, plus proche des applications commerciales, tandis que le financement public direct (subventions et marchés publics compris) serait plus avantageux pour stimuler les recherches qui n'ont pas encore de marché (Appelt et al., 2020[72]). Au Maroc, conformément aux bonnes pratiques internationales, le ministère de l'Économie et des Finances est responsable de l'octroi des incitations fiscales. Les investisseurs peuvent également bénéficier d'incitations fiscales au Maroc, notamment d'exonérations sur l'impôt sur les sociétés dans les zones franches et pour les entreprises touristiques et industrielles (exerçant des activités fixées par voie réglementaire) durant les cinq premières années d'activité. Bien que l'on ne dispose pas de preuves tangibles de l'efficacité des subventions par rapport aux avantages fiscaux, il semblerait que, dans tous les cas, un soutien ciblé visant à diminuer des coûts précis soit plus efficace que des avantages généralisés.

Un suivi et une évaluation minutieux s'imposent pour évaluer l'efficacité des incitations à atteindre les objectifs visés. À l'heure où le gouvernement met en œuvre son nouveau programme d'incitations financières dans le cadre de la Charte révisée, il serait utile d'observer le nombre d'entreprises qui en bénéficient et l'incidence de ce soutien sur leur activité.

Références

Abdelkhalek, T. et al. (2021), « How Can the Digital Economy Benefit Morocco and All Moroccans? », *Economic Research Forum Working Papers* 1503, https://erf.org.eg/app/uploads/2021/11/1637566122_724_832622_1503.pdf (consulté le 12 avril 2022). [44]

ADII (2022), *Communiqué de presse: Exclusion des achats électroniques des franchises douanières*, https://www.leconomiste.com/flash-infos/adii-exclusion-des-achats-electroniques-des-franchises-douanieres (consulté le 23 novembre 2022). [58]

Andrews, D., G. Nicoletti et C. Timiliotis (2018), « Digital technology diffusion: A matter of capabilities, incentives or both? », *Documents de travail du Département des affaires économiques de l'OCDE*, n° 1476, Éditions OCDE, Paris, https://doi.org/10.1787/18151973. [18]

ANRT (2021), *Enquête sur l'accès et l'usage des Technologies de l'Information et de la Communication par les individus et les ménages en 2020*, ANRT, Rabat, https://www.anrt.ma/sites/default/files/publications/enquete-tic-2020.pdf (consulté le 13 avril 2022). [20]

ANRT (2020), *Enquête sur l'accès et l'usage des Technologies de l'Information et de la Communication par les individus et les ménages en 2019*, https://www.anrt.ma/sites/default/files/publications/enquete-tic-2019.pdf (consulté le 19 avril 2022). [55]

ANRT (2019), *Note d'orinetations générales pour le développement du secteur des télécommunications à horizon 2023*, https://www.anrt.ma/sites/default/files/nog-2023_-vf.pdf (consulté le 19 avril 2022). [26]

APEBI (2019), *Le Digital au cœur du Modèle de Développement du Maroc : Recommendation Paper*, La Fédération des Technologies de l'Information des Télécommunication et de l'Offshoring, https://www.apebi.org.ma/wp-content/uploads/2019/12/APEBI_RP_Digitale_05122019.pdf (consulté le 19 avril 2022). [73]

Appelt, S. et al. (2020), « Effectiveness of R&D tax incentives in OECD economies », *Vox CEPR*, https://voxeu.org/article/effectiveness-rd-tax-incentives-oecd-economies (consulté le 28 juillet 2021). [72]

Bank Al-Maghrib (2021), *La Lettre de la recherche de Bank Al-Maghrib*, Bank Al-Maghrib, Rabat, https://www.bkam.ma/content/download/730767/8345759/version/1/file/Lettre_recherche_5-2021.PDF (consulté le 3 février 2023). [37]

Banque mondiale (2022), *Global Financial Inclusion Database*, https://databank.worldbank.org/source/global-financial-inclusion# (consulté le 15 novembre 2022). [60]

Banque mondiale (2021), *Taux d'alphabétisation*, Indicateurs du développement dans le monde de la Banque mondiale, https://data.worldbank.org/indicator/SE.ADT.1524.LT.ZS?locations=MA. [36]

Banque mondiale (2021), *World Development Report 2021: Data for Better Lives*, Banque mondiale, Washington, D.C., https://wdr2021.worldbank.org/the-report (consulté le 19 avril 2022). [74]

Banque mondiale (2020), *Data Governance Practices in MENA: Case Study - Opportunities and Challenges in Morocco*, Banque mondiale, Washington D.C., https://doi.org/10.1596/35312. [8]

Banque mondiale (2020), *Economy Profile of Morocco: Doing Business 2020*, Banque mondiale, Washington, D.C., https://archive.doingbusiness.org/content/dam/doingBusiness/country/m/morocco/MAR.pdf (consulté le 29 novembre 2022). [47]

Banque mondiale (2016), *Broadband: the platform of the digital economy and a critical development challenge for Morocco*, Banque mondiale, Washington, D.C., https://openknowledge.worldbank.org/bitstream/handle/10986/26710/114660WP-v2-P151545-PUBLIC.pdf?sequence=1&isAllowed=y (consulté le 13 avril 2022). [22]

Benlamine, M. et al. (2018), « Morocco: A Practical Approach to Monetary Policy Analysis in a Country with Capital Controls », *Documents de travail du FMI*, n° 18/27, FMI, Washington , D.C., https://doi.org/10.5089/9781484341810.001. [42]

Benzarti, W. (2021), « Droit des affaires marocain: la SAS, le nouveau véhicule de référence », *LesEco.ma*, https://leseco.ma/opinion/droit-des-affaires-marocain-la-sas-le-nouveau-vehicule-de-reference.html (consulté le 22 avril 2022). [43]

BERD (2020), *Investor Perceptions and the Broadband Sector: Southern and Eastern Mediterranean Region*, BERD. [25]

Berdai, A. (2021), *Data Protection Laws and Regulations Morocco 2021-2022*, ICLG, https://iclg.com/practice-areas/data-protection-laws-and-regulations/morocco (consulté le 19 avril 2022). [76]

Briter Bridges (2021), *L'Afrique Francophone : État de la technologie et de l'Investissement*, Briter Bridges, Londres. [11]

CAF (2021), *Portugal: Leapfrogging Digital Trasnformation*, Banque de développement de l'Amérique latine (CAF), https://www.caf.com/en/knowledge/views/2021/07/portugal-leapfrogging-digital-transformation/. [9]

Callaghan Innovation (2022), *Trial a manufacturing robot*, New Zealand Innovation Agency, https://www.callaghaninnovation.govt.nz/rd-technical solutions/trial-manufacturing-robot (consulté le 6 décembre 2022). [68]

Calvino, F. et al. (2018), « A taxonomy of digital intensive sectors », *Documents de travail de l'OCDE sur la science, la technologie et l'industrie*, n° 2018/14, Éditions OCDE, Paris, https://doi.org/10.1787/18151965. [6]

Celani, A., L. Dressler et M. Wermelinger (2022), « OECD Investment Tax Incentives Database: Enhancing transparency through comparable data in developing countries », *OECD Working Papers on International Investment*, OCDE, Paris. [49]

CE-OCDE (2022), *STIP Compass: Base de données internationale sur les politiques STI (STIP)*, https://stip.oecd.org (consulté le 1 décembre 2022). [63]

CESE (2022), *Vers une transformation digitale responsable et inclusive*, Conseil économique, social et environnemental, https://www.cese.ma/media/2022/01/Avis-Transformation-digitale-VF-.pdf (consulté le 16 décembre 2022). [51]

CNEA (2018), *Réforme du livre V du code de commerce relatif aux difficultés de l'entreprise*, Comité National de l'Environnement des Affaires, https://www.cnea.ma/fr/realisations/reforme-du-livre-v-du-code-de-commerce-relatif-aux-difficultes-de-lentreprise (consulté le 29 novembre 2022). [46]

CNUCED (2021), *Online Consumer Protection Legislation Worldwide*, CNUCED, https://unctad.org/page/online-consumer-protection-legislation-worldwide (consulté le 10 novembre 2022). [56]

Colombia Productiva (2021), *SofisTICa*, Ministère du Commerce, de l'Industrie et du Tourisme, https://www.colombiaproductiva.com/sofistica (consulté le 5 décembre 2022). [66]

Commission européenne (CE) (2021), *TVA : les nouvelles règles pour le commerce électronique dans l'UE simplifieront la vie des opérateurs économiques et permettront d'accroître la transparence pour les consommateurs*, Commission européenne, Bruxelles, https://ec.europa.eu/commission/presscorner/detail/fr/ip_21_3098 (consulté le 23 novembre 2022). [59]

Constant, S. (2011), « Broadband in Morocco: Political will meets socio-economic reality », dans infoDev (dir. pub.), *Broadband Strategies Toolkit*, Banque mondiale, Washington, D.C., https://ddtoolkits.worldbankgroup.org/broadband-strategies/case-studies/broadband-morocco (consulté le 13 avril 2022). [24]

CSMD (2021), *Le Nouveau Modèle de Développement*, La Commission Spéciale sur le Modèle de Développement, Rabat, https://csmd.ma/documents/Rapport_General.pdf (consulté le 6 avril 2022). [27]

CUA/OCDE (2021), « Digital transformation for youth employment and Agenda 2063 in North Africa », dans *Dynamiques du développement en Afrique : Transformation digitale et qualité de l'emploi*, AUC, Addis Abeba/Éditions OCDE, https://doi.org/10.1787/1ad32878-en (consulté le 4 mai 2022). [17]

depa (2018), *Application of technology and digital innovation for the industrial sector*, depa Thailand, https://www.depa.or.th/th/transformation (consulté le 5 décembre 2022). [67]

DGSSI (2021), *Note de présentation : Loi 43-20 relative aux services de confiance pour les transactions électroniques*, Royaume du Maroc Administration de la Defense Nationale, Rabat, https://www.dgssi.gov.ma/sites/default/files/attached_files/note_de_presentation_de_la_loi_43-20_version_fr.pdf (consulté le 20 avril 2022). [33]

Dosunmu, D. (2022), *Here's why startup funding in the Maghreb ecosystem is low*, TechCabal, https://techcabal.com/2022/01/03/heres-why-startup-funding-in-the-maghreb-ecosystem-is-low/ (consulté le 20 avril 2022). [41]

EAS (2022), *Grow big with digitalisation*, Enterprise Estonia, https://eas.ee/services/digimeistriklass/ (consulté le 6 décembre 2022). [69]

EU4Digital (2021), *eSignature and Ukraine: leading the way towards faster and easier international business exchanges - EU4Digital*, EU4Digital Facility, https://eufordigital.eu/esignature-and-ukraine-leading-the-way-towards-faster-and-easier-international-business-exchanges/ (consulté le 14 novembre 2022). [34]

EY (2020), *Argentina amends promotional tax system for knowledge-based economy*, EY Tax News Update, https://globaltaxnews.ey.com/news/2020-6404-argentina-amends-promotional-tax-system-for-knowledge-based-economy (consulté le 2 décembre 2022). [65]

Facilité ICR (2021), *Startup Acts: An emerging instrument to foster the development of innovative high-growth firms*, Facilité ICR, Bruxelles, https://www.icr-facility.eu/fileadmin/files/downloads/icreports/icreport_startupacts.pdf (consulté le 15 décembre 2022). [48]

Fichet, C. et M. Petrucci (2021), *Morocco - Data Protection Overview*, OneTrust Data Guidance, https://www.dataguidance.com/notes/morocco-data-protection-overview (consulté le 19 avril 2022). [75]

FMI-OCDE-ONU-Banque mondiale (2015), *Options pour une utilisation efficace et efficiente des incitations fiscales à l'investissement dans les pays à faible revenu*, Rapport du FMI, de l'OCDE, des Nations Unies et de la Banque mondiale au Groupe de travail du G-20 sur le développement, https://www.oecd.org/fr/fiscalite/options-pour-une-utilisation-efficace-et-efficiente-des-incitations-fiscales-a-l-investissement-dans-les-pays-a-faible-revenu.pdf. [50]

Gelvanovska, N., M. Rogy et C. Rossotto (2014), *Broadband Networks in the Middle East and North Africa: Accelerating High-Speed Internet Access*, Groupe de la Banque mondiale, Washington, D.C., https://doi.org/10.1596/978-1-4648-0112-9. [23]

Gouvernement de l'Australie (2022), *Digital and skill tax boost for small businesses*, https://ministers.treasury.gov.au/ministers/josh-frydenberg-2018/media-releases/digital-and-skills-tax-boost-small-businesses. [70]

Gouvernement de la Corée (2022), *Smart Factory Support Projects*, smart-factory.kr, https://www.smart-factory.kr/bsnsIntrcn/intrcnView?bsnsClCodeSe=0000002A# (consulté le 2 décembre 2022). [64]

Gouvernement du Maroc (2020), *Note d'Orientations Generales pour le Developpement du Digital au Maroc a horizon 2025*. [7]

HCP (2022), *Intégration des TIC au niveau entreprises au Maroc*, HCP, Rabat, https://www.hcp.ma/region-eddakhla/Integration-des-TIC-au-niveau-entreprises-au-Maroc_a439.html (consulté le 19 avril 2022). [28]

HCP (2021), *Base de données statistiques*, Le Haut-Commissariat au plan. [13]

Huawei (2021), *Bridging the Gap: Matching Digital Skills and the Employability Pipelne in Morocco*, Huawei - UNESCO - ICHEI. [35]

Iraqi, F. (2022), *« Morocco Tech », le fiasco annoncé de la transition numérique ?*, Le 360, https://fr.le360.ma/economie/morocco-tech-le-fiasco-annonce-de-la-transition-numerique-253898/. [52]

OCDE (2022), *Digital Transformation Projects in Greece's Public Sector: Governance, Procurement and Implementation*, Examens de l'OCDE sur la gouvernance publique, Éditions OCDE, Paris, https://doi.org/10.1787/22190414. [40]

OCDE (2022), *FDI Qualities Policy Toolkit*, Éditions OCDE, Paris, https://doi.org/10.1787/7ba74100-en. [10]

OCDE (2022), *Fostering Business Development and Digitalisation in Georgia*, Éditions OCDE, Paris, https://doi.org/10.1787/c6e27d8a-en. [38]

OCDE (2022), *Strengthening FDI and SME Linkages in Portugal*, Éditions OCDE, Paris, https://doi.org/10.1787/d718823d-en. [61]

OCDE (2022), *Tax Incentives and the Global Minimum Corporate Tax: Reconsidering Tax Incentives after the GloBE Rules*, Éditions OCDE, Paris, https://doi.org/10.1787/25d30b96-en. [71]

OCDE (2021), *FDI Qualities Policy Toolkit: Policies for improving sustainable developmnet impacts of investment*, OCDE, Paris, https://www.oecd.org/investment/investment-policy/fdi-qualities-policy-toolkit-consultation-paper-2021.pdf. [2]

OCDE (2021), *Going Digital in Latvia*, OECD Reviews of Digital Transformation, Éditions OCDE, Paris, https://doi.org/10.1787/8eec1828-en. [19]

OCDE (2020), *A Roadmap Toward a Common Framework for Measuring the Digital Economy: Report for the G20 Digital Economy Task Force*, OCDE, Paris, https://www.oecd.org/sti/roadmap-toward-a-common-framework-for-measuring-the-digital-economy.pdf (consulté le 6 avril 2022). [4]

OCDE (2020), « Going Digital integrated policy framework », *Documents de travail de l'OCDE sur l'économie numérique*, n° 292, Éditions OCDE, Paris, https://doi.org/10.1787/dc930adc-en. [5]

OCDE (2020), *La transformation numérique à l'heure du COVID-19 : Renforcer la résilience et réduire les fractures Supplément à l'édition 2020 des Perspectives de l'économie numérique*, OCDE, Paris, https://www.oecd.org/fr/numerique/transformation-numerique-covid.pdf (consulté le 6 avril 2022). [1]

OCDE (2019), *OECD Digital for SMEs Global Initiative*, OCDE, Paris, https://www.oecd.org/digital/sme/aboutus/D4SME-Brochure.pdf (consulté le 27 novembre 2022). [62]

OCDE (2019), *OECD Reviews of Digital Transformation: Going Digital in Colombia*, OECD Reviews of Digital Transformation, Éditions OCDE, Paris, https://doi.org/10.1787/781185b1-en. [21]

OCDE (2019), *Perspectives de l'OCDE sur les PME et l'entrepreneuriat 2019*, Éditions OCDE, Paris, https://doi.org/10.1787/dfc3ab17-fr. [45]

OCDE (2019), *Unpacking E-commerce: Business Models, Trends and Policies*, Éditions OCDE, Paris, https://doi.org/10.1787/23561431-en. [53]

OCDE (2019), *Vers le numérique : Forger des politiques au service de vies meilleures*, Éditions OCDE, Paris, https://doi.org/10.1787/7cba1873-fr. [3]

OCDE (2018), *Revue du gouvernement numérique du Maroc : Jeter les bases de la transformation numérique du secteur public au Maroc*, OECD Digital Government Studies, Éditions OCDE, Paris, https://doi.org/10.1787/9789264299917-fr. [39]

OCDE (2016), *Manuel de Frascati 2015 : Lignes directrices pour le recueil et la communication des données sur la recherche et le développement expérimental*, Mesurer les activités scientifiques, technologiques et d'innovation, Éditions OCDE, Paris, https://doi.org/10.1787/9789264257252-fr. [77]

Oxford Business Group (2018), « Legal Framework: EU law regulations on data protection to affect Moroccan subcontractors », dans *The Report : Morocco 2018*, Oxford Business Group, Londres, https://oxfordbusinessgroup.com/analysis/save-data-eu-regulations-data-protection-are-set-affect-moroccan-subcontractors-making-full (consulté le 15 avril 2022). [29]

Partech (2022), *2021 Africa Tech Venture Capital Report*, Partech Partners, San Francisco, Dakar, https://partechpartners.com/2021-africa-tech-venture-capital-report/ (consulté le 1 mars 2022). [15]

Partech (2020), *2019 Africa Tech Venture Capital Report*, Partech Partners, San Francisco, Dakar, https://cdn-website.partechpartners.com/media/documents/2020.01_Partech_Africa_-_2019_Africa_Tech_VC_Report_FINAL.pdf. [16]

Pawlak, P. et al. (2021), *Great Expectations: Defining a Trans-Med Cybersecurity Agenda*, EuroMesco, https://www.euneighbours.eu/sites/default/files/publications/2021-08/GYI35BP.pdf (consulté le 20 avril 2022). [31]

Portulans Institute (2021), *Network Readiness Index 2021 - Morocco*, Portulans Institute, Washington, D.C., https://networkreadinessindex.org/country/morocco/ (consulté le 14 novembre 2022). [57]

Royaume du Maroc (2016), *L'offshoring se dote de ses contrats de performance*, Ministère de l'Industrie et du Commerce, https://www.mcinet.gov.ma/fr/content/l%E2%80%99offshoring-se-dote-de-ses-contrats-de-performance. [14]

SFI (2019), *Creating Markets in Morocco: A second generation of reforms boosting private sector growth, job creation and skills upgrading*, SFI, Washington D.C., https://www.ifc.org/wps/wcm/connect/d0c0f18c-26b7-4861-b4c5-14896aaba7f1/201910-CPSD-Morocco-EN.pdf?MOD=AJPERES&CVID=m-LGA3X (consulté le 12 février 2021). [12]

TechCrunch (2022), *Morocco's Chari valued at $100M*, TechCrunch, https://techcrunch.com/2022/01/20/moroccos-chari-valued-at-100m-in-bridge-round-as-it-looks-to-pilot-bnpl-services/ (consulté le 15 décembre 2022). [54]

UIT (2021), *Indice mondial de cybersécurité 2020*, UIT, Genève, https://www.itu.int/dms_pub/itu-d/opb/str/D-STR-GCI.01-2021-PDF-F.pdf (consulté le 20 avril 2022). [30]

volet numérique du MIE (2020), *eSignature Overview*, Commission européenne, https://ec.europa.eu/digital-building-blocks/wikis/display/digital/eSignature+Overview (consulté le 14 novembre 2022). [32]

Notes

[1] D'après les réponses des représentants de l'ancien ministère de l'Industrie, du Commerce et de l'Économie verte et numérique au questionnaire de l'OCDE.

[2] Il est à noter que cette enquête, comme toutes les enquêtes, peut ne pas donner une image complète des entreprises du pays, mais fournit une estimation du comportement d'un échantillon représentatif d'entreprises.

[3] Ces domaines d'action cadrent en outre, pour l'essentiel, avec les recommandations des représentants du secteur privé, dont la Fédération marocaine des technologies de l'information, des télécommunications et de l'offshoring (APEBI). Dans une note de recommandation en 2019, elle recense les thèmes suivants : l'administration électronique, la gouvernance et la réglementation du secteur, les infrastructures et la connectivité, les données et la souveraineté numérique, les startups et l'innovation (APEBI, 2019[73]).

[4] Le haut débit renvoie aux technologies DSL et le très haut débit à la fibre optique.

[5] Lorsqu'un utilisateur interagit en ligne, une demande de données est transmise au fournisseur de service Internet, lequel envoie à son tour une demande par des nœuds différents jusqu'à ce qu'elle atteigne le lieu de stockage physique les données. Étant donné que la majorité des centres de stockage de données (centres de colocation) se trouvent aux États-Unis, en Europe et dans certaines parties d'Asie orientale, les demandes de données et les réponses parcourent des distances non négligeables. La durée et le coût de la transaction augmentent en conséquence. Le développement des infrastructures de données locales peut permettre un traitement plus rapide des demandes à moindre prix. Les points d'échange Internet (IXP) locaux servent de nœuds intermédiaires pour faciliter les transferts de données locaux, ce qui évite d'acheminer les données à l'étranger. Les centres de stockage et de traitement stockent les données (ou une copie des données) physiquement dans le pays et accélèrent ainsi les téléchargements (Banque mondiale, 2021[74]).

[6] Les bacs à sable réglementaires font référence à des environnements contrôlés dans lesquels les entreprises peuvent expérimenter de nouvelles technologies ou services sans être soumises à toutes les réglementations en vigueur.

[7] On trouvera une analyse détaillée de la loi dans (Fichet et Petrucci, 2021[75] ; Berdai, 2021[76]).

[8] La CNDP participe également à différentes assemblées internationales, dont la GPA (Global Privacy Assembly), la Conférence internationale des commissaires à l'information et le Réseau africain des autorités de protection personnelle.

[9] La loi 05-20 renforce en outre le rôle de l'autorité nationale en cas d'attaque informatique. Le Comité de gestion des crises et événements cybernétiques majeurs, qui fait partie du Comité stratégique de la cybersécurité, est chargé d'assurer la prévention d'incidents de cybersécurité et une réponse coordonnée lorsqu'ils se produisent. Les opérateurs de réseaux de télécommunications publics, les fournisseurs d'accès Internet, les prestataires de services de cybersécurité et les fournisseurs de services numériques doivent tous satisfaire les critères arrêtés par le Comité. La DGSSI a créé un centre de veille, détection et réponse aux attaques informatiques (ma-Cert) pouvant affecter la sécurité des systèmes d'information de l'État qui, à son avis, joue un rôle déterminant dans le développement de la confiance dans le numérique. Il publie régulièrement des bulletins, des alertes et des notes d'information sur la sécurité et la vulnérabilité pour avertir les intéressés des risques et menaces pouvant les concerner. Il encourage également à déclarer tout incident de cybersécurité.

[10] Le nouveau texte de loi a été rédigé selon un processus de consultation porté par l'Administration de la défense nationale (DGSSI, 2021[33]).

[11] En Tunisie, par exemple, la loi relative aux startups autorise l'ouverture d'un compte spécial en devises auprès d'intermédiaires agréés (Facilité ICR, 2021[48]).

[12] D'après des consultations avec les représentants d'organisations internationales à Rabat en mars 2022.

[13] Global Findex contient des indicateurs actualisés tous les trois ans depuis 2011 sur l'accès aux services financiers formels et informels et sur leurs usages. Cette nouvelle édition, à laquelle le Maroc s'est prêté pour la seconde fois depuis 2017, est basée sur des enquêtes effectuées au cours de l'année 2021 auprès de 125 000 adultes dans 123 économies représentant 91 % de la population mondiale. Selon Bank Al-Maghrib, le taux de détention est défini comme étant le nombre de personnes résidantes ayant au moins un compte bancaire actif rapporté à la population adulte résidante. Ce dernier s'est établi à 54 % à fin 2023, après 53 % enregistré un an auparavant. Les personnes physiques ayant au moins un compte bancaire actif ont augmenté de 4 % à 15 millions de personnes après 14.5 millions en 2022. La population adulte a, quant à elle, progressé de 1.4 % à 27.8 millions individus en 2023. Le taux de détention des comptes bancaires par genre est passé, en 2023, de 65 % à 67 % pour les hommes et de 41 % à 42 % pour les femmes. Par tranche d'âge, plus de la moitié des personnes ayant un âge supérieur à 25 ans sont bancarisées tandis qu'uniquement près d'une personne sur quatre dispose d'un compte parmi les personnes ayant un âge entre 15 et 25 ans. À fin décembre 2023, la Centrale des Comptes Bancaires de Bank Al-Maghrib a ainsi enregistré 36.3 millions de comptes ouverts, en hausse de 7.2 % par rapport à 2022. En termes d'ouvertures, 3.3 millions de nouveaux comptes ont été ouverts au cours de l'année 2023, en hausse de 8.6 % par rapport à l'année précédente.

[14] La mise au point de logiciels n'est généralement pas considérée comme de la R&D, sauf si elle représente une nouvelle avancée technologique - développement de nouveaux systèmes d'exploitation, de technologies originales ou de nouvelles techniques de cryptage, par exemple (OCDE, 2016[77]).

www.ingramcontent.com/pod-product-compliance
Lightning Source LLC
LaVergne TN
LVHW082028051026
849532LV00011B/3301